作者简介 Author's brief introduction

胡云峰，毕业于清华大学，MBA（工商管理硕士），国际认证项目管理专家，卓越绩效管理模式及政府质量奖评审专家，武大、华科等高校社会导师，曾任烽火通信运营管理副总经理、流程总监，拥有二十多年企业运营管理、流程与项目管理、变革管理咨询和实践经验。曾供职深圳华为公司，受聘五级流程管理专家，领导并参与华为公司包括IFS-OTC项目在内的大量流程改进与业务变革项目；2009年加入武汉烽火，直接领导或推动该公司以流程型组织建设为目标的流程管理业务变革与企业运营管理体系建设，建立了系统、完整的业务流程管理体系，梳理形成集团统一的运营管理体系架构并组织开展该体系的持续改进工作，推动了公司流程规划和架构建设，核心业务领域流程与体系建设及多个重点跨部门流程项目建设，使烽火通信成为业界流程管理以及集团运营管控的标杆性企业，显著提升了公司运营绩效。

著有《流程管理与变革实践》、《企业运营管理体系建设》、《大型信息系统建设项目风险管理》等书，得到业内广泛好评。

老胡有话说 Said Lao Hu

在企业内部有各种各样的管理领域，如市场管理、人力资源管理、财务管理、项目管理等。只要有业务，就需要管理。这些单一的管理就好比一棵棵管理的树木，我们怎样才能跳出这一棵棵管理的树木来俯瞰整个企业管理这片森林呢，这就是《企业运营管理体系建设》这本书需要展现的内容。

老胡个人微信

老胡公众号

企业运营管理体系建设

编著◎胡云峰

CONSTRUCTION ON THE OPERATIONAL MANAGEMENT
SYSTEM OF ENTERPRISE

中国·武汉

图书在版编目(CIP)数据

企业运营管理体系建设/胡云峰编著. —武汉:华中科技大学出版社,2018.7(2025.2重印)
ISBN 978-7-5680-4270-3

Ⅰ.①企… Ⅱ.①胡… Ⅲ.①企业管理 Ⅳ.①F272

中国版本图书馆 CIP 数据核字(2018)第 138372 号

企业运营管理体系建设　　　　　　　　　　　　　　　　　　　　胡云峰　编著
Qiye Yunying Guanli Tixi Jianshe

策划编辑:余伯仲	
责任编辑:姚　幸	
封面设计:廖亚萍	
责任校对:李　琴	
责任监印:周治超	
出版发行:华中科技大学出版社(中国·武汉)	电话:(027)81321913
武汉市东湖新技术开发区华工科技园	邮编:430223
录　　排:华中科技大学惠友文印中心	
印　　刷:武汉市洪林印务有限公司	
开　　本:787mm×1092mm　1/16	
印　　张:28.5　插页:2	
字　　数:678千字	
版　　次:2025年2月第1版第8次印刷	
定　　价:98.00元	

本书若有印装质量问题,请向出版社营销中心调换
全国免费服务热线:400-6679-118　竭诚为您服务
版权所有　侵权必究

内容提要
ABSTRACT

本书是对集团企业或规模企业内部运营管理工作与变革实践的梳理和总结,强调企业需要开展集中统一的管理体系建设,这个体系就是以战略管理为轴心的企业运营管理体系。所谓集中统一,是指企业内部所有其他的管理体系都必须是且应该是企业运营管理体系中的组成部分,是子体系,而这些子体系必须相互协同,构成一个有机的整体。本书首先介绍了企业运营管理体系的概念及运营管理体系与战略管理的关系,强调战略确保做正确的事,运营管理体系确保把事情做正确;接着对业界关于集团管控的几种模式,尤其是集团运营管控模式做了综述性介绍;本书的重点放在第四、五、六章,分别是企业运营管理体系中的业务管理体系、职能管理体系,以及职能管理体系与业务管理体系之间的关系。业务管理体系针对企业的业务特点和价值链展开,职能管理是通用的管理体系,但是也要结合各自企业的管理实际,而业务管理与职能管理体系之间的关系强调企业运营管理体系各子要素之间的协同与整合;第七、八两章介绍了流程管理及流程管理长效机制建设的方法,目的是强调流程管理在运营管理体系中的核心作用及平台建设的方法;最后对企业运营管理体系变革与管理作了一般性介绍。

【本书3.0版本的出版背景】

目前我国在国家层面已经提出了国家治理体系与治理能力现代化的要求,到底如何开展国家治理体系和治理能力建设,相信国家层面一定有相关的研究机构和团队在研究这些问题,但是在企业层面如何提出和解决企业治理体系和治理能力现代化的问题,这是作者长期以来非常关注的问题。随着企业面临的内外部环境的变化,特别是数字化转型、区块链技术以及人工智能技术的不断发展,企业管理体系建设面临很多新的机遇和挑战,本书试图从一些新的视角来解读企业应该如何开展团队协作与体系化管理。

《企业运营管理体系建设》3.0更新的内容:

1、出版背景介绍。

2、企业运营管理与区块链的关系。

3、管理体系的概念与案例解读。

4、运营管理体系的构成要素与案例分析。

5、运营管理体系对战略支撑不足的案例分析。

6、执行力评价的前提条件维度与评价维度、评价工具。

7、区块链与去中心化在管理体系建设中的应用。

8、集团运营管控之按域统筹原则。

9、标杆企业的年度变革主题案例。

序 1
PREFACE

华中科技大学管理学院为了体现理论联系实际、面向社会企业的开放式办学理念,每年都会邀请一些来自企业或社会机构有丰富管理实践经验的管理者或专家担任 MBA 学生的社会导师。胡云峰先生就是华中科大管理学院聘请的社会导师之一。胡云峰先生经常作为特邀嘉宾来学校为 MBA 学生做流程管理、项目管理、企业运营管理及变革管理方面的高端论坛讲座,是积极参与华中科大管理学院校园活动的社会导师之一。

谈到运营管理体系,这是一个与组织战略执行紧密相关的概念,涉及社会实践性很强的管理领域,不管是企业组织还是政府组织或其他机构,都涉及运营管理的问题。我们不仅要看到组织内部各种管理要素这一棵棵的树木,还必须看到组织管理世界的整片森林及不同管理要素之间的相互关系,如我们不仅要知道营销管理与供应链管理是什么,还需要知道营销管理和供应链管理之间存在怎样的关系,又如我们不仅要知道流程信息化管理和组织绩效管理是什么,还需要知道流程信息化管理与组织绩效管理之间存在怎样的关系,这些都是组织管理的体系架构需要解决的问题。如何定义组织运营管理的职能及如何建立组织的运营管理体系并开展体系管理工作,的确是各管理组织的管理者需要面对的问题。

谈到管理体系的时候,一些人首先想到的可能是国际标准化组织(ISO)及其他行业组织发布的各种管理体系标准,如 ISO 9001、ISO 27001、ISO 16949、SA 8000 等,又如国家工信部颁布的两化融合管理体系。这些管理体系或标准其实是从企业或社会组织内部管理的不同侧面来看问题的,SA 8000 强调员工权利,ISO 27001 强调信息安全等。这些体系都是企业运营管理体系的构成要素,需要企业持续开展体系融合工作,以强化企业管理体系的系统性与完整性。

胡云峰先生所在的武汉烽火通信科技股份有限公司是我十分熟悉的企业,烽火通信是全球领先的信息通信领域高新技术企业,是武汉光谷的龙头企业之一,也是中国光通信产业的发源地。面对激烈的竞争环境及日益苛刻的客户需求,烽火通信勇于开展企业转型,持续开展业务管理变革与创新,自公司成立以来经历了破冰之旅、试水之痛、固本之法、健体之路及图强之梦的持续变革历程,尤其在内部管理方面强化集团运营管控,管理部门按业务与职能管理分工为公司当家做主,业务单元与子公司按确定目标"各行其道",初步建立了集战略管理、业务管理与职能管理于一体的企业运营管理体系,并在此基础上开展体系的持续改进,形成有利于对集团各产出线和子公司实施运营管控的逐步成熟的治理体系框架,使烽火通信集团得以进入长期可持续发展的良性循环。

著名的管理学大师彼得·德鲁克有这样的一段名言:"管理是一种实践,其本质不在于知,而在于行;其验证不在于逻辑,而在于成果,其唯一的权威就是成就。"企业运营管理体系是这样的一种实践的体系,该体系的建立和运行是为企业或组织的现实管理需求而展开的,所以要用企业或组织的运营绩效作为成就来证明。

目前国内高校 MBA 课程从必修课到选修课都还没有设立组织运营管理体系建设之类的课程,我们是否需要结合社会组织管理的实际需求设立类似的课程,也是学校管理者需要考虑的问题。

胡云峰先生热衷于总结、梳理并积极分享自己在企业管理过程中积累的知识和经验,之前出版过一本《流程管理变革与实践》,受到广大企业流程管理人员的广泛好评,这次出版的《企业运营管理体系建设》,更加系统地展现了企业管理体系的完整架构,这是非常难能可贵的治学精神和奉献精神,也体现了中国知识分子的独特品质,特此做序祝贺本书的出版。

华中科技大学管理学院　王宗军
2018 年 4 月于武汉

序 2

"用规则的确定性来对付结果的不确定"

当胡云峰老师邀请我为本书写序时,我脑子里就浮现出华为任总讲的一句话:"我们不是靠人来领导这个公司,而是用规则的确定性来对付结果的不确定。"

中国的企业不缺战略格局和野心,每年这么多的企业投资及兼并就可以反映这一点。那我们的企业究竟缺什么呢?缺的是与战略匹配的体系化运营管控能力。这种能力不是依托在某位或某几位枭雄上,而是体现在一整套反映最佳实践并适应企业实际的企业管理平台构建上,也就是完成组织战略目标的端到端的业务管理能力和职能支撑能力的构建上。这种能力不是靠短期运动式变革就可以形成的,而是一个组织长期实施业务和管理变革、长期坚持管理体系持续改进而自然形成的成果。

企业的管理变革目标是构建以客户为中心的流程型组织。传统的职能型组织只有纵向的目标分解系统和业绩汇报系统,缺少横向端到端的运营管控能力。尤其对业务复杂的企业,每一项工作都涉及组织间的横向协同和资源配置,如果没有一套清晰的流程与 IT 系统,那么就会衍生出大量孤立的请示和报批流程,最终大家只对管理者负责,而不对客户负责,"大公司"病越来越严重。这种碎片化、低效的运营模式会让企业丧失竞争优势。因此,要解决这一问题,只有通过构建以端到端流程为核心的企业运营管理体系这个途径。

本人有幸经历了华为的深度变革期,作为华为流程管理部门的第一任总监,参与和见证了华为从人治到法治的过程。华为在业务发展最快速的阶段就启动了一系列的业务与管理变革,强化了实现战略目标的体系化运营管控能力,这也是为什么在今天这么庞大的业务体量下,华为公司还能保持有序高速成长的根本原因。时至今日,华为仍在推进持续的变管来消除"大公司"病。华为每年除了 SP(战略规划)和 BP(业务计划)外,还有变革的 SP 和 BP,也就是变革是常态化的、顶层战略驱动的,既有业务变革,也有管理变革。通过持续的对标和变革,提升组织的运营管理能力,匹配公司的战略和远景。

然而,变革是痛苦的,因为变革让我们离开舒适区,变革要改变组织大多数成员的习惯,还涉及本位利益和权力系统。因此,企业在成长期就要传递危机意识,强化干部的变革意识,并通过每年的管理变革行动,解决影响达到目标的能力差距问题,培养各领域干部的变革领导力,否则,组织规模越大,变革的成本越高;同时,有了稳定高效的运营体系作为支撑,就可以实施干部的轮岗机制,培养干部的视野和格局观,降低本位意识对变革带来的阻力。

  本书是作者在企业内实施流程管理和集团运营管理的系统性总结，这些系统方法可以分享给众多企业。希望有更多的企业可以行动起来，修炼内功，打造以流程为核心的运营管理体系，以支撑公司的战略和远景。

流程与变革管理专家、杰成咨询董事长 陈志强
2018 年 4 月 25 日于深圳

前言一
FOREWORD ONE

今天,当人们看到华为每年发布令举世惊艳的业绩报告,发现诺基亚、西门子、爱立信、苹果等久负盛名的西方大企业纷纷被华为赶超或正在赶超的时候,很多国人在感到骄傲之余,恐怕没有多少人了解华为这些年在管理变革和业务变革路上付出的艰辛,更不了解华为公司各个层级、各个领域的3T团队及多年来不断轮换的IBM那些白发苍苍的老顾问们持续讲述着的各种凤凰涅槃与破茧成蝶的变革故事。尽管如此,华为管理者任正非还是在不同的场合反复强调"我们对西方两百年来积累的工业文明的了解还很不够!"。

曾经,本人带着朝拜的心情和探索企业管理世界的梦想加入深圳华为,经过多年在企业项目管理、流程管理及运营管理领域的学习、探索和实践,当初朝拜的神秘感早已消失,但那个关于管理世界的梦想更加真切,那份对梦想坚定而执著的追求依然不减当年,本人试图用文字的方式来描述我所感知的这个梦想的世界,这就成了我编写本书的原因,书名为《企业运营管理体系建设》,这个书名包括运营、运营管理、管理体系、运营管理体系、运营管理体系建设等概念,每一个概念都有独特的含义。

本书是关于管理体系、尤其是企业运营管理体系的一些思考和探索。出于参与市场竞争的需要,很多中国企业完成了ISO9001等国际标准体系的贯标认证,抛开这些体系实施的彻底性和有效性不说,启动这些体系的贯标本身其实只是对管理体系最初、最基本的认知,何况ISO9001等国际标准的管理体系并不是企业管理体系的全貌,而只是企业运营管理体系这一管理丛林中的一棵树或一片林而已,本书正是希望通过"企业运营管理体系"这个概念,来形成对企业管理体系的综合性表达,该体系集成了企业管理中从业务管理、职能管理到ISO9001等体系管理的所有管理角度,用一套统一的管理手册、流程文件、作业指导书来整合所有体系的要求,在此基础上开展体系建设和体系的持续改进,包括统一的流程管理、统一的体系内审、统一的管理评审,顺便提一句,企业也可以考虑是否需要统一的外审。企业的管理者或职业经理人需要系统、完整地了解企业管理体系的整体架构和各种管理要素,否则,他们也不过是一些盲人摸象似的徒有虚名的管理者。

本书聚焦对集团企业运营管控模式或规模企业运营管理体系的整体架构和各种管理要素的介绍,将企业的运营管理体系划分为业务管理与职能管理两大体系,再将这两大体系划分成若干管理要素,比如业务管理体系包括市场管理、销售管理、产品研发管理、供应链管理等;职能管理包括组织与人力资源管理、流程IT管理、绩效管理、企业文化管理等,除了对各个管理要素的综述性介绍之外,还对要素之间的共享与协同关系做了适当篇幅的阐述，重点突出企业管理体系的系统性、完整性和适宜性。

企业运营管理体系建设就是企业的管理机制建设、管理平台建设，更是企业的执行力建设，这是本书着重强调的一个观点。我把世界上的公司分为两类，一类是做生意的公司，这类公司强调以能人为中心的人治管理，靠抓市场机会和游击战术取得短期的商业成功；另一类是做事业的公司，这类公司靠管理机制或管理平台建设取得商业成功及企业长期可持续发展，华为公司就是这类公司的典型代表。谈到执行力建设，就一定要说说 CEO 这个角色，CEO 是首席执行官，CEO 最主要的工作就是保证企业战略包括业务战略与相应的职能支撑战略的执行，追求执行的效率和效果，最终达到企业战略目标的实现，CEO 的执行工作是如何展开的呢？这就要从企业的运营管理体系去找答案了，企业从事业务管理和职能管理领域的那些部门相当于企业高管团队的秘书机构，CEO 以外的公司高管团队成员需要承担各秘书机构的领导者角色及相应领域全球流程责任人（GPO）角色，他们在各自领域向 CEO 报告工作并接受 CEO 的领导，各秘书机构在承担各自领域业务和管理平台建设工作的同时，对所有的业务部门或子公司行使管理和服务的双重职责。

关于业务与职能管理平台建设，其实就是各种各样的体系建设，这种建设与 ISO 9001 等国际标准管理体系的建设思路实际上是异曲同工的，不同的是 ISO 9001 强调质量，SA 8000 强调员工人权，ISO 27001 强调信息安全，等等，而职能和业务管理体系强调的是具体业务或职能领域的绩效目标。体系建设只有起点，没有终点，体系的持续改进永远在路上，一个没有持续改进意识和能力的管理者不是合格的管理者，这是衡量职业经理人最基本的参考标准。

战略管理也是企业运营管理体系的重要构成要素。战略管理包括战略制定、战略分解、战略执行监控和战略评价的闭环，企业战略包括业务战略与相应的职能支撑战略，这些战略通过 5 年规划、年度计划、战略地图、基于平衡计分卡的战略解码及绩效管理等工作落地实施，在战略管理循环的整个过程中，企业的运营管理体系同样起着非常核心的支撑作用，所有的业务与职能管理部门都要在确保正确的顶层设计框架下，做好本职工作与跨领域的协同工作。

流程管理是企业运营管理体系的基础与核心，这是本书希望表达的另一个重要观点。流程就是业务，流程就是管理思想和实现路径，所有的工作，不管是业务性工作还是职能性工作，都需要用流程的语言去表达，最终通过 IT 平台去固化和执行，没有流程语言的显性化表达，信息化工作寸步难行；流程语言的表达也有利于组织设计与职位设计，进而有利于知识的积累和员工能力的提升；流程语言的表达也有利于业务与职能过程绩效指标设计、绩效目标制定、绩效监控与分析评价；但是如何进行流程的表达及如何优化流程和流程架构，这是流程管理需要解决的问题，也就是确保业务持续改进的逻辑，流程管理的首要目标是确保流程架构及流程的畅通并提升流程的成熟度等级，而不是提升业务的效率，运营管理的目标才是提升业务运作的效率和效果,这是很多人都没有搞明白的道理。

再来说一下变革与变革管理。企业变革分为管理变革与业务变革两大类,运营管理体系建设的所有工作,不管是流程类、组织类、度量类还是IT类,都属于管理变革工作,变革有风险,变革需谨慎,变革需要管理,企业的职能管理部门和业务管理部门都是发起管理变革的主导力量,需要开展大量的变革准备度调查、变革松土、变革宣传、动员以及培训与教育工作,要善于运用项目管理工具开展变革项目管理,确保变革目标的实现。

本人把自己对企业管理世界的学习、探索和实践的过程称为梦想之旅,希望借着这本书的出版,与业界同仁共同分享和交流管理心得,共同提升。我把中国企业管理现状与西方先进的管理文明之间的差距称为现实与梦想的距离,希望通过我们的共同努力,不断缩小这一差距,持续提升中国企业运营管理的整体水平。

本书的出版得益于本人职业生涯过程中服务过的多家公司:中国三峡集团让我初步涉足企业管理;上海普华科技让我接触并了解ISO 9001管理体系;上海现代卓越让我深入学习项目管理;上海AMT让我进入流程管理的世界;深圳华为让我懂得企业变革的真谛;武汉烽火通信让我得以用项目管理的方式开展流程与体系管理变革与实践,在此基础上学习和领悟企业运营管理体系的建设过程。在此一并向这些公司的领导和同事表示衷心的感谢。本书的编写得到烽火通信同事及作者业界好友的大力帮助,非常感谢他们利用业余时间积极参与本书部分章节的编写,他们是许光、王芳、施展、王亮、安立全、陈勇、贾秀梅、张继业、徐立新、胡雪郢,是大家积极思考及认真负责的精神成就了本书的面世。还要感谢华中科技大学出版社的姚幸和余伯仲两位老师对本书出版提供的帮助。本人不得不特别感谢的,还有华中科技大学管理学院王宗军院长及我的业界朋友、著名流程管理实战派专家陈志强博士,他们对本书提出了重要的指导意见并在百忙中抽出时间为本书写《序》。我还要把感谢与问候送给长期以来默默支持我工作并无微不至关心我生活的亲爱的夫人邹燕。

由于水平有限,时间仓促,再加上企业运营管理体系建设工作本身还处在不断实践、总结和完善过程中,本书展现的内容在完整性、准确性、系统性方面的缺失在所难免,某些观点和描述甚至可能是错误或者不恰当的,出版本书的目的是和大家交流和分享,共同提升,故有不足之处,欢迎广大读者和业内同行批评指正。谢谢!

胡云峰

2018年3月15日于武汉

——见证烽火通信运营管理体系的学习与成长

学习和成长,是一个人从婴儿变成社会人必然经历的过程,没有学习和成长的生命是脆弱的,也经不起来自自然和社会的各种风吹雨打,顽强的生命力来自个体的学习与成长。企业作为一个参与市场竞争的个体也是有生命的。有数据表明,中国企业的平均寿命周期是5~8年。2019年是烽火通信成立20周年的日子,从人体生命角度来看,20岁正是一个人青春勃发、生命力旺盛的阶段,烽火通信作为一个从科研机构转制而来的公司,目前已经成长为一家在通信行业有全球竞争力的企业,20年岁月见证了烽火通信所经历的大量业务变革与管理变革,这些变革就是烽火通信不断学习和成长的过程。本人非常有幸在烽火通信快速成长的过程中参与进来,积极投身到公司的管理变革和运营管理平台建设中,亲眼见证了公司在企业运营管理体系各个领域的学习与成长。

限于文章的篇幅,本人将自己感受较深的几个方面做简单分享。

一、流程管理体系的学习与成长

刚到公司的时候,公司还没有建立正式的流程管理组织职能。经过十年的努力,在组织方面,除了建立专业的流程管理部门之外,公司还建立起基于领域统筹的GPO全球流程责任人制度,明确了公司管理部门在各职能与业务领域流程架构管理的主体责任,在各个业务和平台部门(包括子公司)建立了流程分管领导以及流程专员的角色和职责;在流程管理IT平台方面,公司成功导入了全球统一的流程管理信息化平台EPROS系统,使得公司流程架构以及流程与制度管理得以进入规范化管理的轨道;在流程管理方法和标准方面,公司建立了流程架构开发维护标准以及一系列流程管理的标准和流程,每月例行发布的流程管理月报,使得公司各部门、子公司的流程管理受控;在流程与风险内控体系融合方面,建立了基于流程的业务过程风险识别机制和基于流程的内控手册的自动生成,确保了流程与风险内控体系的统一;在流程建设成果方面,目前已经完成公司流程架构的顶层设计与发布,各主要业务领域流程架构的前三层也相继开发完毕,进入持续改进和维护阶段。从2019年开始,公司将全面开展基于流程架构的流程迁移工作,为逐步落实集团领域统筹以及"主干统一、末端灵活"的管理原则奠定较好的基础。

二、干部管理体系的学习与成长

干部管理对于一个企业的重要性是不言而喻的,干部队伍的制度化与体系化建设是企业长期可持续发展的关键。烽火通信这些年在干部的选拔、培养、考核和评价以及干部任职资格体系建设方面都取得了长足的进步。两年一度的干部重新选拔制度,直管干部个人绩效与组织绩效的关联,干部个人重点工作与管理平台能力建设项目挂钩,管理者知识手册的开发、培训和考试,每年年末针对管理工具的问题分析和案例举证,基于业绩与能力评价的二维评价模型的应用,以及基于集团管控体系的直管干部综合评价的组织体系建设,这些举措业已形成了制度化或惯例化,为烽火通信持续的业绩增长提供了巨大动力。

三、战略与绩效管理体系的学习与成长

战略与绩效管理是企业的动力之源,受体制以及能力意识等因素的制约,在成立之初,公司在五年规划以及年度规划等工作方面难免有形式主义的成分,但是最近几年,随着行业竞争的加剧以及管理者能力和综合素质的提升,烽火通信显著加大了战略与绩效管理体系建设的步伐和强度。通过对标业界最佳实践,公司系统性地开展了基于BLM模型的战略制定工作以及基于平衡计分卡的战略地图和战略解码工作,将集团与产出线(子公司)层面的多年规划(SP)和年度规划(BP)不断做实做稳,在战略管理流程方面,开发了基于战略闭环管理的STE流程,在组织绩效设计方面,持续改进基于客户价值主张的客户指标和支持客户指标的内部运行指标,并不断强化各级管理者对学习与成长指标的理解,将管理者的个人绩效与企业运营管理平台能力建设项目交付成果相关联,为组织赋能以及内部流程运营效率的提升提供了有力的支撑。

四、企业变革管理体系的学习与成长

变革管理对于任何一个企业来说都是一件极具挑战的事情,更不用说去建立变革管理的体系。烽火通信自成立之日起就在不停开展各种各样的变革,期间经历了破铁之旅、试水之痛、固本之法、健体之路以及图强之梦的不同阶段。从2012年开始还开展了基于组织绩效提升的管理变革,但是这些变革的开展都是以问题为导向,而不是以战略为导向的。最近几年,公司通过标杆学习,首先是高层管理者达成了按域统筹的集团管控原则共识,公司副总裁以及集团管理部门都要基于企业的价值链(流程架构第一层的各个业务与职能领域)来领导并做实企业的业务和管理平台,以年度SP/BP为牵引为公司的管理变革提供方向和线索,使得变革项目从立项开始就能获得正确的输入。在此基础上,在公司运营管理部主导下,建立了以领域副总裁为主任、管理部门为领域秘书机构、运营管理部为变革项目管理办公室的变革管理组织体系以及相应的流程体系与绩效管理体系,并基于此发布和维护烽火通信变革管理制度。公司总裁关于变革管理【推与拉】【生与养】关系的阐述,对于企

业变革土壤的改良和变革文化氛围的提升发挥了引领作用。

五、供应链管理体系的学习与成长

供应链在烽火通信价值链上是面向客户交付非常重要的使能流程。多年以前,烽火通信各产出线、子公司的供应链不论是流程、组织、绩效以及信息化建设与管理都是各自为阵、互不相干的。制度、流程以及IT应用野蛮生长的情况非常普遍,对于一个聚力光通信产业的集团公司而言,谈不上集团层面的供应链体系管理,所以也不可能产生集团管控的规模效应。大约从2013年开始,公司管理层意识到加强集团供应链管理体系建设的重要性:在流程上,相关管理部门组织开展了基于SCORE模型的供应链流程架构的顶层设计,目前已基本具备按产出线进行流程迁移的条件;在IT系统规划建设上,基本确立了以ERP、PLM、MES、SRM、APS和WMS等系统为核心的供应链应用系统建设与维护的框架;在供应链绩效管理方面,也逐步建立和完善了基于平衡计分卡的KPI指标体系,由统一的管理部门基于现有的IT系统对各产出线供应链绩效进行客观公正的评价和考核,并统一开展面向OTC端到端的供应链组织体系建设,包括国内和国际的生产、采购、仓库和物流功能的完善,这些集团层面供应链体系化管理的变革举措体现了公司在该领域的学习与成长。

除了上述职能与业务管理领域的学习与成长之外,公司在产品研发管理体系、营销服管理体系、企业文化以及党务与纪检监察等领域都开展了大量的平台建设并取得了长足的进步。公司运营管理体系的改进永无止境,虽然我们在这些领域取得了显著的进步,但是我们仍然需要看到前进道路上面临的问题和困难,比如公司的战略管制定与评价能力、价值链与流程架构的开发、维护与执行能力、变革项目管理能力、营销与研发业务的融合能力等领域依然存在巨大的改进空间,我们需要秉持不忘初心、顽强拼搏与百折不挠的奋斗精神,持续推进公司运营管理体系的学习与成长,各个职能与业务领域的学习与成长是烽火通信集团运营管理体系学习与成长的具体表现,这些成长必将有力推动公司基于战略的管理平台能力建设,为烽火通信战略实施与落地提供强有力保障。

胡云峰
2019年4月18日于武汉

前言三
FOREWORD THREE

——谈谈区块链与企业运营管理体系的关系

本人在研究和实践流程管理与企业运营管理体系的过程中,无意间触碰到了当代世界的一个最热门的概念—区块链。企业运营管理体系和区块链之间到底是什么关系,本文试图结合个人的理解做一些展开和陈述,不一定准确,也不一定具有很好的系统性,算是抛砖引玉吧。

一提到区块链,基本上都会提到它的几个特征:去中心化、数据公开透明、不可篡改等等。这些特征中,去中心化是区块链的一个本质特征。世间万物都是动态普遍联系的,我理解这是区块链这个概念的本质。

关于数据公开透明和不可篡改,比如说,某人某天七点出发开车去公司上班,七点半到达公司,如果有人要篡改这个时间,说他是八点上班的,那篡改时间的人就是在说谎,因为车载行车记录仪数据、路上的交通记录信息以及此人到达公司门岗的电子记录都客观地证明了这一点。世界上所有事物之间都是通过数据信息(七点、八点、出发、到达等)和实体(汽车、行程记录仪、门岗等)关联起来的,这种联系包括动态和静态的关联,这种关联性是普遍和客观存在的,也是在不断动态发展的。由于技术和政治等方面的原因,人们不一定能够让这些数据信息做到公开透明,但是可以通过一定的技术手段,让这些关联数据和信息不至于被篡改。

关于去中心化这个概念,它是和中心化相对而言的。去中心化并不是不要中心,而是由节点来自由选择中心、自由决定中心。简单地说,中心化的意思,是中心决定节点。节点必须依赖中心并且为中心服务,节点离开了中心就无法生存,就不能体系其价值。

下面来说说企业运营管理体系这个概念。

按照国际标准化组织 ISO 的定义,管理体系是组织用于建立方针、目标以及实现这些目标的过程的相互关联、相互作用的一组要素。企业运营管理体系就是企业为客户创造价值的价值链上的一组要素,而企业的价值链是由流程架构第一层上的内容决定的,比如烽火通信流程架构第一层的内容如下图所示,可以看出烽火通信运营管理体系是由 FPD、LTC、ITR 等价值链上的 13 个要素构成的,包括运营、使能和支撑三大流程板块(区块)。

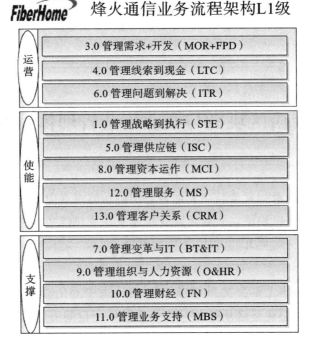

烽火通信价值链构成要素（流程架构 L1 内容）

下面结合企业内部流程架构与运营管理体系要素的内容，举几个关于节点和中心以及它们之间相互关联相互作用的例子。

比如在企业，当我们在开展订单交付业务的时候，供应链就是中心、就是战区，其它所有业务（研发、销售、财务等等）都是节点和平台，都要以供应链为客户、围绕供应链这个中心提供服务和支持，从而体现自己的存在价值。

同样的道理，当我们在开展销售业务的时候，销售就是中心、就是战区，其它所有的业务（研发、供应链、人力资源等等）都是节点和平台，都要围绕销售这个中心提供服务和支持，从而体现自己的存在价值。

再比如，当企业在开展企业员工任职资格评审的时候，人力资源部门就是中心、就是战区，其它所有的部门（研发部门、供应链部门、财务部门等等）都是节点和平台，都要围绕人力资源部门的任职资格评定这个中心提供服务和支持。

企业内部所有业务和所有部门都可以成为中心，成为战区，成为被服务的对象，也都可以成为节点，成为平台，给其它体系要素提供服务和支持，这也是区块链概念的基本要义。

还是结合烽火通信价值链的案例具体讲解，上图中展示了烽火通信公司业务流程架构第一层上的 13 个大的区块以及这些区块之间的相互关系，或称为企业运营管理体系的 13 个体系要素及其相互关系。我们可以看到这 13 个区块要素之间的普遍动态联系，这 13 个区块都可以成为服务的中心和作战的战区，也都可以成为服务于中心和战区的节点和平

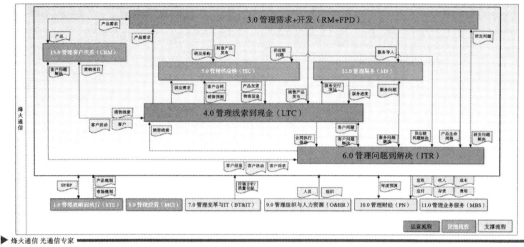

烽火通信价值链各要素之间的相互关系

台,也就是说,企业运营管理体系的各个要素是互为节点和中心的,到底是节点还是中心,取决于战区在哪里、客户在哪里。

  以上是本人最近在研究和实践企业流程与运营管理方面的一些最新认识和看法,结合区块链的概念,发现它们之间有很多内容是不谋而合的,特记录并分享。

胡云峰

2022 年 3 月 7 日于武汉

目 录

第一章 运营管理体系概述 /1

第一节 企业运营 /3
一、运营概述 /3
二、结合 APQC 的流程分类框架看运营 /4
三、企业战略定位与运营的关系 /4
案例 1-1 企业内部运营层面问题与分析 /6
案例 1-2 企业内部运营痛点问题举例 /11

第二节 运营管理 /15
一、如何理解"企业管理"这个概念 /15
二、运营管理的概念及其目的 /17
三、中国古代管理思想及其对现代企业的影响 /18
案例 1-3 从中兴到华为,中国人管理的致命缺点在哪里?/21
四、现代西方管理思想及其引进 /23
五、运营管理的组织层级 /24

第三节 体系与体系管理 /26
一、体系的概念与分类 /26
二、体系管理的概念、目的与方法 /28
三、体系管理存在的问题及其与流程管理的关系 /35
四、流程与体系融合的必要性与可能性 /37
五、体系融合工作规划、方法与路径 /38
案例 1-4 某集团企业运营管理体系手册目录 /39
案例 1-5 流程与体系融合之客户服务投诉处理及改进流程 /43

第四节 运营管理体系的建设 /46
一、运营管理体系的概念 /46
二、运营管理体系架构和构成要素 /48
三、运营管理体系建设规划 /51
四、运营管理体系的 PDCA 循环 /53
五、运营管理体系管理评审的作用与方法 /54
案例 1-6 某集团公司的运营管理体系的持续改进 /56
案例 1-7 某集团公司年度管理评审实践 /59
思考题 /63

第二章 企业战略、战略管理与运营管理的关系/65

第一节 战略概述/67
一、愿景、使命、价值观与战略/67
二、愿景、使命、价值观的作用/68
三、战略的本质与表现形式/69

第二节 战略管理/71
一、战略管理的循环及其流程架构/71
二、战略制定过程/73
案例2-1 华为公司战略规划到执行/76

第三节 战略管理与运营管理的关系/79
一、运营管理的管理要素/80
二、运营的现状显现化与战术层面的优化/81
三、通过项目管理与绩效管理推动"行动方案"落地/81

第四节 战略管理与运营管理关系处理问题与分析/83
一、战略对职能规划不清/83
二、运营管理体系改进缓慢/83
三、注重短期结果,牺牲长期利益/84
四、找不准运营管理体系改进的方向/85

第五节 运营管理和企业执行力/86
一、执行力概述/86
二、企业运营管理体系建设就是执行力建设/91
案例2-2 某公司执行力问题分析/92

第六节 平衡计分卡原理及其应用/95
一、平衡计分卡简介/95
二、平衡计分卡的发展历程/97
三、平衡计分卡的主要内容/99
四、企业实施平衡计分卡的障碍/101
五、如何通过平衡计分卡看管理业绩/101
六、平衡计分卡应用于战略管理/102
七、基于平衡计分卡的战略地图与战略解码/103
思考题/106

第三章 企业集团管控体系与运营管控模式/107

第一节 企业集团管控的形成背景/109
第二节 企业集团管控的典型管控模式/111
一、战略管控模式/111
二、财务管控模式/111

三、运营管控模式/112
四、三种管控模式的对比/113
第三节 企业集团管控模式的运营管控模式/115
一、运营管控模式的控制方式/115
二、运营管控模式的适用性/120
三、集团运营管控模式的组织设计/121
案例3-1 集团运营管控的组织架构设计/124
四、集团运营管控之按域统筹原则/128
思考题/130

第四章 企业运营管理体系中的业务管理体系/131

第一节 业务管理体系概述/133
一、业务管理体系的概念/133
二、为什么建立业务管理体系/134
三、实施运营管控的集团企业需要建立业务管理体系/135
第二节 业务管理体系的构成要素/136
一、APQC流程分类框架的业务要素/136
二、不同企业的业务管理体系的构成要素不同/136
案例4-1 从华为公司的三个端到端流程看业务管理/138
第三节 企业业务管理体系中的市场营销业务管理/140
一、市场营销业务的功能定位/140
二、市场营销业务的运营管理/144
案例4-2 某集团企业LTC(线索到现金)业务流程架构/147
第四节 企业业务管理体系中的研发业务管理/151
一、研发业务的功能定位/151
二、研发业务的管理体系/154
第五节 企业业务管理体系中的供应链业务管理/165
一、供应链概述/165
二、供应链的业务管理/167
三、供应链运营管理/168
第六节 业务管理体系之间的关系/180
一、供应链业务与产品研发业务的关系/180
二、市场营销业务与产品研发业务的关系/182
三、销售业务与供应链业务的关系/185
思考题/187

第五章 企业运营管理体系中的职能管理体系/189

第一节 职能管理体系概述/191

一、职能管理的价值与使命/191
　　二、职能管理的定位/192
　　三、职能管理的价值认可/193
第二节　企业职能管理体系的构成要素/194
　　一、APQC流程分类框架的业务要素/194
　　二、企业职能管理体系的构成要素/195
　　案例5-1　某集团公司职能管理体系的构成要素/196
第三节　组织与人力资源管理/198
　　一、人力资源管理综述/198
　　二、组织与人力资源管理/201
　　案例5-2　某公司人力资源体系的建设/208
　　案例5-3　某公司的员工关系管理/209
第四节　绩效管理/211
　　一、绩效管理的内涵/211
　　二、绩效的特征及其影响因素/212
　　三、绩效管理的作用/218
　　四、绩效管理机制的构建/218
　　五、绩效考核执行方案/221
　　六、绩效考核结果评价及应用/224
　　案例5-4　不要只是把考核结果应用于奖金分配/225
第五节　信息化(IT)管理/229
　　一、IT年度工作计划的管理/229
　　二、企业架构梳理和管控/230
　　三、IT建设项目的管理/231
　　四、IT运维服务管理/233
　　五、IT服务与管理的信息化建设/236
　　案例5-5　某集团公司年度IT系统建设工作计划/238
第六节　企业职能管理体系中的企业文化管理/240
　　一、企业文化和企业文化管理的内涵/240
　　二、企业文化的属性/241
　　三、企业文化管理的作用/242
　　四、企业文化与企业品牌发展/243
　　五、企业文化机制的构建/244
　　六、企业文化管理评估/248
　　案例5-6　IBM的"公司哲学"——企业文化建设就是对企业核心价值观的坚守/249
第七节　职能管理体系要素之间的关系/251
　　一、流程管理职能与组织管理职能之间的互动/251

二、流程管理职能与绩效管理职能之间的互动/253
三、流程管理职能与信息化建设管理职能之间的互动/255
四、组织管理职能与绩效管理职能之间的关系/256
五、绩效管理职能与信息化建设管理职能之间的互动/258
案例5-7 财务管理部关于培训费报销需提供的资料/260
思考题/261

第六章 企业职能管理与业务管理的关系/263

第一节 职能管理和业务管理都是集团运营管控的需要/265
第二节 职能管理和业务管理都需要行使管理和服务职责/267
    一、管理职责/267
    二、服务职责/269
第三节 职能管理和业务管理的功能需要在组织上下沉到业务部门/271
第四节 职能管理和业务管理需要开展顶层设计工作/275
    一、业务管理的顶层设计/276
    二、职能管理的顶层设计/280
第五节 职能管理与业务管理的工作互动/284
    二、业务管理部门自身需要学习并开展职能管理/286
    三、职能部门需要学习企业的业务知识和了解业务现状/287
第六节 企业管理活动的逻辑与时序设计/288
    一、业务管理活动/290
    二、职能管理活动/291
    三、管理活动的时序设计/292
案例6-1 企业职能管理工作的协同共享/295
思考题/302

第七章 流程管理及其在运营管理体系中的核心地位/303

第一节 流程管理概述/305
    一、流程的定义/305
    二、流程管理的定义/306
    三、生命周期管理循环/308
    四、流程全生命周期管理的必要性/309
    五、流程建设规划/309
第二节 流程全寿命周期管理流程/321
    一、"流程架构开发流程"/321
    二、"流程架构变更申请与实施流程"/324
    三、"流程拟制、审批与发布流程"/326

四、"流程宣贯与执行跟踪流程"/329
　　五、"流程审视与优化流程"/330
　　六、"流程的废止流程"/333
第三节　规章制度管理/335
　　一、规章制度的定义/335
　　二、规章制度与流程的关系/335
　　案例7-1　某集团公司规章制度管理办法/338
第四节　流程管理在运营管理体系中的核心作用/343
　　一、流程就是业务的本身/343
　　二、流程管理是运营管理体系持续改进的基础/344
　　案例7-2　采购业务招评标流程的审视优化/345
　　三、流程管理对业务管理体系的支撑作用/346
　　四、流程管对职能管理体系的支撑作用/346
　　五、流程管理在体系管理的地位/347
　　六、通过内部流程运营绩效支撑客户的价值主张/347
　　七、流程建设与管理是"学习与成长"维度的组织赋能/347
　　思考题/348

第八章　流程管理长效机制建设/349

第一节　流程管理的组织体系建设/351
　　一、建立并推行流程责任人制度/351
　　案例8-1　某集团公司流程责任人制度/352
　　二、建立流程建设与管理的组织体系/354
　　三、部门流程建设相关角色与职责/357
　　四、加强流程建设专业队伍能力建设/359
第二节　流程管理的流程架构与流程建设/361
　　一、流程管理的流程架构产生的背景及演进过程/361
　　二、流程管理的流程架构与业务模块说明/362
第三节　流程管理的绩效管理/364
　　一、形成绩效指标设计总体思路/364
　　二、流程建设中的绩效指标设计/365
　　三、绩效指标的年度目标制订与考核/369
　　四、开展部门流程建设质量的季度评估/369
第四节　流程管理的文化建设/373
　　一、流程管理文化的"松上"与宣传/373
　　二、管理者和员工在思想观念上的改变/379
　　三、促进企业管理文化和企业形象的提升/380
　　思考题/381

第九章　企业运营管理体系的变革与管理/383

第一节　为什么需要变革/385
一、企业变革的背景/386
二、企业变革的三种形态/387
三、变革之难/387

第二节　变革需要管理和方法/394
一、科特变革管理8步法/394
二、IBM组织变革管理框架/397
三、企业变革管理体系建设/402
案例9-1　烽火通信管理变革项目管理办法/403
案例9-2　烽火通信历年年度变革主题/412

第三节　企业运营管理体系变革路径/413
一、管理部门自身的运营管理平台能力建设/413
二、管理部门之间的运营管理互动能力建设/414
三、管理部门与业务部门间的运营管理互动能力建设/414
四、业务部门自身的运营管理能力建设/415

第四节　企业变革项目管理/416
一、平台能力建设项目管理架构/416
二、平台能力建设项目系列流程介绍/417
思考题/426

参考文献/427

第一章 运营管理体系概述

核心要点

企业运营管理体系是一个复杂的系统,其构成要素就像一个航天飞船是由动力系统、导航系统、机械系统、冷却系统等子系统构成一样,企业运营管理体系也是由市场、研发、供应链等业务管理系统以及财务、人力资源等职能管理系统构成的一个有机整体,各个子系统之间需要开展密切的协同。

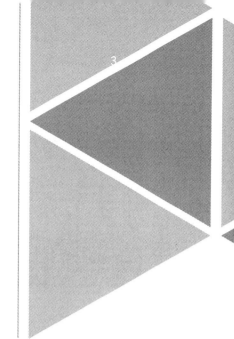

第一节 企业运营

一、运营概述

运营（operation）也可称为运作或运行，是指一个组织按照一定规则正常履行其职责和实施具体业务活动的过程。所有的组织只有通过业务运营才能达到组织的目标。

有的人将企业的业务运营分为项目类的业务运营和运行维护类的业务运营，这是把业务运营方式进行划分的一种维度。项目类的业务主要是指那种一次性的业务，就是一次性做完并完成某种交付，下一次又做新的项目（project），每次项目做完以后，这个项目的交付成果可能就会用来进行后续的业务运行和维护。如一个IT系统的开发项目，项目的建设是一次性的，项目建完以后交付一个IT系统，后面就是这个IT系统的运行和维护的业务。在该系统的运行和维护过程当中，可能会对原有系统进行一些改造和升级，这又可能是一些小的项目，也是一次性的，但是原来的那个IT系统依然存在，在系统改造和升级的同时，会有很多的业务数据在这个IT系统上产生并维护，这个过程就是系统的运行和维护过程，也是IT系统建设完成之后必然要开展的工作。铁路的建设也是一次性的项目，项目完成时交付建设好的铁路，交付的铁路进入后续的运行和维护阶段。图1-1所示为建筑施工项目建设与设施运营。

任何机构都存在着运营的问题，包括政府机构、企业及民间社团组织等，因为它们都需要通过运营实现组织的目标。如政府机构，政府机构包括教育、医疗、公安、税务等业务管理职能，这个管理机构为了实现组织的目标，都需要开展具体的业务，这些业务虽然和企业业务不太一样，但是它的业务都需要去运营，然后产生必要的结果去支撑政府机构的使命、愿景和目标。

图 1-1　建筑施工项目建设与设施运营

对企业来讲,企业包括的业务运营的方面有很多,通常会包括市场业务、销售业务、研发业务、采购和制造业务、售后服务等业务。除了这些直接与产品和服务相关的业务之外,为了支撑这些业务的有效运作和管理,企业还需要开展一些管理和支持类业务的运营,我们把这种业务称为管理和支撑业务,通常包括企业文化建设、组织与人力资源管理、绩效管理、质量与体系管理、全面风险管理、项目管理、信息化建设管理、综合行政事务等,这些业务都是为了维持企业的正常运营而存在的。

二、结合 APQC 的流程分类框架看运营

从另外一个角度来看企业的业务运营,根据美国生产力与质量中心(APQC)提供的流程分类框架(process classification framework),如图 1-2 所示,可以看到 APQC 将一般企业运营的业务在流程分类框架的第一层上划分为两大部分共 13 个业务运营领域。

第一大部分称为运营流程(operating process),包括 6 个领域,分别是"开发愿景与战略""产品与服务的开发与管理""产品与服务的市场与销售""产品的交付""服务的交付"及"管理客户服务"。第二大部分称为管理与支撑服务流程(management and support service),包括 7 个领域,分别是"人力资本的开发与管理""信息技术管理""财务资源管理""资产获取、建设与管理""管理企业风险、遵从性、灾难恢复与适应性""管理外部关系"及"业务能力的开发与管理"。APQC 除了开发通用版本的流程分类框架以外,还针对不同行业特点开发了适合不同行业的流程分类框架,以指导不同行业企业的内部运营与流程体系建设。很多全球化企业(包括一些中国企业)参照 APQC 提供的框架开发和定制了各自的流程架构,并在此基础上实施流程管理体系。

从 APQC 提供的流程分类框架第一层的内容可以看出,企业的内部运营包括业务的运营与职能的运营两个方面,这就是企业在流程体系通常意义上的顶层设计范畴的内容。

三、企业战略定位与运营的关系

对任何一个企业来说,业务运营的内容都是从无到有、从有到优的动态变化过程,与企业所处的发展阶段和企业的战略定位与使命及愿景密切相关,对于刚刚设立不久的小规模企业来说,许多业务和管理的功能是不健全的。随着企业规模的不断扩大,企业需要的业务与管理功能也会增强。如小企业不需要做规范性的企业品牌管理,也不会培养品牌管理

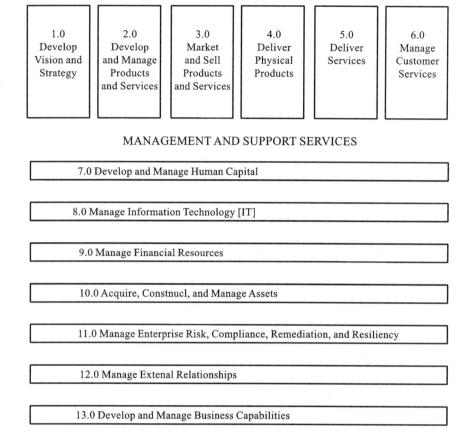

图 1-2　APQC 流程分类框架第一层

的专业人才,但是企业发展到万人规模的时候,随着环境、竞争及客户需求的变化,品牌管理就会列入企业能力建设的日程,设立品牌管理部门并培养品牌管理的专业队伍。企业战略定位与使命及愿景对业务运营的影响,可以从以下几个方面来进行分析。

企业战略包括业务战略和职能战略两个方面。战略手段包括资源整合战略、成本优势战略、业务聚焦战略、差异化战略、投融资战略等。资源整合战略强调对市场资源的整合能力,在充分识别客户机会的基础上,做整体解决方案集成,这样的企业通常不会强调研发与制造业务的运营,这些业务由提供中间产品的参与企业完成。成本优势战略强调基于自身核心竞争力的低成本业务运营,用低成本的产品和服务为客户创造价值,为了降低成本,企业可能聚焦自己的核心竞争能力,而将一些自己不擅长的非核心业务外包,可以外包的业务包括研发、制造、人力资源甚至 IT 系统的开发与运维等。业务聚焦战略与成本优势战略有相似之处,但是选择业务聚焦战略的企业可能选择做专业能力外包或代工业务,它瞄准那些选择了成本优势战略的企业并向它们提供外包业务或代工,这样的企业聚焦制造能力或工序加工能力,通常不太关注产品的研发。对于选择通过资本运作来获得收益的企业来说,它们的能力在于对所需投资企业盈利能力的分析与投资决策,显而易见,它不会关注产品研发、供应链等业务。

另外,运营与企业价值链也存在密切的联系,价值链是企业为最终客户创造价值的业务链条,业界对价值链的定义还包括支撑业务运作的职能管理与支撑体系,价值链上的所有业务都是企业内部运营的业务,所以需要将价值链这个概念与产业链和供应链这两个概念进行区分,产业链是跨企业的业务价值创造链条,价值链是企业内部的价值创造链条,而供应链描述的是企业内部从获取客户订单到发货,再到客户指定收货地点的更加微观的业务链条,图1-3所示为国内某知名上市公司企业流程架构第一层的内容,也是该企业创造客户价值的价值链,该价值链是该公司战略落地的路径,是内部运营的主要职能与业务领域,该公司基于"按域统筹"的原则实施集团运营管控。

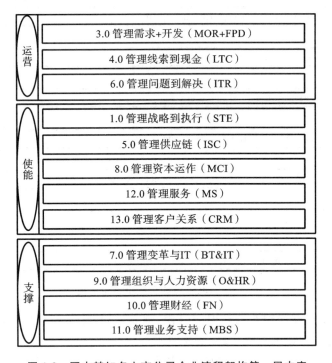

图1-3　国内某知名上市公司企业流程架构第一层内容

案例1-1

▪ 企业内部运营层面问题与分析 ▪

中医有一句针对人体健康状况的名言:"通则不痛,痛则不通"。当人的身体出现某种疼痛或征兆的时候,通常是由于体内某个器官存在血管拥堵或经络不通的现象(见图1-4)。

对企业的健康状况来说,"通则不痛,痛则不通"这句话同样适用。一个企业就像一个庞大的生命有机体,组成这个有机体的元素包括企业文化、企业制度、人、技术、设备、办公环境等。就像人体可能出现各种各样的疼痛症状一样,企业内部也可能发生各种"病症",

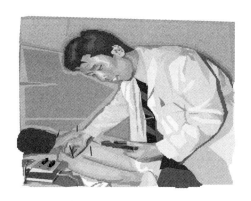

图 1-4 通则不痛，痛则不通

如企业战略定位不准确、内部流程不通畅、组织机构不健全、绩效考核不合理、员工能力不匹配、IT 系统不到位等，一旦发生其中的一种或几种病症，企业机体就会出现"疼痛"的现象，轻则影响运营的效率和效果，重则危及企业的生命。这些构成企业机体的各种要素之间存在着非常密切和复杂的关系，有时候一个问题解决不好，可能导致发生很多其他问题的多米诺骨牌效应；同理，如果某个问题解决得好，企业机体可能出现"病走如抽丝"的现象。所以当企业产生"疾病"的时候，找准导致疾病发生的根本原因是关键，只有"号准脉"，"找准药"，才能"治好病"。

下面结合某酒业公司的内部运营层面收集的问题进行简单分析，将这些问题从职能与业务管理的维度进行分解，职能维度分解为流程管理问题、组织与员工能力问题、团队激励与工作态度问题及 IT 问题，问题的分析是由问题提出部门与咨询顾问合作完成的，有些问题由多种原因构成，有些问题可能由单一的原因造成，分析结果如表 1-1 所示，从分析结果来看，绝大部分的企业内部运营问题都与业务流程管理相关，很多问题与业务管理逻辑相关。

表 1-1　企业内部运营层面问题与分析

序号	业务痛点描述	问题分析				
		职能管理问题				业务管理问题
		是否流程问题	是否组织问题	是否激励问题	是否IT问题	是否业务本身问题
1	包装材料改版较快	√				√
2	新产品首批上市的质量问题反馈较多	√	√	√		√
3	新版本上市后，老版本包装材料及成品积压时间较长	√				√

续表

序号	业务痛点描述	问题分析				
		职能管理问题				业务管理问题
		是否流程问题	是否组织问题	是否激励问题	是否IT问题	是否业务本身问题
4	库存（成品、包装材料附件）种类繁多，退库返修、生产、储运难度、成本无形增高	√				√
5	返修包装材料缺延迟返修时间，增加库容，影响产品的流通	√				√
6	销售计划准确率低	√	√			√
7	产品品种多，品项更多，浪费较大					√
8	食堂就餐人数与刷卡机数据不符				√	
9	公司监控防盗系统维修频率高，无后期尾保	√			√	
10	到公司参观的各个批次时间冲突	√				
11	公司发文的格式难以统一	√				
12	项目完成后可利用资产如何较好地处理	√				√
13	生产垃圾过多，可以更好地回收处理	√	√			
14	OA签呈流转流程效率还待提高	√			√	
15	OA报告流程多余	√				
16	门头店招牌制作标准不统一	√				
17	赏罚不明			√		
18	OA部分报告批复时间过长	√		√		
19	市场费用对账不清楚	√				√
20	预警机制欠缺	√		√	√	√
21	库存与财务数据很难一致	√			√	
22	三地基酒内部调拨手续及责任划分落实实施	√	√			
23	发往包装车间生产灌装酒数量统计与核算问题	√				√

续表

序号	业务痛点描述	问题分析				
		职能管理问题				业务管理问题
		是否流程问题	是否组织问题	是否激励问题	是否IT问题	是否业务本身问题
24	随州、武汉酒库库存无法及时掌控和监督	√		√		√
25	三地酒库样品化验评审和质量控制时间不及时	√				√
26	老员工出现消极和素质下降		√	√		
27	随州自酿基酒管理问题	√				√
28	随州酒库管理考核应该三地一起	√		√		
29	请购流程太过繁琐,耗时过长	√			√	
30	人员工作积极性不高,学习氛围不浓		√	√		
31	办公室与酒库之间工作衔接传达上不够完善	√				
32	包装车间品尝把关,对方不够重视	√		√		
33	酒库晚上值班欠缺责任感,未达到预期效果	√		√		
34	白酒感官评审参加人员太少,也不够固定		√			
35	品酒酒样过少,培训力度不够		√			√
36	文化馆勾调体验区的接待工作,每次接到通知后等待时间过长	√		√		
37	实验所需仪器不足(烘箱、离心机)					√
38	质量分析得不到及时解决	√		√		
39	当工作无法开展下去的时候,如何寻求领导的支持,力度不够时如何处理	√	√	√		

续表

序号	业务痛点描述	问题分析				
		职能管理问题				业务管理问题
		是否流程问题	是否组织问题	是否激励问题	是否IT问题	是否业务本身问题
40	分公司部分部门负责人承担了主管责任,也按主管考核,但没有享受主管待遇		√	√		
41	新产品生产,到货审样每次都要寄总部审,来回耽误时间	√				√
42	在每月的部门考核中,有许多跟随州无关的项目	√		√		
43	订单不准确,送货出现客户拒收或下达订单跟实际订单不一致	√				√
44	订单紧急度虚假			√		
45	订单零散,导致多批次小批量发货	√				√
46	3天出库,实际到手订单已经被耽误2天及以上	√		√		
47	公司计划准确率不够	√				√
48	订单经常修改,影响扫描提单准确性	√				√
49	库存调度不精准	√			√	
50	无部门年度人员需求计划	√	√			
51	某些部门的招聘需求申请不严格按照审批流程执行,直接电话告知是否需要招人	√		√		
52	招聘需求申请过于简单,不能详细描述岗位职责及岗位要求,导致招聘效率不高	√		√		
53	面试流程不够精简且时间性变化较大,需要求职者等待很长时间,容易造成对求职者的不尊重	√		√		

案例 1-2

企业内部运营痛点问题举例

某公司作为一家由传统国企改制而成上市企业,企业运营管理同样会出现这样或那样的问题,其中内部业务流程缺失,流程不通畅,流程不规范,业务责任主体不明确,部门和岗位职责不清晰,业务活动缺少详细、明确的工作标准等,这些都是企业运营层面可能存在的问题。这些问题在实际业务中的表现形式是怎样的呢,让我们来看一些比较典型的例子。

1. 产品参展或测试业务痛点问题

(1) 测试、参展等发货需求提出阶段:生产备货是否以正常订单形式下达,没有明确的业务界定,导致后期退回、销账等无法跟踪。

(2) 合同分解阶段:手工录入,在 SAP 系统中带不出 BOM 的相关附件,影响生产过程。

(3) 生产发货阶段:发货出口多,对应接口人不统一。

(4) 设备收货和现场使用阶段:没有明确的责任人,缺乏对应的责任机制,导致后期设备退回责任无法落实。

(5) 设备退回阶段:设备退回的责任人不明确,实物和信息不对应,缺乏允许损耗的原则和退回接收的确认,实物接收无对应责任人。

(6) 设备不退回的情况:无具体的审批权限和原则的支撑。

(7) 信息传递不顺畅(包括公司内部信息传递)。

(8) 测试、参展类合同无人管理,发生变更之后合同不取消,影响生产计划;测试合同需求在 SAP 系统中不计入预留。

2. 企业产品召回业务痛点问题

(1) 产品召回标准不清晰。什么情况下才触发产品召回?产品召回与工程改造、工程返修、退换货等其他逆向流程之间的关系模糊。

(2) 产品召回管理责任主体不明确。谁发起召回申请,谁受理召回申请,谁批准并决定召回,谁来组织制订召回方案,谁具体执行召回等。

(3) 产品召回全过程监控管理不清晰。产品召回可能涉及缺陷产品的鉴定,缺陷产品的逆向物流,替换货的备货、包发,以及召回产品的处置等。

(4) 产品召回的费用预核算不清晰,整个产品召回过程中涉及的费用在各部门如何分担没有明确规定,所以也没有明确的责任承担机制,造成类似问题重复发生。

(5) 召回产品的处置方式不清晰。召回产品的处置责任主体是谁?涉及外购件的缺陷的话,如何向供应商索赔?

3. 出厂产品返修业务痛点问题

(1) 返修周期长,接近 30 天,客户要求 15 天。

(2) 二次返修率高,相同问题在同一产品返修前后重复出现。

(3) 保修期不明确,不同阶段应有不同做法。

(4) 厂商提供的服务与客户对我司要求有差距,如,厂商和我司的保修期有差异,维修周期有差异。

(5) 客户误判率高。合格产品被客户误判,进入返修通道,浪费资源。

4. 产品非常规生产业务痛点问题

(1) "非常规生产"和"早期销售"两个概念是否需要整合,将非常规生产活动纳入到FPD的早期销售范畴?或者依然维持两个活动的并存?

(2) 决策活动缺失:如果整合"非常规生产"与"早期销售"两个活动,需要明确启动时点是在中试释放前,还是在中试释放后?如果定义在中试释放后,受制于项目进度,无法满足客户需求;如果定义在中试释放前,产品成熟度低,需要加强风险管控;如果维持两个活动并存,现有多数非常规生产需求,无早期销售决策评审材料支撑。

(3) 流程范围模糊:非常规生产原定义是仅针对外部客户需求发起的生产活动,而产品线需求(测试,中试,大规模组网)是否纳入此流程范畴?

(4) 流程范围矛盾:PLM规定已经启动中试流程的产品,不能再启动非常规生产流程,而非常规产品的定义是中试释放前的产品。

(5) 变更流程缺失:非常规生产的目的是以客户需求为导向,当出现需求调减,任务的更改、取消流程缺失,未形成闭环。

(6) 责任主体不明:以客户需求为导向,在产品预计释放时点前,需结合物料采购周期,对预计释放时点后的需求进行提前备料活动,此时段备料责任主体不明确,是产品线还是制造部?最终会影响对客户需求的及时响应。

5. 产品研发阶段结构件加工业务痛点问题

(1) 结构件加工的交付时间不能保证,50%以上的申请存在着拖延,有时加工申请提交的时间甚至晚于期望的交付时间。

(2) 反复协调工作量大,交接次数多,外购件业务管理待规范。

(3) 缺少工艺反馈或反馈不及时,导致加工申请或加工质量的情况重复发生。

(4) 加工或装配的质量难以保证,质检管理薄弱。

6. 客户投诉或客户问题处理业务痛点问题

(1) 产品品质判断不精准:同一产品出现的不同问题的信息可能分散在不同部门,而该产品出现的所有问题是较难全面统计分析,使得公司对产品品质的判断不够准确。

(2) 资源浪费:由于数据分散,信息不共享,同样的问题反复提。可能多个部门收到同样的问题,多个部门同时对问题进行解决,或者一个部门接到同一个问题,反复上报,造成资源浪费。

(3) 问题解决的及时性差:问题的跟踪职责明确,问题的解决过程没有明确记录。

7. 参展与展会管理业务痛点问题

(1) 责任主体不明确。谁作为展会的组织策划者?谁负责接待客户?谁负责展览方案?谁负责展会落地等?

(2) 全流程不清晰。展会过程分为几个阶段?每个阶段的接口部门和相应职能是什么?这些部门之间如何进行有效的协调衔接?

(3) 费用预核算不清晰。整个展会过程中涉及的费用如何分担?

8. 供应商产品变更通知管理业务痛点问题

（1）供应商 PCN（生产变更通知）的分级处理规则不明确：不同物料对于不同级别 PCN 存在的技术、工艺、品质、采购的风险不同，目前对供应商缺乏明确的规范。

（2）对供应商 PCN 认可主体不明确：由于来自供应商的 PCN 种类繁多，不同种类的 PCN 认可主体不同。而我司产品设计的物料种类较多，因此认可主体涉及研发设计者、工艺、品质、采购等多个部门。

（3）对供应商 PCN 的分类管理尚不完善：对 PCN 的种类管理尚不完善，导致 PCN 信息在传递、确认、存档等多个环节操作不规范，由此带来的品质风险、采购风险较高。

（4）对供应商 PCN 的管理要求不完善：目前部分重点物料已经对供应商提出 PCN 的管理要求，但是其他类别的管理约定还没有完善，缺乏系统全面的管理约定。

9. 出口产品海外测试与认证业务痛点问题

（1）没有完整的测试预测和计划：多数测试需求由办事处临时提出，缺乏前端的市场引导和周密的计划。

（2）由于缺乏计划，造成资源协调困难。

（3）各产品测试机会不均衡：目前在 PON、家庭网关、WDM、少数光缆有测试需求，尤其以 PON 产品的测试诉求较多，而高峰时期人力、物力及费用的保障出现不平衡，因此有必要对各产品的测试机会进行评审或排序。

（4）测试项目的责任主体及跨部门人员协调问题：由于部门间没有明确的流程指引，经常出现资源供应紧张、人员不到位等现象。

（5）缺乏测试后期的反馈及改进。

10. 物料暂停使用和物料重新启用业务痛点问题

（1）对物料暂停使用和物料重新启用的决策，目前还没有一个规范的流程来明确相关角色和职责。

（2）未明确谁可以提出物料的暂停使用和重新启用的申请，哪些部门和角色来对物料进行暂停使用或重新启用的确定、验证、发布和执行工作。

（3）对于出现过重大质量问题的物料可能会重新启用的决策缺乏详细的工作指导，从而增加产品不良率的风险，降低产品质量的可靠性，影响合同交付进度。

"问题多，响应慢，重复犯"，这是某公司首席运营官（COO）在描述公司运营问题时所做的简单归纳，虽然只有九个字，但是道出了中国很多企业在内部运营上普遍存在的管理难题。案例 1-2 中 10 个案例所描述的业务痛点问题还只是企业内部大量业务问题中很小的一部分而已。可以想象，既然业务部门有这么多的问题存在，那么企业价值创造链条上各个环节的业务效率和效果不会好到哪里去，就会在很多中间或末端环节产生"响应慢"的问题。"响应慢"就是做事效率低下，不关注或对下游客户的需求响应速度缓慢，如研发周期太长，采购到货周期太长，订单备货周期太长，设备返修周期太长等，最终造成针对终端客户的交付进度拖延，导致客户抱怨和客户满意度降低，于是企业财务回款或产品再销售成为问题；"重复犯"说明企业的很多内部业务问题只是进行了就事论事的处理，没有得到根本解决，失败的教训没有得到及时总结和提炼，没有在企业内部形成沟通和分享的良好氛围。如图1-5所示。

图1-5 "问题多,响应慢,重复犯"

企业在运营层面出现的问题,当然需要用运营管理的思路去解决,那么,到底什么是运营管理呢?

第二节 运营管理

记得华为前人力资源部总裁吴春波说过一句话:"人才不是企业的核心竞争力,机制才是。"这句话可能颠覆了很多人、甚至是很多管理者有关企业管理的惯性思维,在他们看来,企业都是靠人来运作的,脱离了人才,一切都是空话。到底如何理解什么叫核心竞争力,什么叫机制,这可能是我们需要首先搞清楚的问题,在弄清楚这些问题之前,我们先谈谈企业管理、运营管理这几个概念。

一、如何理解"企业管理"这个概念

在中国,企业管理是一个很泛的概念,很多企业甚至专门设立了以"企业管理部"命名的部门,从某种角度来看,这其实是一个很不专业的做法,因为任何企业就有各级组织或部门,这些组织或部门都涉及管理的问题,如果企业管理部要做企业管理的工作,那么是否意味着企业管理的责任都属于企业管理部了呢?难道其他部门不需要做企业管理了吗?企业管理部和企业内部其他组织或部门之间到底是什么关系呢?

博文 尴尬的企管部

来源 畅享网,网址:http://blog.vsharing.com/psdchina/A1621220.html

企业管理部门设置乱象之"尴尬的企管部"。

"启"管部,就是什么管理体系一进入企业,它一定是必须第一个启动起来管理它的部门。

"奇"管部,就是什么事情稀奇古怪的,那就归它管。

"弃"管部,就是只要别的部门都不管的,它一定都管。

"齐"管部,就是企业什么事情都会涉及它。

"气"管部,就是它负责管理那些"气人"的事。

"杞"管部,就是"杞人"所在的部门,"杞人"干什么?忧天呗!

企业管理领域素有"管理的丛林"的说法,业务的内容和管理的领域也是多维度、多视角的,我们经常听到很多与管理有关的说法,其中与业务不相关的说法包括"战略管理""全面风险管理""项目管理""质量管理""流程管理""品牌管理""财务管理""人力资源管理"等,这些管理概念或手段都是一些通用的管理概念或手段,任何一个行业或企业都可能需要开展这样的管理;与业务密切相关的说法包括"研发管理""市场管理""客户关系管理""采购与供应链管理""售后服务管理"等,这些管理工作因行业的不同而不同,有的企业可能根本不做产品研发,比如苏宁、国美等电商企业,有的企业可能根本就没专门的供应链部门,比如新东方等教育培训机构。通用的管理方法和手段基本上都可以在各个业务管理领域发挥作用,比如说项目管理和流程管理这两种管理方法,都可在研发管理这个业务管理领域发挥重要的作用,事实上很多公司的研发管理工作都使用了项目管理和流程管理的方法与手段,如华为公司的研发项目管理和研发管理使用的 IPD 流程管理。

要正确理解企业管理这个概念,就必须建立起体系架构的概念,我们既要看到单项管理工作这颗"树木",更要看到整个企业管理体系这片"森林";在业界,企业架构(enterprise architecture)的概念已经存在和发展十多年了,企业架构是当代企业管理世界级的最佳实践,IBM 公司定义的企业架构包括业务架构和 IT 架构,业务架构包括业务流程架构、组织架构和绩效度量体系,IT 架构包括技术架构、应用架构和数据架构,如图 1-6 所示。一套科学、稳定的企业架构是企业保持长期可持续发展的前提保证,业务流程架构是企业架构的重要组成部分,并对企业架构的其他要素提供重要支撑。

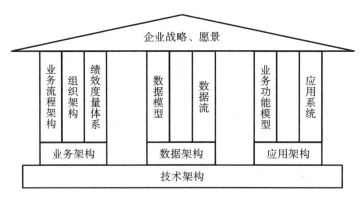

图 1-6　IBM 公司定义的企业架构

IBM 的企业架构模型看上去很"高大上",一般人可能还不太容易理解,更不要说拿到自己的企业去实际应用了。一般中小型企业也不宜采用这样的思路和方法来管理自己的企业,因为这需要付出很高的管理成本,也需要专业化的管理人才队伍建设与培养的过程,因此我们需要用更加通俗的语言来描述企业管理的体系架构,这就是本书介绍的企业"运营管理"及"运营管理体系"的概念与思想。

企业架构对于支撑企业内部运营起着非常重要的作用,在战略牵引下,企业通过识别并建立基于实现客户价值主张的内部运营流程,在企业组织架构、企业文化以及学习与成长能力(变革能力)的支撑下,完成从客户需求识别到客户需求实现的端到端交付,最终达成企业战略管理的闭环,如图 1-7 所示为典型企业内部基于客户、利益相关方以及企业商业环境支撑企业卓越运营的战略管理的整体架构。

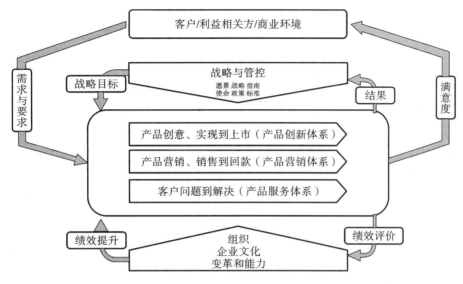

图 1-7　支撑企业卓越运营的战略管理的整体架构

二、运营管理的概念及其目的

关于企业的运营管理,业界其实也没有统一的概念或定义,但是有关运营管理的书籍还是有不少,图 1-8 所示的是两本典型的有关运营管理的专著,其中对运营管理都有自己的理解和定义,下面引用这两位作者对"运营管理"的定义。

图 1-8　两本国外的运营管理专著

运营管理(operation management,OM):对企业生产、交付产品或服务的系统进行的设计、运作及改进(理查德等著,任建标等译,机械工业出版社 2007 年出版)。

运营管理:对组织中负责制造产品或提供服务的职能部门的管理(威廉等著,机械工业出版社 2008 年出版）。

该书作者所称的运营管理，基本上是介绍工厂和供应链业务与管理相关的内容，包括产品和服务设计，运营能力策划与选址，工艺能力与设施布局，质量统计，供应链管理，库存与计划管理，准时制生产和精益生产，作业计划，仿真与同步制造，项目管理与队列（排队论）管理等。

微软的英卡特百科全书对运营管理的定义：运营管理是对主要商业活动的管理，即组织和控制最基本的商业活动，为客户提供产品或服务。这与美国运营管理协会对运营管理的定义挺接近：运营管理是对公司的相关体系的设计、运作和改进，以制造产品和提供服务。它是把原材料、人力、技术、资金、设备等转化为产品、服务的增值过程，是每一个管理人员都没法回避的。

运营管理协会（原美国生产与库存控制学会）对运营管理的定义有明显的生产和库存管理的痕迹，但贴切地反映了运营管理的兼容并蓄：运营管理是对设计、工业工程、管理信息系统、质量管理、生产管理、库存管理、会计等职能的集成，以有效地规划、利用和控制生产或服务机构。

运营管理不是制造业专有，从"制造与服务业运营管理学会"的名字就可见一斑。在美国，国内生产总值的 70% 左右来自服务业，运营管理的研究重心也在从制造业向服务业转移。很多起源于制造业的概念也被移植到服务业。麦当劳把流水线概念用到快餐服务就是一个例子。一位在戴尔担任过运营经理的朋友说，运营管理都是些琐碎繁杂的事，不过运营管理的这些"柴米油盐"事却关系到公司的基本运作，例如质量、交货、服务等，任何一件小事都可能让你的生产线停顿下来，所以就非常重要。一位纳斯达克前 100 的大公司的首席运营官说，他的全球运营部门是"啥事都牵扯"，也是出于同样的原因。

综上所述，对运营管理这个概念，不论是国外还是国内，并没有一个各方都认可的统一的、正式的定义，尤其是对这个概念所涉及的组织范围、业务范围及管理对象。

本书所要阐述的运营管理和以上两位作者、微软的英卡特百科全书及目前所能看到的绝大部分资料介绍的运营管理有所不同，这里要介绍的运营管理特指企业基于战略管理思维、战略落地及面向客户闭环的整体运营管理，是企业对提供产品和服务的管理系统（平台）进行设计、运行、评价和改进的过程。通过运营管理，使简单的事做千遍万遍都能做好，使容易的事做千遍万遍都能做对，要做到这样，背后没有成套的系统、流程、组织、绩效及文化等管理体系来支持是不可能的。这个运营管理是对企业各类管理工作的高度概括和总结，是基于企业的业务管理与职能管理活动建立起来的管理体系，是确保企业战略执行落地的路径和手段。运营管理的目的是确保企业内各种业务和职能管理的效率和效果，最终实现组织的战略目标。

需要特别强调的是，本书强调的运营管理主要适用于采用运营管控模式的集团管控型企业。这些企业通常在业务选择上采用相关多元化战略，组织上采用事业部制管理模式和子公司管理模式，目的在于维护企业整体管理的一致性、规范性、有效性和战略落地。

三、中国古代管理思想及其对现代企业的影响

中国是文明古国之一，中国古代伟大的思想先驱们为我们提供了大量的管理思想，故

有"半部《论语》治天下"之说。如今,时代发展,科技进步,中国随着改革开放的进行,经济飞速发展。在管理方面,我们在吸收国外先进管理思想的同时,更要着眼于中国传统文化中管理思想的精华,形成有中国特色的现代企业管理思想,并应用于实际管理活动中。中国古代管理思想主要分为儒家、法家和道家三个流派,下面分别介绍这三个流派的主要思想及其对现代企业管理的影响。

1. 儒家流派

儒家有四部经典之作:《论语》《孟子》《大学》《中庸》。《论语》是记录孔子弟子言行的著作,孔子的一系列思想和主张都记录在其中。中国历史上有一位名人叫赵普,他是辅佐宋太祖赵匡胤的一代名相,史传赵普用"半部《论语》治天下"。由此可见,儒家的管理思想博大精深。

孔子主张"和为贵",明确提出"君子和而不同,小人同而不和"。"和"就是和谐统一。故宫有三大殿:太和殿,中和殿,保和殿。从大殿的名称当中可以看到古代的国家管理者对"和"的追求和向往。在现代企业管理中,管理者对于"和"的思想也同样十分重视,"和气生财"是现代人耳熟能详的成语。在企业内部,企业管理者与下属要"和",整个企业才能上下一心,领导者下达的命令才能够更好地执行,整个企业才能高效运行;各部门的管理者之间要"和",企业的管理职能才能顺利执行,企业的市场定位和战略目标才能准确,企业的管理者协调合作,才能把握住企业在市场中的方向;员工与员工之间要"和",在同一个团队工作,一定要讲究合作,和谐氛围能够激发员工的创造力,提高员工的工作效率,使团队更快完成既定目标。在企业外部,企业与合作伙伴,供应链的上下游要"和",唇亡齿寒,保持良好的合作关系,才能在激烈的市场竞争中立足;企业与政府要"和",这一点毋庸置疑,企业的存在首先要合法,另外,企业的发展方向符合政府的鼓励方向,将会获得政府的优惠政策支持,如减税、免税、补贴等,深圳特区从一个小渔村到大城市的崛起过程充分说明了这一点;企业与竞争者也要"和",竞争中存在合作,尊重竞争者。儒家思想强调"己欲立而立人,己欲达而达人",与竞争者良性竞争,才能够相互促进,共同进步。

"和"是孔子提出的一种理念,但是究竟如何达到"和"的境界,孔子提出了"中庸",便是"和"的方法论。在《中庸》中,开篇就解释了中庸:"喜怒哀乐之未发,谓之中;发而皆中节,谓之和。""中庸"并不是一些人理解的没有主见的"墙头草",而是一种状态,一种不走极端即符合外在情势和内在规律的状态;"中庸"是达到"和"的方法论,用现代哲学的观点来解释,"中庸"是对度的把握与灵活运用。在现代企业的管理过程中,想要达到"和"的效果,管理者要有"中庸"的态度,管理者的"中庸"要在企业日常管理事务中对自己的管理方法、管理职能、管理范围等有一个灵活的对"度"的把握。管理好一个现代企业,管理者既不能放之任之,做甩手掌柜,更不能事无巨细,事必躬亲,对这个"度"的灵活把握,就是孔子所说的"中庸"。

儒家思想的集大成者是孟子,孟子受业于孔子嫡孙子思。孟子曰:"君子之守,修其身而天下平。"孟子这句话的意思就是说,无论是一个大的国家,还是一个小的团队,其中的领导者必须要从自己修身做起,严格要求自己,然后才能够去影响他人,管理他人。作为一个现代企业的领导者,首先自己要有非常明确的管理理念,具备高尚的道德品质,拥有管理者必需的人格魅力,才能影响企业中的每一个员工,在实践中形成企业的价值观,形成企业的核心文化。一个企业的核心价值观是企业发展道路上的明灯,在一定程度上决定了企业的成败。

孟子曰:"民为贵;社稷次之;君为轻。"这一观点充分体现了孟子的"民本"思想,我们现在所提倡的"以人为本"与孟子的"民本"思想可谓一脉相承。在现代企业的管理中,"以人为本"有着重要的意义,管理者必须重视"民本"思想,企业的成功并非只是依靠给员工制订严苛的管理条例,而是让员工充分感受到在企业中的归属感,企业的管理者体恤员工,信任自己的员工,在员工遇到困难的时候给予实质性的帮助,管理者要把企业变成一个有人情味的地方,这样才能使员工真正将自己融入企业中去,将企业的兴衰荣辱作为己任,为实现企业的目标而全力以赴。

2. 法家流派

法家思想的主要代表人物是韩非子,韩非子师承荀子。在韩非子的思想中,管理者要从人的自私的本性出发,寻求管理的最优方式。韩非子在前人的基础上,总结并提出了一套完整的"法""术""势"理论。他说:"人主之大物,非法则术也","君无术则蔽于上,臣无法则乱于下",认为要想治理好一个国家,必须要"法""术""势"相结合。

"法"是指公开颁布的法律及实施法治的刑罚制度。现在的中国已经是法制社会,"法"的重要性不言而喻。在现代企业管理中,制定明确合理的规章制度是管理企业的重要手段之一。

"术"包含的内容十分广泛,主要有以下几个方面。一是"因能授官",这句话的意思是说要根据下属的能力授给下属合适的职位,也就是人尽其用,既不要埋没了有能力的人,也不能分配给下属力所不能及的工作。二是"循名责实",这是"术"的主要思想。法家是典型的功利主义和实用主义,非常注重实物,"循名责实"是法家考察待用员工的一个基本原则,强调表面情况和实质情况要互相统一,共同加以验证,必须综合来考察一个人是否表里如一,这就是"法家"所谓的"形名之术"。三是"叁五之道",这是法家考察员工言行的一个具体方法,主要意思是利用多方面的情况进行检查,以追究责任人的过失;利用多方面的情况进行分析,以找到取得成功的原因。如果不分析成功的原因,员工就会逐渐对管理者产生傲慢的心理,也会打击员工的工作积极性;如果不严厉追究过失,手下的员工就会松懈工作,相互勾结,做一些小动作,试图隐瞒过失,推卸责任。四是在领导谋略上,要使用"七术",也就是七种策略,包括奖励、惩罚等。五是在管理过程中,强调要"防微杜渐",注意消除管理过程中的细节过失,防止发生质的变化。

"势"是法家提出的一个概念,广义的"势"是指客观形势,狭义的"势"是指权势。这里谈的"势"是指领导者通过"法"和"术"造成的一种权力状态。韩非子认为:得势的主要方法,一是依靠术驾驭局势,管理下属;二是靠制度权力,领导者只有牢牢把握赏罚的权力,才能确保"势"的稳固。

从总体上讲,韩非子的"法""术""势"实际上就是告诉领导者,要管好一个组织的核心问题是权力的问题,"法"是权力的表现形式,"术"是权力的手段,"势"是权力的归属。要制定严明的规章制度,清晰和强有力的奖罚措施。领导者还要有一些必要的技巧和计谋,同时要懂得树立自己的权威,牢牢地把核心权力控制在自己的手中,确保自己的领导地位,要善于利用环境去造势,然后因势利导,学会去管理员工做事,从而实现企业不断发展壮大的目标。

3. 道家流派

道家的主要思想是"天人合一""道法自然"和"无为而治"。道家的老庄思想是一种逍遥自在的自然哲学，强调凡事顺其自然，不能违背自然规律。

"无为而治"是老子管理思想的核心，有人认为老子的"无为而治"是消极的无所作为，这误解了老子的本意。老子说过："无为而无不为"，意思是说"不妄为"。"无为"是一种立身处世的态度和方法。把"无为"思想运用到现代企业管理上，要求领导者的管理行为尽量要顺应自然，顺应社会发展的趋势，并按照规律去制定相应的规章制度，制度制定后，最好不要随便改动，人们在这样的法律、制度下，尽情发挥自己的聪明才干，才能达到"无为"。

道家"天人合一"的思想，强调人与自然和谐统一，这一观点与科学发展观、经济可持续发展的现代观念不谋而合。在现代企业的管理过程中，管理者融合道家思想的"天人合一"，提高企业对可持续发现和生态保护重要性的认识，把企业建设成绿色环保型企业，自觉肩负起保护环境、保护生态的社会责任，这样的环境友好型企业，才是未来企业发展的趋势，拥有巨大的发展空间。

案例1-3

■ 从中兴到华为，中国人管理的致命缺点在哪里？ ■

中国专业人才普遍缺乏管理能力方面的专业教育，有大量在领导岗位上工作的中国人，不要认为他们会自动学会如何管理。在缺乏现代管理教育的情况下，国人会形成自己的特殊管理文化。如果没有科学发展的现代管理体系的知识，就一定会有别的东西来填充。

首先是官与权。一谈到管理，国人心目中首先出现的就是权力与官位。官大一级压死人，有权有官位，才好管人、修理人。其次是政治。虽然前面我们谈到，中国的企业管理培训中也会传授现代企业管理知识，但一谈到管理，却总是无形中变成政治。说到办公室政治，制衡就会充塞进国人的脑袋里，形成互相拆台的恶性局面。最后是厚黑。其实，现代管理也有制衡，但是国人的制衡方法更多以一种权术来不受控制地体现。问题还不在于政治，而在于用什么方式实现公司内的办公室政治。即使在公开的出版物中，《厚黑学》之类著作也成为一类比正式的现代企业管理知识更受欢迎的东西。无原则的阴谋诡计、尔虞我诈、互相攻讦被人们津津乐道。当这些东西风行，有人靠这些东西成功时，又会强化这些东西在国人中间不受约束地以非正式方式流行并得到传授。人们分析社会和现实，也都是以这一类厚黑知识权谋体系作框架，从而被锁定到这种认知中而不能自拔。

人的本性其实都是一样的，问题只在于你如何去处理它们。所有企业，无论中外，都会遇到类似的问题，用不同的知识体系去处理，就会有完全不同的结果。我之前一些文章发表后，很多网友留言表示，很可惜中兴未能留住我。其实中兴已经算是在管理上相当出色的一家中国企业。我个人认为，中兴的管理能力培养远超过华为。这充分体现在从中兴出来的人创业成功者远远多于华为出来的人,仅中兴系上市公司就超过10家,更别提大量未上市的企业。而华为出来的人,成功最多的就只是给别的创业者培训华为的管理体系。像浙江宇视科技这样由从华为出来的人成功创办的企业非常罕见。我与宇视创始人张鹏国老总交谈过后才发现,他属于华为管理者中有些另类的,既继承了华为的大量优点,又有很多的超脱之处。这或许可以解释他们为什么可以自己创业成功。纯华为管理者在华为内部可以发挥,一旦离开华为的环境,基本就算废了。

中兴领导人侯为贵极其勤于学习,也把自己学到的管理学书籍在中兴管理人员中推荐,这些管理学著作几乎遍及了所有西方管理学派。令人奇怪的是,其中大多数中兴并未去实际推广应用,学习只是为提升中兴管理者的素质。至今离开中兴很多年,我仍心存感激之情,视侯总为恩师。中兴本身就是一个非常出色的管理学院,我参加了中兴从在珠海宾馆举办的第一期管理干部培训班开始的很多期培训班,公司三层以上的领导,每个周六都通过会议电视系统集中学习。但是很遗憾,中国学生在高校中大都完全不去学习工商管理知识,而很多基础知识的欠缺是很难用后天的企业培训来弥补的。例如,最基础的财务知识从未在中兴管理者中作为学习材料,对竞争战略方面也相对缺乏。这是中兴总体上竞争不过华为重要原因之一。

相比之下,军人出身的华为老总任正非在市场竞争战略上的积累远胜于中兴。如果我自己不是因为研究纯科学的学术问题,也不会早在进入中兴之前就对工商管理课程进行过全面系统的学习。也不会读遍任总读过的所有军事战略经典,并且自己写一本军事战略著作《超越战争论》。尽管华为在市场上比中兴更为出色,但它内部的管理问题同样不是简单靠一家公司自己就能解决的。我最初之所以进中兴,就是希望用自己的能力使人们认识到现代管理和全科型知识体系的巨大优势。如果我在华为,无论做多么好,人们都会认为这是因为华为强大,与个人无关。而如果我在整体上不如华为的中兴,能够在市场上凡是与华为交战都几乎战而胜之,我就能体现出不同之处。

实际上,不论在视讯领域还是传输领域,不论是在国际市场还是专门在印度市场,我都做到了以近乎绝对压倒性的优势杀得华为丢盔卸甲:要么是开始时市场总额与华为差不多,过一两年就拉大到华为的三五倍,要么是开始远远落后于华为,但一两年内就能将销售额增大几倍,从而迅速拉近与华为的差距。被人们高度神话的华为,其内在的极度虚弱、一触即溃,我是用实际的较量充分证明过的。但这种实际行动的证明获得了中兴内部的普遍认可了吗?很遗憾,一个普遍不具有现代管理意识和系统培训的群体,仅靠个人的行动是改变不了的。中兴管理层有很多人给我的评价与评价印度CEO类似:太能说会道的人不会真正干实事。以此为自己管理能力的极度欠缺找借口。人们只看到我在外面说什么,而看不到我在部门内部如何系统运用现代管理学的知识技能,如培训员工市场技能,激励员工,进行战略分析,分析项目决策链,破解对手策略,制定市场战略策略,引入项目管理、时间管理、目标管理。最重要的一个问题是如何将这些基本和系统的管理知识技能与自己特定的产品技术和市场相结合,这是一个再创造的过程。很多中国新官上任总喜欢搞出一些新名堂、新概念。其实,如果你不具备早就已经在管理学界成熟和系统的管理知识,那些"新名堂"又能有什么意义呢?

中国很多优秀的企业是靠创业者的天赋和悟性,以及精通"中国式的管理"而获得成功的。但当他们不在时,那些成功的企业会陷入内斗而瞬间崩溃吗?所有人心中其实都有这样的疑虑。但对国外优秀企业,却很少人有这种担心,最多是担心它们的战略与效率。因此,无论中国企业成功到什么程度,人们心目中总是存有一丝阴影,一种因管理能力的普遍和极度欠缺而令这些企业最终可能毁于一旦的忧虑。说到这里,网友们可能会问另一个问题:你说印度管理人才这么优秀,中国人的管理能力严重欠缺,那中国企业这么多年为什么会迅猛发展,并使中国的经济科技都在迅速赶上世界先进水平呢?中国当然有自己的优点,弄清楚这些优点,才能更清楚全面地理解我们需要克服的弱点。中国人的优点就在于不可思议的"中国效率"或"中国速度"。

——摘自《经营之家论坛》 作者:汪涛

四、现代西方管理思想及其引进

现代西方管理最为标志性的框架是由国际标准化组织(International Organization for Standardization,ISO)发布一套 ISO 9000 族质量管理体系标准,该标准是国际上普遍承认并遵守的一组有关质量管理体系的标准,中国从 20 世纪 80 年代开始引入并推行这种科学的管理方法。ISO 9000 族质量管理体系标准是一套实践性很强的管理体系和方法,需要企业或组织建立一套基于 PDCA 循环的、系统科学与规范的管理方法,而不是依靠传统的领导者下达指令的非系统性的方法。该体系首先是在中国的制造行业得到普遍的推广和引用,随着生产的发展和科技的进步,ISO 9000 质量管理体系不断深入到国民经济的各个领域,不仅是在企业中普遍实施,甚至在一些事业单位和政府机关等类型的组织机构也逐步开始推广和实施。从广义上讲,各行各业的各种组织机构都要提供各自特点的产品或服务,要确保产品或服务的特性符合顾客的需求,这就需要建立一套完善的、科学的、合理的、规范的管理体系,它不仅仅是使组织机构对产品或服务的质量进行控制,而更重要的是在企业或组织机构内部建立一套先进的运营管理模式。下面简单介绍质量管理体系建设工作的意义。

1. 推行质量管理体系是建立现代企业制度的需要

国家有关领导和标准化管理机构的职能部门,为加强行业标准化工作,推进各行各业的标准化工作的进程,提出要建立行业标准体系。同时,希望所属的企业能建立起自己的企业管理的标准体系。对于一个企业的标准体系,不仅要包括企业的产品标准,而且还要包括建立企业的技术标准、工作标准和管理标准,随着我国改革开放的不断深入,国家对建立现代企业制度提出了四点要求,即:产权清晰,责权明确,政企分开,管理科学。对于管理科学来讲,其中在企业中建立起科学的管理体系是非常重要的课题。很多公司为完善现代企业制度的需要,根据国家对企业质量管理的要求和发展的实际情况,加强企业的规范化管理,促进开发经营活动的有序化开展,提高企业整体管理水平,建立标准化的企业质量管理体系是十分必要的。

2. 推行质量管理体系是组织自身发展的需要

我国企业经过多年的发展,已经具有相当程度的经营规模的和社会影响,企业的机构框架及管理体制虽然几经变化,但已经形成了自己的一套工作程序和管理方式,这种自发形成的管理体系不仅残留着传统机关事业单位的管理思维,而且也存在一些不符合现代企业运营的规范做法,在企业科学管理方面还存在许多不完善的地方,这与企业整体发展状况和长远发展规划是极不适应的。从我国企业自身发展的需要角度考虑,也迫切要求不断提高质量管理意识与水平,提高企业从高级管理层到每位职工各层次人员的质量管理素质,这就需要通过建立质量管理体系来实现。所以建立国际质量管理体系,不是别人的要求,而是我国企业领导层和广大职工上下一致的自身需要。

3. 推行质量管理体系是国际交流的需要

我国加入WTO后,要求我国企业不仅是在贸易的运作行为上要与国际接轨,而且要在各方面都要遵循国际上共同认可的游戏规则,其中也包括在科学管理方面,要符合国际上规范化的标准。入世后中国所面临的新形势,对我国的企业提出了新的和更高的要求。针对市场经济变化所带来的影响,企业不仅要面对国内市场的竞争,而且还要迎接国际方面的挑战,国家的进出口业务和国外经济活动的范围与领域不断扩大,这要求我国企业熟悉WTO的各项规则和国际的惯例,同时企业自身的管理体系也要符合国际上的法规。按照国际市场准入自由贸易的规则,各国的企业都获得了参与共同发展的机遇,又要迎接公平竞争的挑战,也就是说入世后,我们可以学到外国企业先进的经营管理理念,同时也要面对国外著名品牌激烈的竞争。对我国企业参与国内外市场竞争,不能依靠部门保护和价格大战,而是要依靠不断增强企业的内功、开发出高质量的先进科技产品和顾客满意的售后服务,不断扩大国内外市场份额,这就需要建立符合国际标准的质量管理体系。

五、运营管理的组织层级

运营管理虽然是一个很常见的概念,但是在很多企业,大家对于运营管理会有一些错误的认识,他们要么认为运营管理是管理部门的事情,要么认为运营管理是COO或CEO的事情,还有一些人根本搞不清楚在本企业到底应该是哪个或哪几个部门来承担运营管理的工作。出现这些情况其实是很正常的,因为通常情况下,企业里没有人站出来对运营管理的职责进行具体的描述和划分。

按照本书对运营管理的定义:运营管理是对企业各类管理工作的高度概括和总结,是企业对提供产品和服务的管理系统(平台)进行设计、运行、评价和改进的过程,是基于运营管控模式的集团管控型企业的业务管理与职能管理活动建立起来的管理体系,目的在于维护企业整体管理的一致性、规范性、有效性和战略落地,最终实现组织的战略目标。基于这个定义,我们有必要对运营管理在企业的组织与职能定位做更明确的描述,尤其是对于集团管控型企业,如何理解并设置运营管理的组织职责与组织层级。

企业的每一级组织都要承担企业运营管理的职能与职责如图1-9所示,只是不同的组织层级,运营管理职责的承担方式及承担部门各有不同。

对于集团公司而言,集团总部高管团队的分工就需要根据业务和职能的分布情况进行分工(详见第三章),高管团队既要有分管职能管理的高管,也要有分管业务管理的高管,这些高管通常都是各个专业委员会的负责人(如人力资源专业委员会、供应链管理专业委员会),同时承担该领域流程责任人(GPO)的职责,向上对CEO和董事会汇报,向下对企业级的运营管理团队履行行业指导与管理职责。

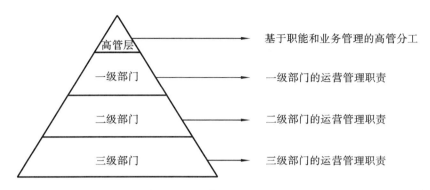

图 1-9　公司每一级组织都要承担企业运营管理职责

对于集团公司的一级部门而言,通常的分类包括管理部门和业务部门,公司级管理部门承担公司层面主体运营管理职责,一般由多个部门联合承担,包括职能管理和业务管理两个种部门,运营管理部门作为相对应的公司高管(GPO)的秘书机构,向上对 GPO 汇报,同时行使对业务部门的管理和服务职能;业务部门需要在业务和职能领域接受来自公司级业务管理团队与职能管理团队的监管与服务,并在部门内部设立负责对口公司级运营管理部门的二级部门,确保与公司级运营管理部门在职能和业务方面的监管与服务工作对接,比如在某事业部下面设立运营管理部二级部门,职责包括人力资源管理、绩效与运营监控、流程与 IT 建设等,在这些职能上与公司级相应的管理部门对接;同时在业务层面,也会设立对应的业务部门与公司级的业务管理部门对接,比如在某事业部下面设立市场部门、产品研发部门、供应链部门等。

对于集团公司的二级部门而言,公司级运营管理部门的二级部门当然是相应职能管理与业务管理工作职责的分解,比如人力资源部会分解成为员工招聘、员工培训、员工薪酬、员工绩效等二级部门;市场管理部门会分解成渠道管理、产品管理、品牌管理等二级部门。对于业务部门来说,上面已经谈到需要设立对口公司级管理部门的运营管理二级部门,只是在这个层级,一般不可能像公司级那样设立不同的部门来履行运营管理的职责,而是在运营管理二级部门内设置相应的职位,比如人力资源专员、财务专员、绩效专员等与公司管理职能对接;对一级业务部门下面的二级业务部门,比如某事业部下面的市场部和产品交付部门而言,其部门的运营管理工作一般可以设置一个经理助理的职责,负责与一级业务部门的运营管理二级部门对接工作,确保管理工作的资源保障与工作质量。

对于集团公司的三级或者更低一级的部门而言,运营管理工作通常由这些部门的经理人直接承担,一般不再设置专门的运营管理职位,更不会设置专门的运营管理部门了。

第三节 体系与体系管理

一、体系的概念与分类

1. 体系的概念

国际标准化组织（International Organization for Standardization, ISO）简称 ISO，是国际标准化领域中一个十分重要的组织。是国际上诸多管理体系标准的制定与发布机构。除了 ISO 发布的各种管理体系标准外，还有许多国家、行业组织和其他机构发布的各种管理体系标准（如 BSI、ITUT 等），比如中国国家工信部颁布的两化融合的国家标准号为 GB/T23020-2013。本书所指的"体系"是指由国际标准化组织及国家或行业组织发布的涉及企业内部管理的各种标准体系。ISO 发布的企业内最畅销、最普遍应用的管理体系标准包括 ISO 9001、ISO 14001 等，如图 1-10 所示。

2. 体系的分类

由于发布体系标准的机构很多、很杂，很难对体系标准进行统一的分类。不同的组织根据不同需要、针对不同的领域或管理主体可能会制定不同的标准。ISO 发布了很多管理体系标准，其中为企业使用比较多的标准如下。

- ISO 9001 质量管理体系。
- ISO 14001 环境管理体系。
- ISO 27001 信息安全管理体系。
- ISO 16949 汽车行业质量管理体系。
- ISO 22000 食品安全管理体系。
- ISO 22301 业务连续性管理体系。
- ISO 2000 信息技术服务管理体系。
- ISO 26000 社会责任管理体系。

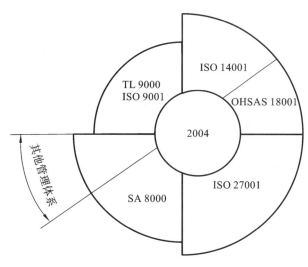

图 1-10 ISO 所发布的一些标准

图 1-11 所示为国内某电信企业根据企业发展需要导入的一些管理体系,随着企业发展规模以及市场区域的扩大,企业可能需要导入其他体系。

图 1-11 国内某电信企业导入的一些管理体系

二、体系管理的概念、目的与方法

1. 体系管理的概念

体系管理是指企业针对ISO等组织发布的某一体系标准要求,进行体系导入,建立并维护文件体系,将企业内所涉及的运营方式都明确规定出来并实施,并通过内审、管理评审等方式进行自我体检,不断改进所建立的管理体系。

体系管理通常会由第三方机构对企业的体系运行情况进行评价,并获取体系认证证书及维护体系证书有效性的过程。

体系管理和管理体系基本上属于一个概念,这里我们先介绍一下管理体系这个概念,国际标准化组织 ISO 对管理体系(management system)的定义是【组织用于建立方针、目标以及实现这些目标的过程的相互关联、相互作用的一组要素】。这个定义看起来非常简单,但是它包含了非常丰富的内容。首先,管理体系是由一组要素构成的;其次,这组要素是需要建立方针和目标的;第三,这一组要素的方针和目标的实现是需要过程(流程)的;第四,这组要素彼此之间是相互关联和相互作用的。

本书在后面的章节将会讲到企业运营管理体系所包含的职能管理要素和业务管理要素,介绍这些管理要素的方针和目标,也会讲到实现这些方针和目标的过程(流程),同时也会讲到职能管理要素和业务管理要素之间的相互关联和相互作用。

2. 体系管理的目的

体系管理的初衷很好,主要可以总结为以下几个方面。

(1)规范及改善企业现有的管理方式　企业的各项业务根据体系标准要进行梳理和完善,弥补各项业务管理上缺陷和遗漏,建立合理有效的组织机构,明确各部门职权,以提高管理领域的绩效水平。

(2)提高企业形象　通过建立和完善各管理体系,规定企业的各项管理,在宏观上树立优良企业形象,为企业发展创造良好的外部环境,建立具有自身特点的企业文化,提高企业形象。

(3)增强顾客信心,满足市场需求　通过建立各种管理体系,向顾客和社会证明企业可以满足顾客和社会对企业的各项需求,让顾客和社会满意。同时,通过国家认可机构认可的权威机构的认证,取得证书,让顾客提高对企业的信任,扩大企业产品的市场占有率。

根据顾户的需求导入相应体系,取得认证证书,才有资格参与一些只有拥有该证书才能参与的市场活动,满足市场需求。

3. 体系管理的方法

目前在国内,体系管理已经有一套比较成熟的方法,一般以项目的方式开展体系管理的各个阶段,主要按照如下步骤进行。

(1)项目的准备启动阶段。

步骤 1　体系推行可行性分析。

根据标准要求评估公司整体推行体系的可行性,确定推行范围,评估体系推行风险和应对措施,最后由公司管理层决策。

步骤 2　成立项目组。

根据体系的性质确定项目组成员,任命项目经理及项目助理,负责整个项目的实施过程。项目组一般分为领导组、专家组及工作组。

领导组由公司体系管理者代表及各责任部门领导组成,主要负责提供资源。

工作组为项目实施的主要成员,完成项目的各项工作任务,一般又分为专家组、文件编写组、内审组、体系宣贯组等。

如某体系推行项目组织架构如图 1-12 所示。

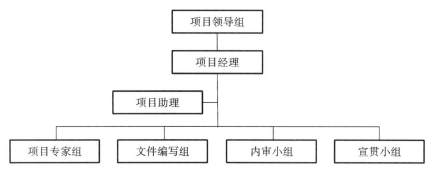

图 1-12 项目组织的架构

步骤 3 编写项目推行计划。

根据企业对体系的时间要求及体系导入的工作难度,制订体系推行详细计划,包含体系推行的各个阶段,每个阶段的详细计划、时间、交付件,责任人等。

某体系推行计划如表 1-2 所示。

表 1-2 某体系推行计划

名　　称	起 止 时 间	主要工作内容	主要工作成果或交付件	主责部门责任人
WBS 1 准备启动阶段	2017 年 2 月 22—3 月 6 日			
1.1 推行可行性分析	2017 年 2 月 22—2 月 24 日	根据标准要求评估公司整体推行体系的可行性确定范围,评估体系推行风险和应对措施	SA8000 体系在全公司推行评估报告	××部 ×××
1.2 成立项目组	2017 年 2 月 25—2 月 28 日	拟定项目组织结构并发布	项目组成立文件	××部 ×××
1.3 制订体系推行计划	2017 年 3 月 1—3 月 5 日	根据企业要求及标准要求制订体系推行计划	体系推行计划	××部 ×××
1.4 召开启动会	2017 年 3 月 6—3 月 9 日	组织召开启动会	启动会 PPT 会议通知 会议纪要	××部 ×××
WBS 2 差距分析阶段	2017 年 3 月 10—3 月 31 日			

续表

名称	起止时间	主要工作内容	主要工作成果或交付件	主责部门责任人
2.1 组织体系标准导入培训	2017年3月10日—3月15日	组织培训、确定培训机构、培训时间、培训名单	完成体系标准培训	××部 ×××
2.2 进行体系差距分析	2017年3月16日—3月11日	根据体系标准要求，评估企业运行状况和体系标准要求，并形成报告	差距分析报告	××部 ×××
WBS 3 文件体系建立阶段	2017年3月15—5月15日			××部 ×××
3.1 建立文件体系架构	2017年3月15日—3月17日	确定SA8000文件架构	SA8000文件架构	××部 ×××
3.2 制订文件编写计划	2017年3月18日—3月20日	制订文件编写计划	体系文件编写计划	××部 ×××
3.3 体系文件的编写及评审	2017年3月21日—4月30日	编写体系文件并评审	体系文件评审会议纪要	××部 ×××
3.4 体系文件的修订及发布	2017年5月3日—5月15日	修订体系文件并发布	体系文件文件发布材料	××部 ×××
WBS 4 体系试运行阶段	2017年5月16日—8月15日			
4.1 体系宣贯培训	2017年5月16日—6月15日	对体系进行宣贯培训	体系宣贯培训计划及记录	××部 ×××
4.2 体系试运行及记录	2017年5月16日—8月15日	根据建立的体系文件运行	试运行记录	××部 ×××
WBS 5 体系检查及改进阶段	2017年8月16日—9月30日			
5.1 体系内审	2017年8月16日—8月31日	进行全公司SA8000体系内审	内审计划、内审检查表、内审报告	××部 ×××

续表

名称	起止时间	主要工作内容	主要工作成果或交付件	主责部门责任人
5.2 管理评审	2017年9月14日—9月10日	进行全公司SA8000管理评审	管理评审计划、管理评审报告	××部 ×××
WBS 6 认证审核阶段	2017年10月8日—11月30日			
6.1 体系外审	2017年10月10日—10月15日	沟通审核计划，进行体系外审	审核计划、审核报告、问题清单	××部 ×××
6.2 外审问题改进	2017年10月16日—10月23日	对外审问题进行改进	不符合项报告	××部 ×××
6.3 取得证书	2017年10月24日—11月30日	证书确认，获得证书	体系认证证书	××部 ×××

（2）差距分析阶段。

步骤1 体系标准导入培训。

对项目组成员进行体系标准导入培训，确定培训机构、培训讲师，编写培训计划，完成培训，为后续体系导入打下基础。

步骤2 体系差距分析。

以体系标准要求为衡量准则，对企业运行现状进行调研，编写体系差距分析报告。体系差距分析报告是后续文件体系架构的输入。

（3）文件体系的建立。

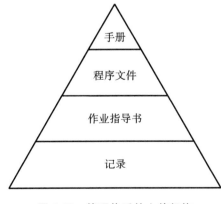

图1-13 管理体系的文件架构

步骤1 建立文件体系架构。

目前国内通用的体系文件架构共分为四层：分别为手册、程序文件、作业指导书、质量记录，详见图1-13。

手册是对管理体系的全面系统的阐述，是公司相关业务活动的准则。手册规定了公司管理体系的范围，确定并描述（或引用）了体系所包括的程序，阐述了体系所包括过程的顺序和相互作用。

程序文件是手册的支撑性文件。是对手册的进一步细化，规定了公司管理体系中主要管理过程的职责划分和主要实施步骤。

作业指导书作为程序文件的支撑文件，规定了管理流程中所涉及专项工作的操作方法。

记录包括企业体系运行动的所有记录,是提供公司符合管理要求和管理体系有效运行的证据,是体系持续改进的基础。

根据体系标准要求输出体系文件架构。

如质量体系文件架构(前两层)见表1-3。

表1-3 质量体系文件架构(前两层)

序号	文件名称	文件编号	归口管理部门
1	质量管理手册	M-01	××部
2	文件控制程序	QM-01	××部
3	记录控制程序	QM-02	××部
4	人力资源控制程序	QM-03	××部
5	设施和工作环境控制程序	QM-04	××部
6	设备管理控制程序	QM-05	××部
7	合同评审控制程序	QM-06	××部
8	设计开发更改控制程序	QM-07	××部
9	采购及供方评估控制程序	QM-08	××部
10	进货检验控制程序	QM-09	××部
11	过程检验控制程序	QM-10	××部
12	成品检验控制程序	QM-11	××部
13	不合格品控制程序	QM-12	××部
14	内审控制程序	QM-13	××部
15	管理评审控制程序	QM-14	××部
16	纠正预防控制程序	QM-15	××部

步骤2 制订文件编写计划。

根据体系文件架构及差距分析结果输出文件编写计划。

如质量体系文件编写计划见表1-4。

表1-4 质量体系文件编写计划

序号	文件名称	文件编号	新增/修订	责任部门 责任人	完成时间
1	质量管理手册	M-01	修订	××部 ×××	2017.4.15

续表

序号	文件名称	文件编号	新增/修订	责任部门 责任人	完成时间
2	文件控制程序	QM-01	新增	××部 ×××	2017.4.15
3	记录控制程序	QM-02	新增	××部 ×××	2017.4.15
4	人力资源控制程序	QM-03	修订	××部 ×××	2017.4.15
5	设施和工作环境控制程序	QM-04	修订	××部 ×××	2017.4.15
6	设备管理控制程序	QM-05	修订	××部 ×××	2017.4.15
7	合同评审控制程序	QM-06	修订	××部 ×××	2017.4.15
8	设计开发更改控制程序	QM-07	新增	××部 ×××	2017.4.15
9	采购及供方评估控制程序	QM-08	新增	××部 ×××	2017.4.15
10	进货检验控制程序	QM-09	新增	××部 ×××	2017.4.15
11	过程检验控制程序	QM-10	修订	××部 ×××	2017.4.15
12	成品检验控制程序	QM-11	修订	××部 ×××	2017.4.15
13	不合格品控制程序	QM-12	修订	××部 ×××	2017.4.15
14	内审控制程序	QM-13	新增	××部 ×××	2017.4.15
15	管理评审控制程序	QM-14	新增	××部 ×××	2017.4.15
16	纠正预防控制程序	QM-15	新增	××部 ×××	2017.4.15

步骤3 体系文件的编写、评审、修订、发布。

根据文件编写计划编写相关文件,编写完成后,体系相关责任部门及技术专员对文件进行评审,对不符合体系标准要求及企业运行现状的文件进行修订,最后根据文件控制程序的要求对文件进行审批发布。

(4) 体系试运行阶段。

步骤1 体系宣贯培训。

体系文件发布后,企业采用多种方式对体系文件进行宣贯和培训:一般为张贴、传阅、集中学习、自学等方式,保证相关人员了解并掌握体系文件的要求。

步骤2 体系试运行、记录。

企业各部门根据体系文件的要求运行各项业务,并做好记录,体系试运行时间最少为3个月。

(5) 体系检查及改进阶段。

步骤1 体系内审。

试运行结束后,企业组织内审小组成员进行内审,对体系运行的符合项和有效性进行审核。第一次内审要覆盖企业所有部门及标准的所有要求。

如质量体系内审计划见表1-5。

表1-5 质量体系内审计划

质量管理体系内部审计计划
内审时间:2017年8月25日—8月30日
内审目的:对本公司现有质量管理体系进行审核,评价体系运行的符合性及有效性,确保公司体系及产品持续的符合要求
内审范围:本次内审覆盖×××公司所有部门
审核依据:本次内审须根据以下标准进行: (1) ISO 9001:2015 标准; (2) 质量体系文件; (3) 与质量体系管理配套的公司管理制度

审核组:
  A组组长:××× 组员:××× ×××
  B组组长:××× 组员:××× ×××

审核详细计划:
编制: 审核: 批准: 日期:

步骤 2 管理评审。

根据体系标准及程序要求开展管理评审工作,评价体系的适宜性、充分性、有效性,并根据评价结果输出下一年度改进的方向。

(6) 认证审核阶段。

根据和认证机构沟通的情况开展外部审核,获得体系证书。

三、体系管理存在的问题及其与流程管理的关系

1. 体系管理存在的问题

体系管理通常是企业为了迎合企业外部的利益相关方(比如政府、客户、行业组织等)的要求而导入的,目的是符合企业外部竞争环境的需求,体系管理目前在一般企业的现状表现如下。

(1) 体系导入和体系管理一般只能体现门槛要求 一个企业体系达标不代表该企业是优秀的企业,更谈不上卓越的企业,所以我们可以看到通过认证的企业不计其数,但真正产品质量超群、管理能力突出的企业却凤毛麟角。

由于体系在指导上的普适性,它注定了更适合作为准入阶段的要求,即所谓的最低标准。企业成熟后不能满足于通过体系认证,势必要用高于体系的标准来要求自己,对于那些追求优秀、乃至卓越的企业更是如此。

(2) 体系文件带来管理上的"多张皮" 体系通常只聚焦经营管理的一个方面,比如 ISO 9001 关注质量,ISO 14001 关注环保,ISO 18001 关注职业健康。但其实企业的战略选择通常是一种竞争要素的平衡,比如在质量、交期、成本、创新等方面,选择最合适企业能力和资源约束的策略,所以只聚焦单一方面的体系管理在战略思维下,难免有着系统性和完整性不足的问题。

其次,由于体系本身不能脱离具体的经营运行活动,那么当一个业务活动,比如产品制造,既涉及质量,又涉及环保和职业健康相关的标准要求时,这个活动的执行过程就会在多套体系文件中都有阐述,而由于管理焦点不同,多套体系文件中对同一业务活动的描述可能还不尽相同。这种重复性的描述使体系文件之间产生冲突的可能性变大,此外还会增加文件维护的难度。

而多套体系文件的存在所带来的最严重问题,就是使执行变得更为困难。试想一项工作有好几份指导文件,就好比打仗时有两个不同思路的指挥官,势必增加基层员工理解和掌握工作标准的难度,也就增加了执行的复杂度。"多张皮"的管理带来的结果通常就是没有任何一个体系的要求得到彻底落实。这也是体系文件难以有效执行的主要原因之一。

(3) 体系文件通常是为了认证而编写 我们不确定这是否是中国特有的现象,或者是在国内特别泛滥,总之在国内相当广泛的企业范围内,"体系认证"似乎已经变成一种极其低端的服务。企业会倾向于用很短的时间完成体系文件的编写并通过认证,更有甚者,希望直接花钱购买,或请他人代笔。这些体系文件的结局最后可想而知,一定是睡在书柜里。

在大多数企业中,体系文件的编写过程一般缺乏跨部门的讨论分析,更缺乏执行者、供应商和客户的积极参与。各种操作细节没有准确完整的描述,表单没有根据业务经验进行

最大限度的优化,过于强调控制而忽略操作者的工作习惯,都可能导致体系文件的可操作性难以得到保证,这是体系文件难以有效执行的主要原因之二。

(4) 体系文件一般缺乏真正的责任机制　体系文件的封面上,一般有若干人签字,但很难说这些人在体系文件失效时真的会承担什么责任,何况通常最后一个签字的必然是总经理。

另外,即使有问责机制,那些表面承担责任的人并不一定真的能够影响文件的更新或再设计。如果没有足够的身份和授权,没有规定的时间投入和行动要求,只是简单定义责任人的行为,并不能使得体系文件的监管得到改善。而一旦监管失效,就不可能存在有效的数据采集和量化评价,持续改善就只能是一个"梦想"了。

2. 通过流程管理促进各管理体系间的融合

那么流程管理呢？在介绍流程管理的优势前,我认为有必要澄清的是:流程管理并不能取代体系管理。体系管理就好比职能管理一样,它代表一个专业领域的标准和规范,我们不能说有了流程管理之后,就不需要人力资源管理了。所以,流程管理的作用将主要体现促进体系间的融合,即以流程作为载体,实现从"多体系分离模式"到"一体化管理架构"的转变。

(1) 流程与战略与商业模式的关联性　企业可以基于战略和业务发展的需要,以及对标的成果,来设计和优化业务和管理流程,这是流程管理和体系管理很大的区别。在设计流程的时候,完全可以考虑新的商业模式或运作模式;但在设计体系文件的时候,很少有人这么做,因为体系只关注某一个方面。所以,流程管理不只是关注规范性,还强调客户需求满足和价值创造。优秀的流程是以客户的视角来引导业务的分析和优化,而体系管理大部分还是以管控为目的。因此在"PDCA"的"P"上面,流程管理可以比体系的基本性要求站得更高,看得更远。

(2) 流程强调系统性控制　流程管理强调业务过程的"端到端",并且关注流程之间的接口,设计流程时通常是从需求产生的起点分析到需求满足的终点,并用文件对全过程进行定义和规范。所以我们可以把流程管理看成是在"线"和"面"上进行管理,多个流程通过接口关联成网状,就可以视作"面"了。

而体系管理关注的更像是"点",比如哪些活动可能影响产品质量的,那么就制定相应的文件;那些活动可能影响环境的,那么就制定相应的文件。这些"点"会比较零散,即使在一个体系内部,体系文件之间的逻辑关联性并不是非常清晰。最关键的是,所有这些点都不是围绕业务展开的,这就是问题所在;流程管理通过"点""线"和"面"上的统筹管理,与"点"上的局部管理相比,聚焦战略、商业模式,以及具体业务的差异性显而易见。

(3) 用流程实现"一张皮"的业务管理　事实上,每个体系管理中都会关注过程管理,程序文件的结构中也确实包括流程这个组成部分。所以,流程可以作为各种体系融合的基础。

把流程作为基础的过程表达工具,在其中嵌入质量、环保、职业健康等多种标准,就可以实现多套体系文件"合而为一"的效果,便于执行和监控。未来即使有更多的体系管理要求(如全面预算体系、风险/内控体系),都可以采取"嵌入"的做法,始终保持管理的"一张皮"。

(4) 流程管理采用专业化的流程分析和设计方法　流程在规划、诊断、设计、优化、评价方面都有很多成熟的方法或工具。这些方法和工具能让流程设计更加贴近实际业务,同时对跨部门接口和细节内容表达更完整、清晰,对流程的可操作性有显著的帮助。在流程管理的指导思路下,也更容易促进知识和经验的积累。

四、流程与体系融合的必要性与可能性

1. 流程与体系融合的必要性

目前国内各企业普遍存在的体系有:ISO 9000/TL 9000 质量管理体系,环境管理体系(ISO 14001),职业健康安全管理体系等,公司各部门自行制订的各种制度、管理规定条例,近几年来不断完善的流程管理体系,规范研发业务过程管理的 FPD 体系,全面风险管理体系等。多套管理体系根据各自要求形成了体系文件和相关的管理制度,指导企业的各项业务,但是在体系运行过程中发现各体系间存在着许多要素的交叉、重叠问题,造成工作重复、资源浪费、管理效率低下;另外,同一部门在工作中执行多套体系,造成职责不一致,员工操作起来莫衷一是,使得简单工作复杂化,难以发挥系统化的管理优势,影响企业管理水平的提升。而应用同一种管理语言,融合公司各套管理体系和管理方法,将公司各套体系和流程融合推行一体化的业务管理体系,可以推进公司管理效率的提升。

(1) 一个平台实现统一管理　各体系融合成为一套体系文件在统一的文件管控平台上进行统一发布,并由公司专人进行系统管理,可以解决体系文件分别由企业各部门负责管理造成的管理不规范、管理水平参差不齐的问题。

(2) 统一的文件表达工具实现统一文件形式　整合后的业务管理体系采用统一的流程管理方法,所有文件采用统一的流程架构及流程文件形式,统一的管理颗粒度,统一的编号,统一的模板等,解决了原来多体系并存时文件形式多样,颗粒度不一致,管理不统一的问题。

(3) 系统策划的业务管理体系　采用业务架构的方式建设业务管理体系,对公司所有业务进行全面的梳理,系统的策划形成公司的 L0—L1—L2—L3—L4…多级文件架构、文件、记录表单所组成的企业运营管理体系;解决了原来质量体系管理过程中,各部门子公司三、四级文件没有进行系统策划所出现的要求缺失,以及体系标准中没有包含业务管理要求所造成的管理不系统的问题。

(4) 一个体系实现多种应用　采用流程架构的方式建立的业务管理体系实现了公司多体系的要求,公司各项业务(包括营销服业务、研发供应链业务等)的要求,以及内控体系的要求,实现业务和职能管理的简单化。

(5) 降低了管理成本　流程与体系融合,建立一体化的业务管理体系,解决了原来多体系运行过程中存在的工作重复、资源浪费、管理效率低下的问题,降低了管理成本。

(6) 简化了工作程序　一体化的业务管理体系解决了原来多体系运行时同一工作执行多套标准,把简单有序的工作变得复杂、烦琐的问题。

(7) 员工职责权限更加明确　流程文件明确了业务中各角色的职责和权限,在业务活动中各司其职,避免了由于职责不清所引起的业务执行效率低下、推脱责任的问题。

(8) 方便人力资源部制定岗位职责　流程文件的内容可以直接作为人力资源部制订

岗位职责的输入,保证了人力资源部制定岗位职责时有据可依、方便快捷。

(9) 减少了会议的次数　在业务执行过程中出现问题,一般通过开会解决,经常会出现一个问题开多次会沟通解决,浪费大量的时间。流程建设过程中对业务痛点进行分析,并采取有效的解决方案,写在流程文件中形成管理方案,可以有效减少痛点问题发生的频率,降低为了解决问题而开会的次数。

(10) 方便外部审核的实施　企业质量/环境/职业健康安全/社会责任等专业的管理体系每年都必须接受外部审核,审核过程中需要提供大量的文件和资料作为审核证据。多体系并存时,所提供的文件类型众多,不方便查找,并且文件不规范。流程和体系融合后,一套体系只需提供一套文件,即可满足所有外部审核的要求,方便了外部审核的实施及审核的顺利通过。

2. 体系融合的可行性

目前企业各套体系及流程体系在管理思想、运行模式及文件的架构上有很多关联和类似的地方,这样就为体系的融合提供了可行性。

(1) 企业建立各套管理体系的目的相同　公司通过认证的所有体系,不论是面向产品质量的 ISO 9001 质量管理体系,还是针对国家层面和上市公司要求的内控与全面风险管理体系,以及一些企业正在实施的流程管理体系,目的都是为了规范企业内部各项业务的有序进行,规避业务风险,提升公司整体运营与管理水平。

(2) 各套体系都是为了解决企业的各项业务问题　质量体系是为了解决产品问题,保证生产和交付合格的产品;环境体系是为了解决公司在生产和服务过程中对环境所造成影响的控制;职业健康安全体系是为了解决生产和服务过程中员工的职业健康和安全问题,承担企业的社会责任;流程管理体系是为了实现企业的业务能力建设规划、规范企业对业务痛点问题的解决途径;内控体系是为了管理公司业务中存在的各种风险。

关于体系融合问题,企业可以和各自的外部认证和评审机构进行沟通和协调,明确在体系与内部管理方面的思想和方法,一般都能够对流程与体系管理的思路达成广泛共识,即通过一套业务流程体系架构融合各种管理体系、管理思想和方法,不仅是必要的,也是可行的。目前已有多家企业的实践证实了流程与体系融合的可行性。

五、体系融合工作规划、方法与路径

1. 体系融合工作规划

用流程管理的方法整合企业现有的各种体系,这个整合的过程不可能是一蹴而就的,因为流程建设工作本身就需要一个相当长的过程,包括架构的建设和基于架构的流程建设过程,流程的建设一般分年度、分领域、分优先级逐步推进。体系的导入和例行维护也需要一个过程,每年都要开展体系文件优化、内审、外审及管理评审工作,而且有些体系的要求不一定能够在规划的流程清单中体现出来,这种情况下可能需要出台一些非流程性的管理制度或办法。流程与体系融合的工作量主要体现在将体系程序文件的要求如何落实到基于业务的流程过程中去,所以,需要对这项工作进行规划,要结合流程开发的进度来落实体系要求在流程活动中的植入,对于不能植入的部分,还需要一些制度类的管理方式作为体系管理的完整性补充。

2. 流程与体系融合方法

企业的流程架构从上到下包括 0 层-业务环境、1 层-价值链、2 层-业务领域、3 层-业务模块、4 层-业务子模块或业务流程、5 层-流程活动作业指导书,下面是记录表单;企业导入外部管理体系一般的文件架构自上而下是管理手册、程序文件、作业指导书和记录表单。流程架构要素与管理体系文件架构要素之间的对应关系如图 1-14 所示。

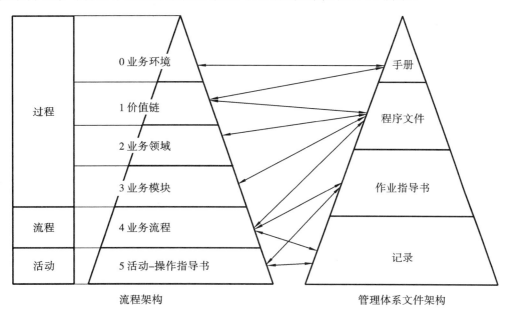

图 1-14 流程架构与管理体系文件架构之间的对应关系

以此为基础,可以将流程与体系融合的方法归纳为以下几个方面的内容。

(1) 文件整合 将管理体系文件中管理手册的内容整合到统一的运营管理手册中(参考下面某企业的管理手册案例文件),将体系文件对应的程序文件、作业指导书和记录表单整合到企业的流程架构的价值链、业务域、业务模块、业务流程、流程活动作业指导书及相应的记录表单中去,形成一体化的运营管理体系文件架构,如图 1-15 所示。

案例 1-4

某集团企业运营管理体系手册目录

以下是某集团企业在整合各种核心业务管理体系与非核心业务管理体系基础上,形成了集团层面的企业运营管理体系的管理手册的目录。

第 A 章　总裁公告

第 B 章　公司概况

第 C 章　管理手册说明

　　手册适用的组织范围

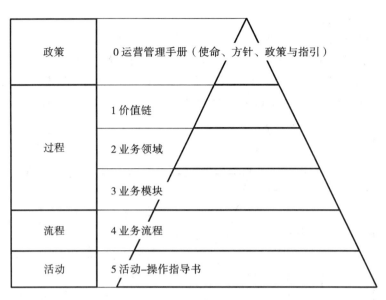

图 1-15　一体化的运营管理体系文件架构

　　　　手册适用的体系范围
　　　　手册管理方法（编、审、批、发布、修改、废止）
第 D 章　修改记录
第一章　方针和目标（公司方针目标内容及说明）
第二章　组织机构及职责
　　　　组织架构
　　　　部门设置
　　　　部门职责
　　　　管理体系职责分配
　　　　组织管理（含职位及其任职资格管理）
第三章　运营管理体系架构说明
　　　　公司政策文件及各级流程架构、说明
第四章　文件控制
第五章　管理职责
　　　　管理承诺
　　　　以顾客为关注焦点
　　　　业务管理体系策划
　　　　职责、权限、沟通
　　　　管理评审
第六章　营销管理
第七章　研发管理
第八章　供应链管理
第九章　服务管理

第十章　财经资源管理
第十一章　人力资源管理
第十二章　基础设施(设备/仪表/厂房等)
第十三章　流程与信息化管理
第十四章　企业外部需求管理(市场、行业和政府)
　　环境
　　职业健康安全
　　社会责任
　　信息安全
　　两化融合管理
　　其他
第十五章　测量、分析和改进
　　绩效管理
　　顾客满意度
　　审计
　　产品的监视和测量
　　不合格控制
　　数据分析
　　改进

(2) 内审与外审工作的整合　流程与体系没有融合之前,除了针对不同体系可能分开进行的外审之外,企业内部开展的审计工作包括体系内审、流程专项审计、流程审计、内控审计等,流程与体系融合建立运营管理体系后,企业可以将审计工作进行整合,通过一次审计实现内审、流程审计、流程专项审计的要求,将流程的审计与各种专业体系的内审工作充分整合起来,一次审计完成流程与体系管理相关的全部审计工作。

(3) 管理评审工作的整合　很多企业的管理评审工作分为质量体系的管理评审、环境体系的管理评审、职业健康安全体系的管理评审、信息安全体系的管理评审等。这是企业在发展规模不断扩大及市场竞争加剧后外部环境变化的自然结果,这些管理评审并不是对企业核心业务管理体系的评审,只是针对外部需要所导入的非核心管理体系的评审。随着企业运营管理体系的建立,企业需要对来自企业的所有利益相关方的需求进行评价,以保证企业的长期可持续发展,而不仅仅是只满足外部利益相关方的需求。因此企业需要对管理评审进行系统规划,整合企业内部所有体系管理的评审要求,进行基于运营管理体系的全面的管理评审。

图1-16所示为国内某标杆企业的管理评审在企业战略到执行流程中的定位,该企业的管理评审基于企业的多年规划(SP)和年度规划,也包括企业的业务战略与职能战略,所以管理评审的内容要涵盖业务管理和职能管理这两个方面,这正是针对企业所有的利益相关方的需要,整合各种管理体系完整的管理评审的最佳实践案例。

(4) 以项目方式开展流程与体系融合工作　以项目的方式开展企业流程与体系建设

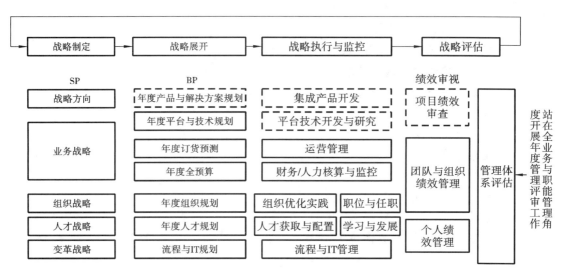

图 1-16 某企业的管理评审在企业战略到执行流程中的定位

工作,将流程与体系融合工作纳入企业的流程建设项目中统一管理。

①在流程建设项目的计划阶段,应明确流程与体系的融合的详细计划及各阶段交付件。

• 在流程建设项目立项报告中增加"流程与体系融合"管理模块。
• 流程工程应增加体系标准培训、流程合规性(体系标准)评价。
• 在 WBS 项目详细计划中应增加流程与体系融合计划及具体交付件,如培训计划、体系标准条款对照表等。

②在流程的编写过程中,系统考虑各体系标准条款的要求;对于多个流程满足某个体系条款要求,只考虑某个流程的要求是不足够的,应该把体系条款的要求系统地设计到一系列相关流程中去;对于某个流程需要满足多个条款要求的流程,这样的流程应该在编写前根据体系标准条款对照表,详细解读应该满足的体系条款要求,以免在编写过程中如现遗漏。

③在流程的评审及审视优化过程中,系统考虑体系标准条款的要求;对于多个流程满足某个体系条款要求的流程,流程的评审和审视优化最好同步进行,以便进行系统的评审及审视优化;对于某个流程满足多个条款要求的流程,这样的流程在评审及审视优化前应提前根据体系标准条款对照表的要求进行评审及审视优化。

④做好流程文件和体系文件的对应关系。各部门应对本部门的体系文件管理制度进行彻底清理,做好流程文件和体系文件的对照关系,以便流程文件发布后,相应的体系文件及时废止,避免两套文件同时存在。

⑤做好体系标准的培训工作。所有的流程与体系工程师、流程与体系专员应该接受体系标准条款的培训,并能够在工作中应用,同时对本部门的相关人员进行二次培训工作;对于因人员的离职及岗位的变更,相关的培训工作应该及时开展。

⑥流程与体系融合工作步骤。

步骤 1 建立体系标准条款部门对照表。
- 这个过程是职责分配的过程,体系要求被充分满足,没有缺失。
- 流程架构的建设基于业务现状及体系标准条款的分配。

步骤 2 建立流程文件与体系标准的对照关系。
- 新建流程和审视优化流程满足业务与体系要求。
- 流程满足所有要求,流程与体系完美融合。

步骤 3 建立体系标准条款、流程文件、体系文件的对照关系。
- 根据业务要求与体系要求建立"体系标准条款、流程文件、体系文件的对照关系"。

步骤 4 不断更新流程文件体系标准对照表。
- 根据流程架构的变更不断更新该地照表,以保证流程持续满足所有要求。
- 流程与体系持续融合。

步骤 5 评审体系标准、流程文件、体系文件对照表。
- 体系条款没有相关流程与体系文件覆盖缺失部分,建立相应流程或制度。
- 相同的体系条款所对应的流程和体系文件,流程文件发布后,相应的体系文件可以评估后废止。
- 一套文件,运营管理体系文件。

案例 1-5

流程与体系融合之客户服务投诉处理及改进流程

案例名称:流程与体系融合之客户服务投诉处理及改进流程。

案例概述:在推进流程与体系融合的过程中,流程工程师在客服中心辅导流程开发时,十分注意体系条款的要求。选取客服中心其中一个流程,来说明融合的思路和方法。

事件详细描述如下。

2012 初,为了推进公司管理效率的提升,科技与运营部启动了流程与体系的融合工作。2013 年初,流程与体系工程师识别了技术服务公司所有流程必须满足的条款,形成了流程与体系对应表,其中"客户服务投诉处理及改进流程"与 TL 9000 标准条款的对照关系如图 1-17 所示。

结合条款要求,开发"客户服务投诉处理及改进流程"前,我们将 TL 9000 标准条款的要求进行了业务解读,识别出应该在该流程中增加以下环节。

(1) 受理客户的投诉,与客户就投诉要点进行沟通。

(2) 对投诉问题进行分类,将不同的投诉传递给不同的部门进行处理。

(3) 对投诉问题的性质进行分级。

(4) 若遇重大问题的投诉,需要将投诉内容通报被投诉责任人部门领导。

(5) 执行投诉解决方案必须跟客户进行沟通,并征询客户是否满意的意见,若客户不满意,则应该建立相应的问题提升处理通道。

流程	对应TL 9000标准条款
客户服务投诉处理及改进流程	7.2.3 顾客沟通 7.2.3.C.1 问题的通知 7.2.3.C.2 问题的严重度分类 7.2.3.C.3 问题的提升 7.2.3.C.4 问题报告反馈 8.2.1 顾客满意 8.2.1.C.1 客户满意数据 8.4 数据分析 8.5.1.C.1 持续改进方案 8.5.2 纠正措施 8.5.3 预防措施

图 1-17 投诉处理及改进流程与标准条款对照关系

（6）若客户对投诉解决方案满意，也需要对投诉原因等数据进行分析，制订长效改进计划并实施。

（7）跟踪长效改进措施实施情况并备档。

开发"客户服务投诉处理流程"时充分考虑了以上解读的7点要求，在一定程度上满足了体系的要求。详见图 1-18、图 1-19 中的数字标识。

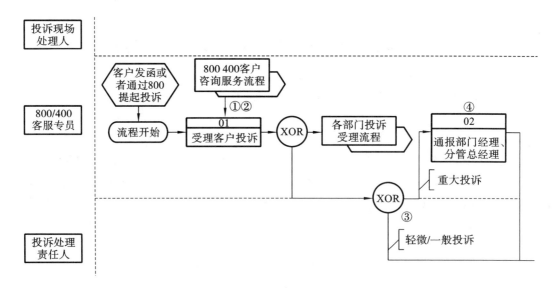

图 1-18 "客户服务投诉处理流程"

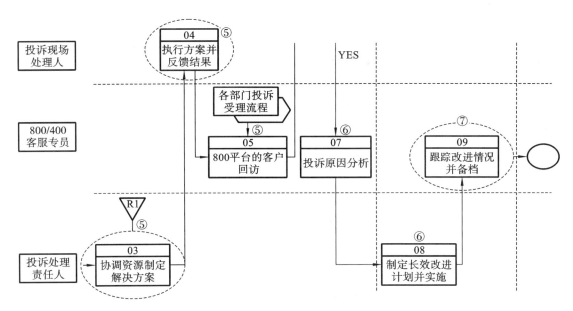

图 1-19　改进的"客户服务投诉处理流程"

建议如下。

流程开发过程中充分考虑体系条款的要求,使得流程一方面能满足 TL 9000/ISO 9000 的要求,另一方面能促进业务更加良性地发展。

第四节 运营管理体系的建设

既然运营管理对于企业战略目标的意义如此重要,那么企业就需要做好运营管理的各项工作,这就涉及运营管理体系及体系建设的问题。运营管理体系需要明确企业运营管理的工作要素及这些要素之间的相互关系。运营管理体系的建设需要明确体系各要素的目前状况及需要达到的理想状况,然后依据企业的战略重点明确各个阶段的建设任务。

一、运营管理体系的概念

从词义上讲,体系(system)是一个科学术语,泛指一定范围内或同类的事物按照一定的秩序和内部联系组合而成的整体。往大说,宇宙是一个体系,各个星系是一个体系;往小说,社会是一个体系,人文是一个体系,宗教是一个体系,甚至每一学科及内含的各分支均是一个体系。大体系里含有无穷的小体系,小体系里含有无尽的更小体系,众多小体系构成了一个大体系以至于总体系,总则为一,化则无穷,反之亦然,这就是体系。自然界的体系遵循自然的法则,而人类社会的体系则要复杂得多,影响这个体系的因素除人性的自然发展之外,还有人类社会对自身认识的发展。

运营管理体系是对企业的运营管理建立的一整套体系,打个比方来说,运营管理体系就像一个企业管理的森林,森林里除了有各类动物和各类植物之外,还有河流与山脉,各类动物包括员工、管理者、供应商、政府机构等;各类植物包括各种各样的业务,比如研发、采购、销售、人力资源、财务等;河流与山脉有点像土地、原材料、设备、产品等,所有这些元素需要协调共处。运营管理体系包含了企业管理的各个层面、各个维度,包括但不限于客户维度、政府与外部关系维度、竞争关系维度、供应商维度、员工维度、时间维度、空间维度、业务维度及管理维度等,总之该体系要确保与所有利益相关方的关系都得到妥善和平衡的处理,如图 1-20 所示。

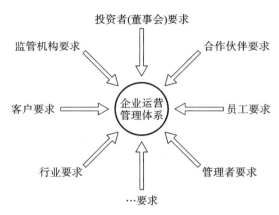

图 1-20　确保与所有利益相关方的关系都得到妥善和平衡的处理

建立该体系的目的是确保企业战略执行落地与战略目标的实现,衡量标准就是企业战略目标达成的有效性。举例来说,企业的五年或三年规划是否实现?年度销售目标是否实现?年度股东回报率是否兑现?净资产收益率是否实现?市场占有率目标是否实现等。如果这些目标或部分目标没有实现,那么,就可以判断企业的运营管理体系的有效性存在问题。基于企业运营管理体系的有效性,可以分析这套体系背后存在的问题,主要包括体系的系统性、完整性和适宜性三大类问题。

1. 系统性

运营管理体系的系统性体现在管理架构的顶层、中层及底层的层级关系,以及各层内各管理或业务要素之间相互关系的协调性上面。拿企业业务层面的市场职能与研发职能之间的关系来说,从企业价值链设计来看,市场管理需要做履行产品规划和客户需求管理的职能,为产品研发项目立项提供关键输入,如果市场管理职能缺失这样的设计,就证明市场与研发这两个业务的系统性存在问题;另外,除了组织职能之间的关系之外,运营管理体系的系统性还体现在流程设计及绩效管理体系的相关性方面。

2. 完整性

运营管理体系的完整性体现在管理架构的顶层、中层及底层在业务或管理的功能模块是否缺失的问题上,如顶层是否缺少战略管理或市场管理的职能,或者市场管理业务在中层是否包括品牌管理、渠道管理等基本职能。如果没有或虽然有相应的职能,但是没有相应的流程、制度或绩效体系建设,则都认为是完整性存在问题。

3. 适宜性

运营管理体系的适宜性体现在现有管理体系架构顶层、中层及底层业务或管理功能模块是否因企业内外部环境、条件的变化而变得不再适用的情况,也就是说现有的业务与职能管理体系需要优化。如国家最新颁布了有关环境与职业健康安全方面的法律法规,造成公司现有的管理体系不能满足这些最新法律法规方面的要求,这种情况下,企业的运营管理体系就存在适宜性的问题。

二、运营管理体系架构和构成要素

在介绍企业运营管理体系架构之前，让我们先了解一下 ISO 对于 ISO 9001 质量管理体系架构的内容，如图 1-21 所示。ISO 发布的 ISO 9001 质量管理体系是该组织发布的众多标准中的一个，该标准的架构由四层内容构成，第一层是质量手册，描述企业或组织的质量方针、政策、价值观、目标等具有顶层设计意图的文件；第二层是基于顶层设计的、反映质量管理相关的所有程序文件，包括但不限于产品设计、生产、采购及运输，以及人力资源管理等业务与管理相关的程序文件；第三层是基于各种程序文件的作业指导书，这些作业指导书通常是指导各个职能或业务岗位员工的工作标准和详细要求；第四层是基于作业指导书的所有格式表单、报告和模板等。

ISO 发布的所有体系标准通常采用了类似 ISO 9001 质量管理体系架构这样的四层架构，比如 ISO 14001 环境管理体系及 ISO 27001 信息安全管理体系等，这些专业的管理体系从不同的角度对企业的内部管理提出了规范化的要求。基于这样的逻辑，我们可以将企业的运营管理体系架构进行类似的描述，如图 1-22 所示。

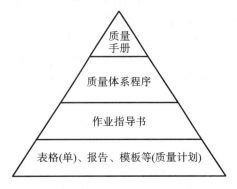

图 1-21　ISO 9001 质量管理体系架构

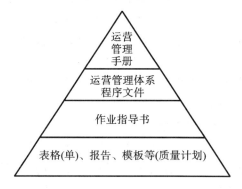

图 1-22　企业运营管理体系架构

在这样一套企业运营管理体系架构中，运营管理手册包括的内容当然就会比单一的体系（如 ISO 9001 质量管理体系）所包含的内容要丰富得多，到底需要包含哪些内容，这取决于企业的发展规模、发展阶段、发展战略及其内外部环境的要求。通常情况下，可以将运营管理手册应该包括的体系分为两类，一类是非核心的业务管理体系，一类是核心业务管理体系。图 1-23 所示为企业运营管理体系架构示意图。

所谓非核心的业务管理体系主要是指为了满足外部需要而必须建立和维护的那些体系，利益相关方包括政府、客户、行业监管机构等，如欧洲客户对 SA 8000 的要求，证监会和国资委对企业在全面风险管理与内控体系建设的要求，政府对企业在环境和节能减排方面的要求，这些要求来自企业外部，具有某种强制性，但某种程度上讲也是企业需要履行的社会责任。所谓核心的业务管理体系主要是指企业价值链上的各种核心业务与职能管理体系，业务方面包括市场管理、销售管理、研发管理、供应链管理等，职能管理方面包括战略管理、流程管理、组织管理、绩效管理、企业文化及信息化建设管理等，图 1-24 和图 1-25 所示为从不同形式表达的企业运营管理体系架构的示意图。

第一章 运营管理体系概述

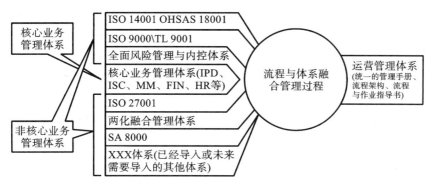

图 1-23 企业运营管理体系架构示意图

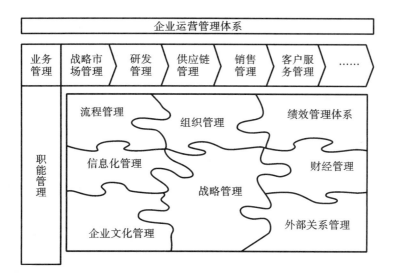

图 1-24 企业运营管理体系架构示意图(1)

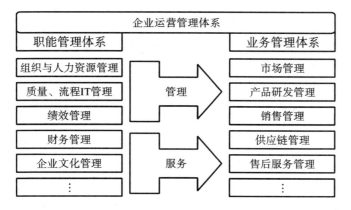

图 1-25 企业运营管理体系架构示意图(2)

企业运营管理体系的构成要素是由企业为客户创造价值的价值链上的内容来决定的，企业运营管理体系建设也必须围绕这些构成要素来展开。下面以华为2018版本的价值链（流程架构第一层上的内容）为例来说明企业运营管理体系的构成要素，如图1-26所示。华为2018版的流程架构包括17个要素，这17个要素构成了华为公司为客户服务的价值链，这17个要素分为三大部分，第一部分为运营流程（前台业务，直接面向外部客户）；第二部分为使能流程（企业中台，以前台业务为客户）；第三部分为支撑流程（企业后台，以前台和中台业务为客户），华为公司的管理体系建设紧密围绕前台、中台和后台的各个构成要素展开相关的能力建设。

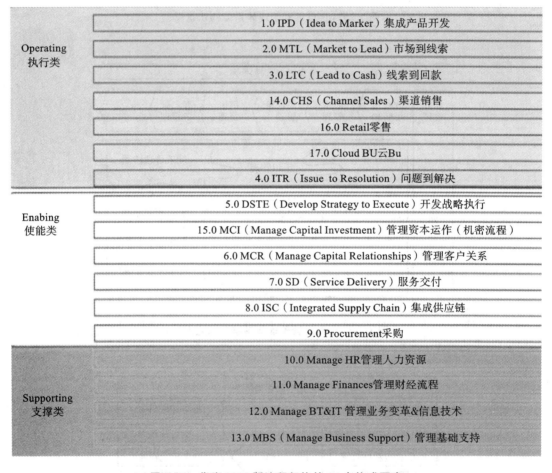

图1-26 华为2018版流程架构的17个构成要素

运营管理体系架构从立体上说分为顶层、中层和底层，以上描述的都是顶层设计的内容。为了保证体系运行的有效性，顶层设计的内容也要体现系统性、完整性和适宜性的要求，这些要求同样适用于中层和底层的系统性设计。整个系统架构的各个要素就像人体的各种系统（如神经系统、血液系统、骨骼系统、肌肉系统等）那样各司其职、彼此协同，这样才能发挥整体的功能，产生符合战略需要的产出效果。

三、运营管理体系建设规划

要描述运营管理体系建设规划的内容,可以用国家铁路建设规划与实践的案例来展开说明。根据原铁道部2008年制定的国家中长期铁路网建设规划,至2020年,中国将规划建设"四纵四横"铁路快速客运通道及三个城际快速客运系统,客车速度目标值达到200 km/h以上。四纵为京沪客运专线(京沪高铁)、京港客运专线、京哈客运专线、杭福深客运专线;四横为徐兰客运专线、沪昆客运专线、青太客运专线、沪汉蓉客运专线。"四纵四横"客运专线内包含的线路未必一定是"客运专线"等级,部分为1级铁路,而为"客运专线"等级的线路则并非全部包括在"四纵四横"网络内,图1-27所示为我国"四纵四横"高速铁路网络建设示意图。

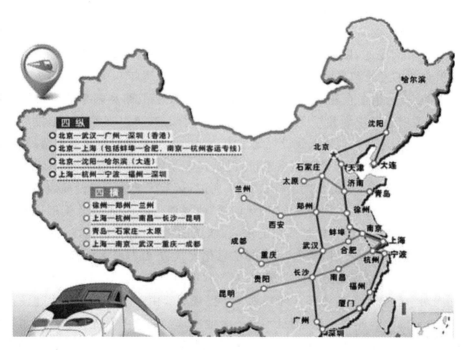

图1-27 我国"四纵四横"高速铁路网络建设示意图

最新进展是,"四纵"方面,京沪客运专线全线已开通;京港客运专线2012年12月26日开通;深圳—香港,2015年开通;京哈客运专线2012年12月1日已开通,盘营客运专线盘锦—营口,2013年5月25日联调联试,2013年9月12日开通运营。北京—沈阳,在京环评受阻,暂无建设时间;杭福深客运专线全长约1450 km,连接长江三角洲、珠江三角洲和东南沿海地区,杭州—漳州已开通,漳州—深圳2013年将开通。"四横"方面,徐兰客运专线、沪昆客运专线、青太客运专线以及沪汉蓉2017年全面开通。也就是说,2008年制定的国家中长期(到2020年)铁路网建设"四纵四横"规划,除北京—沈阳段环评受阻暂无建设计划外,2018年前已经全面提前完成。

对任何一个企业来说，企业运营管理体系的过程与我国"四纵四横"高速铁路网络建设过程一样，也是一个从无到有、从有到多、从多到优的过程。企业建立之初、业务规模比较小的时候，基本上是谈不上运营管理体系建设的，发展到一定的规模后，有的企业出于外部竞争的需要，开始考虑 ISO 9001 质量管理体系的导入，然后进一步导入环境管理体系 ISO 14001 及职业健康安全管理体系 OHSAS 18001，与此同时企业内部的业务管理以及职能管理功能开始慢慢建立和发育起来。业务管理方面开始时的情况可能是依靠个人的经验和权威进行业务管理（流程成熟度处于 1 级左右的水平上，本书后面的"流程管理"一章会讲到流程成熟度的概念）。做到一定的规模后，基于业务的风险和痛点考虑，企业开始建立一些规章制度（流程成熟度 2 级左右的水平）和激励机制，这个时候组织的职能开始慢慢发育，各种部门和职位逐步建立起来，支撑规章制度运作的各种资源配置逐步到位，但是这个时候企业的制度建设或组织建设的水平都还处于初级阶段，还根本谈不上系统性、完整性等方面的要求（当然也不一定是必要的，这要看管理团队的意志），但是管理的有效性和适用性可能是没有问题的，因为在企业生命周期的早期，企业制定的业务目标通常是可以实现的。随着企业的发展和规模的扩大，企业生命开始进入青年和中年时期，企业对未来有更多的想法和追求，很多企业开始考虑自身的中长期发展战略和未来的可持续发展的问题，企业开始做中长期规划和年度规划工作的这个时间点，可以理解为企业发展过程中的一个关键里程碑。运营管理体系建设规划是为企业的业务发展规划和战略落地服务的，没有业务和战略就谈不上运营管理体系建设，但是仅有业务规划和战略目标，没有运营管理体系建设规划，企业又不可能长期可持续发展，所以，运营管理体系建设规划是企业发展规划的主要组成部分。与中国铁路建设"四纵四横"的规划一样，企业运营管理体系建设规划需要考虑因素很多，这些因素包括高层的决心、队伍的素质、客户的需求，以及行业的竞争状况、企业的文化、现有的组织架构、流程与信息化现状、产品与技术的复杂性等。

运营管理体系建设规划分为两个部分：业务管理能力建设规划与职能管理能力建设规划。规划周期一般分为 5 年规划、3 年规划和年度规划。由于业务管理能力建设是一个巨大的课题，包含的内容非常广泛，而且不同的企业所选择的业务及能力建设的需求是完全不一样的，这些方面有大量的教科书、畅销书、期刊和研究文献，如《市场营销》《供应链》《采购管理》《客户关系管理》等，所以这里不把业务管理能力建设与规划的内容作为重点考虑对象，下面简单示意一下部分职能管理领域能力建设规划情况，而且只从流程与信息化能力、组织能力及绩效管理能力建设的这三个侧面，如表 1-6 所示。

表 1-6 职能管理领域能力建设规划

职能管理领域	职能管理能力建设子领域	5 年规划	第 1 年	第 2 年	第 3 年	第 4 年	第 5 年
战略管理	流程与信息化能力	√	√	√	√	√	√
	组织能力	√			√	√	√
	绩效管理能力	√				√	√

续表

职能管理领域	职能管理能力建设子领域	5年规划	第1年	第2年	第3年	第4年	第5年
组织与人力资源管理	流程与信息化能力	✓	✓	✓	✓	✓	✓
	组织能力	✓	✓	✓		✓	✓
	绩效管理能力				✓	✓	✓
流程与信息化建设与管理	流程与信息化能力	✓	✓	✓	✓	✓	✓
	组织能力	✓	✓			✓	✓
	绩效管理能力	✓	✓				
绩效管理	流程与信息化能力	✓	✓	✓	✓	✓	✓
	组织能力	✓	✓			✓	✓
	绩效管理能力	✓				✓	
财经体系管理	流程与信息化能力	✓	✓	✓		✓	✓
	组织能力	✓	✓				
	绩效管理能力	✓	✓			✓	✓
企业文化管理	流程与信息化能力	✓	✓			✓	✓
	组织能力	✓	✓	✓	✓	✓	✓
	绩效管理能力						

四、运营管理体系的PDCA循环

前面介绍了企业运营管理体系建设需要开展规划工作,就像城市的小区规划一样,规划了就需要建设,建设了就需要运行和维护,企业运营管理体系也需要不断的建设和运行维护,而且这种体系的建设与运维过程与城市小区建设与运维过程不一样。城市小区的规划建设与运维是针对实体有形的物质体系,依靠规范的标准化图纸及通行的行业规则;企业的运营管理体系的规划与建设针对的是虚的、无形的思想和精神层面的东西,带有鲜明的人的因素,包括人的思想、人的情感、人的能力、人的态度、人与人之间的协同合作关系及人与人之间的各种利益冲突关系。

运营管理体系的建设是一个持续完善的过程,图1-28所示为企业运营管理体系改进的PDCA循环,包括建立运营管理体系、宣贯运营管理体系、执行运营管理体系、运营管理体系评审、运营管理体系问题分析、改进方案与计划的制订、优化运营管理体系的循环过程,整个过程一般以年度为周期进行循环,其中以运营管理体系评审为关键节点(有关管理评审的内容,本书后面会有更详细的介绍)。管理评审是一项承前启后的关键工作内容,输入要素主要包括企业的年度规划、年度目标及企业实际的经营目标绩效的达成情况,在此基础上对运营管理体系的有效性进行判断,若某些年度经营管理指标没有达到规划的目标,则进而分析运营管理体系在系统性、完整性及适宜性等方面存在的问题和改进方向，通过优先级排序，明确企业下一年度的体系改进工作规划，展开变革项目建设与管理工作。

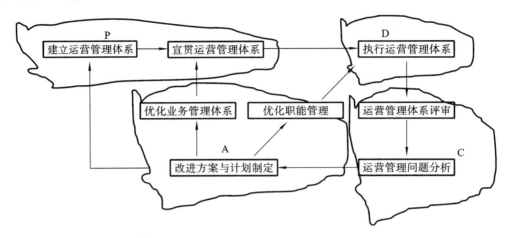

图 1-28　运营管理体系的 PDCA 循环

五、运营管理体系管理评审的作用与方法

1. 运营管理体系评审的目的

管理评审本来是 ISO 等全球性或区域、国家甚至行业组织在体系标准建立、导入和体系运营过程中要求完成的一个标准动作，在完成体系管理手册、体系程序文件等文件建立与维护的基础上，通过开展体系外审、体系内审及管理评审等活动来维持体系管理的有效性和体系证书的合法性。管理评审的本质是对一个组织或企业在某一体系的运营情况好坏的评价，简单地说就是对体系的"体检"。我们知道，医院对人体的体检包括若干构成人体的系统（比如血液系统、肌肉系统、骨骼系统、神经系统、内脏系统、五官系统等）及与这些系统相关的若干测量指标（如血压、尿酸、血脂、肺活量等），各系统的指标数据处于一个合理的范围才能说明该系统是正常的或者健康的。

运营管理体系的管理评审就是对一个公司整体运营管理体系的"体检"。前面说过，一个公司的运营管理体系包括核心业务管理体系和非核心业务管理体系，换一个角度说，一个公司的运营管理体系包括职能管理体系和业务管理体系，业务管理体系又包括市场管理、销售管理、服务管理、研发管理及供应链管理等体系，职能管理包括组织与人力资源管理、财务管理、流程与信息化管理、战略管理、企业文化等管理体系。同样的道理，这些职能管理体系和业务管理体系都有衡量各自状况的指标。以供应链为例，供应链的一级指标一般包括质量指标、成本指标、交期指标（OTD）、库存周转率指标、客户满意度指标等，这些指标又会按照需要分解成二级甚至三级指标，反映供应链体系指标的高低标准是因市场、客户、竞争态势、环境因素的不同而不同的，比如产品的及时交付率是 30% 合格，还是 80% 合格，这要看客户的期望而定，没有统一的标准。

对于公司级的运营管理体系评审而言，当然要看公司级的运营管理的目标和指标的达成情况,根据企业战略、战略地图及战略解码可以识别公司基于平衡计分卡的四个维度的指标,进而分析公司运营管理体系的健康状况,相关内容详见第二章。

2. 管理评审的输入与输出

管理评审的输入是指开展管理评审工作所需要收集的、与业务与管理相关的各种过程、结果数据或文件等资料,由于管理评审是对整个公司运营管理体系的评审,所需要的数据、文件和资料的范围非常广泛,除了企业内外部的各种政策、法律、法规以体系管理的手册与程序文件之外,还应包括以下几个方面的材料。

(1) 企业发展规划,包括五年规划、三年滚动规划、年度规划。

(2) 基于年度规划的组织绩效目标(包括质量目标)完成情况。

(3) 内外部客户满意度调查的情况。

(4) 企业全面风险问卷调查的情况。

(5) 企业年度内审、外审的情况。

(6) 企业上一年度变革项目实施完成情况。

(7) 各级部门内部业务短板和痛点识别情况。

管理评审的输出是指通过管理评审过程所形成的结果性文件,由于管理评审的目的只是评价运营管理体系的有效性、系统性、完整性和适宜性,所以管理评审的输出主要是针对企业的各个体系(包括核心业务管理体系和非核心业务管理体系)来展开的,并且需要为下一年的业务改进和管理改进(变革)提供线索,包括以下几个方面的材料。

(1) 公司级的业务举措或年度重点工作清单。

①市场业务举措或年度重点工作清单。

②销售业务举措或年度重点工作清单。

③服务业务举措或年度重点工作清单。

④产品研发业务举措或年度重点工作清单。

⑤供应链业务举措或年度重点工作清单。

(2) 公司级的管理变革项目清单。

①市场管理变革项目清单(含流程、组织与人力资源、绩效、IT等)。

②销售管理流程与IT变革项目清单(含流程、组织与人力资源、绩效、IT等)。

③服务管理流程与IT变革项目清单(含流程、组织与人力资源、绩效、IT等)。

④产品研发管理流程与IT变革项目清单(含流程、组织与人力资源、绩效、IT等)。

⑤供应链管理流程与IT变革项目清单(含流程、组织与人力资源、绩效、IT等)。

(3) 部门级的业务举措或年度重点工作清单(内容同上)。

(4) 部门级的管理变革项目清单(内容同上)。

3. 管理评审的工作流程

管理体系经过内部审核后,一般在两周之内可以进行管理评审,视公司情况而定,一周内能准备完全也可以开管理评审会议。管理评审的主要目的是评价公司管理体系的适宜性、充分性和持续有效性。下面对管理评审的八个过程简单描述如下。

（1）制订管理评审计划　管理评审计划可与内审计划一并下发，但管理评审前至少一周，要将计划下发各相关单位，以便收集并整理各部门的体系运行绩效报告，同时保证资料的全面性和真实性。计划内容包括评审目的、评审范围、会议时间、会议地点、会议主持人、与会人员、评审小组组长及成员、评审内容、资料准备及评审的议程。这些都是管理评审的输入要素，也是计划的内容。管理评审输入要涉及体系所有标准条款的要求。

（2）管理评审的发文　主要是对管理评审的其他准备事项进行补充说明，管理体系运行绩效报告的填写，并要求附真实的证明资料及统计材料等，同时注明资料提交的期限。

（3）管理评审计划和管理评审发文逐级签呈后下发各相关单位主管，同时做好签收记录。

（4）资料准备　此过程对管理评审十分关键。要对各部门提供的资料进行审核，主要是数据和资料的真实性和全面性，而且不仅仅只是对内部的体系运行情况进行检查，而且还要考虑外部环境变化相结合的影响，同时提出管理体系的改善建议。因为这是管理评审会议报告的内容，所以要反复审核及确认，收集完以后将所有部门的资料整合，上报管理者代表进行确认，确认后即成为管理评审的正式汇报材料。

（5）会场布置及准备　具体的会议议程要与管理者代表和主持人沟通确认。会议室要注意姓名牌、纯净水及花盆等东西的摆放，相机、录音笔、投影仪、计算机等会议设备要在会前十分钟全部就绪，会前十分钟左右还要与未到会的人员要进行电话沟通，特别是管理者代表及副总级的评审小组成员，同时做好会议签到表的登记。

（6）管理评审会议人员全部就绪后，管理评审会议开始，由主持人进行会议主题介绍。管理评审组组长、管理者代表讲话，接着再由主持人说明本次管理评审的目的和范围，评审程序及各部门报告的程序，评审程序是部门报告、评审组评审、评审组决议，且每个部门报告后都要经过的程序，管理评审会议是整个管理评审工作的核心，是大家共同探讨体系管理改进的机会，若有任何体系管理相关的问题和建议，都可以一并提出来。趁这个机会，由高层做出决议，会议尾声由总经理或管理者代表做评审总结，最后由主持人宣布会议结束。

（7）管理评审报告就是管理的输出　根据管理评审会议的报告和决议，制作并发行管理评审报告表，报告内容简要说明评审目的、评审范围等信息，重点阐述会议议题决议事项、提报单位、负责单位等等信息，制作完成逐级呈签后下发各相关单位。

（8）管理评审工作追踪　各部门跟踪监控管理评审输出的内容的实施，对相关事项进行整改，并做好记录。

案例 1-6

某集团公司的运营管理体系的持续改进

最近几年，随着某集团公司从传统的运营商市场向 ICT 市场的转型，企业越来越重视运营管理体系的建设和运维。图1-29所示为某集团公司运营管理的持续改进体系循环，每年为期两个月的管理评审工作是公司层级进行体系建设与维护的关键性工作，在此基础上，各个业务管理部门、职能管理部门及业务与平台部门都会以项目形式或工作任务清单的形式在各自领域开展各种各样的管理改进工作。

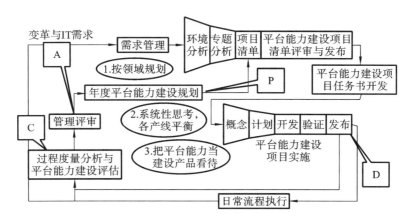

图1-29　某集团公司运营管理的持续改进体系循环

以某集团公司运营管理部为例，该部门的职责包括流程管理、体系管理、客户满意度调查管理、全面风险与内控体系建设及公司平台能力建设项目管理等职责，在2015年的管理改进循环中，基于识别的问题，该部门针对运营管理的持续改进体系循环的不同环节，开展了包括客户满意度测量能力、质量目标管理能力、目标风险管理能力、管理改善规划能力、管理改善牵引能力及改善达成项目管理能力等方面的改进点识别，如图1-30所示。

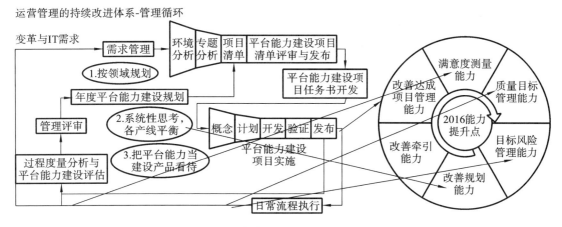

图1-30　流程与体系管理部管理改进点识别

图1-31、表1-7所示为流程与体系管理存在的问题与改进方向。

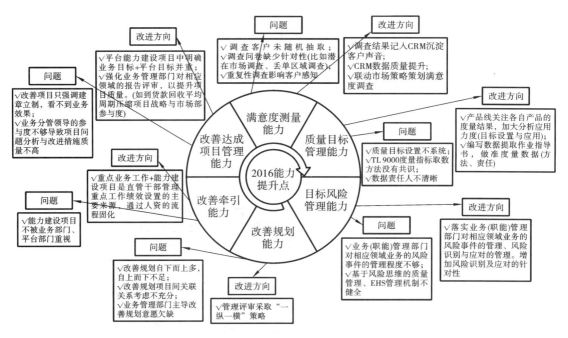

图 1-31 流程与体系管理存在的问题与改进方向

表 1-7 存在的问题与改进方向

序号	改进业务内容	存在的问题	改进方向
1	客户满意度测量能力	调查客户未随机抽取；调查问卷缺少针对性(比如潜在市场调查、丢单区域调查)；重复性调查影响客户感知	调查结果记入 CRM 沉淀客户声音；CRM 数据质量提升；联动市场策略策划满意度调查
2	质量目标管理能力	质量目标设置不系统；TL9000 度量指标取数方法没有共识；数据责任人不清晰	产品线关注各自产品的度量结果,加大分析应用力度(目标设置与应用)；编写数据提取作业指导书,准确提取度量数据(方法、责任)
3	目标风险管理能力	业务(职能)管理部门对相应领域业务的风险事件的管理程度不够；基于风险思维的质量管理、EHS管理机制不健全	落实业务(职能)管理部门对相应领域业务的风险事件的管理、风险识别与应对的管理,增加风险识别及应对的针对性
4	管理改善规划能力	改善规划自下而上多,自上而下不足；改善规划项目间关联关系考虑不充分；业务管理部门主导改善规划意愿欠缺	管理评审采取"一纵一横"策略；以目标达成有效性为原则的系统性、完整性与适宜性分析；改进项目分为公司级和部门级

续表

序号	改进业务内容	存在的问题	改进方向
5	管理改善牵引能力	能力建设项目不被业务部门、平台部门重视	重点业务工作＋能力建设项目是直管干部管理重点工作绩效设置的主要来源,通过人资的流程固化
6	改善达成项目管理能力	改善项目只强调建章立制,看不到业务效果; 业务分管领导的参与度不够导致项目问题分析与改进措施质量不高	平台能力建设项目中明确业务目标＋平台目标并重; 强化业务管理部门对相应领域的报告评审,以提升项目质量(如到货款回收平均周期压缩项目战略与市场部参与度)

案例 1-7

某集团公司年度管理评审实践

2014 年之前,某集团公司的管理评审主要针对 ISO 9001/ISO 14001 等外部利益相关方关注的国际认证体系来展开,很大程度上是为了满足体系外审的要求,而不是为了满足自身业务管理的要求。2015 年开始,某集团公司开展针对运营管理体系的管理评审,目的是对集团运营管理体系的有效性、系统性、完整性及适宜性进行评审,识别企业运营管理体系的短板和管理体系未来的改进方向。

既然是针对运营管理体系的管理评审,当然既要关注 ISO 9001/ISO 14001 等外审要求的管理体系的评审,又要关注企业内部核心业务与职能管理体系的评审,下面是某集团企业管理评审相关情况的简单介绍。

图 1-32 所示为某集团公司管理评审所用到的主要工作模板,针对公司业务流程架构不同层级上的业务域、业务模块或业务子模块,识别它们在"有效性、系统性、完整性、适宜性"的哪个方面或哪几个方面存在的问题,然后根据对这些问题的分析,初步识别出包括"业务举措、流程、组织、IT、度量指标"在内的改进思路和项目建议。

"有效性"的定义:该业务域、业务模块或业务子模块的绩效指标结果不好,或者该业务执行效果很差;有指标的用数据展示;若没有指标统计,用案例展示。从有效性问题来推导出系统性、完整性、适宜性问题。

"系统性"的定义:该业务与上下游之间没有打通,或者业务间信息传递不畅。

"完整性"的定义:该业务缺少管理规则,或者原有的管理规则较粗,不能指导业务操作,包括 IT 系统覆盖度不够、组织职责缺失、缺少度量方法与工具等。

"适宜性"的定义:由于外部环境或业务模式的变化,现有的管理规则不适用于现有业

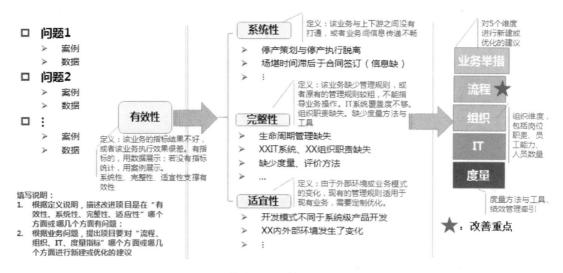

图 1-32　某集团企业管理评审工作模板

务,需要定制优化。

1. 管理评审的输入

图 1-33 所示为某集团公司管理评审输入与输出的相关内容。

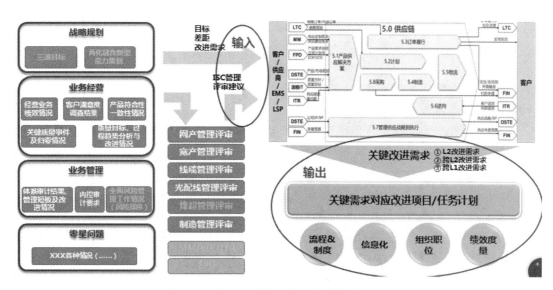

图 1-33　管理评审输入与输出的相关内容

某集团公司管理评审的输入是管理评审需要用到的各种业务和管理资料,如企业发展规划,包括五年规划、三年滚动规划、年度规划,基于年度规划的组织绩效目标(包括质量目标)完成情况,内外部客户满意度调查的情况,企业全面风险问卷调查的情况,企业年度内审、外审的情况,企业上一年度变革项目实施完成情况,各级部门内部业务短板和痛点识别情况等。

管理评审的输出是指通过管理评审过程所形成的结果性文件，由于管理评审的目的只要是评价运营管理体系的有效性、系统性、完整性和适宜性，所以管理评审的输出主要是针对企业的各个体系（包括核心业务管理体系和非核心业务管理体系）来展开的，并且需要为下一年的业务改进和管理改进（变革）提供线索，包括以下几个方面的材料。

（1）公司级的业务举措或年度重点工作清单，包括以下内容。

①市场业务举措或年度重点工作清单。

②销售业务举措或年度重点工作清单。

③服务业务举措或年度重点工作清单。

④产品研发业务举措或年度重点工作清单。

⑤供应链业务举措或年度重点工作清单。

（2）公司级的管理变革项目清单，包括以下内容。

①市场管理变革项目清单（含流程、组织与人力资源、绩效、IT 等）。

②销售管理流程与 IT 变革项目清单（含流程、组织与人力资源、绩效、IT 等）。

③服务管理流程与 IT 变革项目清单（含流程、组织与人力资源、绩效、IT 等）。

④产品研发管理流程与 IT 变革项目清单（含流程、组织与人力资源、绩效、IT 等）。

⑤供应链管理流程与 IT 变革项目清单（含流程、组织与人力资源、绩效、IT 等）。

（3）部门级的业务举措或年度重点工作清单（内容同上）。

（4）部门级的管理变革项目清单（内容同上）。

图 1-34 所示为某集团公司管理评审输出的部分模板样例。

级别		领域	项目名称	项目类型	项目范围及目标	项目资源
ISC	公司级	订单履行	订单交付满意度提升	流程、组织、度量、IT	XXXXXXXX	牵头单位：网产交付管理部、宽带交付管理部 参与单位：国际公司、国内销售、行网、网络产出线、宽带产出线、制造部、战略市场部、科技运营部
		计划	运营周期改进	流程、度量、IT	XXXXXXXX	牵头单位：网产交付管理部、制造部 参与单位：网络产出线、宽带产出线、制造部、认证与采购中心
		采购/制造	原材料质量管理能力提升	业务举措、流程度量	XXXXXXXXX	牵头单位：制造部 参与单位：网络产出线、宽带产出线、技术专家组、制造部运营质量部、采购中心、公研部
		物流	仓储管理系统（WMS）	流程、IT	XXXXXXXXX	牵头单位：制造部 参与单位：网络产出线、宽带产出线、线缆产出线、光配线产出线、制造部、科运部
			国际物流	业务举措、流程组织、度量、IT	XXXXXXXXX	牵头单位：烽火国际物流部 参与单位：国际物流部、子公司、技服、科运部

图 1-34 某集团公司管理评审输出的部分模板样例

2. 管理评审流程

图 1-35 所示为某集团公司的年度管理评审流程，这是一个典型的时间触发流程，每年 11 月份的第一个工作日按时启动，12 月份的最后一个工作日完成向公司高管团队的管理评审汇报，流程关闭。

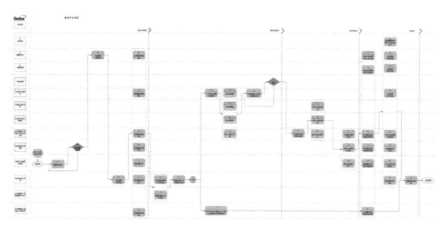

图 1-35　某集团公司的年度管理评审流程

第一阶段：召开准备与启动会议，宣布管理评审计划，开始管理评审相关材料的收集与整理。

第二阶段：产出线横向评审阶段，过程如下。

(1) 产线体系分管领导组织，产线各段业务部门领导、服务产线的平台部门领导参加。

(2) 形成产线各领域的 TOP3 的变革规划。

3. 产线总裁审批通过

第三阶段：业务域纵向评审阶段，各职能、业务管理部门组织领域纵向评审，最后完成向公司分管副总裁（领域 GPO）汇报。

第四阶段：管理评审最终汇报阶段，向 CEO 及高管团队汇报。

4. 管理评审小组

管理评审是一个历时接近两个月的项目，由公司的体系管理部门组织实施。

图 1-36 所示为管理评审工作小组的构成情况，最左的一列为横向评审阶段各个产出单元的管理评审负责人名单，以后各列分别是各业务平台部门、业务和职能管理模块及某

组织者 领域 产线	XXX 战略&市场管理 （中长期规划、三滚、新型能力、战略解码、需求到规划、营销到线索）	XXX 线索到回款管理 （客户关系、销售项目、服务交付）	XXX 研发管理（FPD）	XXX 供应链管理（ISC）	XXX 问题到解决管理（ITR）	XXX 人资 （包含招聘、培训、人事管理、及SA8000等重点工作）	XXX 基础服务 （固定资产管理、EHS）	XXX 信息安全、两化融合	XXX 内控体系
网产板块组 组长：XXX	XXX XXX XXX	XXX XXX	XXX XXX	XXX XXX	XXX XXX	根据本体系要覆盖范围开展纵向评审（直接纵向开展）	根据本体系要覆盖范围开展纵向评审（直接纵向开展）	根据本体系要覆盖范围开展纵向评审（直接纵向开展）	根据本体系要覆盖范围开展纵向评审（直接纵向开展）
线缆板块组 组长：XXX	XXX XXX XXX	XXX XXX	XXX XXX	XXX XXX	XXX XXX				
宽带板块组 组长：XXX	XXX XXX	XXX	XXX	XXX	XXX				
光配板块组 组长：XXX	XXX XXX	XXX	XXX	XXX	XXX				
集成板块组 组长：XXX	XXX XXX	XXX	XXX	XXX	XXX				

图 1-36　管理评审工作小组的构成

一专业体系管理领域的负责人,在完成横向评审基础上,各产出单元需要将输出成果分业务域和职能域提交对应的业务和职能管理部门,比如某产出线需要将营销服等领域的输出结果提交给公司负责营销服的战略与市场部门,需要将研发与供应链相关的输出成果提交给公司负责研发与供应链管理的科技与运营部,需要将组织与人力资源管理相关的输出成果提交给负责组织和人力资源管理的总裁办和人力资源管理部门,以便这些部门开展第二阶段的纵向评审。

思考题

1. 如何描述一个企业的管理体系?企业管理体系建设的本质特征是什么?
2. ISO9001是什么?如何发挥作用?
3. 如何理解组织能力和个人能力?你所在的公司有哪些组织能力?还需要构建哪些能力?

第二章 企业战略、战略管理与运营管理的关系

核心要点

　　企业战略是战略管理过程的输出成果,但是战略管理属于企业运营管理体系的构成要素之一,企业只能依赖运营管理体系的运行来实现其战略目标,运营管理体系建设就是企业的执行力建设;企业需要通过战略地图和战略解码的方式将战略分解成多年目标和年度目标,并通过平衡记分卡(BSC)等手段来制定组织绩效目标并开展绩效评价工作。

第一节 战略概述

古语有"凡事预则立,不预则废"之说,这应该算是战略价值的最早表达吧,通俗,言简意赅。提到"战略"这个词总会给人一种高大上的感觉,感觉飘缈、虚无,离现实很遥远。我们细心观察就会发现,随着竞争的加剧,市场已不再是有东西不愁卖的市场了,在产能过剩的大背景下,需要企业不断提供客户需求的又好又便宜的产品,这就需要企业从客户的压力与挑战出发,不断思考如何产品差异化,如何降低成本,外部环境逼迫企业思考。越来越多的企业主动关注战略,尤其是体量较大的企业。企业如此,国家也一样,想要在全球化的竞争中要取得一席之地,战略变得越来越重要,成为了一个无法回避的话题。

一、愿景、使命、价值观与战略

愿景也称远景,愿景对企业来说,描述的是一个企业未来的样子,是对多年以后的企业自己的一张画像,简单来说就是我们企业未来要成为什么样子的企业。愿景的阐述有一定的内部性,说的是企业自己,比如迪士尼的愿景是"成为全球的超级娱乐公司"。

使命对企业来说,描述的是一个企业为什么而存在,阐述了某一个企业存在的根本意义,从英文 mission 翻译来看有"任务"的含义,描述了企业实现愿景的宏观路径。使命的阐述有一定的外部性,体现出对外部的影响,比如迪士尼的使命是"Make People Happy"。我们可以这样理解,迪士尼公司通过"使人们过得快乐"这个宏观路径让迪士尼公司自己"成为全球的超级娱乐公司"。

价值观是组织面向愿景和使命,在前进道路上的价值导向和工作指导思想,也是组织中的人为人处事要遵循的准则。价值观体现在一个公司的企业文化中。如图 2-1 所示,不同的企业文化体现了不同的价值导向，"狼性文化"的企业强调团队合作的价值导向，"小资文化"的企业强调员工关系的融洽与员工利益的保护。价值观也体现在企业未来的流程和制度建设中，体现在企业运行的每时每刻。

(a)狼性文化

(b)小资文化

图 2-1　不同的企业文化体现不同的价值导向

迪士尼公司的价值观是：想象力和有益健康。

创新：迪士尼公司一直坚持创新的传统。

品质：迪士尼公司不断努力达到高质量标准进而做到卓越，在迪士尼品牌的所有产品中，高质量都是必须得以保证的。

共享：对于家庭，迪士尼公司一直创造积极和包容的态度，迪士尼公司创造的娱乐可以被各代人所共享。

故事：每一件迪士尼公司的产品的背后都有一个故事，永恒的故事总是给人们带来欢乐和启发。

乐观：迪士尼公司产品的娱乐体验总是向人们宣传希望、渴望和乐观坚定的决心。

尊重：迪士尼公司及其产品尊重我们每一个人，迪士尼产品的乐趣是基于我们自己的体验，并不取笑他人。

愿景、使命、价值观，自上而下，一脉相承，是企业整个战略的核心，也是一个起点，企业的战略从这里开始。围绕愿景、使命、价值观，从客户、市场、产品维度展开，形成业务战略；从内部运营维度展开，形成支撑业务战略的职能战略。

二、愿景、使命、价值观的作用

从企业文化的角度来看，愿景、使命、价值观会让企业更加具有凝聚力和导向性。对内部员工而言，获得到员工的认同，吸引认同度高的员工留下来，大家为了共同的愿景，采用大家一致认同的共同的路径和方法去奋斗。对外部而言，企业对愿景、使命、价值观不断践行使得企业不断累积自己的特征和个性，进而提升企业自身的品牌价值。

战略的本质表现是差异化竞争。如果所有的企业都一样，那么客户为什么会选择你？

这是战略产生的根本诉求。从差异化竞争的角度看愿景、使命、价值观，我们可以看到，愿景、使命、价值观最终会落地到我们的产品或服务（包括与客户有关的所有过程）中去，会给产品或服务注入灵魂，这样我们的产品或服务就区别与其他企业，除了有客户所需要的功能外，还实现价值理念的传导及与客户的互动。产品和服务的差异化发展到最后，形成的是企业与企业的差异化，增强了企业辨识度和品牌价值。同时，这种看不见摸不着的精神性的无形的东西将最终成为企业基因，能感觉得到，但很难效仿与复制。优秀的愿景、使命、价值观最终成为企业无形的、不能复制的独特的竞争力。

特别要提及的是使命和价值观。当企业碰到方向性选择时，使命就是指南针，使命会让企业的方向更加专注，无数的经验和事实表明，专业化（或者相关多元化）的聚焦战略，避免其他非使命业务的诱惑，是企业能够做强做大的根本保障，反之面临的是企业无法承受或没有精力去面对跨多领域带来的行业特点、人才、资金、竞争环境等复杂局面。"使命让你的企业更加专注"。从另一个层面来说，当企业在运营过程中面对各种方式、方法的选择时，价值观就提供了参考，质量放在前面，还是股东放在前面，不同的价值观决定了企业在具体问题上的选择，企业每一个员工做事情的方式与方法，可以鲜明的体现这些员工的价值导向，进而反映一个企业的价值导向。还是那句话："你想成为什么样的人，你最终就会成为什么样的人。"

三、战略的本质与表现形式

战略的本质是什么？一个独特而有梦想的企业不断履行自己的使命，践行着自己的价值观，将愿景转换为一个又一个可实现的阶段目标，寻找路径，自我改变，一步又一步地靠近愿景，如图 2-2 所示，战略就是奋斗方向的选择与关键路径的识别。企业要知道自己"准备去那里"（体现战略意图和领导力）、"目前在哪里"（明辨与目标相比的差距所在）、"怎么去哪里"（明确达到目标的路径和方法），以及"问题在哪里"（识别关键成功要素和风险点），战略的本质在于规划改变并建立差异化的特征或优势，在愿景、使命、价值观指引下的市场、客户、产品选择的差异化，自身能力构建上的差异化。

战略并不高大上，一旦一个企业准备谋求改变，暂且不论改变的方向是否合适，步子迈得是否合适，改变本身就是领导力的体现和关于方向的思考，改变本身就代表这个企业在思考战略了，只不过不一定那么系统完整而已。比如，企业产品决定进入某一新的市场区域，或者在某一海外国家设立子公司，实现本地化交付，这都是一种改变，这些改变就是一种市场营销战略或供应链战略选择的行为。又如在集团公司层面实施统一采购管理，这就是一种采购管理战略选择行为。战略在企业发展不同时期，表现出来的形式及系统性程度是不同的。小公司十个人，战略就在一把手的脑袋里，产生的过程可能就是一次灵感的冲动，碰个头讲出来，就可以去执行了。几万人的大公司，则会定期审视愿景、使命、价值观，明确大方向，由系统化的战略规划流程去制定战略，有多轮次 W 形的讨论，在不同视线范围下完成不同粗细程度的战略输出，有的关注中长期业务方向，有的关注短期业务目标，最终正式发布战略规划文件。

战略规划文件发布后，配套的工作有落地资源配置与战略绩效牵引。落地战略配置资源依靠在短期业务目标规划下开展全面预算管理，保证各种资源的合理分布。而战略绩效

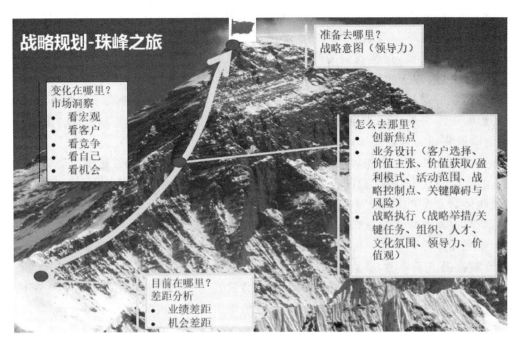

图 2-2 战略就是方向的选择与关键路径的识别

牵引一般以平衡计分卡、BEM 工具实现,最终与组织最小单元岗位进行关联。

第二节 战略管理

一、战略管理的循环及其流程架构

好的战略管理流程并不一定能产生好的战略,但好的战略产生离不开好的战略管理流程。对着愿景、使命,结合各种内外环境和优劣势分析,看差距,看机会,寻找创新的方向,对已有的业务进行再设计,完成规划部分,在文化及各种资源保障下,以关键任务为抓手,以组织、流程、信息化等来承接,完成执行落地部分。基于战略管理模型完成整个战略到落地的策划过程中,不可否认领军人物对行业、产品、技术发展的预判的重要性,但面对如此复杂的管理过程,好的战略管理流程的作用不言而喻。

如图2-3所示,战略管理流程循环可分为四个部分:战略制定、战略展开、战略执行与监控、战略评估。

1. 战略制定

看中长期3到5年,是愿景的阶段性的展开,确定什么时候在哪些地方改变及如何改变,专注所在领域及相关领域的价值转移趋势,对未来的业务模式进行思考与设计,除了业务方面的规划外,还包括组织、人才、流程及管理体系的变革规划。战略制定是愿景阶段目标的正式化的体现,是期间内公司重要事项的决策依据,是各项工作的顶层策划。

2. 战略展开

看短期1年多的时间,规划的是业绩期望,重点是识别战略举措,确定所需要的方法和各类资源,形成销售目标、产品方向与主要产品市场、关键任务及责任人清单。战略展开提升了整体资源利用效率,使得产品路径规划更清晰。基于规划在本阶段还要完成全面预算,而年度预算更科学,对下一个年度的资金和人力资源进行合

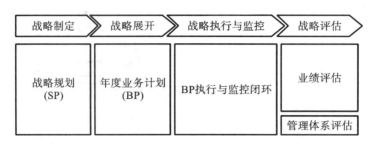

图 2-3　战略管理流程循环

理的安排。识别下一年度的机会与风险,同时指导 KPI 的分解。输出各个领域的工作策略将是下一个年度整个公司的工作开展指南。战略分解工具如 BEM+BSC,用 BEM 解码,再用 BSC 视角检视平衡性。如图 2-4、表 2-1 所示。

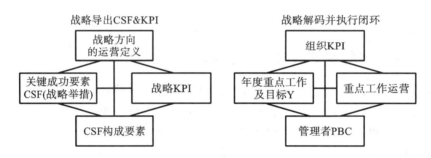

图 2-4　BEM 战略解码模型

表 2-1　BSC 模型检视 CSF(关键成功要素)平衡性举例

维　　度	CSF	平衡性检视
财务	企业价值增大、利润最大化、销售增大、成本降低、资产利用率最大	1. 平衡短期与长期、内部与外部、结果与过程、财务与非财务; 2. 确认因果关系,支撑战略目标; 3. 缺乏因果关系与平衡性时
客户	市场份额提升、产品价值最大化、提升品牌形象、构建与客户/渠道亲密关系、品质提升	
内部运营	符合客户需求的新产品、柔性市场机制、采购效率、交期管理改善、供应链优化	
学习成长	全球人才能力提升、构建先进文化、知识管理水平提升、构建技术壁垒、IT 覆盖与满意度提升	

3. 战略执行与监控

战略执行属于运营与运营管理的范畴。一方面,紧盯目标,按照流程运行,监控过程绩效,再结合关键业务举措落地,获得最终业绩。另一方面,将组织、人才、流程及管理体系变革方面的管理改进举措落地,追求管理上的投资收益,不断优化企业自身的能力。

4. 战略评估

主要关注研发项目绩效、组织绩效、个人绩效的表现,做定期的绩效审视,另外,就是对整个管理体系改善状况作出评估,为下一年度战略规划和战略展开提供依据。战略评估和战略执行之间既有年度大循环,也有季度或更高频率的小循环,以确保有效的战略执行。

二、战略制定过程

1. 业务战略与职能战略的概念

业务战略是基于产品、市场、产业链、规模、运营区域布局为手段获取差异化或成本领先等战略优势,以及确定相应的实现路径的整体谋划。简而言之,就是确定产品在哪里卖,控制产业链的哪些环节,要尽快做到多大的规模,并考虑在全球各地如何布局自己的运营机构(市场、研发、销售、供应、交付、服务),最终获取突出的是哪种竞争优势,重点要实施的业务举措及时间里程碑。

职能战略是基于业务战略的需要对企业内各方面职能活动进行的谋划,为业务战略服务,以支撑业务战略的实现,具有附属性、专业性、具体性的特点,使公司业务战略的明朗化、领域化、具体化,指导公司各项具体经营活动的开展。只有基于公司的业务战略倒推提炼出职能战略,包括具体行动方案,公司的业务战略才有实际操作价值,职能战略是业务战略落地的桥梁。例如,当业务战略决定要基于 A 市场开发或销售 Y 产品,并提供高水平的运维服务,那么针对 A 市场的需求,管理能力、运维服务能力都需要同步构建起来,这样业务战略才能落地。

2. 战略制定流程

战略制定流程参见 BLM 模型,如图 2-5 所示。BLM 模型是一个用于中高层制定战略推动执行落地的架构。它从市场洞察、战略意图、创新焦点、业务设计、关键任务、正式组织、人才保障、氛围文化及领导力与价值观等各方面帮助企业管理者在战略制定与落地过程中进行系统地思考。

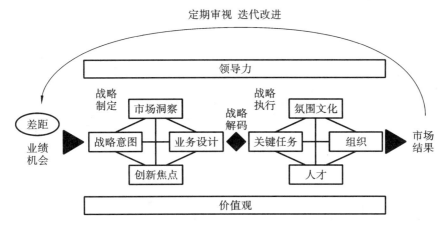

图 2-5 BLM 模型

应用 BLM 模型执行战略管理需要把握四个原则：①战略是不能被授权的，领导力贯彻战略制定的全过程，战略本身就是企业掌舵人的事情；②要以差距为导向集中力量解决关键业务问题；③战略制定与战略落地要紧密整合，关注结果；④持续改进，组织能力提升是持续不断的过程。BLM 模型使得成功的四要素战略、执行、价值观与领导力之间相一致。

战略制定首先从差距分析开始（见图 2-6）。战略制定是由不满意/不满足激发的，而不满意是对现状和期望业绩之间差距的一种感知，这种差距可分为业绩差距和机会差距。业绩差距是现有经营结果和期望值之间差距的量化的表现，俗称"想到了没有做到"；机会差距是在现有经营结果和新业务设计所能带来的经营结果之间的差距的量化估计，俗称"没有想到"。业绩差距需要靠强有力的执行来弥补，暂不需要改变现有的业务设计或称为业务模式，而机会差距的弥补却需要重新考量并设计新的业务模式。差距是经营结果的量化表述，不是自身能力、资源方面的原因分析，也不是主观感觉。识别差距是看结果，暂不做根因分析。上一轮战略到执行的结果产生的差距是下一轮战略到执行的输入，循环始终，周而复始。差距分析完成以后，从以下四个方面完成战略制定过程。

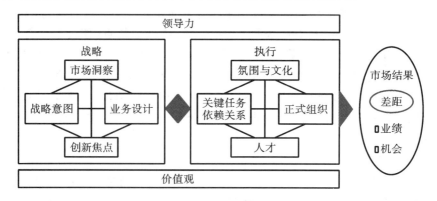

图 2-6　BEM 差距分析

首先是市场洞察（见图 2-7），即了解技术的发展和市场状况、竞争动向、客户需求，以找到机遇和风险，目标是解释市场上正在发生的事情，以及这些变化对公司的影响是什么，重点看的是行业内价值转移的趋势。

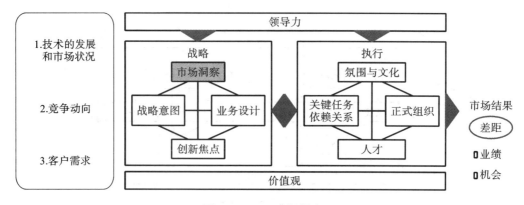

图 2-7　BEM 市场洞察

第二,战略意图的明确(见图2-8),愿景、战略目标及近期目标(里程碑),即明确自身的定位,战略意图的明确要结合市场洞察,承接战略并提出自己环节的具体目标。确保组织的经营方向和最终目标与公司的战略重点相一致,体现竞争优势。

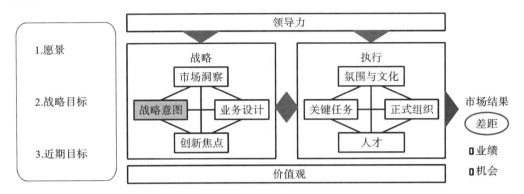

图 2-8　BEM 战略意图

第三,明确创新焦点(见图2-9),即未来的业务组合、创新模式使得资源有效利用。创新的类型可以分为盈利模式、合作增值、组织、流程、产品、解决方案、服务、渠道、品牌、客户互动模式等。进行与市场同步的探索和试验,从广泛的资源中过滤想法,通过试点和深入市场实验探索新想法,谨慎地进行投资和处理资源,以应对行业的变化。

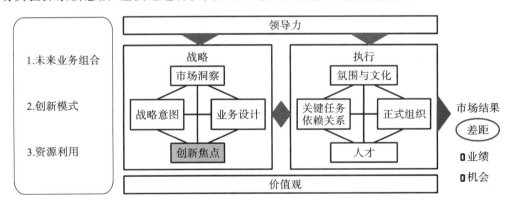

图 2-9　BEM 创新焦点

第四,开展业务设计(见图2-10)。基于以上考虑如何选择客户、确定客户的价值主张、明确利润模式、明确企业主导的业务活动范围、明确并强化战略控制点确保持续利润,在整个过程中不断识别并控制风险。每个行业的价值转移是不可避免的,不同时期会有不同的高利润区域,只有深刻洞察客户变化并进行企业的业务模式设计才是好的战略的本质,业务设计有其生命期,需随价值转移而不断创新。

整个战略制定过程可以概括为以价值转移驱动业务设计的战略规划。业务设计应以对外部的深入理解为基础,着眼于更好地利用内部能力和持续改进与变革,探索可以替代的业务设计。

可以把战略执行的关键任务和依赖关系识别看作为职能战略的确定,关键任务主要指的是持续性的战略举措,包括业务增长举措和能力建设举措,一般从客户管理、营销管理、

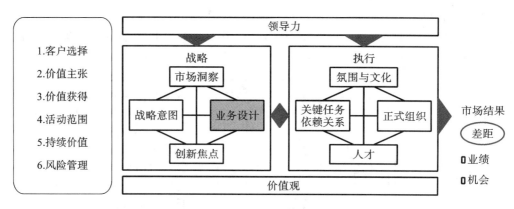

图 2-10 BEM 业务设计

产品开发、交付管理、服务管理、财务管理等方面思考,并将重要的运营流程的设计与落地推行包括在内,是整个执行模块其他部分的基础。

这样业务战略与支撑性的职能战略轮廓就不断清晰了。

案例 2-1

■ 华为公司战略规划到执行 ■

战略制定和执行是一个致力于长远发展的企业必须关注的头等重要的事情。遗憾的是,即使是国内一些大型企业,也没有真正掌握战略制定的正确方法,不管是 5 年规划还是 3 年规划或年度规划,基本上都是走过场,更不要说战略的执行和评价了。华为公司是国内为数不多的真正把战略和战略管理做实的公司之一,图 2-11 所示的是华为公司战略规划到执行的总体管理流程。

从图 2-11 可以看到,华为公司的战略规划到执行流程除了包括"战略规划""年度业务计划与预算""管理执行与监控"三大模块之外,还包括一个从每年 4 月到次年 3 月的时间轴(见图 2-12),所有的战略规划和执行的活动一环扣一环,按照一定的先后顺序和管理逻辑在这条时间轴上展开。

战略规划流程发生在每年的 4 月到次年的 1 月的这段时间,包括市场洞察、确定战略指引、战略规划、战略对标、战略规划批准、战略宣讲与沟通、导出关键成功因素及战略衡量指标、制定并签署战略归档件、制定与批准指标 KPI 方案等管理活动,如图 2-13 所示。

华为公司的年度业务计划与预算流程发生在每年 9 月到次年 3 月的这段时间,包括 SP 向 BP 输入、机会点到订货、制定 BP、制定物流规划、战略解码导出重点工作(BEM 方法)、制定全面预算、制定人力预算、制定 KPI 目标值、BP 与述职、PBC 沟通与签署的管理活动,如图 2-14 所示。

华为公司的管理执行与监控流程发生在每年 4 月到次年 3 月的这段时间,包括管理 IBP(管理滚动业务预测与计划、管理财务预测、管理人力预测)、管理重点工作(管理 KPI、

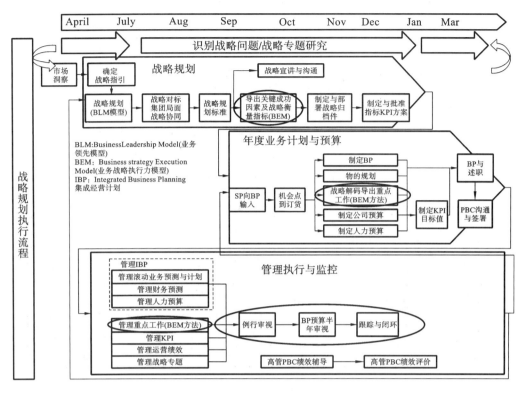

图 2-11　战略规划到执行流程

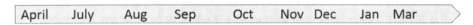

图 2-12　战略规划到执行的时间轴

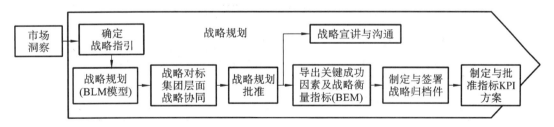

图 2-13　战略规划流程

管理运营绩效、管理战略专题)、例行审视、BP 预算半年审视、跟踪与闭环、高管 PBC 绩效辅导及高管 PBC 绩效评价等管理活动,如图 2-15 所示。

从华为公司的战略制定到执行流程还可以看出,"战略规划流程"的输出就是"年度业务计划与预算"的输入,"年度业务计划与预算"的输出也是"管理执行与监控模块"的输入,同时,"管理执行与监控模块"的结果又需要对"战略规划流程"和"年度业务计划与预算"提供反馈,从而形成整个战略规划到执行的流程闭环。

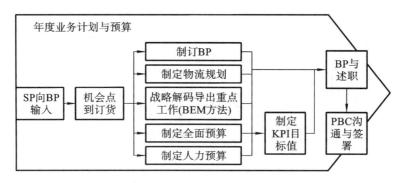

图 2-14 年度业务计划与预算管理模块

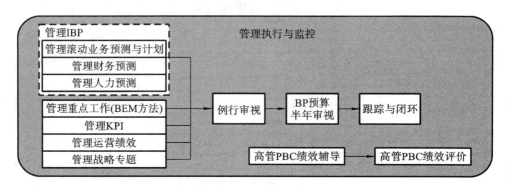

图 2-15 管理执行与监控模块

另外,华为公司的战略规划是 5 年滚动,每 1 年向后看 5 年,每 1 年的战略规划过程都有 EMT 成员的高密度参与,确保战略方向的正确选择和企业的长期可持续发展,图 2-16 所示为华为公司 EMT 管理团队成员在战略规划阶段投入的时间。

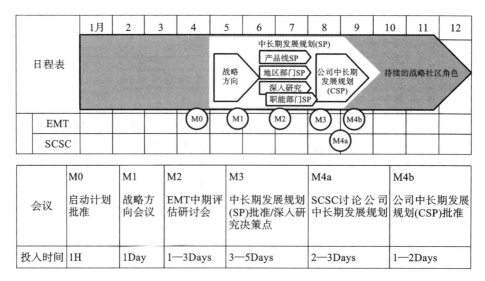

图 2-16 EMT 管理团队成员在战略规划阶段投入的时间

第三节 战略管理与运营管理的关系

战略管理明确企业要做什么,企业不断通过战略制定、战略展开、战略执行和战略评估的循环来调整企业的路径,以达到企业的愿景。运营管理是不断设计与优化产品或服务的提供过程的管理活动的总称。可以看出,运营管理所涉及的设计与优化的管理活动是需要有方向的,而这个方向就来自于战略制定,战略执行过程就涵盖运营管理的相关工作。一句话,战略管理确保方向正确,运营管理确保战略目标实现。两者的关系见表 2-2。

表 2-2 战略管理与运营管理的关系

战 略 管 理	运 营 管 理
管理和改变企业与外部的关系,管理不可控因素	管理企业内部的关系,管理可控因素
具有很大的不确定性和模糊性	处理比较确定的常规事务,比较容易预见和量化
涉及企业的变革,明确企业发展的方向,使企业走在正确的轨道上	现有状态下把事情做好,使企业把事情做得效率高、时间短、成本低
关注企业整体的管理及企业发展需求与能力的协同,涉及企业的全局和整体	关注具体业务与职能领域的管理,在系统的规划下,在业务领域不断优化与提升

企业在发展过程当中,随着业务规模的不断扩大,经常会出现企业的运营管理体系难以支撑企业战略落地的情况,表现为企业为客户创造价值的价值链上的构成要素的能力相对不足,出现明显的

能力短板的情况,如图 2-17 所示。比如有的企业销售管理体系能力强大,但是供应链管理体系能力明显不足;有的企业供应链管理体系能力很强,但研发管理体系能力有明显短板;有的公司前台和中台能力很强,但是后台的人力资源管理体系和流程 IT 管理体系很弱等等,这些都是运营管理体系建设不能支持企业战略落地的例子。现实中曾经出现过很多企业因为体系能力不足造成倒闭破产的国内外案例,比如安永、北电、秦池、三鹿奶粉等等。

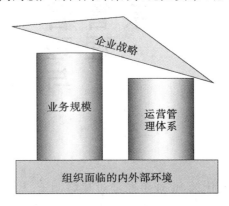

图 2-17 企业运营管理体系能力不能支撑企业战略落地

一、运营管理的管理要素

在设计与优化产品与服务的提供过程中会有很多方面的要求,如来自客户的、来自外部行业监管组织或政府机构的、来自股东的、来自自身效率提升等方面的要求,而且这个过程又涉及企业内部的各类资源,是一个复杂的系统工程。运营管理从职能领域来说,主要涉及流程管理、组织管理与人力资源管理、IT 系统管理、绩效管理,以及企业文化管理等方面的管理要素;从业务领域来说,主要涉及市场管理、研发管理、销售管理、供应链管理、服务管理等。运营管理工作主要就是抓好各职能与业务领域的管理工作,同时做好这各领域之间协同关系的管理。

下面对战略管理与组织管理、流程管理、绩效管理及信息化管理之间的关系做简单说明,如图 2-18 所示,战略管理决定了企业未来 3 至 5 年的战略方向,需要组织对战略进行承接,需要绩效管理对战略目标进行分解和落地;流程管理需要与组织管理进行互动,实现流程与组织的精确匹配,是 IT 规划业务蓝图的重要输入,需要在关键流程、关键活动中识别过程绩效;组织是承接各项管理活动的实体,并且需要通过绩效和信息化手段对组织进行管理;而 IT 作为有效提高企业运营效率的手段,可以通过信息系统为各项管理提供效率与工具的保障。

更具体地展开,职能管理领域的各个管理体系需要在各大业务管理领域发挥作用,如职能管理领域的流程管理体系需要在市场管理、研发管理、销售管理、供应链管理、服务管理等业务管理领域发挥作用。总体而言,流程管理这一管理要素是牵起其他所有管理要素的基线,所有的运营管理要素均应以事件如何为出发点来思考,进而进行资源的配置和工具方法的提升,同时还要衡量其效果的好坏。流程设计过程是从最终的增值来考虑参与的角色与活动标准。而组织管理解决的是这些角色如何分类聚集成为实体,使得业务运行效

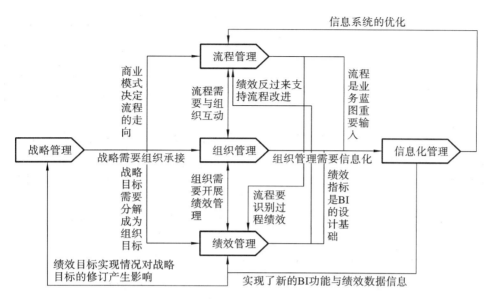

图 2-18 战略管理与运营管理(部分领域)的关系

果最优,同时管理角色数量的配置,管理角色上的人的能力与流程要求的能力之间的差距并进行弥补。为了降低沟通成本、提高信息的共享与利用,最终提升管理的效率,对频繁发生、涉及角色多、跨度大的业务考虑用信息化的手段进行管理。无论是否进行信息化的管理都应该考虑对业务按照流程运行的情况进行测量,识别业务运行的好坏,正所谓没有测量就没有管理,没有测量就难有改进,测量对于运营管理来说是系统性的,所有重要的业务都需要有测量,对下游应该有服务水平的承诺,而测量的结果就是运营的绩效,有过程的,有结果的,重要的、需要牵引提升的部分将成为组织绩效管理的重要输入。围绕流程展开的其他管理要素合力推进了整个公司运营管理向前发展,最终达到组织追求的业务绩效目标。

二、运营的现状显现化与战术层面的优化

从设计与优化的角度看运营管理,重心在于持续优化,而持续改进是运营管理的永恒主题。改进一定要有对象,而且对象一定是共识的,不能是盲人摸象,各说各话。不在一个"频道"上,对现状的理解不一致,改进则无从谈起。因此,运营管理首先要做的事情就是将管理的现状显现化。战略规划大的改进,在上一轮战略要求落地后的运营管理体系上,关于效率、成本、风险和质量改进的话题将不断持续下去。因此,在运营管理领域,开展基于问题导向的改进项目,例如在各领域开展 QC 活动就是运营管理改进重要的驱动方式,QC 活动最终的承载还是会落到流程中,以及相关资源配置在信息系统中。运营管理需要在战术层面不断开展优化工作,使得战略落地后的效果不断提升。如图 2-19 所示。

三、通过项目管理与绩效管理推动"行动方案"落地

"战略为引,流程为纲"。这句话体现了流程工作在战略落地过程中的核心地位。流程改进是战略落地的抓手,更是战略落地的效果长期释放的抓手。因此运营管理在战术层面

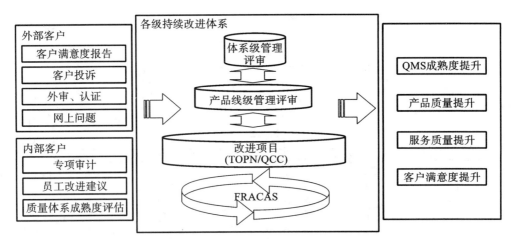

QCC：Quality Control Circle 品管圈
FRACAS:Failure Report And Corrective Action System 失效报告和纠正措施系统

图 2-19 某公司持续改进自上而下与自下而上相结合

优化之外，另一个重要的领域就是确保战略的落地。我们说战略就是要驱动变革，因此战略落地的核心在于对变革工作的管理，新的业务举措是变革，需要管理，新的能力要求是变革，需要管理。因此对于业务举措与管理改进等变革类的项目需要有系统化的管理方法。参见 BEM 模型。

在变革项目（行动方案）落地过程中，改变给现状带来冲击，影响到现有的格局，往往对部分人有利，对部分人不利，因此阻力不容轻视。项目管理最重要的一点是要大家有这样推动意愿，变革是企业的长远考虑，对变革项目的价值要有共识，因此重要的变革项目一定要有合适的人来负责推动，同时要对主责人和参与者辅以一定的绩效牵引或个人发展评价，使变革项目实施的好坏成为评价相关主责人和参与者的重要依据，解决动力问题。总的来讲，运营管理在战略落地过程中需要通过项目管理和绩效管理手段做好"行动方案"落地工作。

第四节 战略管理与运营管理关系处理问题与分析

一、战略对职能规划不清

职能规划支撑业务规划,但业务规划明确后如不能及时明确职能规划,相当于明确了企业阶段性目标解决了"去哪"的问题,但关于"如何去""如何长期保持?"没有讲清楚。这会导致运营管理的改进方面不明,在运营管理范畴内,只能以单一业务的效率、质量、成本作为改进方向,这些业务的改进点单个来看都有价值,但从整体上来看改进的价值合力不明显,事倍而功半。任何时候资源都是有限的,只有有了清晰的职能规划,才能把有限的资源利用好。

二、运营管理体系改进缓慢

战略解码出业务举措和改进项目。相对而言,业务举措带来效果的周期短,改进项目本身的实施周期长,效果体现则需要更长的周期,而且很难说清楚改进与结果之间的必然联系,因此管理改进项目往往得不到足够的重视。特别是在绩效牵引注重经营结果的时候,短期利益行为导向明显,打通筋脉、苦练内功的工作短期不能带来直接收益,甚至改进的初期由于人和习惯的因素还会导致效率、效果的下降,运营管理改进不受重视也不足为奇了。这样的组织行为会使组织长期处于希望追求短期最大价值而榨干管理能力的状态,整个企业焦虑、不安、浮躁。就像家长要求一个没有自制能力的孩子这学期一定要成为三好学生,考第一,而不去培养孩子的好习惯一样,结果是孩子不知道怎么办,目标达成也不理想,大家都很焦虑。对运营改善的管理是强身健体的过程,是一个企业长期获得竞争优势的着力点,管理水平及可复制性是企业高速发展的重要基础,直接影响企业的成长速度与质量。对于追求成为百年老店的企业,运营管理改进工作应该得到组织的重视及行动支持。

三、注重短期结果,牺牲长期利益

你想成为什么样的人,你就会成为什么样的人。企业想成为什么样的企业,就会成为什么样的企业。每个企业都有自己的特质,战略管理就是要使得企业的特质凸显出来,区别于其他企业,进而契合特定市场的客户需要,获得客户的满意度和忠诚度。在日常企业经营过程中,无法保证每一个人都能够与企业的价值观、使命、愿景要求相匹配,因此会看到利益驱使下的不同行为,这些行为关注的是个体利益,关注的是部门利益,却没有关注公司整体的长期价值诉求。这种行为的出现与积累会导致企业的长期利益、整体利益受损,必须得到有效的管理。国内某著名互联网企业对价值观的管理上可谓坚决有力,如图 2-20 所示,从价值观符合情况及业绩实现两个维度对员工进行分类,包括明星、牛、兔子、野狗和狗五大类,进而采取不同的管理策略,对不认同企业价值观的员工坚决辞退,对明星员工,除了优厚的薪酬激励外,还有极好的职业发展空间,值得中国的企业学习和实践。

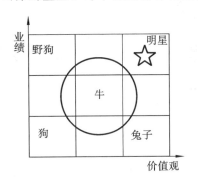

图 2-20　Albb 公司融入价值观考核的绩效管理模型

战略不仅指明企业的去向,还告诉大家应该用什么路径和方法在发展中做取舍,让自己与众不同,在追求长期发展的目标时,一定要将价值观落实到日常经营管理活动中,让价值观成为整个企业行为的电磁场,让企业中每个个体都能采取相同的行为方式,共同追求企业的长久发展。如华为公司的奋斗者文化与价值观,华为公司为了宣传奋斗者精神和奋斗者文化,花重金获得中科院李小文院士这张照片的肖像权,希望华为公司员工学习李院士这种艰苦朴素、勤奋钻研的奋斗精神,如图 2-21 所示。

图 2-21　中科院李小文院士

四、找不准运营管理体系改进的方向

如图 2-22 所示,飞行的导弹命中目标,走的路径并非是最短的,之所以最终能够命中目标,是因为导弹能够在运行中不断地识别偏离程度,不断调整方向,最终到达既定坐标。企业的战略落地过程也一样,方向只能大致准确,而运营管理体系必须高效,依靠战略执行、战略评估的闭环不断修正,最终确保战略的落地。看方向,看的是未来,预测未来,是主观活动,不论采用多么科学的方法、如何基于大数据分析,都不容易做好,所以只能大致准确。而运营管理体系是一套感知过去,调整应对的系统,是对以往发生的事件及结果的反馈,因此能够相对客观。

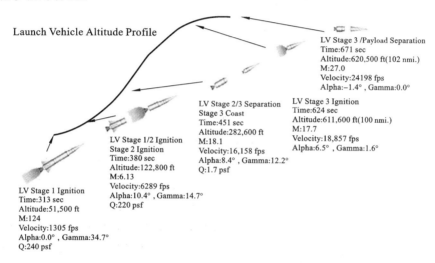

图 2-22　导弹的运行轨道在不断调整

好的运营管理体系首先能够快速落地战略意图,其次能够快速感知战略落地效果与期望的偏差,最后能够反馈并影响战略的调整。运营管理体系调整也需要匹配上战略调整的要求。Nokia 手机市场份额的丢失,是因为没有看到 iPhone 为代表的智能手机发展的方向,还是其运营管理体系不能及时调整应对,我想应该是仁者见仁,智者见智。客观来讲,战略和运营两个方面都很重要,无论哪边存在短板,都是企业的致命伤。

第五节 运营管理和企业执行力

一、执行力概述

1. 执行力的一些说法

执行是指贯彻某项指令,施行某项举措。但是在管理学的实践中,"执行"远远超出了其字面的含义,而"执行力"也远不是指完成一项工作的能力,其背后包含了一整套具体的要求和能力。

在信息化时代,随着信息获取成本的大幅降低,企业的市场竞争已经被挤压到了近身肉搏的程度,加上全球化、集团化的趋势,现代企业的规模总体在增大,经营成败的因素已从政策、行业等宏观、战略层面延伸到了运营管理、能力建设、人才培养等微观、战术层面。而执行力也是随着企业"抠细节"的管理改进而被逐步重视的概念。诸多知名企业家在不同年代都曾表达过执行力的重要性。

美国微软公司联合创始人比尔·盖茨曾经说过,"在未来的十年内,我们所面临的挑战就是执行力";IBM公司董事长兼首席执行官郭士纳则将执行力看做是成功的必要条件,他说,"一个成功的企业和管理者应该具备的三个特征,即明确的业务核心、卓越的执行力及优秀的领导能力";零售巨头沃尔玛的董事长罗伯森·沃尔顿则明确指出:"沃尔玛能取得今天的成就,执行力起了不可估量的作用。"

那么,执行力是什么?该如何理解执行力?执行力如何对企业产生影响、推动企业走向成功?

执行力指的是贯彻战略意图,完成预定目标的实际操作能力。它是企业竞争力的核心,是把企业战略、规划转化为效益、成果的关键。简单地说,就是将既定目标转化为结果的能力。

《管子·法法》中提到,"求必欲得,禁必欲止,令必欲行",即国家有要求的一定要做到,国家要禁止的一定要杜绝,国家颁布的法令一定要实行。其根本意义就是,一个国家、一个组织乃至个人的管理想要成功,都离不开对既定目标与要求的坚定执行。

具体到企业执行力,也有学界开展过相关研究。例如,有学者认为,企业执行力是指企业的各个管理层次、各个经营单位、各个岗位的员工贯彻执行经营者制定的战略决策、方针政策、制度措施、方案计划和实现企业经营战略目标的能力。它是连接企业的战略决策与目标实现之间的桥梁,其强弱程度将直接制约着企业的经营目标能否顺利实现。

2. 执行力的本质

执行力的概念在学界与商界的理论及实践中均有澄清。但是对执行力这样一个概念,如何去理解、去与企业运营管理实际相结合,是企业中大大小小的管理者都需要去考虑、去实践的。大到企业长期规划目标,小到个人KPI绩效,这些目标的达成程度,都是执行力好坏的体现与反映。

在《执行:如何完成任务的学问》一书中,作者拉里·博西迪将执行的核心总结为人员选育流程、战略制定流程和运营实施流程,通过三个流程及其相互关系,保证企业经营目标的实现。

联想集团有限公司董事局名誉主席柳传志直接指出,执行力就是积极选拔合适的人到合适的岗位上,即选好人、用好人。

我们基于某企业的经营实践,将执行力总结为组织、绩效、流程、IT和文化等五个要素。

在本质上,执行力是达成目标的能力,管控的是从目标到结果的过程。我们认为,在这个过程中只有包含了这五个要素的互相影响,才能确保既定目标的实现。

如果将某个从目标到结果的执行过程比做一场国际一级方程式赛车(F1)比赛,那么在这个场景下,我们来理解组织、绩效、流程、IT和文化这五个要素与执行力的关系。某一场比赛的目标如果说是获得第一名,那么通过五要素的互动与影响,最终的执行结果自然就是比赛成绩。

组织就是车队的经营策略、人员配备、资源配置和职责分工。人员和资源是实现目标的基础。组织是执行的基础和平台,没有组织,一切就无从谈起。从经营策略(战略)、资源配置,到具体人员的选用、分工,这些硬件条件先天地决定了执行效果的下限。

绩效则是比赛的各项奖励,如名次奖金,车队奖励等。绩效可以激励人员更好地执行分工、更投入地参与过程,是物质保障和精神动力。绩效可以分为正向绩效和负向绩效,如某足球队规定,赢一场球奖励500万元,输一场球罚300万元,平一场球不奖不惩,这就是正向和负向绩效结合的一个具体实践。

流程则是比赛过程中的各项策略与工作套路,如进站策略、换胎策略、加油策略等事先拟定的战术,规定了比赛种种情况下的规定动作。在ISO 9001:2000质量管理体系标准中给出的定义是:"流程是一组将输入转化为输出的相互关联或相互作用的活动"。通过流程将工作过程分类、固化、规范化,从而使过程开展得更加合理、有序。

IT是指赛车手、工作人员所使用的辅助信息系统和技术手段。通过IT手段的运用,组织可以让人员更有效率地开展工作。"如虎添翼"这个成语可以形象生动又言简意赅地表现 IT 的作用。计算机的普及和大规模运用，使得企业的运营效率水平提升了不止一个台阶，比如对于财务管理部门来说，在珠算时代和信息化时代，做财务报表的难度显然不能同日而语。

文化则是指永不放弃、全力拼搏的比赛精神。著名神学家及作家圣·奥古斯丁曾经说过，"信念就是相信我们看不见的东西，有了这种信念我们就能看见我们相信的东西。"企业文化仿佛虚无缥缈，但是确确实实地体现着企业的特质，渗透企业经营的每个细节，而往往是一个微不足道的细节，决定了一款产品、一个部门、乃至一个企业的成败。文化在关键时刻能够激发出主观能动性。

如果一个有着强大凝聚力（文化）的团队，规划得当，人员能力合格，分工明确，资源足够（组织），业务界面清晰明确，工作要求合理规范（流程），又有技术手段对效率的支持和提高（IT），加上合理的激励和物质保障提高人员的意愿（绩效），那么从组织内部来说，实现从既定目标到预期结果的转化也就水到渠成。所以，执行力在本质上可以理解为这五个要素的配置与实现。

3. 指标制定的合理性

指标完成情况是执行结果的直接反映，但是隐含的前提是，指标或指标体系是合理的，是符合企业战略、业务和管理工作实际的。也就是说，指标制定是否合理，对执行力的评判有着直接的影响。指标定得好高骛远、脱离实际，则执行力再强，也难以在完成指标的过程中保持竞争力；而妄自菲薄，将指标压得很低，那么即使能够持续完成任务、从结果上看执行力很强，对于企业经营而言，虽不是一无是处，也难以称得上有多大的贡献。所以，合理的指标下，才有正确的执行效果评价。

关于指标的制定，Pearce 与 Robinson 在其《竞争战略》（第 8 版）一书中对战略执行过程的描述很有代表性。他们认为，战略执行共有 3 个阶段：细化、调整与控制。在长期目标和总体战略确定后，公司的战略管理即从制定阶段转向了执行阶段。首先是将长期目标转化为短期行动目标，并与激励制度相衔接；与此同时，公司需要将总体战略细化为各部门的运营计划，使各个层级的员工了解要实现战略目标其所需要进行的日常经营活动，并制定相应的政策授权执行。其次，对组织结构与业务流程进行调整，使整个组织运营活动的重心与战略的要求相匹配，使员工的职责与业务的流转在战略的指导下得以清晰地界定，以保障战略执行的顺利进行。最后，通过对内外部环境和执行效果的及时追踪、员工业绩的恰当评估和充分激励，以及经营活动的持续改进，使得长期的战略计划能够得以有效执行。

我们在这里的看法也是类似的。企业的经营首先得定下战略目标，那么对应着这个目标，可以转化为中长期的规划。通过将中长期规划的划分，产生 3 年滚动规划及年度规划。在滚动规划及年度规划的实施过程中，基于以往规划的完成情况、现状和远期目标，对各级部门和人员进行绩效考核，并定期反思、修正计划和目标，图 2-23 所示为某企业组织绩效目标制定的框图，采用平衡计分卡原理对企业的各级组织开展年度组织绩效目标的制定和分解。事实上，当企业的规划或计划越来越周密详细、考虑的情况越来越多，那么实际遇到的不确定性也会有所降低。

随着年度规划和年度目标的制定与分解，绩效指标会逐级下放到各个子部门和专项，并通过内部的讨论、协调和分工，通过内外部客户指标的压力传递，将组织绩效分解到内部

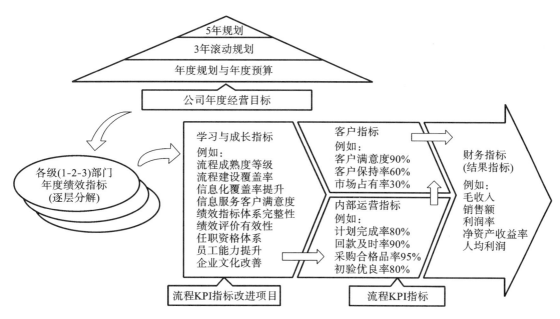

图 2-23　某企业组织绩效目标制定的框图

业务流程 KPI 改进项目和流程 KPI,并最终落实到每个员工的个人绩效 KPI 上。

在实践中也发现,往往部门组织绩效的来源是确定的,去向却是不明的。一些中、基层管理者反映,公司年度规划、组织绩效设置得很好,但可能一年下来部分指标的结果并不如年度规划的那样好,其根本原因在于组织制定各级组织绩效和个人绩效的部门并不是同一个部门,由于绩效管理的标准和方法宣贯培训不到位,在组织绩效分解过程中产生了很大的偏差,最终分解到基层部门和个人绩效的过程中有的指标就被悬空、有意无意地被忽视了。所以,整个指标体系的建立应当是一个自上而下、由远及近的完整的规划过程,而不是拍脑袋、"空降"式地安上一个指标。否则,不合理的指标很可能导致误判企业经营现状和执行力水平,影响企业整体经营规划,伤害员工的利益和积极性。

4. 执行力的体现

如何评估企业的执行力,这可能是一个仁者见仁、智者见智的问题。我们认为,企业执行力应该从两个方面进行评价,首先是业务目标按计划完成的情况,其次是遵守所有管理制度、流程及标准的情况。

以销售部门为例,销售部门热衷于搞客户关系、参与招标、签合同、跟踪回款,但很多销售人员不太愿意遵守公司发布的某些管理制度、流程及标准。诚然,对销售部门的考核目标主要来自于销售额和回款率,但是,如果不执行公司对相关管理制度和流程的要求,不考虑下游研发、制造和服务部门的需求,造成后期合同交付及回款方面的问题,长此以往,将会对企业长期可持续发展带来巨大的伤害。

所以,如果说实现绩效目标体现的是业务执行力,那么对规章制度、管理流程等各项管理规范性要求的遵守程度则是管理执行力的体现。

5．大企业的执行力

我们在以某企业为例,其实阐述的是大型企业的执行力。大企业的主要特点是:条块管理、分工细致、各司其职;组织层级多,管理幅度小;管理要求相对规范,体系建设较为完善。

作为大企业,只有通过战略、组织、绩效、流程和IT等五个方面的运营管理体系建设,才能从根本上保证合适的执行力。很容易理解的是,年度规划、项目规划、产品开发计划这样一次性的、不是长效机制的管理活动,更强调对照时间节点的执行力,也更容易去评判执行力的好坏:提前或准时完成就是执行力好,延迟完成就是执行力存在问题。但是对于规模庞大的企业来说,这种认识就未免肤浅了,在实际效果上,可能会产生短期的效果和利益,但是从长期来看,过度关注以计划和项目为中心的执行力将可能产生错误的价值导向,使员工认为完成当下的任务才是最重要的,为此可以逾越既定的规则,甚至打着特事特办的旗号绕过应有的审批。而大型企业内部的管理和业务活动往往是复杂交错的,就像繁忙的十字路口,个别人为了图一时之快而无视交通规则的话,只会给整个路口带来更大的混乱,最终得不偿失。

至于如何在大企业进行运营管理体系建设、如何提升执行力(其实两者在一定程度上是一样的),本书将在后续章节具体阐述。

6．中小企业的执行力

虽然我们一直强调执行力提升、运营体系建设的重要性,但是对中小企业而言,一味求全地照搬大企业的做法却并不合适。企业规模决定了采用什么样的管理体系,合适的才是最好的。

中小企业的特点是什么?经营规模小,业务种类少;规划偏短期、偏战术层面;扁平化管理,人治现象普遍;分工不完全明确,业务边界不完全清晰等。它们在市场竞争中的优势,通俗地讲,就是"船小好调头",团队里几个人一讨论,负责人一拍板,可能就会上马某个产品,不久就可以投放到市场中。而相对的,抵御风险的能力可能就存在着差距。2008年经济危机后,珠三角的大量中小型企业倒闭,就是业务单一、缺乏风险防范能力的结果。但是如果按照大型企业的套路去按部就班地从组织、流程去建设,很可能白白错失了行情和良机,甚至"创业未半而中道崩殂",这就本末倒置了。

诚然,经营管理体系的建设应当伴随着企业的诞生就开始,并随着企业的发展而不断健全和完善。但是,这并不意味着中小企业从一开始就要去追求"高大全",全副武装起来去面对市场竞争。例如,某个创业公司,在人力资源方面,可能只需要一个《员工考勤管理规定》,就可以在短期内满足人力资源方面的管理需求。如果按照大企业的做法,从招聘、人事、绩效、培训等面面俱到地去搭架子,显然为时过早,既没有必要,又没有什么效果,企业现状也根本支撑不起这样的管理要求。

活下去是中小企业在市场经济浪潮中最根本也是首要的任务。中小企业应当充分发挥优势,在保障能够参与基本竞争的前提下,可选择某个或某几个关键要素,由点及面、由少及多,随着企业规模的发展逐步去建设和完善经营管理体系。企业的发展阶段决定了企业经营管理的焦点,不能好高骛远、急功近利。

二、企业运营管理体系建设就是执行力建设

1. 运营管理体系建设是企业执行力的根本保证

前面提到,执行力可以理解为组织、绩效、流程、IT 和文化这五个要素的结果。而实际上,运营管理体系建设是从战略、组织、流程、绩效和 IT 的角度去设计和开展的。也就是说,执行力建设基本就是战略方向下的运营管理体系建设过程。我们认为,在某种程度上,执行力提升建设与运营管理体系建设之间是可以画等号的。

提高执行力,看起来可以是通过开展一个项目、一场运动就可以在短期内有一定提高和见效,一旦完成项目或总结,执行力效果会随着时间的推移而逐步下滑,因为执行力在根本上是企业运营内质的外显。如同一个人想要锻炼出肌肉一样,短期内的大量健身可以有立竿见影的效果,但是长期来看,保持强壮的身体和持之以恒的锻炼,才是真正有效的保障。所以,只有通过整体的运营管理体系建设,才能从根本上为执行力提供保证。

2. 执行力的评价模型

前面初步回答了执行力是什么,以及如何理解执行力的问题。那么,基于这些回答,应当如何相对客观、全面地去评价执行力的好坏,而不是落入单纯评价任务结果的思维圈套呢?我们认为,基于执行力的五个要素,可以对执行力的评价标准进行对应,并进一步的细化分解和量化,形成一套逐步完善的评价标准。表 2-3 中所列内容可以作为企业执行力评价的示意模型,虽然很不完善和系统,但是可以作为一个持续改进的基础。

表 2-3 企业执行力评价表

要素与权重	评价内容	评价得分	小计
组织与人力资源管理（20%）	组织与人力资源管理体系的建设质量		
	组织架构设计质量及其与流程的匹配度		
	组织架构（到职位）变更与维护质量		
	配备了数量与能力适当的人员		
	员工能力建设体系的质量		
	以人为本的员工管理		
流程与流程管理（25%）	流程管理体系的建设质量		
	流程架构建设与流程建设规划实施水平		
	业务流程规范清晰,便于理解		
	业务流程有必要的活动说明与操作规范		
	流程角色清楚了解自己在整个流程中的职责、明确自己的输入与输出		
	流程定期进行优化,并经过适当的评审		
	流程得到了适当范围内的宣贯,并得到了正确的理解		

续表

要素与权重	评价内容	评价得分	小计
流程与流程管理(25%)	依照正确的触发规则及时触发流程		
	关键成功因素、关键控制点得到了有效执行		
	问题区域得到执行,有效解决业务痛点		
绩效管理(20%)	绩效管理体系的建设质量		
	绩效指标体系的建设与应用水平		
	对关键活动有明确的绩效标准		
	流程角色清楚地了解所承担活动的绩效		
	绩效标准得到了有效地执行		
	绩效标准定期进行审视、优化与变更		
IT建设与管理(20%)	信息化建设与管理体系的建设质量		
	信息化建设与管理的规划与实施质量		
	有必要的信息化手段支持		
	信息化手段没有明显的、严重影响执行的问题		
	信息化手段出现的问题得到了及时响应和有效解决		
	角色了解并能准确、合理地运用信息化手段		
	信息化手段能够根据角色的要求进行优化		
企业文化建设与管理(15%)	企业文化管理体系的建设质量		
	员工对企业文化与价值观的认可与执行状况		
	对规章制度、流程在适当范围内进行了培训、宣贯,得到了相应角色的正确理解		
	对优化的规章制度、流程,及时通知相应角色学习和了解		
	企业执行力总体得分		

案例 2-2

某公司执行力问题分析

某公司在2015年年度管理体系内审的过程中,对现有已发布流程的执行情况开展了一次内审工作。在这次内审中,将公司的流程从发生每年频次和执行效果的两个角度对流程进行分类。按照发生频次,将流程分为高频、中频和低频率三种类型。其中,高频流程是指每年该业务发生的次数超过50次以上;中频是指每年该业务发生的次数在3次到50次之间;低频流程是指每年该业务发生次数在3次以下。按照流程执行的效果分为"完全执行""基本执行""执行较差"和"完全未执行"四个等级。

在流程审计开始之前,要求各个部门对各自部门的高频、中频流程执行情况做了一次自评,在全部 652 个流程中,高频流程有 310 个,占总数的 48%;中频流程 249 个,占总数的 38%;低频流程有 93 个,占总数的 14%。自评的结果是:高频流程完全执行有 206 个流程,占 66%,基本执行的占 33%,有 101 个流程,执行较差的流程占 1%,有 2 个流程。中频流程的自评结果是:完全执行的有 154 个,占 62%,基本执行的占 35%,有 86 个流程,而未执行的流程有 8 个,占 3%。如图 2-24 所示。

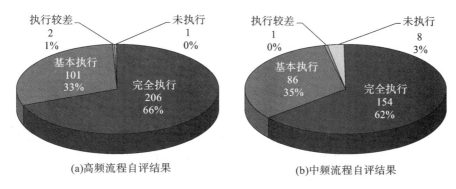

图 2-24 中高频率流程的执行情况自评结果

随后,通过管理体系内审工作,针对战略市场部、国内销售部、国际公司及网络产出线等部门的总共 56 个流程进行了抽查,其中高频流程 25 个,中频流程 25 个,低频流程 6 个。内审发现,完全执行的流程有 31 个,基本执行的有 11 个,执行较差的有 14 个。如图 2-25 所示。

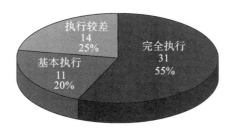

图 2-25 高、中、低频流程综合评价

其中发现以下这些流程执行情况较差,分别是客户关系管理流程、外来文件管理流程、产品需求管理流程、产品计划管理流程和合同清理流程。通过深入调研和分析,客户关系管理流程执行较差的原因主要是流程缺少优化、员工能力不足及 IT 系统有问题;外来文件管理流程执行较差的原因是流程本身不规范,并存在绩效牵引缺失和 IT 系统有问题的情况;产品需求管理流程执行较差的原因则是这个流程没有进行优化,且 IT 系统有问题;产品计划管理流程执行较差的原因是流程宣贯缺失,资源配置有问题;合同清理流程执行较差的原因是流程执行的绩效牵引手段缺失和资源配置问题。如表 2-4 所示。

表 2-4 流程执行情况分析

序号	业务模块	制度规范缺失	流程宣贯缺失	流程优化缺失	员工能力不足	绩效牵引缺失	资源配置问题	IT问题
1	客户关系管理			√	√			√
2	外来文件管理	√		√		√		
3	产品需求管理			√				√
4	产品计划管理		√				√	
5	合同清理		√			√	√	

也就是说,这五个流程执行较差原因虽然是各个方面都有,但是总体上还是可以归纳成四个方面:流程管理方面、组织管理方面、绩效管理方面和IT系统的方面。用一句话来总结,就是流程的执行力差是现象,管理活动缺位是本质。

综上所述,企业运营管理体系建设就是执行力建设,企业的执行力评价有两个维度,一个是流程制度的遵从性或符合性,另外一个是战略目标、组织目标以及个人目标达成的有效性。企业执行力评价有两个前提条件,第一个是流程与制度建设的完整性和规范性,第二个是企业各项目标制定的合理性。最后是企业执行力评价的两个工具,一个是内审(识别流程制度的符合性或遵从性问题),另一个是管理评审(识别目标达成的有效性问题)。

第六节 平衡计分卡原理及其应用

一、平衡计分卡简介

平衡计分卡是从财务、客户、内部运营、学习与成长四个角度（见图 2-26），将组织的战略落实为可操作的衡量指标和目标值的一种新型绩效管理体系。设计平衡计分卡的目的就是要建立"实现战略制导"的绩效管理系统，从而保证企业战略得到有效执行。因此，通常称平衡计分卡是加强企业战略执行力的最有效的战略管理工具。

平衡计分卡强调，传统的财务会计模式只能衡量过去发生的事项（落后的结果因素），但无法评估企业前瞻性的投资（领先的驱动因素），因此，必须改用一个将组织的愿景转变为一组由四项指标组成的绩效指标架构来评价组织的绩效，这四项指标分别是：财务（financial）、客户（customer）、内部运营（internal business processes）、学习与成长（learning and growth）。借着这四项指标的衡量，组织得以用明确和严谨的手法来诠释其策略，它保留了传统上衡量过去绩效的财务指标，并且兼顾了促成财务目标的绩效因素的衡量；在支持组织追求财务业绩之余，也监督组织的行为应兼顾学习与成长的面向，并且透过一连串的互动因果关系，组织得以把产出（outcome）和绩效驱动因素（performance driver）串联起来，以衡量指标与其量度作为语言，把组织的使命和策略转变为一套前后连贯的系统绩效评核量度，把复杂而笼统的概念转化为精确的目标，达到财务与非财务的衡量之间、短期与长期的目标之间、落后的与领先的指标之间，以及外部与内部绩效之间的平衡。总体上说，平衡计分卡的作用体现在以下三个方面。

（1）使得传统的绩效管理从人员考核和评估的工具转变成为

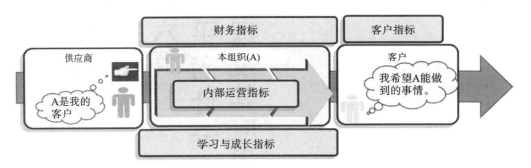

图 2-26 平衡计分卡的四个角度

战略实施的工具。

（2）使得领导者拥有了全面的统筹战略、人员、流程和执行四个关键因素的管理工具。

（3）使得领导者拥有了可以平衡长期和短期、内部和外部，确保持续发展的管理工具。

平衡计分卡方法的引入改变了企业以往只关注财务指标的考核体系的缺陷，仅关注财务指标会使企业过分关注一些短期行为而牺牲一些长期利益，比如员工的培养和开发，客户关系的开拓和维护等。平衡计分卡的四个维度是相互联系、相互影响的，其他三类指标的实现，最终保证了财务指标的实现，如图 2-27 所示。

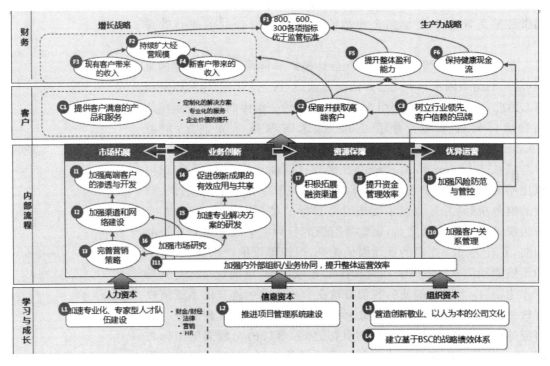

图 2-27 评分计分卡各个维度之间的相互关系

二、平衡计分卡的发展历程

1. 平衡计分卡的萌芽时期(1987—1989年)

在RobertS Kaplan和DavidP Norton研究平衡计分卡之前,Analog Device(ADI)公司最早于1987年就进行了平衡计分卡实践尝试。ADI是一家半导体公司,同其他大多数公司一样,ADI每5年进行一次战略方案调整,在制订新的战略方案的同时检讨原方案的执行情况。但是,如同管理者们经常遇到的战略问题一样,"制订战略方案"被当做一项"任务"完成后,形成的文件便被束之高阁,并不能在公司的日常生产经营工作中得以执行。在1987年,ADI公司又开始了公司战略方案的调整。与以前所不同的是,这次战略方案的制订,公司决策层意识到战略不仅要注重制订过程的本身,还要注意战略的实施。他们希望通过面对面与公司员工的交流与沟通,使他们充分理解并认同公司战略。同时公司高层还希望将战略紧密落实到日常管理中来推动战略的执行。此次ADI公司的战略文件在形式上发生了重大的变化,他们摒弃了以往那种长达几十甚至几百页的战略文件,将全部的战略文档资料精简到几页纸的长度。在制定战略的过程中,ADI公司首先确定了公司的重要利益相关者为股东、员工、客户、供应商和社区,然后ADI公司在公司的使命、价值观与愿景指引下,根据上述利益相关者的"利益"分别设定了战略目标并明晰了3个重点的战略重点。

为了确保战略目标特别是3个战略重点目标的实现,ADI推行了一个名为"质量提高"的子项目,简称QIP(quality improvement process)。在该项目进行的同时,ADI公司继续将战略目标实现的关键成功要素转化为年度经营绩效计划,由此衍生出了世界上第一张平衡计分卡的雏形:ADI公司第一张"计分卡"。在ADI公司实施全面质量管理的过程中,公司为了推行作业成本法(ABC)特地邀请了一部分管理学者参与,哈佛商学院的教授Robert S. Kaplan就是其中的一位,他本人是这样描述他是如何发现ADI公司计分卡过程的:"在参观和整理案例的过程中,也将一个公司高层用来评价公司整体绩效的计分卡加以文本化。这个计分卡除了传统的财务指标外,还包括客户服务指标(主要涉及供货时间、及时交货)、内部生产流程(产量、质量和成本)和新产品发展(革新)。"

在帮助ADI公司推行ABC的过程中,Kaplan发现了ADI的计分卡,并认识到它的重要价值。尽管Kaplan与Nolan-Norton在后期又做了学术上的深化,并把它推广到全球的企业中,但是ADI公司对平衡计分卡的贡献仍是不能回避和忽视的。

2. 平衡计分卡的理论研究时期(1990—1993年)

在Robert S. Kaplan教授发现ADI公司的第一张计分卡后面的日子里,他与复兴全球战略集团总裁David P. Norton开始了平衡计分卡的理论研究,研究课题首先是从公司绩效考核开始的。1990年,美国的复兴全球战略集团专门设立了一个为期一年的公司新绩效考核模式开发,执行总裁David P. Norton任该项目的项目经理,Robert S. Kaplan担任学术顾问,参加此次项目开发的还有通用电气公司、杜邦、惠普等12家著名的公司。项目小组重点对ADI公司的记分卡进行了深入的研究并将其在公司绩效考核方面扩展、深化,并将研究出的成果命名为"平衡计分卡(balanced score card,BSC)"。该小组的最终研究报告详细地阐述了平衡计分卡对公司绩效考核的重大贡献意义,并建立了平衡计分卡的四个考核维度:财务、客户、内部运营与学习发展。1992年初,Kaplan和Norton将平衡计分卡的研究结果在《哈佛商业评论》上进行了总结,这是他们公开发表的第一篇关于平衡计分卡的论文,论文的名称为《平衡计分卡——驱动绩效指标》,该论文发表后,Kaplan和Norton很快就受到了几家公司的邀请,平衡计分卡开始得到企业界的关注。

平衡计分卡理论研究的第二个重要里程碑点是1993年,Kaplan和Norton将平衡计分卡延伸到企业的战略管理之中。在最初的企业平衡计分卡实践中,他们发现平衡计分卡能够传递公司的战略。他们认为平衡计分卡不仅仅是公司绩效考核的工具,更为重要的是它还是一个公司战略管理的工具,为此他们发表了在《哈佛商业评论》的第二篇关于平衡计分卡的重要论文《在实践中运用平衡计分卡》,明确指出企业应当根据企业战略实施的关键成功要素来选择绩效考核的指标。

3. 平衡计分卡的推广应用时期(1994—至今)

1993年,Kaplan和Norton将平衡计分卡延伸到企业的战略管理系统之后,平衡计分卡开始广泛得到全球企业界的接受与认同,越来越多的企业在平衡计分卡的实践项目中受益,同时平衡计分卡还延伸到非营利性的组织机构中。以美国为例,有关统计数字显示,到1997年,美国财富500强企业已有60%左右实施了绩效管理,而在银行、保险公司等所谓财务服务行业,这一比例则更高,这与美国企业在20世纪90年代整体的优秀表现不能说毫无关系。

平衡计分卡首先是在美国的众多企业得到实施,现已推广到全球很多国家的企业,今天实施过平衡计分卡项目的中国企业的高级经理们在一起谈及战略与绩效管理时,他们都称赞平衡计分卡对其实践所做出的巨大贡献。在行业上,平衡计分卡几乎涉足各个行业,全球各个行业的企业(甚至包括一些非盈利性机构)对平衡计分卡的需求每年也以成倍的速度增长。截止2003年的调查统计显示,在全世界范围内有73%的受访企业正在或计划在不久的将来实施平衡计分卡;有21%的企业对平衡计分卡保持观望态度;只有6%的企业不打算实施平衡计分卡,如图2-28所示。

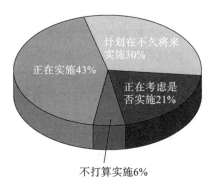

图2-28 全球范围内企业使用平衡计分卡的情况

(资料来源:Balaoced Scorecard Collaborative Pty Ltd《Clooal BSC Treads-2003Global Survey Results》)

2001年,随着平衡计分卡在全球的风靡,Kaplan和Norton在总结众多企业实践成功经验的基础上,又出版了他们的第二部关于平衡计分卡的专著《战略中心组织》。在该著作中,他们指出企业可以通过平衡计分卡,依据公司的战略来建立企业内部的组织管理模式,要让企业的核心流程聚焦于企业的战略实践。该著作的出版又标志着平衡计分卡开始成为组织管理的重要工具。

三、平衡计分卡的主要内容

平衡计分卡中的目标和评估指标来源于组织战略,它把组织的使命和战略转化为有形的目标和衡量指标。平衡计分卡中的客户方面,管理者们确认了组织将要参与竞争的客户和市场部分,并将目标转换成一组指标,如市场份额、客户留住率、客户获得率、顾客满意度、顾客获利水平等。平衡计分卡中的内部运营过程方面,为吸引和留住目标市场上的客户,满足股东对财务回报的要求,管理者需关注对客户满意度和实现组织财务目标影响最大的那些内部过程,并为此设立衡量指标。在这一方面,平衡计分卡重视的不是单纯的现有经营过程的改善,而是以确认客户和股东的要求为起点、满足客户和股东要求为终点的全新的内部经营过程。平衡计分卡中的学习与成长方面确认了组织为了实现长期的业绩而必须进行的对未来的投资,包括组织与人力资源体系(包括雇员的能力)、流程体系、信息系统及绩效度量体系等方面的衡量。组织在上述各方面的成功必须转化为财务上的最终成功。产品质量、完成订单时间、生产率、新产品开发和客户满意度方面的改进只有转化为销售额的增加、经营费用的减少和资产周转率的提高,才能为组织带来利益。因此,平衡计分卡的财务方面列示了组织的财务目标,并衡量战略的实施和执行是否为最终的经营成果的改善作出贡献。平衡计分卡中的目标和衡量指标是相互联系的,这种联系不仅包括因果关系,而且包括结果的衡量和引起结果的过程的衡量相结合,最终反映组织战略。

平衡计分卡管理思想包含的 5 项平衡如图 2-29 所示。

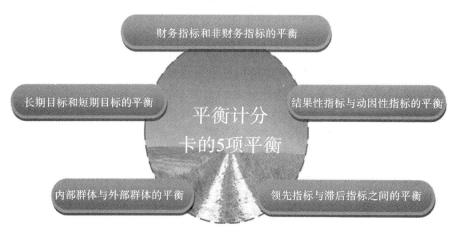

图 2-29 平衡计分卡的 5 项平衡

(1) 财务指标和非财务指标的平衡 企业考核的一般是财务指标,而对非财务指标(客户、内部流程、学习与成长)的考核很少,即使有对非财务指标的考核,也只是定性的说明,缺乏量化的考核,缺乏系统性和全面性。

(2) 企业的长期目标和短期目标的平衡 平衡计分卡是一套战略执行的管理系统,如果以系统的观点来看平衡计分卡的实施过程,则战略是输入,财务是输出。

(3) 结果性指标与动因性指标之间的平衡　平衡计分卡以有效完成战略为动因,以可衡量的指标为目标管理的结果,寻求结果性指标与动因性指标之间的平衡。

(4) 企业组织内部群体与外部群体的平衡　平衡计分卡中,股东与客户为外部群体,员工和内部业务流程是内部群体,平衡计分卡可以发挥在有效执行战略的过程中平衡这些群体间利益的重要性。

(5) 领先指标与滞后指标之间的平衡　财务、客户、内部流程、学习与成长这四个方面包含了领先指标和滞后指标。财务指标就是一个滞后指标,它只能反映公司上一年度发生的情况,不能告诉企业如何改善业绩和可持续发展。而对于后三项领先指标的关注,使企业达到了领先指标和滞后指标之间的平衡。

平衡计分卡的设计包括四个方面:财务、客户、内部经营流程、学习与成长。这几个方面分别代表企业三个主要的利益相关者:股东、顾客、员工。每个方面的重要性取决于本身和指标的选择是否与公司战略相一致。其中每一个方面,都有其核心内容。

• 财务方面　财务业绩指标可以显示企业的战略及其实施和执行是否对改善企业盈利做出贡献。财务目标通常与获利能力有关,其衡量指标有营业收入、资本报酬率、经济增加值等,也可能是销售额的迅速提高或创造现金流量。

• 客户方面　在平衡计分卡的客户层面,管理者确立了其业务单位将竞争的客户和市场,以及业务单位在这些目标客户和市场中的衡量指标。客户方面指标通常包括客户满意度、客户保持率、客户获得率、客户营利率,以及在目标市场中所占的份额。客户方面使业务单位的管理者能够阐明并实现客户的价值主张,从而创造出色的财务回报。

• 内部经营流程方面　在这一方面,管理者要确认组织擅长的关键的内部业务流程,这些流程帮助业务单位实现客户的价值主张,以吸引和留住目标细分市场的客户,并满足股东对财务回报的期望。

• 学习与成长方面　学习与成长包括两个方面,组织的学习成长与个人的学习成长。组织的学习成长确立了企业要创造长期的成长和改善就必须建立的基础框架,包括企业长期可持续发展的内部机制建设。平衡计分卡的前三个方面一般会揭示企业的实际能力与实现突破性业绩所必需的能力之间的差距,为了弥补这个差距,企业必须投资于员工能力与组织内部机制建设,这些都是平衡计分卡学习与成长方面追求的目标。

最好的平衡计分卡不仅仅是重要指标或重要成功因素的集合。一份结构严谨的平衡计分卡应当包含一系列相互联系的目标和指标,这些指标不仅前后一致,而且互相强化。例如,投资回报率是平衡计分卡的财务指标,这一指标的驱动因素可能是客户的重复采购和销售量的增加,而这两者是客户的满意度带来的结果。因此,客户满意度被纳入计分卡的客户方面。通过对客户偏好的分析显示,客户比较重视按时交货率这个指标,因此,按时交付程度的提高会带来更高的客户满意度,进而使财务业绩的提高。于是,客户满意度和按时交货率都被纳入平衡计分卡的客户方面。而较佳的按时交货率又通过缩短经营周期并提高内部流程质量来实现,因此这两个因素就成为平衡计分卡的内部经营流程指标。进而,企业要改善内部流程质量并缩短周期的实现又需要培训员工并提高他们的技术,员工技术成为学习与成长层面的目标。这就是一个完整的因果关系链,贯穿平衡计分卡的四个方面。

四、企业实施平衡计分卡的障碍

1. 沟通与共识上的障碍

根据 Renaissance 与 CFO Magazine 的合作调查,企业中占总数 1/10 的员工了解企业的战略及战略与其自身工作的关系。尽管高层管理者清楚认识到达成战略共识的重要性,但却少有企业将战略有效地转化成被基本员工能够理解且必须理解的内涵,并使其成为员工的最高指导原则。

2. 组织与管理系统方面的障碍

据调查,企业的管理层在例行的管理会议上花费近 85% 的时间,以处理业务运作的改善问题,却以少于 15% 的时间关注于战略及其执行问题。过于关注各部门的职能,却没能使组织的运作、业务流程及资源的分配围绕着战略而进行。

3. 信息交流方面的障碍

平衡计分卡的编制和实施涉及大量绩效指标数据的获得和分析,是一个复杂的过程,因此,企业对信息的管理及信息基础设施的建设不完善,将会成为企业实施平衡计分卡的又一障碍,这在中国的企业中尤为突出。中国企业的管理层已经意识到信息的重要性,并对此给予了充分重视,但在实施的过程中,信息基础设施的建设受到部门的制约,部门间的信息难以共享,只是在信息的海洋中建起了座座岛屿。这不仅影响到了业务流程,也是实施平衡计分卡的障碍。

4. 对绩效考核认识方面的障碍

如果企业的管理层没有认识到现行的绩效考核的观念、方式有不妥之处,平衡计分法就很难被接纳。长期以来,企业的管理层已习惯仅从财务的方面来测评企业的绩效,并没有思考这样的测评方式是否与企业的发展战略联系在一起,是否能有效地测评企业的战略实施情况。USM&U 常务副总裁对公司 1995 年第一季度的评价:这个季度的情况还不错,尽管财务结果并不尽如人意。……但在关键顾客细分市场上的份额上升了,精炼厂运营开支下降了,而且员工满意度调查的结果也很好,在能够控制的所有领域中正向着正确的方向前进。平衡计分法的实施不仅要得到高层管理层的支持,还要得到各自业务单元管理层的认同。

五、如何通过平衡计分卡看管理业绩

平衡计分卡是企业经营业绩评价方面最新、内容最全面的理论和方法,而它所评价的内容与管理业绩评价恰恰有很多相似之处,因此,尝试运用平衡计分卡进行管理业绩评价,肯定会有助于企业提升管理水平。那么如何通过平衡计分卡的运用看管理业绩呢?

1. 从财务指标看企业或组织的获利能力

财务数据是管理业绩评价不可或缺的重要组成部分。企业经营的目的是追求利润,企业管理者的管理业绩水平如何,通过财务数据就能得到一个比较直观的认识。通常情况下,企业的财务指标是和企业的获利能力紧密联系在一起的,它包括营业收入、销售增长速度或产生的现金流量、投资报酬率等,甚至可以是更新的一些指标,例如经济增加值(EVA)。至于财务子模块在整个管理业绩评价体系中的权重,一般随企业类型及发展阶段的不同而有所区别。譬如传统企业的权重就可以高一些，如设为30%～40%；对于高新技术产业企业而言，由于其前期大量的研发费用需要在以后相当长的一段时期内进行摊销，所以其权重应当低一些，如20%左右。再如，在企业的成长阶段，由于各方面的投入数额巨大，财务方面的业绩衡量指标的权重应该低一些，如20%左右，到了成熟阶段则可以适当提高其权重，达到30%～40%。

2. 从内部经营看企业或组织的综合提升力

传统的业绩评价体系对企业内部经营过程所确定的目标通常是控制和改善现有职能部门的作用，主要依据财务指标评价这些部门的经营业绩，还包括评价产品品质、投资报酬率和生产周期等指标，但它仅仅是强调单个部门的业绩，而不是着眼于综合改善企业的整体经营过程。而平衡计分卡则强调评价指标多样化，不仅包括财务指标，还包括非财务指标。它能够综合反映企业内部的管理业绩水平，其指标可以包括企业推出新品的平均时耗、产品合格率、新客户收入占总收入的比例、生产销售主导时间、售后服务主导时间等。设置的权重为20%左右。

3. 从客户子模块看企业或组织的竞争能力

竞争优势归根到底来源于企业为客户创造的超过其成本的价值。价值是客户愿意支付的价钱，而超额价值产生于以低于对手的价格提供同等效益或所提供的独特效益弥补高价后的盈余。所以，满足客户的需要是企业成功发展的必要条件。在平衡计分卡的客户子模块中，企业管理者要确定企业所要争得的竞争性客户和市场份额，并计算在这个目标范围内的业绩情况。对于企业客户管理业绩水平的评价，其核心指标应包括客户满意程度、客户保持程度、新客户的获得、客户赢利能力，即在目标范围内的市场份额和会计份额。假如这些指标数据所反映出来的情况良好，则表示企业的客户管理是卓有成效的，企业也由此取得了一种重要的核心竞争力。在整个管理业绩评价体系中，可根据不同类型企业设置客户管理指标的不同权重，如在工农业企业中的权重可以低一些，20%左右，而在服务业企业中的权重就应该高一些，如30%～40%。

4. 从学习与成长看企业或组织的持续后劲

企业实现目标、取得成功的重要保证是客户管理和内部经营过程，而企业现有生产能力与业绩目标所要求的实际生产能力之间往往存在着巨大差距。为了缩小这些差距，保证上述两方面目标的实现，企业必须在平衡计分卡中确定学习与成长的目标和评价指标，这是企业实现长期目标的力量源泉。一个企业要成长，其管理者的推动作用不可轻视，而管理者要推动企业学习与成长的发展，他们自己首先必须学会学习与成长。同时，相关的其他主要指标还包括：为员工提供各种培训、提高信息技术、改善信息系统、营造良好的企业文化氛围等。在具体评价时，可以用其措施落实的数量和质量来衡量。这个子模块对于企业管理者个人而言是非常重要的，它直接体现了管理者个人学习与成长的意识和能力，而对于一个有明确发展战略的企业而言，它的权重应该不低于25%。

六、平衡计分卡应用于战略管理

平衡计分卡贯穿于战略管理的三个阶段。由于制定平衡计分卡时，要把组织经营战略转化为一系列的目标和衡量指标，此时管理层往往需要对战略进行重新审视和修改，这样平衡计分卡为管理层提供了就经营战略的具体含义和执行方法进行交流的机会。同时,因为战略的制定和实施是一个交互式的过程,在运用平衡计分卡评价组织经营业绩之后,管理者们了解了战略执行情况,可对战略进行检验和调整。在战略实施阶段,平衡计分卡主要是一个战略实施机制,它把组织的战略和一整套的衡量指标相联系,弥补了制定战略和实施战略间的差距。传统的组织管理体制在实施战略时有很多弊端:或是虽有战略却无法操作;或是长期的战略和短期的年度预算相脱节;或是战略未同各部门及个人的目标相联系,这样,使战略处于一种"空中楼阁"的状态。

在制定平衡计分卡时与战略挂钩,用平衡计分卡解释战略。如前所述,一份好的平衡计分卡通过一系列因果关系来展示组织战略。例如某一组织的战略之一是提高收入,则有下列因果关系:增加对雇员销售技能培训,员工了解产品性能,促进销售工作,收入提高。平衡计分卡中的每一衡量指标都是因果关系中的一环。一份好的平衡计分卡中的评估手段包括业绩评估手段和推动业绩的评估手段,反映战略的最终目标及工作是否产生了成果,后者反映实现业绩所做的工作,两者缺一不可。

利用平衡计分卡宣传战略。实施战略的重点是所有的雇员、组织高级经理、董事会成员都了解这项战略。通过宣传平衡计分卡可以使雇员加深对战略的了解,提高其实现战略目标的自觉性。同时通过定期、不间断地将平衡计分卡中的评估结果告诉雇员,可以使其了解平衡计分卡给组织带来的变化。为了使董事会能够监督组织的高级经理人员及整个组织的业绩表现,董事会成员也应了解平衡计分卡。这样,他们监督的重点将不再是短期的财务指标,而是组织战略的实施。

将平衡计分卡与团队、个人的业绩目标挂钩。这一工作可以通过分解平衡计分卡的目标和衡量指标来完成。平衡计分卡是由一整套具有因果关系的目标、衡量指标组成的体系,因此,它对于分解非财务指标有着独特的优势。

七、基于平衡计分卡的战略地图与战略解码

1. 战略地图

顾名思义,战略地图是指达成企业战略目标的路线图。企业的战略包括企业的使命、愿景和价值观,其中愿景是一个长期的发展目标,企业需要通过10年规划、5年规划、3年规划等方式来明确自己的阶段性发展路标,在此基础上形成年度经营目标,年度经营目标就会按照平衡计分卡的设计思想,形成财务方面、客户方面、内部流程方面及学习与成长方面的4个角度的年度战略目标和指标体系,如图2-30所示。

企业年度规划目标中财务方面的指标需要围绕"提供股东价值"来展开,为此,企业需要通过"生产率战略"和"增长战略"来实现"提供股东价值"的目标;而实现"生产率战略"的路径就是"改善成本结构"及"提高资产利用率",实现"增长战略"的路径就是"增加收入机会"和"提高客户价值"。

同样的,实现"改善成本结构""提高资产利用率""增加收入机会"和"提高客户价值"的路径就是通过满足内外部客户的价值主张及部分内部流程方面的效率提升来实现的,这就是客户方面和内部流程方面的指标体系。客户的价值主张包括产品优势、客户关系、产品价格、可选择性、功能、及时交付率、产品质量、用户体验、服务水平及品牌形象等方面的指

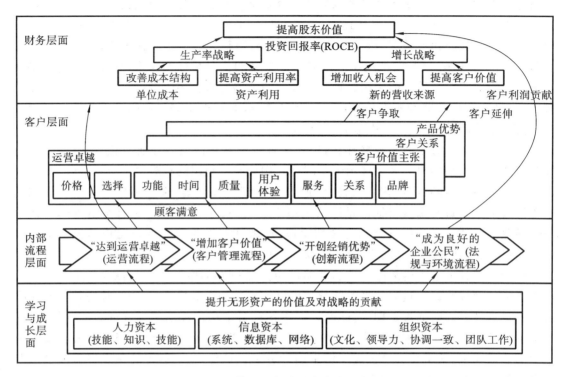

图 2-30 基于平衡计分卡的战略地图

标;内部流程方面的指标要看客户价值主张的重点在哪里,进而识别需要提升哪些内部流程的运营质量,如客户特别关注合同交付及时性,那么供应链业务流程的运营质量指标就会被凸显出来;如客户特别关注产品的性能,那么产品研发与创新流程的运营质量指标就会被凸显出来,总之,内部流程指标需要关注客户价值主张的实现。

学习与成长指标是用来支撑内部流程的运营质量的,内部流程运营质量的状况取决于学习与成长指标的完成情况,企业的学习与成长包括组织层面的学习与成长及个人层面的学习与成长,个人层面的学习与成长并不是指企业里面博士、硕士的数量,而是企业内部各种职位上不断进阶的满足公司任职资格体系要求的高级工程师的数量;组织层面的学习与成长包括各种职能与业务管理平台建设的水平,如销售业务、研发业务、供应链业务、人力资源管理职能、流程 IT 管理职能等的流程体系、组织体系、绩效评价体系及 IT 水平等,这些平台的建设一定是一个从无到有、从有到优的过程,只有优秀的管理平台才能支撑内部流程的有效运行,进而实现客户的价值主张。

2. 战略解码

战略解码是基于企业的战略地图,识别企业各级组织年度 KPI 及重点工作的过程,通过 KPI 制定及年度重点工作识别,将这套指标和工作纳入年度运营管理的监控与管理循环。战略解码需要遵循的 4 个核心原则如下。

(1)垂直一致性原则 对公司战略和业务目标支持:以公司战略和部门业务目标为基础,自上而下垂直分解,从公司→部门→岗位,保证纵向承接一致性。

(2) 水平一致性原则　对业务流程的支撑：以公司端到端流程为基础，建立起部门间的连带责任和协作关系，保证横向一致性。

(3) 责任层层落实原则　KPI 指标责任分解矩阵：落实部门对上级目标的承接和责任，为个人 PBC 确定提供依据。

(4) 均衡性和导向性原则　指标选取应均衡考虑，并体现部门的责任特色：指标选取应结合平衡积分卡的四个方面和公司导向、部门责任均衡考虑。

图 2-31 所示为某企业的组织 KPI 和重点工作分解过程。

战略解码输入如下。
- 公司整体战略。
- 上级部门年度重点工作。
- 公司及上级部门对本部门（领域）的要求。
- 客户对部门的要求。
- 本部门的业务规划。
- 本部门的短板建设。
- 本部门的组织架构及职责。
- 其他。

战略解码输出如下。
- 部门战略解码图或鱼骨图。
- 部门指标责任分解矩阵。
- 部门 Metrics 指标集。
- 部门指标、目标值、指标定义和部门年度工作重点。
- 部门员工年度工作重点。

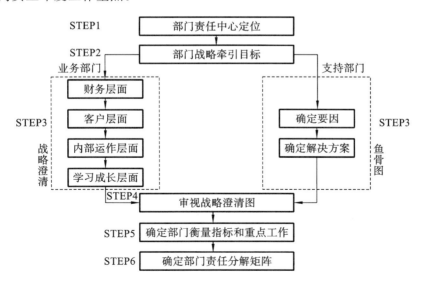

图 2-31　某企业的组织 KPI 和重点工作分解过程

思考题

1. 职业经理人应该如何理解公司的战略？什么是战略管理的循环？
2. 战略管理与运营管理是什么关系？
3. 简单描述战略地图和平衡记分卡的作用？
4. 为什么说企业运营管理体系建设就是企业的执行力建设？

第二章 企业集团管控体系与运营管控模式

核心要点

对于实施集团化管理的企业来说,要实现集团利益最大化目标,集团一般通过"战略管控"、"运营管控"和"财务管控"三种方式及其组合来实施对下属各子公司的管控,管控方式因集团控股情况以及各子公司业务的不同而不同,企业运营管理体系适用于实施集团运营管控的企业或集团中业务相关性强的那部分企业。

企业运营管理体系是相对于大型企业的管理和能力建设而言的，大型企业的价值明显高于小型企业，企业越小，越没有必要建立运营管理体系，那些靠几个人的经验和能力运作的小微企业，没有必要投入大量时间和资源去建设自己的运营管理体系，即使建了这样的体系也只会约束员工的手脚，造成客户与市场响应速度缓慢。企业规模越大，越需要建立自己的管理或管控体系，对于那些拥有多个事业部、多种产品或市场类型、多个子公司的大型或超大型集团型企业来说，更需要建立一套适合自己企业特点的集团管控体系。

集团管控体系到底是什么？集团管控体系有哪些管控模式？集团管控体系和运营管理体系是什么关系？这就是本章要重点介绍的内容。

第一节 企业集团管控的形成背景

集团企业是商品经济条件下社会化大生产的产物,西方企业集团的发展已逾百年,尽管各个国家在集团企业形成的时间段有差异,但大多数国家均经历了图3-1所示的四个发展过程。

图 3-1 集团企业发展过程

19世纪末,一些较早开始工业化的国家,工业化程度迅速发展,同时,随着经济危机的不断爆发,一大批中小企业难以承受强大冲击,纷纷宣告破产,从而加速了生产的集中和企业规模的扩大,企业彼此之间有了联合的要求,而这种经济联合组织的最早形式就是卡特尔,如图3-2。

卡特尔是生产同类商品的企业间协定生产量、价格、市场占有情况等的联合组织,参加卡特尔的企业在遵守协定的基础上,在生产、经营、法律上仍保持自己的独立法人地位,相互间无财产关系和管理关系。

但由于卡特尔成员企业之间的经济实力对比会因经济发展而变化,卡特尔的垄断联合缺乏稳定性和持久性,经常需要重新签订协议,甚至会因成员企业在争取销售市场和扩大产销限额的竞争中违反协议而瓦解,所以这些集团成员们急切希望成立更加稳定的商业组织。

辛迪加组织结构如图3-3所示,是生产同类商品的企业共同销售商品和采购原材料的联合组织,参加辛迪加的企业共同出资组建销售结构,分享利润,这些企业在生产上和法律上保持独立性,但在商业经营上丧失独立性,共同管理辛迪加组织的销售业务及相关事务。

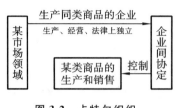

图 3-2　卡特尔组织

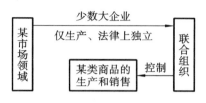

图 3-3　辛迪加组织

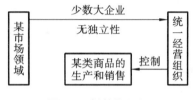

图 3-4　托拉斯组织

19 世纪末 20 世纪初，随着生产和资本的集中程度加强，经济危机此起彼伏，在许多国家出现了大企业兼并高潮。从历史上看，美国企业经过 5 次兼并浪潮，促进了一批巨型、超巨型和跨国大公司的产生和发展，完成了资产规模的迅速扩张和增值，推动了产业的升级和资产结构在全社会范围内的优化配置，对美国乃至世界经济发展产生了深远影响。至此，卡特尔和辛迪加的发展基础日益稳固，并向高级形势发展，一种更具有紧密联系的联合组织托拉斯出现，如图 3-4 所示。

托拉斯是生产同类商品的企业或产品有密切关系的企业合并经营的一种形式，其成员企业在生产、经营、法律上都失去了独立性，不再具有独立的企业法人资格，企业财产并入托拉斯，由托拉斯总部统一管控全部的生产经营活动，对各成员实行盈亏平衡管理（如美孚石油公司）。董事会统一经营全部的生产、销售和财务活动，领导权掌握在最大的资本家手中，原企业主成为股东，按其股份取得红利，所以参加的资本家为分配利润和争夺领导权进行剧烈的竞争。我国在 1963 年至 1964 年，中央工业交通部门先后试办了烟草、盐业、医药、橡胶、铝业、汽车、纺织机械、地质机械仪器等 12 个托拉斯企业。

康采恩组织是一种较高级的联合组织形式，最早出现在第一次世界大战后的德国，是不同经济部门的众多企业间实行控股的联合组织，以金融控制为基础，康采恩组织内部占统治地位的大企业或大银行除经营本身业务外，同时还"控股"公司，从而形成母公司与子公司的控制关系，形式上各子公司保持独立法人地位，但在财产上、管理上由控股公司控制，处于核心地位的大企业或大银行作为持股公司，通过收买股票，参加董事会和控制各成员企业的财务，其目的在于增强其经济优势，垄断销售市场，争夺原料产地和投资场所，获取高额垄断利润，这是当今称之为"企业集团"的最普遍的组织形式。

第二次世界大战之后，尤其是近 40 年的发展，一些工业发达国家的企业集团的组织形式在康采恩的基础上又有了新的发展，表现为非所有权形式的联合组织，集团各成员企业并不因为通过集团的联合而使其财产得到归并，集团各成员相互持股而不是控股，集团中不存在终极的所有者，也不存在最高的负责人。

第二节 企业集团管控的典型管控模式

那么,集团管控方式有哪些呢?目前被普遍认可的是"集团管控三分法"理论,其雏形由战略大师古尔德在 20 世纪 80 年代提出的。

一、战略管控模式

目前世界上大多数集团公司都采用或正准备采用战略管控模式。特点是:集团总部负责集团的财务、资产运营和集团整体的战略规划,各下属企业(或事业部)同时也要制订自己的业务战略规划,并提出达成规划目标所需投入的资源预算,图 3-5 所示为战略管控模式中的战略管理的流程和制度。总部负责审批下属企业的计划并给予有附加价值的建议,批准其预算,再交由下属企业执行。在实行这种管控模式的集团中,各下属企业业务的相关性也要求很高。为了保证下属企业目标的实现及集团整体利益的最大化,集团总部的规模并不大,但主要集中在综合平衡、提高集团综合效益上做工作。平衡各企业间资源需求,协调各下属企业之间的矛盾,推行"无边界企业文化",高级主管的培育,品牌管理,最佳典范经验的分享等。

这种模式可以形象地表述为"上有头脑,下也有头脑"。

运用这种管控模式的典型公司有英国石油、壳牌石油、飞利浦等。目前世界上大多数集团公司都采用或正准备采用这种管控模式。

二、财务管控模式

财务管控模式的特点是:集团总部只负责集团的财务和资产运营、集团的财务规划、投资决策和实施监控,以及对外部企业的收

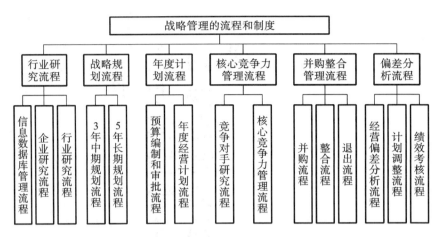

图 3-5 战略管理的流程和制度

购、兼并工作。图 3-6 所示为集团财务管控的一般组织结构。

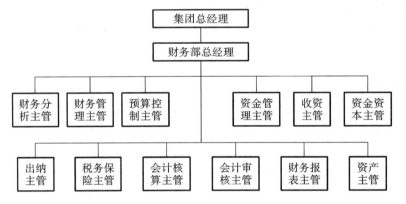

图 3-6 财务管控模式的组织结构

下属企业每年有各自的财务目标,它们只要完成财务目标就可以。在实行这种管控模式的集团中,各下属企业业务的相关性可以很小。典型的财务管理型集团公司有和记黄浦。和记黄浦集团在全球 45 个国家经营多项业务,雇员超过 18 万人,它既有港口及相关服务、地产及酒店、零售及制造、能源及基建业务,也有互联网、电信服务等业务。总部主要负责资产运作,因此总部的职能人员并不多,主要是财务管理人员。美国的 GE 公司也是采用这种管控模式。

这种模式可以形象地表述为"有头脑,没有手脚"。

三、运营管控模式

IBM 公司是应用运营管控模式的典型,为力保其全球"随需应变式"战略的实施,总部从战略规划制定到实施几乎什么都管。为了保证战略的实施和目标的完成,集团的各种业务管理和职能管理非常深入。业务管理方面如产品研发管理,IBM 的所有产品研发都需要遵循集成产品开发(IPD)模式,产品开发必须经历概念阶段、计划阶段、开发阶段、测试阶段、发布阶段和产品生命周期阶段;职能管理如人事管理工作,不仅负责全集团的人事制度政策的制定,而且负责管理各下属公司二级管理团队及业务骨干人员的选拔、任免。在实行这种管控模式的集团中,各下属企业业务的相关性很高。

为了保证总部能够正确决策并能应付解决各种问题,总部的业务和职能人员的人数会很多,规模会很庞大。如 GE 公司在 1984 年以前采用的就是运营管控模式,导致总部职能人员多达 2000 多人,直到杰克·韦尔奇任 CEO 后才转变为战略管控模式,大大减少了总部集团管控团队的人员规模。

这种模式可以形象地表述为"上是头脑,下是手脚"。

四、三种管控模式的对比

综上所述,三种管控模式的特征如表 3-1 所示。

运营管控型和财务管控型是集权和分权的两个极端,战略管控型则处于中间状态。有的公司从自己的实际情况出发,为了便于管控,将处于中间状态的战略管控型进一步细划为"战略实施型"和"战略指导型",前者偏重于集权,后者偏重于分权。

表 3-1　三种管控模式的特征

项目 \ 管控方式	财务管控型（分权）	战略管控型	运营管控型（集权）
公司与下属分公司的关系	·以财务指标进行管理和考核,总部无业务管理部门	·以战略规划进行管理和考核,总部一般无具体业务管理部门	·通过总部业务管理部门对下属企业的日常经营运作进行管理
发展目标	·投资回报 ·通过投资业务组合的结构优化 ·追求公司价值最大化	·公司组合的协调发展 ·投资业务的战略优化和协调 ·战略协同效应的培育	·各分公司经营行为的统一与优化 ·公司整体协调成长 ·对行业成功因素的集中控制与管理
管理手段	·财务控制 ·法律 ·企业并购	·财务控制 ·战略规划与控制 ·人力资源	·财务控制 ·战略营销/销售 ·网络/技术 ·新业务开发/人力资源
应用方式	·多种不相关产业的投资运作	·相关型或单一产业领域内的发展	·单一产业领域内的运作,但有地域局限性

管控模式没有"最佳",只有"最适合"。广义的管控模式并不存在一个"标准"或"万能"的模式,也没"最佳"的模式,只有"最适合自己"的模式,而且它们还将随一些外界因素的变化而不断调整。

影响集团公司组织结构具体形式的因素有竞争环境、公司战略、业务组合、行业特点、企业规模、管理传统、政府政策、法律规定、集团所处的不同发展阶段等。因而在现实生活中，集团公司的组织结构实际上往往是以一种混合的形式存在的，它们多半是以母子公司制为基础，同时混以事业部制和直线职能制。

从业务战略的需要出发，对涉及企业集团主业发展方向的控股子公司，母公司可以采用股权置换、收购等办法使其成为全资子公司，以达到对该公司的完全控制。而对一家全资子公司，基于某种考虑，也可能出让部分股份使其变为控股公司或参股公司。从经营风险因素考虑，如果预计该公司在异地的经营风险大，可设立一个子公司，使其负有限责任；反之，则可考虑开设分公司。

第三节 企业集团管控模式的运营管控模式

管控模式如何具体落实到每个岗位、每位员工,并使之真的有效,重要的就是其具体的管控方式。企业不仅要选择适当的管控模式,更重要的是决定管控内容,也就是需要有具体的途径帮助管控模式的落实。

一、运营管控模式的控制方式

1. 战略管控

战略管控是集团总部对下属业务单位的一种总体性、前瞻性和方向性的管控方式,目的是为了使各业务单位成为企业集团整体战略的有机组成部分之一,以战略指导和影响各个业务单位的决策,实现集团整体目标。

在集团战略制定以后,各分公司的执行过程中,检查各业务单位为达到目标进行的各项活动的绩效情况,同战略目标进行比较,发现战略差距,若存在允许范围之外的偏差,则要分析偏差原因,纠正偏差,最终保证整体战略目标得以实现。

集团战略管控的关键节点有三:一是控制标准设定同集团战略统一,二是战略管控方式与子公司的业务能力和经营范围相匹配,三是不但要管控,更要指导、协调和激励。

2. 财务管控

尽管运营管控模式有很多,但财务管控依然是这些方法中最关键的环节。如果其他管控做的不是很到位,则可能是母子公司之间的制度存在一些问题,但在这种情况下,财务管控仍可以有效弥补。

财务管控包括建立全集团一致的财务管理体系,设计有效的投融资体系,实现对子公司的财务监控、财务权限划分及内部审计。

首先要按照总公司的财务责任目标确定各子公司的责任目标,

明确各子公司的发展方向,而后集团总部向各级分公司委派财务总监和财务主管,代表集团总部行使财务管理职能。委派人员的主要职能包括财务管理和财务监督两方面,具体来讲,实际上实施的主要功能是财务战略规划、资金管理、税务管理、费用管理、会计核算、财务监督、资产管理和综合管理这些职能。

财务管控的力度大小根据集团具体情况而定,具体财务管控中分为集权式和分权式两类,如表 3-2 所示。

表 3-2　集权式与分权式财务管控内容对比

方式 项目	集 权 式	分 权 式
投融资管理	对下属各分子公司的筹资、投资及利益分配的最终决策权	对下属各分子公司投资的最终收益权,并由此设定子公司的利润分配目标
财务会计管理	对下属各分子公司的会计规范权和财务规范权	对下属各分子公司财产处置的最终审批权
审批考评管理	对下属各分子公司拥有完善的审计权与考评权	对下属各分子公司的最终审计权与考评权
管理方式	—	以目标利润为控制标准,不具体管理实现过程

除以上提到的委派财务管理人员之外,另外还可以借助于各种内部关联交易实现公司整体目标,以及母公司利用内部资金调剂系统对子公司资金供应进行监控。

3. 人力资源管控

人力资源管控无非是如何选人、用人、留人的机制设置和执行,即公司要吸引什么样的人才,哪类岗位适合这类人才,如何留住这类人才。

需要注意的是,人力资源管控主要是对集团内下属各单位的关键岗位进行管控,而非所有岗位,母公司管哪些部门,子公司管哪些部门。当然,不同的公司会根据自身实际情况做不同的安排。

集团对下属业务单位关键岗位管控的主要内容如表 3-3 所示。

表 3-3　集团对下属业务单位关键岗位管控的主要内容

管 控 方 法		具 体 措 施
关键岗位管控	人员任免、调动、轮岗	• 下属子公司总经理、副总经理、财务负责人由集团任命; • 集团决定下属子公司总经理、副总经理、财务负责人的升迁、调动,决定财务负责人的轮岗; • 集团审计部对子公司总经理、副总经理、财务负责人的任免提供意见
	薪酬管理	• 集团与子公司总经理签订业绩合同,并指导总经理和副总经理签订业绩合同; • 负责子公司财务负责人的薪酬管理
	考核管理	• 负责对子公司总经理的考核,指导总经理对副总经理的考核工作; • 负责子公司财务负责人的考核工作

基于产业与投资的人才规划，有些公司专门适合于做很激烈竞争的传统行业，有些人特别适合于做高科技等未来产业，那么这样的人才规划应当是不同的。

基于业务评价体系的不同做出不同的特色管理。比如说子公司物色很多人才，需要母公司提供一些帮助，子公司就要构筑一个有效的培训平台，那么最好的是集团公司进行整合，打造一个公共的虚拟管理学院，可能成本更低，效率更高。

4. 经营计划管控

经营计划管控在不同的企业可能有不同的说法，华为公司称管理战略到执行（develop strategy to execution，DSTE），华为公司的所谓战略包括 5 年规划（strategic plan，SP），这个 5 年规划是每年滚动向前看 5 年，还有年度规划（business plan，BP），这个年度规划 BP 是基于 5 年滚动规划 SP 的，在 BP 基础上进行战略解码形成年度战略目标、组织 KPI 及年度重点工作，在此基础上进入年度绩效监控、分析改进和评价的循环。

经营计划是通过集团战略来制定的，分为集团年度经营计划、子公司年度经营计划和各职能部门年度经营计划。集团年度经营计划由集团总裁定期述职，对各下属公司经营计划、预算执行情况进行监督。其他分别由下属单位负责人和各部门负责人定期述职。

对集团年度经营计划执行情况进行决算总结和考核评价，各职能部门将考核评价结果反馈到集团人力资源部进行考核，兑现相应奖惩，并且为下一年计划工作提供参考，具体如图 3-7 所示。

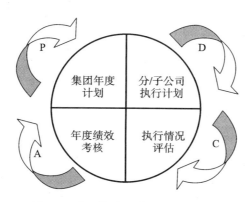

图 3-7　集团年度经营计划 PDCA 环

5. 营销管控

营销管控和以上提到的经营计划管控不同，营销计划在集团层面上不是具体地去卖什么东西或卖多少东西，而是研究集团针对全球能不能有一个营销战略。

以英特尔公司为例。若中国发布了一个通信协议的标准以后，英特尔首先站出来反对，那这个标准就树立不了。一个国家和一个企业对抗，国家却要向企业低头，为什么？这就是英特尔的营销控制。

如果中国今天制定了一个标准，英特尔同意了；日本制定了一个标准，英特尔也同意了；那菲律宾、欧洲等国制定的标准，英特尔也只能同意。不到一个星期，英特尔本身就分崩离析了。一个企业控制市场最重要的就是标准，标准神圣不可侵犯，这就是英特尔所控制的一件事情。

至于各个子公司如何展开营销,如何同供应商进行合作,如何在二级配件市场上进行管理,这都是子公司的事情。总部需要管的是营销策略、营销系统的构建及营销整合,品牌和技术能力如何传播。

无论是法理上的集团公司,还是事实上的集团公司,要想集团获得长久发展,就必须发挥出集团公司所应有的"耦合效应",就必须在事实上对下属公司或兄弟公司进行明确定位、对自身的营销组织及外部合作者进行管控。

6. 品牌管控

品牌是市场客户对一个企业及其产品质量、售后服务、文化价值的认知和信任,通过这种认知和信任,品牌能够为产品及服务提供附加价值,并且这种附加价值会高于产品本身的使用价值。如奢侈品皮包,又如顺丰快递,虽然商品本身的材料、服务的结果等并没有太多特别之处,但是凭借自身的品牌价值,可以获得比同市场产品更高的价格,这就是品牌的魅力之处。

任何一个集团品牌,一般分为管理型品牌和运营型品牌两种,如图3-8所示。

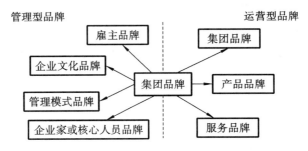

图3-8 集团品牌的7个层面组合管理

由此可以看出,我们耳熟能详的品牌基本属于运营型品牌,而实际上,管理型品牌才是集团企业真正凝聚各子品牌的核心内容。

集团品牌、产品品牌和服务品牌,这类运营型品牌属于消耗型品牌,都有一个特点,就是必须拿钱去养、去打广告增值,若暂停宣传,哪怕时间不长,这个品牌也会缩水。

而管理型品牌不同,即使每天不投入或少投入也会增值。

(1) 企业文化品牌 首先要是对内部去构造,这是管理最基础的需要,如果企业文化足够优秀,传播出去了,那么对未来的市场增量、投资合作机会也是大有裨益的。如海尔、格力、国美、IBM,还有常讨论的品牌"海底捞"。

(2) 雇主品牌 作为集团公司,经常要和人力资源市场打交道,有的企业经济效益很好,但是有的职业经理一听就不愿意去。有的企业可能经济效益不是很好,但在市场上是一个伯乐,而且对人才环境很宽松,人员进入公司发展后可以得到很快的进步,包括招聘过程中的客气平等的对待态度,招聘完成后的及时沟通,即使没有聘用也在未来的日子里保持一个沟通等。这都是非常有效的雇主品牌建设。

(3) 管理模式品牌 把集团企业的管理模式的优化、移植作为一个品牌来管理,这是一个系统工程,只有少数业内有代表性的、有辨识度的企业可以做到这点,能够把自身的管理模式做一个输出和交流。

(4) 企业家或核心人员品牌　如果能有效地推广企业家或核心人员,并且把这个作为一个品牌树立起来的话,获得的效果其实是最好的。如格力的董明珠、聚美优品的陈欧、湾仔码头的臧健和等都是这种品牌宣传模式。

7. 供应链管控

供应链管控,我们主要谈到的是供应商管理这个点的问题。根据集团公司自身的经营性质,分为以下两种管理方式。

(1) 本集团为甲方公司,即对所有供应商进行评级,评级以后决定同哪些供应商保持紧密的合作关系,哪些保持比较紧密的合作关系,哪些需要解除合作;每一种产品还要选择多个供应商,按照供应商的生产能力分配订单,这样既保证了有效竞争,又规避了单个供应商出现问题可能导致的大面积断货。这种评级每年进行一次,结束后还要协助供应商在质量和效率上做改善,以求进一步降低成本。

(2) 本集团是乙方公司,如何争取国际公司等大客户资源是一大目标,那么必须要知道这些公司的评级标准是什么,怎么样给供应商评分,如何根据他们的评分体系提高自己的评分,如何分步骤达标,逐步从提供技术样品或服务报告到成为他们的一般供应商,到战略伙伴级供应商,最后成为核心供应商,在这个过程中把自己做大。

8. 企业文化管控

企业文化如同一张无形的网,利用员工对企业发展愿景和企业文化价值的认同,通过相关规章制度及集团企业文化的培育和提炼,塑造并改善员工的行为,增强员工主人翁意识,提供集团控制的协同性和有效性,在企业价值观层面将集团各成员单位乃至每一位员工统一起来,形成独具特色的集团整体形象。

集团企业规模庞大,员工人数众多,单靠制度管理远远无法使如此多的人组成的运作机器顺畅准确地运行,此时,保持集团内部文化的统一性,增强集团的凝聚力、向心力,对集团的协同发展尤为重要。

当然,同时需要允许子公司在统一性指导下,培育和创造特色文化,为它们留出展示个性的空间。

9. 信息管控

集团在进行信息管控时,需明确规定集团内下属业务单位运营信息传递的具体内容、流程、渠道、周期、方式、对象等具体内容(见图 3-9),以此建立企业集团内部综合的信息化管理平台,提高内部信息的传递、处理的速度。对信息传递流程需要定期回顾及更新。

信息管控的目的主要有两点,一是确保各下属单位的运营相关信息和数据能够及时准确的传递给集团总部,二是集团总部能够及时分析、监督各下属单位的情况,并及时的指导和调整。

10. 全面预算管控

预算是进行事前、事中、事后控制的有效工具,既能使集团管理层全面了解和监督业务的执行情况,又能及时发现执行中存在的偏差。预算控制是控制支出的有效方式,而且能使企业资源获得最佳利用。

全面预算管控能够对集团整体经营活动进行量化计划安排,有利于集团总体战略规划的统一,加强对子公司资金的使用、投融资的监控。全面预算管控主要包括预算编制、预算

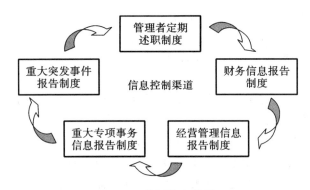

图 3-9 集团信息管控

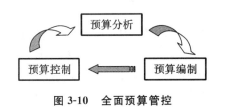

图 3-10 全面预算管控

控制和预算分析三方面工作,如图 3-10 所示。

预算编制是一个复杂的过程,首先是设定初步的财务期望业绩,这个数字一般是一个范围,这就是所谓的形成口径,而后在口径的基础上,总部的财务部门根据预算委员会的期望目标分解到各子公司,下达年度预算编制的指导思想和要求,并提供各子公司必要的技术协助和知道,最后由子公司总经理根据此期望目标设立子公司的预算目标。

这一切做完以后就批准,然后执行预算,边执行边调整。一些大的集团公司的预算往往是滚动制订,如 1 个月过去以后,再制订未来 18 个月或 24 个月的预算。一般这个周期会超过 12 个月,原因是超越了 1 年的时间,而近期相对可见的,这样使得分公司负责人及母公司思考的时候不是以 1 年去看,后面的 6 个月相当于一个假想概念,提醒自己要各种注意的事项,所以效果会比滚动 12 个月好得多。

11. 组织管控

组织管控,即通过母公司的功能如母公司为子公司创造的价值来换取子公司的服从,因为权限的划分及社会资源量级的差异,有些事情只能由母公司出面协助。

另外,组织管控还可以应用于对人的管控,如在台塑,所有干部上任之前必须在总管理处干过,类似于黄埔军校,这些人熟悉母公司或高管层的经营思路和决策风格,这是母公司外派员工或考核未来接班人的核心特质,他们的工作同母公司的关联性非常强,久而久之,耳濡目染,因此把他们派出去后,很容易和母公司保持同一步调。

二、运营管控模式的适用性

运营管控模式适用于从事大规模产品生产或网络性自然垄断业务的集团公司,如电力、电信、铁路等,这类集团公司中总部各职能部门对下属企业和机构的日常运营进行管理,下属企业的决策权有限,总部人事管理不仅负责全集团的人事制度政策的制定,而且负责管理各下属公司二级管理团队及业务骨干人员的选拔、任免。

在这种模式下,集团总部同下属企业的业务关联性非常高,并且对下属企业有完全的控制权。若不满足这两个条件,便无法采用此管控模式。

三、集团运营管控模式的组织设计

1. 事业部制

事业部制是指以某个产品、地区或客户为依据,将相关的研究开发、采购、生产、销售等部门结合成一个相对独立单位的组织结构形式。它表现为:在总公司领导下设立的事业部有独立的产品或市场,在经营管理上有很强的自主性,实行独立核算,是分权式管理结构。

事业部制最早是由美国通用汽车公司总裁斯隆于1924年提出的,故有"斯隆模型"之称,也称"联邦分权化",是一种高度(层)集权下的分权管理体制。当时,通用汽车公司合并了许多小公司,企业规模急剧扩大,产品种类和经营项目增多,而内部管理却适应不了这种急剧的发展而显得十分混乱。

事业部在最高决策层的授权下享有一定的投资权限,具有集中决策、分散经营的特点。集团最高层(或总部)只掌握重大问题决策权,从而从日常生产经营活动中解放出来。事业部本质上是一种企业界定其二级经营单位的模式。

事业部制按照其划分方式可分为以下两种模式。

(1) 产品事业部 又称产品部门化。按照产品或产品系列组织业务活动,以企业所生产的产品为基础,将生产某一产品有关的活动,完全置于同一产品的部门内,再在产品部门内细化职能部门,进行生产该产品的工作。

(2) 区域事业部 又称区域部门化。把某个地区或区域内的业务工作集中起来,委派一位经理来主管其事,此种事业部制类型特别适用于规模较大的公司,尤其是跨国公司。

纵观近代的集团企业,通用汽车公司的斯隆参考了杜邦化学公司的经验,以事业部制的形式于1924年完成了对原有组织的改组,使通用汽车公司的整合与发展获得了较大成功,成为实行事业部制的典型,因而事业部制又称"斯隆模型"。几乎与此同时,在日本,"经营之神"松下幸之助在1927年也采用了事业部制,这种管理架构在当时被视为划时代的机构改革,与"终身雇佣制""年功序列"并称为松下制胜的"三大法宝"。

在我国,一个典型的代表企业——万通实业同样是采用了事业部制,将业务体系与组织结构进行优化重整,分成四大事业部:住宅建设业务以北京区域为主,专注于以"新新家园"为核心产品的高档住宅物业的开发;商用物业业务专注于以"万通中心"为核心产品的商用物业的开发和经营;定制服务业务提供从寻找土地到设计、施工、财务安排直至交付使用等一系列量身定制式服务;土地经营事业部专注于土地经营业务,变过去传统的存货式的消极储备土地的方式为经营性的积极储备方式。

在集团公司采用事业部制的情况下,总部领导可以摆脱日常事务,而将精力集中考虑全局问题,且各事业部实行独立核算,有竞争,更有利于企业的发展,且促进企业事业部内部协作。但独立核算制度有可能促使各事业部只考虑自身利益,影响事业部之间的协作,一些事业部间的支持与沟通可能会被经济利益所取代。

2. 子公司管理

母公司对子公司的管控,失败的一个核心原因就是母公司已将子公司塑造成一个完整价值链的创造者而不自知,当子公司功能强大了,可以做一方诸侯的时候,它甚至根本不容许母公司插手自己的业务。

如何解决这一问题呢？

从总体定位上看，子公司应成为成本中心或半利润中心，主要对占用资源的运营成本、安全环保、产品质量和产品产量等负责。对只负责产品生产或产品配送的子公司，实行严格的成本中心管理；对只负责产品分销的分公司，可以实行收入中心管理；对既负责产品生产又负责产品营销的子公司，可以实行模拟利润中心管理。全资子公司根据管理控制的需要程度，采取不同管理模式。

若困境已经产生，母公司可以通过子公司某些功能设置缺失而将部分权利上收总部或对子公司的业务结构重新定义来改变这种困境。

母公司对子公司的控制流程如图 3-11 所示。

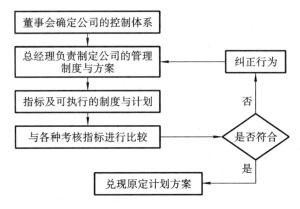

图 3-11　母公司对子公司的控制流程

一般情况下，需要集中控制的实行分公司管理模式，不需要集中控制和发挥灵活性的实行利润中心责任体制。鉴于控股子公司是相对独立的法人实体，只能通过股权按法定程序管理和控制，在业务上是一种指导和协调的关系，对子公司的基本管理方式有以下四类。

（1）人事控制　子公司的员工由母公司直接管理，人事档案在母公司，与母公司签订劳动合同。

（2）信息控制　保证子公司的运营信息能够及时准确地传递到母公司。这些信息可以包括市场销售、回款情况、重大合同执行状况等市场信息，财务损益表、现金流量表等财务报表，生产计划、实际生产状况等生产运营信息，如在母子公司对应部门之间建立定期述职制度，并且利用 IT 技术自建企业内部信息平台，进行内部的信息沟通和交流，同时设置定期审计制度。

（3）考核控制　顾名思义，即母公司对应设置 KPI 作为定期对子公司的考核指标，但要注意考核指标要与子公司在集团中的战略地位相适应，且对子公司的资本收益的考核必须考虑资本收益的质量，注重现金流量，防止子公司虚报利润。

（4）财务控制　包括财务人员、财务信息、财务资源的总体控制，如审批权限的划分、重大购销合同的权限上交、利润分配方案的制订等。

3. CEO 的职责定位

管理大师彼得·德鲁克曾在 2004 年美国德鲁克图书馆和档案馆举办的就 21 世纪 CEO 的职责的"智者对话"中提出了自己关于 CEO 工作内容的最新思想，总结下来，即为以下几点。

第一，CEO要承担责任，而不是"权力"。CEO不能用工作所具有的权力来界定工作，而只能用对这项工作所产生的结果来界定。CEO要对组织的使命和行动及价值观和结果负责，最重要的就是结果，有鉴于此，CEO的工作因他们所服务的组织不同而有所不同。

第二，CEO是将组织与外界连接在一起的人，组织内部只有成本，结果存在于组织的外部，这意味着CEO应当仔细思考在他们的组织内有什么信息，组织的外部又有什么信息，以及如何组织这些信息，整合组织内外的信息是CEO未来的主要工作之一。

同样重要的是，只有CEO才能做的就是决定"我们的事业是什么？我们的事业应当是什么？"更为困难的是决定"我们的事业不应当是什么？"一旦做出了以上的决定，CEO才能决定什么结果对他所服务的组织是有意义的。

这对非营利组织尤为困难，在所有发达社会，非营利组织与企业的比例至少是5∶1。从根本上说来，在发达社会中，企业的有效运作提供了非营利组织实现其目的所需社会资源。社会越发达，非营利组织就越普遍。

第三，CEO要做出平衡的决策，即在目前的需求和投资在高度不确定的未来之间取得平衡，在结果到来之前，谁都无法预测这样的决策会导致什么样的结果，因为影响变量太多了，原则无非是"两害相权取其轻"，这个决策是所有经济活动的精髓所在。

第四，CEO要配置组织的一项特殊的稀缺资源——高绩效的人。一个人越有能力，他就越有可能是高度专业化的。世界上没有通才，一位伟大的艺术家很可能生活技能为零或是五音不全，你是把他当艺术家请来的，而不是看他是否会唱歌。CEO的特有工作就是将高绩效的人安排在能让产生结果的岗位，也就是用人之长。卓有成效的管理者要使人能发挥其长处，因为只有长处才能创造结果。

第五，这是一个很重要的最后，CEO要通过身体力行去树立组织的价值观和标准，即企业文化。企业的风气很大程度上由企业文化来决定，正如有些人所说"欧美企业文化是狮群文化，日本企业文化是狼群文化"，再如我们国内，海尔之道即创新之道，格力企业文化是以"实"为基础衍生出"信""廉""新""礼"，华为的"狼性文化"，小米崇尚创新、快速的互联网文化，京东的"客户为先、以人为本、不断创新"，阿里巴巴的"六脉神剑"，不同行业的佼佼者们，用不同侧重的企业文化培养出不同气质和思维模式的员工，这种思维模式的统一能够促使大家用统一风格去决策，减少了很大一部分沟通摩擦，做到劲往一处使。

4. 各专业委员会的职责定位

集团公司董事会的专业委员会从某种程度上是充分利用专家智慧与公司的决策能力的有机结合。企业应根据自身实际情况而定，当企业规模较小、业务范围较窄、子公司数量较少或董事会决策能力很强的时候，可以少设或暂时不设专业委员会。在母子公司体制下，由于企业业务多元化、跨地域和高速发展，为提高母公司董事会的决策能力和决策效率，并有效防范个人决策失误对集团发展带来的风险，企业应根据自身实际情况合理设置董事会专业委员会以辅助决策。

对于一个多元化经营的集团公司来说，专业委员会的设置除了考虑核心的部门外，还要根据自身业务现状及未来规划来设置自己特有的部门。核心部门一般包括战略投资委员会、预算管理委员会、人力资源委员会、财务管理委员会和审计监察与风险控制委员会，而根据自身业务状况可以考虑设置的部门有安全生产委员会、融资担保管理委员会等,又如房地产、冶金、人工智能、医疗、钢铁、学校等领域的专业委员会,以为董事会提供决策依据,为保证更好地开展工作,各专业委员会也可以聘请专业评估师、独立财务顾问、法律顾问等中介机构为其提供专业意见。

总体来看,各专业委员会的具体工作内容主要有三项:就专项议题进行提案;负责就专项议题对集团公司管理层进行审核和质询;提交建议供董事会会议决策。

案例 3-1

■ 集团运营管控的组织架构设计 ■

组织架构的设计与组织管理对集团型企业的重要性是不言而喻的,对于运营管控型的集团型企业,组织架构的设计与组织管理就显得更加重要,因为运营管控模式决定了企业需要对各事业部、子公司及所有职能和业务管理单元实施总体运营管控,从各级机构的目标管理到实现目标的路径与过程管理,确保企业整体管理工作的专业性、资源利用的有效性、战略执行的彻底性、运营体系的一致性以及企业发展的可持续性。

企业对组织架构的设计及组织管理工作的认识本身也是一个发展和进化的过程,在企业的发展规模不大的时候,企业领导者对企业业务经营的关注通常大于对管理的关注,对组织的管理和建设不太重视,很多公司的高管甚至总经理直接参与市场销售过程是非常普遍的现象,但是当企业发展到一定规模的时候,尤其是当企业的产品越来越多、市场越来越大、生产越来越复杂、竞争越来越激烈、客户越来越挑剔的情况下,企业内部各种部门、职责、职位、岗位、角色、能力、激励等组织管理的问题会呈几何级数暴露出来,给企业的运营管理带来巨大的挑战,此时,企业的管理者逐步将工作的关注点更多地投入到管理工作中来,甚至逐步向真正职业经理人的行为模式发展和转型。

图 3-12 所示为华为公司官网 2017 年显示的华为公司最新组织架构第一层的内容,和几年前仅仅面向运营商市场的组织架构不一样,这个组织架构反映了华为公司随着内外部环境变化所做的重大组织调整,是华为公司成立 30 多年来的对组织设计与组织管理工作的最新思考和总结,整个公司的集团运营管控围绕产品与解决方案、运营商 BG、企业 BG 及消费者 BG 业务展开,以区域组织、供应链、片区联席会议、2012 实验室、战略 Marketing、人力资源、财经、质量与流程 IT、企业发展、华为大学、法务、内部审计与道德遵从等业务与职能管理作为集团运营管理体系的支撑平台,来保证华为公司整体管理工作的专业性、资源利用的有效性、战略执行的彻底性、运营体系的一致性以及企业发展的可持续性。

下面结合国内某集团公司的组织架构来谈谈集团运营管控组织架构设计的一些基本思想。图 3-13 所示的是该企业集团运营管控组织管理体系的基本框架。

该集团公司的一级组织分为四种类型,分别是业务部门(红色)、业务平台部门(粉色)、业务管理部门(黄色)及职能管理部门(绿色)。业务部门就是公司的各个事业部和一级子

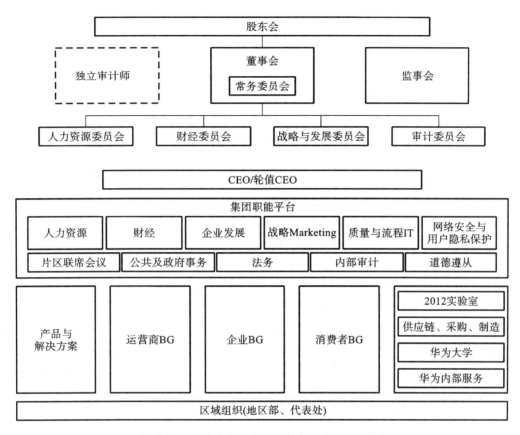

图 3-12 华为公司的组织架构第一层(2017 年)

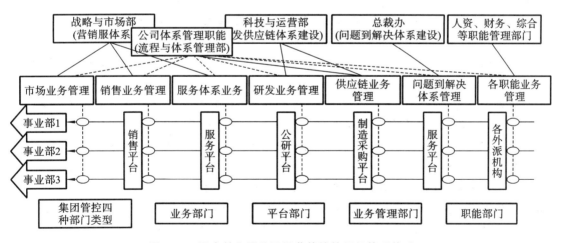

图 3-13 国内某集团公司运营管控的组织管理体系

公司,这些部门有自己特有的面向外部客户的产品和服务,是独立的成本和利润中心,承担产品和服务的具体经营和管理职责;业务平台部门是为支撑业务部门面向客户的端到端交付服务的,包括产品和服务的销售、技术开发、制造、采购和售后服务等。这些业务平台部门和业务部门之间是合作伙伴关系,虽然从某集团企业集团的组织架构来看,这些业务部门和业务平台部门都是公司的一级部门,但业务部门应该视这些业务平台部门为自己的供应商,将它们作为自己可以选择的资源来对待,而不是当成和自己在行政上平级的其他部门看待,换句话说,业务部门是这些业务平台部门的(内部)客户,为客户创造价值是所有业务平台部门的使命。这种组织设计除了希望在集团内部有效传递客户压力之外,还有鼓励业务平台部门将自己做大做强的考虑,比如技术研发部门、制造采购部门及工程服务部门等业务平台部门可以充分利用自己的资源和产能,在公司业务部门需求不足或合作困难的情况下,可以向公司外部拓展发展空间,比如制造部门可以充分利用自己的产能优势在公司外部寻求代工合作机会,必要或可能的情况下,这些业务平台部门可以发展成为独立子公司。

业务部门和业务平台部门主要关注产品和服务的经营,但是仅有经营是不够的,尤其是对于多产品线和多事业部的集团企业来说,集团层面的运营管控必不可少,所以必须重点介绍集团层面的管控组织,即业务管理部门和职能管理部门。

按照该集团公司的业务特点,经营所有的产品和服务都需要开展市场管理、销售管理、研发管理、供应链管理、售后服务管理及来自客户的问题管理等工作,为了不至于造成各个事业部和子公司在这些业务管理上的管理混乱,保持集团运营管理的整体一致性和有效性,需要开展针对这些业务管理的各种顶层设计工作,包括流程架构、组织架构、IT架构、绩效管理体系及组织文化等方面的顶层设计工作,这就是业务管理部门和职能管理部门的职责。在某集团企业现有的组织管理体系下面有一个"6+2"的说法,"6"是指战略与市场部、科技与运营部、人力资源部、财务管理部、总裁办公室及综合部这6个部门,"2"是指投融资部、纪监审办公室,"6+2"这8个部门实际上就是在履行集团运营管控的职责,作为CEO的秘书机构开展运营管理,并向CEO汇报工作。其中战略与市场部负责集团整体的市场管理、销售管理、售后服务管理及问题管理四项业务管理职能;科技与运营部负责研发管理与供应链管理两项业务管理职能,另外还负责集团的质量、流程与信息化建设与管理的职能;总裁办公室和人力资源部负责组织管理、绩效管理、人力资源管理及企业文化管理等职能管理工作。所有的业务管理与职能管理工作都是面向业务部门和业务管理部门的,包括两条线:"管理"+"服务"。

在集团运营管控的组织管理体系中,集团高管的职责定位与分工是一项非常重要的工作,很多企业在这方面缺乏系统性考虑和集团运营管控的逻辑思维,最典型的问题就是集团高管分部门或子公司进行管理,而不是分业务和职能进行管理,这容易造成管理的非专业性及企业内部部门墙厚重,最终形成以领导为中心而不是以客户为中心的管理乱象。

GPO(global process owner),这是华为公司这些年向IBM学习的一个非常重要的概念和管理思想,意思是全球流程责任人。图3-13所示的华为公司组织架构第一层上的每一块业务都会有一个指定的全球流程责任人,该GPO在华为公司全球范围内对分管的业务或职能管理负责,比如华为的质量流程与IT、法务、内部审计与道德遵从等都有GPO负责,负责相应业务的顶层设计与管控。

图3-14所示为该集团公司流程架构的第一层,包括"市场管理""研发管理""线索到回款管理LTC""供应链管理ISC"及"问题到解决管理ITR"5大业务管理领域,以及"战略管理""流程与IT管理""组织与人力资源管理"等7大职能管理领域,每一个领域都有指定的

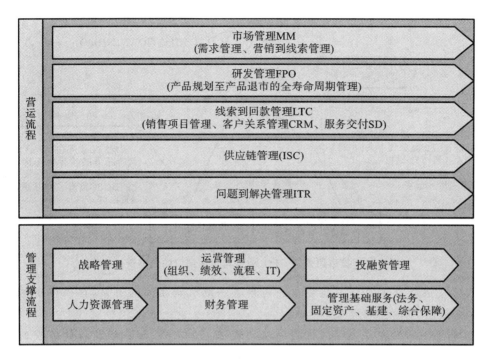

图 3-14 某集团公司流程架构的第一层

全球流程责任人,图 3-15 所示为某集团公司以 LTC(线索到回款管理)为例展示的 LTC GPO、业务管理部门(战略与市场部)与业务部门及流程信息化部门在 LTC 流程架构管理中的责任分工。其中,流程管理部门负责制定公司流程管理及流程架构开发的标准和流程;战略与市场部作为 LTC GPO 的秘书机构,按照流程管理部门的标准和要求开展 LTC 流程架构的顶层设计及日常的维护和改进。业务部门和业务平台部门负责在上述流程架构的基础上开展具体流程的规划、识别及流程的全寿命周期管理工作,并向 LTC GPO 汇报;信息化部门负责基于 LTC 流程架构,按照业务管理部门和业务部门的需求状况开展 LTC 业务的信息化规划、建设与运维工作。

集团运营管控模式下高管职责分工及组织体系建设的几个要点如下。

(1) 高管分工要以面向专业分工为导向,而不是以面向部门(子公司)分工为导向,以明确全球流程责任的归属。

(2) 高管职责要与公司的业务类型(流程架构第一层(L1)的各个模块)及机构(一级部门与一级子公司)建立起对应关系。

(3) 要建立对事负责而不是对人负责的管控体系。对事负责是收敛的,对人负责是发散的,要将职责分工与人的能力联系起来,让专业人做专业事。

(4) 公司高管层应该是一个高效协作的团队(而不是一个按资历和功劳划分权利和势力范围的名利场),相互之间是支撑和弥补关系,共同形成一个围绕 CEO 的、业务与管理双轮驱动的、相互平衡的内部管理核心。

(5) 集团公司一级组织分类可以包括以下 5 种类型:业务型、平台型、(一级)子公司型、业务管理型和职能型,围绕业务部门和子公司行成矩阵式管理关系。

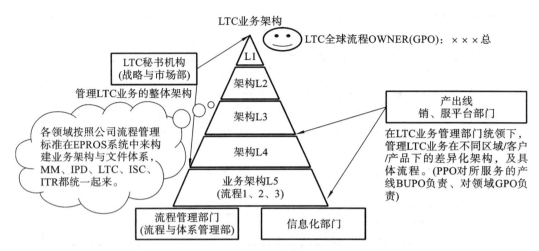

图 3-15　某集团公司 GPO、业务与管理部门的流程责任示意

（6）要重点梳理集团公司高管与公司内各一级机构之间的关系，确保不出现职责重叠、职责交叉、职责真空的现象。

（7）集团公司应该明确组织机构管理的责任主体部门，形成组织机构管理的专业能力、标准和权威，动态维护公司的组织管理体系。

（8）集团公司组织机构的分解要分解到职位，而不是仅分解到基层部门为止，要确保职位信息的动态维护及资源的配置到位。

（9）集团公司的组织和流程之间存在着非常密切的互动关系，不存在谁决定谁的问题，只存在是否适配的问题。

四、集团运营管控之按域统筹原则

按域统筹原则是包含多个事业部和子公司的集团型企业实施集团运营管控的一项基本原则和管理哲学。正确理解按域统筹原则是关系到集团企业变革管理工作能否正确有序、有效开展的关键，企业各级管理干部需要正确、完整理解按域统筹原则的内涵与外延，而不是只言片语、断章取义的理解，集团总部的管理部门以及业务与平台部门尤其需要正确理解变革管理过程中的【变与不变】、【生与养】、【推与拉】的关系，确保按域统筹原则的逐步落实到位，以下是按域统筹原则的几点要点。

1、按域统筹之域，是指集团企业流程架构第一层上的各个管理领域，通常包括管理战略到执行 STE、管理线索到现金 LTC、管理供应链 ISC、管理财经 FN 以及管理组织与人力资源 O&HR 等，这些领域构成了烽火通信公司的价值链，该价值链决定了集团公司组织管理的顶层架构，随着顶层流程架构的展开，各二级及以下级组织架构的职责内容才能得以确定。

2、集团运营管控的组织架构包括 CEO、领域分管副总裁、领域专业管理委员会、领域统筹管理部门（副总裁及专业委员会的秘书机构）、业务与平台部门（子公司）运作管理部门以及集团各级部门的管理者（包括正职和副职）等，所有这些部门及其管理者都是依领域不同而在各自领域执行按域统筹原则的主体责任者。以供应链领域为例,分管供应链的副总裁是供应链领域按域统筹的主体责任人,同时兼任集团供应链管理委员会主任,企业的分管供应链的部门是供应链管理领域统筹部门,也是分管供应链领域副总裁及供应链管理委员会的秘书机构,各产出线交付管理部门、制造与采购管理部门以及这些部门的管理者都是供应链按域统筹管理的主导者或参与者。

3、按域统筹就是企业基于价值链的行业管控,也可以称为集团中央管控。比如集团研发管理的中央管控、集团组织与人力资源管理中央管控、集团流程与 IT 中央管控,与此相对应的是集团矩阵式管控体系下以业务与平台部门(子公司)管控为主的地方管控。中央和地方在按域统筹管理上要做好职责划分、保持权力平衡,同时按域统筹部门要加强自身的统筹能力建设,包括专业人力资源配置与能力培养,确保各领域以及全集团管理体系的系统性、灵活性和有效性。

4、集团总部每一个按域统筹部门需要履行针对被管控对象(产线、平台和子公司等)的管理和服务义务,管理就是建立领域管理标准并监督执行,服务就是给被管理的对象提供专业支持。通常来说,在集团公司发展过程中,集团公司按域统筹部门无论是管理维度、还是服务维度都不能满足集团有效运营管控的要求,表现在领域规划、战略解码、顶层设计、绩效监控与评价等等方面的能力不足,也表现在对业务和平台部门的工作指导、问题协调、政策与制度宣贯等服务工作上的差距,这都是集团运营管控体系需要改进的地方。

5、按域统筹部门有责任持续开展本领域(要素)管理体系的建设(生)与维护(养)工作。领域管理体系一般包括领域战略管理、流程管理、组织与人类资源管理、评价与激励体系管理、IT 以及文化管理等内容。以供应链领域为例,集团供应链管理部门是供应链管理体系建设(生)与维护(养)的领域统筹部门,有些企业在该领域的管理体系建设方面还有很多空白区域,就拿 IT 系统建设与维护工作来说,开展 S&OP、WMS 等项目就是在弥补供应链体系管理的短板,还有 MES、SRM、SAP 等系统虽然已经建设完成(生)了,但是还有很多需要运维(养)的问题,比如信息孤岛、数据质量等等。

6、集团按域统筹部门要持续开展本领域管理体系的顶层设计与优化工作,包括流程架构、组织架构、IT 架构以及绩效评价指标体系架构等。顶层设计是一项需要具有高度结构化思维和抽象能力的工作,需要经过长期的管理专业化训练和实践工作的锤炼才能胜任,集团企业的管理干部大都出生于工程师背景,缺乏顶层设计方面的训练和实战。以流程架构的顶层设计为例,各按域统筹部门的管理者需要投入更多精力关注、从事、领导本领域流程架构的建设与维护工作,领域流程架构建设对该领域的组织架构、IT 架构以及绩效评价的指标体系架构建设具有十分重要的推动作用。

7、集团按域统筹部门要持续推动业务部门在本领域的持续改进,这就涉及到管理部门与业务部门之间推与拉的关系。集团总部按域统筹部门通过持续优化管理体系(平台)的方式给一线(业务部门)提供炮火,一线在此平台基础上建立并持续改进适应本地特色的管理体系,形成推与拉的统一。然而现实的情况往往是:总部的平台搭建工作严重滞后,又没有做好相应的服务、协同和宣传工作,无法推动业务部门开展领域统筹的管理工作(推)。业务部门迫于绩效压力,在缺乏管理平台支撑的条件下,头痛医头、脚痛医脚地应付业务过程中发生的问题,不愿意、无意识、无能力向总部呼唤炮火(拉)。

8、集团的每一个领域统筹部门都不是独立存在的,它们之间是一种互为使能的关系,都需要通过其它领域统筹部门的支持才能完成本领域的管理和服务工作。比如战略解码和组织绩效管理的领域统筹部门,集团的战略管理部门只是这项工作的组织与协调部门,它需要各个业务管理部门配合完成绩效目标的制定以及提供相应领域的组织绩效数据,使所有的其它管理部门使该部门能够完成这些工作;在很多集团企业,管理者一般都比较重视纵向沟通(上下级之间的沟通),而跨部门的横向协同与互动缺乏是公司实施按域统筹原则的短板问题,管理者需要提升相关的意识、意愿和能力。

9、各领域统筹部门需要以一年为时间轴统一协调和规划好各个领域的年度管理和服务重点工作,这些由集团各管理部门发起的各种管理活动都应该以项目方式展开,形成公司在各个时段需要聚焦的工作中心,每一个项目都需要跨部门团队协作,比如战略制定、全面预算、组织绩效、能力胜任度评估、管理评审、体系审计、变革项目规划与实施等等,这些工作之间既有管理本身的逻辑关系,又有时间冲突与资源投放的问题考量,各领域统筹部门需要在充分掌握本领域业务逻辑与规律的前提下,做好与上下游领域管理部门的横向沟通与协调,以项目化方式管控体系建设与维护工作,确保集团战略的有效落地。

10、按域统筹原则也是升级和解决集团重大问题的重要决策机制。对于自下而上的业务和管理问题,首先应该识别问题所在的领域,先由领域统筹部门进行问题的分析和处理。问题在上升到集团总部总裁办公会决策之前,领域统筹部门应确保该问题已经和相关领域完成横向沟通和协调,必要时需要经过领域专家委员会的专家评审,提供专业的分析评审意见或决策建议,由领域分管副总裁决定是否上总裁办公会决策,以提升集团决策的效率和效果。

思考题

1. 为什么要实施集团管控?集团管控有哪些模式?
2. 集团运营管控组织模式的组织设计,应该注意哪些要点?
3. 是流程决定组织、还是组织决定流程?

第四章 企业运营管理体系中的业务管理体系

核心要点

业务是企业收入和利润的唯一来源,企业的业务因企业客户的不同而不同,一般企业包括有市场、销售、研发、供应链以及售后服务等业务,这些业务流程是实现客户价值主张的运营流程,企业因而需要加强对这些业务的管理,所有的业务管理都可以使用战略、流程、组织、绩效、IT 和文化等手段来强化履职能力。

第一节 业务管理体系概述

一、业务管理体系的概念

业务管理体系包括业务、业务管理以及业务管理体系这三个内容。业务最通常的含义就是组织或个人需要做的事情或需要完成的工作任务，但是业务这个概念在这里主要是指企业里面各行各业的事情或工作，甚至可以理解为行业工作。拿社会上的行业来说，有教育行业、医疗卫生行业、能源行业、建筑行业等等。业务管理就是行业管理，由于事情或工作任务都需要人来完成，所以需要对投入哪些人、多少人、多少钱、多少时间、以什么方式来完成，以及怎么评价完成的好坏等进行设计和实施，这就需要进行业务管理或行业管理，比如政府需要对教育行业、医疗卫生行业等领域进行行业管理。同理，企业需要对产品相关的研发、供应链、市场等领域的业务进行管理。业务管理是一个可大可小的概念，大事情需要进行复杂的管理，小事情可以进行简单的管理。对一个公司来说也是一样，大公司有大公司的业务管理方式，小公司有小公司的业务管理方式，大公司和小公司都需要采用适合自己的方式来管理它们的业务或行业，差别在于管理的复杂与成熟程度。业务管理体系是对企业业务管理所采用的管理平台、管理手段、管理方法和管理工具的总称，包括但不限于业务管理的业务战略管理体系、流程管理体系、组织与人力资源管理体系、绩效管理体系及信息化管理体系等。业务管理体系没有好坏之分，只有是否适宜之分，评价的标准是企业业务目标的完成状况，这个业务目标特指企业内部某一个业务域的目标，比如市场域、销售域、研发域，而不是指公司的总体目标。

二、为什么建立业务管理体系

为什么要开展业务管理和建立业务管理体系呢？我们以城市的医疗卫生管理为例来说明。对于一个上百万人口的中型城市来说,城市医疗卫生系统服务和管理的对象包括辖区的医疗卫生服务机构及接受医疗卫生服务的市民。市民包括男人和女人、老人和年轻人、穷人和富人及各行各业的从业者,这些人都有获取医疗卫生服务的权利和需求；同时,这个城市有各种各样的医疗卫生服务机构存在,包括民营的和国有的、大型甲等医院和街道诊所,有各种专科医院,也有综合性医院,这些机构的医生和其他从业人员的数量、资质、能力及分布也是千差万别。如何最大限度地满足市民对医疗卫生服务的需求,这是各种医疗卫生服务机构需要考虑的事情,更是这个中型城市的政府需要考虑的事情,因为政府就是全方位服务老百姓的。政府对医疗卫生行业实施管理和服务的组织机构就是市卫生局,市卫生局从市民、医疗卫生机构和政府职能定位等角度开展医疗卫生行业管理工作,平衡各种利益相关方之间的关系,包括制定医疗卫生相关的政策和各种规章制度、监督这些政策和制度的执行等。表 4-1 列出了市卫生局需要帮助市民(病人或病人家属)及医疗卫生机构解决的部分问题。

表 4-1 市卫生局需要解决的部分问题

序号	市卫生局需要帮助病人或家属解决的问题(但不限于)	市卫生局需要帮助医疗卫生机构解决的问题(但不限于)
1	不需要跑太远就能看病	支持医疗卫生机构正常营业需要的各种证照的发放与维护
2	医生的能力和水平满足看病的要求	解决不同医疗卫生之间在地域与人口方面的平衡问题
3	医院的药品价格在合理的收费水平	对医疗卫生从业人员的资格与职业发展建立评价体系
4	医护人员的服务态度和服务意识到位	协调各医疗卫生机构在药品管理、供应链管理方面的矛盾
5	有选择不同的医疗卫生服务机构的自由	就国家或上级机关出台的相关政策、法律等文件提供宣传和服务
6	减少服务等待及满足各种人性、人权方面的要求	协调处理医疗卫生机构与病人和病人家属之间的矛盾或问题

换句话说,市卫生局的使命或存在价值就是最大限度地满足市民对医疗卫生服务的需求,所以说,市卫生局就是在从事医疗卫生行业的行业管理,或称为医疗卫生行业的业务管理。我们还可以列举如若干政府行业管理的例子：教育局负责本地幼儿园、小学、中学到大学的教育行业管理；环保局负责本地环境保护领域的行业管理；人社局负责本地人力资源与社会保障事务的行业管理等。

同样的道理,对一个企业来说,企业要生存,就需要开展各种各样的以实现客户价值主张为目的的业务活动,包括市场活动、销售活动、研发活动等,尤其是那些多事业部、子公司的集团型企业,为了保证各种业务活动的一致性、系统性和有效性,维持企业的整体品牌形象,企业需要对不同事业部或子公司的市场行为、销售行为、研发行为等进行统一的管理,于是在公司层面需要建立相应的行业管理部门开展市场行业管理、销售行业管理及研发行业管理等工作,这些部门也称为业务管理部门,比如市场业务管理部门等。

三、实施运营管控的集团企业需要建立业务管理体系

由于业务管理强调业务相关的管理平台建设和业务技术和标准的形成、梳理、应用、复制、传承,以及这些资源应用带来的规模效应,所以对于实施运营管理的集团企业来说,一般需要建立集团的业务管理体系,尤其是业务管理的组织体系,设立专门的业务管理部门,实施专业的行业管理功能。但是对于单一产品业务或中小型企业来说,由于企业的规模不大,一般不需要设立专门的业务管理部门,但这样做并不是说小规模企业不需要开展业务管理,而是由相应的业务部门负责人行使业务管理的职责。

第二节 业务管理体系的构成要素

对任何一个以营利为目的的企业来说,产品或服务的销售收入通常是企业获得利润的来源,而实现销售收入的过程是需要管理的,管理的要素取决于这个过程的内容和复杂性。这个过程的内容越多、越复杂,管理的要素就越多,如第一章第四节所述,企业管理包括职能管理和业务管理两个方面,本节重点介绍业务管理构成要素的内容。

一、APQC 流程分类框架的业务要素

美国生产力与质量中心(APQC)每年都在维护一套通用版的企业流程分类框架,该框架将企业流程架构第一层上的流程分为"运作类"和"管理支撑"两大类,其中"运作类"流程如图 4-1 所示。

运作类流程包括"1.0 开发愿景与战略""2.0 开发、管理产品和服务""3.0 营销产品和服务"(包括营和销两个部分)"4.0 产品交付""5.0 服务交付"及"6.0 管理客户服务"6 个构成要素。这 6 个要素便成为了一个通常意义上的企业"实现销售收入的业务过程"。从管理的角度来说,企业需要对这些方面实施管理,这就是我们本节要讲的业务管理体系的构成要素。

二、不同企业的业务管理体系的构成要素不同

APQC 的通用流程分类框架描述的是一般情况下的构成要素,对于具体的各企业而言,其业务管理的构成要素是不一样的,因为企业所在的行业、企业战略、企业选择的商业模式及企业的核心能力决定了企业的业务过程和范围的选择。

就企业所在的不同行业来说,以制造行业、能源行业及咨询行业三个行业为例,制造行业一般涉及产品规划设计、产品制造交付、

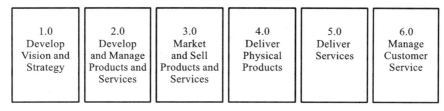

图 4-1　APQC 流程分类框架之运作类流程

产品销售及产品售后服务的复杂业务过程；但是对能源行业来说，能源项目（电站）的建设通过业主招标和委托建设实施的方式进行，设计、监理、施工等业务过程全部都由外部合作伙伴完成，能源企业除了建设过程的招投标管理与合同管理外，还需要负责电站的运行和维护，能源行业甚至不需要非常复杂的产品（电力）销售的过程；对咨询行业来说，有咨询产品或服务解决方案的设计、销售和实施的过程，但是咨询行业不存在制造和供应链管理相关的业务。所以，以上这三个行业的行业特点决定了这些企业的业务管理体系的构成要素是不一样的。

就企业战略选择对业务管理体系的影响来说，强调技术领先和研发战略的企业可能选择将产品生产和制造过程外包，这样的企业就不需要开展完整的供应链业务；对类似苏宁和国美这样的电商企业，其企业战略强调渠道建设和市场整合，这类企业基本上不存在产品研发管理和供应链管理业务，而是直接与各种电器生产制造企业合作，开辟独特的电商渠道生态圈。

企业的商业模式选择对企业业务管理体系的影响也是非常明显的。淘宝网的商业模式是一种非常独特的商业模式，它选择了搭建网络销售平台，充当网店和消费者之间的中间人的角色，在这样的企业，传统企业通常存在的那些业务构成要素基本上不存在，或者说发生了颠覆性的改变，它既没有产品的制造过程，也没有产品的销售过程。

企业的核心能力或资源优势也对其业务过程的选择产生决定性的影响。富士康是一家以生产为主的企业，该企业的业务过程包括供应链和销售，但是产品规划或研发过程不会成为该企业的主要业务过程。

综上所述，企业的业务管理构成要素因企业的不同而不同，企业有什么样的业务，就需要开展什么样的业务管理。如企业有研发业务，就需要开展研发业务管理；有供应链业务，就需要开展供应链业务管理，没有供应链业务，当然也就不需要开展供应链业务管理。至于如何开展这些相关业务的管理，对于不同规模和采用不同管控模式的企业，其管理思路也是不一样的。对于小规模、单一产品的企业来说，不需要设立单独的业务管理部门，只需要业务部门的经理人直接进行管理即可；对于不相关多元化的集团型企业来说，由于它们一般采用战略管控或财务管控模式，所以一般也不需要设立专门的业务管理部门；只有达到一定的规模，采用事业部制及运营管控的集团型企业，才需要设立相应的业务管理部门，对集团内不同事业部（或子公司）不同类型的业务实施集中管理，确保管理的规范性、一致性、有效性和规模效应。

业务管理体系的构成要素是从对业务管理的角度而言的。也就是说，只要有业务，就需要对业务进行管理。通常来说，企业业务管理体系的构成要素包括产品与服务开发管理、市场营销管理、产品交付管理（供应链管理）、服务交付管理及问题管理等典型的业务管理要素，这些业务管理要素需要与企业的职能管理要素相互协同才能真正有效地实施企业层面的运营管控，这也是本书着力强调的"企业运营管理体系建设"这个概念的完整意义。

业务管理体系的每一个构成要素其实都是一套独立的管理体系，比如供应链管理这一构成要素本身就是一套非常复杂的管理体系，它包括供应链的业务流程架构与流程体系、供应链的组织人力资源管理体系、供应链绩效管理体系及信息化体系等。也就是说，企业业务管理体系的每一个构成要素都可以、而且需要逐层向下展开，这本身就是一个规划和建设的过程。

案例 4-1

■ 从华为公司的三个端到端流程看业务管理 ■

图 4-2 所示为华为公司的三个端到端流程，分别是从来自客户的产品需求到面向客户的产品实现的端到端流程、来自客户的产品（服务）销售线索到面向客户的产品（服务）交付的端到端流程、来自客户的问题提出到面向客户的问题解决端到端流程。

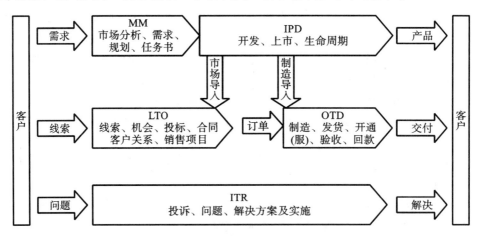

图 4-2　华为公司的三个端到端流程

其中需求提出到产品实现包括"市场管理"（MM）和"集成产品开发"（IPD）两大块业务，线索到交付包括"线索到订单"（LTO）和"订单到交付"（OTD）两大块业务，问题提出到问题解决也是一个业务（ITR）。也就是说，这三个端到端的业务流程包括了 MM、IPD、LTO、OTD 和 ITR 这五大块业务，从而也就形成了华为公司的业务管理体系的五大核心业务构成要素。面向这五大块业务，华为公司作为一个基于运营管控的集团公司，需要建立基于对这些业务进行有效管理的组织体系和业务管理部门，这些部门需要负责相应业务领域的管理体系设计，包括流程架构和组织架构的顶层规划与设计，包括运营监控与组织绩效管理，甚至还包括信息化系统的规划与建设。华为公司不管是哪个业务单元（BG），也不管是哪条产品线,只要在这五大块业务的运作,就需要服从这些业务管理部门的行业领导。

下面将选择性地对市场营销业务管理、研发业务管理及供应链业务管理等业务管理的构成要素作简单的综述性介绍,结合一些案例材料,对各个业务及业务管理之间的关系进行适当展开,为读者更好地理解业务管理体系。

第三节 企业业务管理体系中的市场营销业务管理

一、市场营销业务的功能定位

1. 什么是市场营销

市场营销(marketing)的概念源于西方市场经济的实践。西方市场营销学者从不同角度及发展的观点对市场营销下了不同的定义。麦卡锡把市场营销定义为一种社会经济活动过程,其目的在于满足社会或人类需要,实现社会目标。又如,Philop Kotler指出:"市场营销是与市场有关的人类活动。市场营销意味着和市场打交道,为了满足人类需要和欲望,去实现潜在的交换。"还有些定义是从微观角度来表述的。如美国市场营销协会于1960年对市场营销下的定义是:市场营销是"引导产品或劳务从生产者流向消费者的企业营销活动"。

麦卡锡于1960年也对微观市场营销下了定义:市场营销"是企业经营活动的职责,它将产品及劳务从生产者直接引向消费者或使用者,以便满足顾客需求及实现公司利润"。这一定义虽比美国市场营销协会的定义前进了一步,指出了满足顾客需求及实现企业盈利成为公司的经营目标,但这两种定义都说明,市场营销活动是在产品生产活动结束时开始的,中间经过一系列经营销售活动,当产品转到用户手中就结束了,因而把企业营销活动局限在流通领域的狭窄范围,而不是视为整个经营销售的全过程,即不包括市场营销调研、产品开发、定价、分销广告、宣传报道、销售促进、人员推销、售后服务等。Philop Kotler于1984年对市场营销又下了定义:市场营销是指企业的这种职能,"认识目前未满足的需要和欲望,估量和确定需求量大小,选择和决定企业能最好地为其服务的目标市场,并决定适当的产品、劳务和计划(或方案),以便为目标市场服务"。

美国市场营销协会（AMA）于 1985 年对市场营销下了更完整和全面的定义：市场营销"是对思想、产品及劳务进行设计、定价、促销及分销的计划和实施的过程，从而产生满足个人和组织目标的交换。"这一定义比前面的诸多定义更为全面和完善，主要表现在以下几个方面。

（1）产品概念扩大了，它不仅包括产品或劳务，还包括思想。

（2）市场营销概念扩大了，市场营销活动不仅包括营利性的经营活动，还包括非营利性的活动。

（3）强调了交换过程。

（4）突出了市场营销计划的制订与实施。

2004 年，美国市场营销协会又公布了市场营销的最新定义：市场营销既是一种组织职能，也是为了组织自身及利益相关者的利益而创造、沟通、传递客户价值，管理客户关系的一系列过程。

2005 年，美国市场营销协会对市场营销的概念进一步完善，这一概念为：市场营销是组织的一种功能和一系列创造、交流并将价值观传递给顾客的过程和被用于管理顾客关系以让组织及其股东获利。

美国经济学家包尔·马苏认为，市场营销是"传送生活标准给社会"。人们普遍认为这个定义将市场营销的实质生动地体现了出来。如汽车、计算机、家庭影院、手机等许多产品的市场营销活动，的确在向全社会传递着一种新的生活标准，同时也有效地促进了这些产品的市场销售。

美国市场营销学家菲利普·科特勒教授对市场营销的解释得到了广泛的认同：市场营销是个人或组织通过创造并同他人交换产品和价值以满足需求和欲望的一种社会和管理过程。

根据这一定义，可以将市场营销具体归纳为以下几点。

（1）市场营销的最终目标是"满足需求和欲望"。

（2）交换是市场营销的核心，交换过程是一个主动、积极地寻找机会，满足双方需求和欲望的社会过程和管理过程。

（3）交换过程能否顺利进行，取决于营销者创造的产品和价值满足顾客需求的程度和交换过程管理的水平。

2．市场营销的基本理论

现代意义上的市场营销思想开始于 20 世纪初。1905 年，克罗西在宾夕法尼亚大学讲授以"产品市场营销"为题的课程，标志着市场营销首次进入大学课堂；1911 年，第一个正式的市场研究部门在柯蒂斯出版公司内成立。自此，市场研究与建立营销信息系统成为营销活动的重要组织部分。

营销从传统的经济学转入管理学研究，标志着营销管理时代的开始。20 世纪 50 年代，营销环境和市场研究成为热点，"市场细分"的概念浮出水面；到 60 年代，威廉·莱泽提出了比市场细分更理想的方法，即消费者的价值观念、人生态度与其所处的社会、阶层相比，能够更准确地解释消费者的消费方式，自此，市场研究强化了消费者态度与使用的研究，从态度和习惯上判断消费者的生活方式；1960 年，杰罗姆·麦卡锡提出著名的 4Ps

理论。

20世纪70年代末,随着服务业的兴起,服务营销为服务业提供了思想和工具,也推进了制造业开拓新的竞争领域;80年代,顾客满意度开始流行,几乎与此同时,"品牌资产"成为另一流行概念,大卫·A.艾克还提出了构筑品牌资产的五大元素,即品牌忠诚、品牌知名度、心目中的品质、品牌联想和其他独有资产。伴随着全球一体化的进程,西奥多·李维特提出了"全球营销"的思想,同时,舒尔兹提出了整合营销概念;1985年,巴巴拉·本德·杰克逊首次强调关系营销的重要性;之后,随着信息技术的迅速发展,使得企业"一对一沟通"成为可能,于是出现了数据库营销;90年代,营销理念发生新的变化,企业开始反思传统的营销活动,意识到营销不仅要考虑消费者的需要,更要考虑消费者与社会的长远利益,公司的组织目标不应是利润最大化或消费者的选择和满意度最大化,而应是兼顾消费者的满意与长期福利。

关系营销在20世纪80年代末才成为一门学科,它对营销的定义是"一切管理企业市场关系的活动",是识别、建立、维护和巩固企业与顾客及其他利益相关人的关系的活动,它通过企业的努力,使活动涉及各方的目标在关系营销活动中得以实现。这一定义抛弃了严重依赖4Ps理论的交易导向观念,以关系(而非交换)作为整个营销理论的基础,使营销观念发生了一次质的飞跃。

之所以认为从关系营销才开始真正进入消费领域,是因为以往的营销理论都是以4Ps理论(产品、价格、渠道、促销)为基础,始终摆脱不了产品推销的影子,而从关系营销开始,营销理论彻底转变观念,以关系为中心,真正实现了"顾客至上"。

先说4Ps营销理论。4Ps理论产生于20世纪60年代的美国,随着营销组合理论的提出而出现的。杰罗姆·麦卡锡(McCarthy)于1960年在其《基础营销》(*Basic Marketing*)一书中将营销要素概括为4类:产品(product)、价格(price)、渠道(place)、促销(promotion),即著名的4Ps。1967年,菲利普·科特勒在其畅销书《营销管理:分析、规划与控制》(第一版)中进一步确认了以4Ps为核心的营销组合方法。

• 产品(product)　注重开发的功能,要求产品有独特的卖点,把产品的功能诉求放在第一位。

• 价格(price)　根据不同的市场定位,制定不同的价格策略,产品的定价依据是企业的品牌战略,注重品牌的含金量。

• 分销(place)　企业并不直接面对消费者,而是注重经销商的培育和销售网络的建立,企业与消费者的联系是通过分销商来进行的。

• 促销(promotion)　企业注重销售行为的改变来刺激消费者,以短期的行为促进消费的增长,吸引其他品牌的消费者或导致提前消费来促进销售的增长。

尽管营销组合概念和4Ps理论的观点被迅速及广泛的传播开来,但同时在有些方面也受到了一些营销学者的批评。例如4Ps反映了生产导向的观念,没有体现出市场导向和顾客导向;忽略了其他因素的作用;将营销定义为一种职能活动,分离出的市场营销人员与其他人员脱节等。

针对这些批评,学者们又不断地将4Ps的理论模型进行充实,在每一个营销组合因素中又增加了许多子因素,从而分别形成产品组合、定价组合、分销组合、沟通和促销组合,这

4个方面每一个因素的变化,都会要求其他因素相应变化,根据实际的要求而产生的营销因素组合,变化无穷,推动着市场营销管理的发展和营销资源的优化配置。营销因素组合的要求及目的就是用最适宜的产品,以最适宜的价格,用最适当的促销办法及销售网络,最好的满足目标市场的消费者的需求,以取得最佳的信誉及最好的经济效益。至今为止,4Ps理论仍然是营销决策实践中一个非常有效的指导理论。

再说4C营销理论。1990年,美国学者罗伯特·劳特朋(Robert Lauterborn)教授提出了与传统营销的4Ps相对应的4Cs营销理论。

4C分别为顾客(customer)、成本(cost)、便利(convenience)和沟通(communication):

• 顾客(customer)　主要指顾客的需求。企业必须首先了解和研究顾客,根据顾客的需求来提供产品。同时,企业提供的不仅仅是产品和服务,更重要的是由此产生的客户价值(customer value)。

• 成本(cost)　成本不单是企业的生产成本,或者说4Ps中的价格,它还包括顾客的购买成本,同时也意味着产品定价的理想情况,应该是既低于顾客的心理价格,亦能够让企业有所盈利。此外,这中间的顾客购买成本不仅包括其货币支出,还包括其为此耗费的时间、体力和精力消耗,以及购买风险。

• 便利(convenience)　顾客在购买某一商品时,除耗费一定的资金外,还要耗费一定的时间、精力和体力,这些构成了顾客总成本。所以,顾客总成本包括货币成本、时间成本、精神成本和体力成本等。由于顾客在购买商品时,总希望把有关成本包括货币、时间、精神和体力等降到最低限度,以使自己得到最大限度的满足,因此,零售企业必须考虑顾客为满足需求而愿意支付的"顾客总成本"。努力降低顾客购买的总成本,如降低商品进价成本和市场营销费用从而降低商品价格,以减少顾客的货币成本;努力提高工作效率,尽可能减少顾客的时间支出,节约顾客的购买时间;通过多种渠道向顾客提供详尽的信息、为顾客提供良好的售后服务,减少顾客精神和体力的耗费。

• 沟通(communication)　沟通则被用以取代4Ps中对应的促销(promotion)。4Cs营销理论认为,企业应通过同顾客进行积极有效的双向沟通,建立基于共同利益的新型企业/顾客关系。这不再是企业单向的促销和劝导顾客,而是在双方的沟通中找到能同时实现各自目标的通途。

4Cs理论的核心是顾客战略。而顾客战略也是许多成功企业的基本战略原则。4Cs理论的基本原则是以顾客为中心进行企业营销活动的规划设计,从产品到如何实现顾客需求(consumer's needs)的满足,从价格到综合权衡顾客购买所愿意支付的成本(cost),从促销的单向信息传递到实现与顾客的双向交流与沟通(communication),从通路的产品流动到实现顾客购买的便利性(convenience)。

4Cs理论也存在不足,如没有强调市场竞争的影响,没有考虑顾客需求的合理性,没有体现赢得顾客和关系营销的思想等。

而随着互联网技术的进一步发展,4Cs理论进一步演变为"新4Cs理论",即:连接(connection)、沟通(communication)、商务(commerce)、合作(co-operation)。新4Cs理论改变了营销的理论基础。传统营销是以企业的产品为中心,顾客是被动者,而整合营销是以顾客的需求为中心,在满足顾客需求的前提下来获取企业利润的最大化。网络营销则以方便快捷的沟通方式,将企业与顾客连接在一起,强调信息的交流与传递,以满足顾客个性多样化的需求为中心,将营销目标与顾客需求"整合"到一起。

众所周知,4Ps与4Cs是互补而非替代的关系。customer是指用"客户"取代"产品",要先研究顾客的需求与欲望,然后再去生产、经营那个和销售顾客确定想要买的服务产品;cost是指用"成本"取代"价格",了解顾客要满足其需要与欲求所愿意付出的成本,再去制定定价策略;convenience是指用"便利"取代"地点",意味着制定分销策略时要尽可能让顾客方便;communication是指用"沟通"取代"促销","沟通"是双向的,"促销"无论是推动策略还是拉动战略,都是线性传播方式。4Ps与4Cs两者之间的关系如表4-2所示。

表4-2 4Ps与4Cs的相互关系对照表

4Ps		4Cs	
产品(product)	服务范围、项目,服务产品定位和服务品牌等	客户(customer)	研究客户需求欲望,并提供相应产品或服务
价格(price)	基本价格、支付方式、佣金折扣等	成本(cost)	考虑客户愿意付出的成本、代价是多少
渠道(place)	直接渠道和间接渠道	便利(convenience)	考虑让客户享受第三方物流带来的便利
促销(promotion)	广告、人员推销、营业推广和公共关系等	沟通(communication)	积极主动与客户沟通,寻找双赢的认同感

3. 市场营销业务的功能定位

市场营销是企业创造价值的始点,并且贯穿于全过程,市场营销业务在企业中处于重要地位。

从全世界企业管理实践看,市场营销受到不同行业企业的重视,如通用电气公司、通用汽车公司、宝洁公司等较早认识到了市场营销的重要性。在美国,最早意识到市场营销重要性的是包装消费品公司,然后是耐用消费品公司,之后便是工业设备公司。对市场营销地位及其重要性认识较晚的有钢铁业、化工业、造纸业等。进入20世纪80年代以来,服务行业尤其是航空业、银行业等逐渐接受了市场营销思想。近年来,保险业、证券业也已经意识到市场营销的重要性并逐渐产生兴趣。在对市场营销的认识过程中,企业高层对营销的地位和重要性的理解也有一个演变的过程。最初,营销职能与生产职能、财务职能、人事职能等处于同样重要的地位,企业在各个职能部门之间的地位及职能部门经理参与经营决策时的权重也都是相等的。当出现市场需求不足、竞争激烈、销售下降、成本提高等情况时,企业高层往往会意识到营销职能确实比其他职能更为重要,因而在资源配置、部门经理决策权重等方面向营销部门倾斜。

营销组织主要具有三个功能:营销执行,营销策划,营销支持和控制。营销组织的对象有:经销商,顾客,企业内部成员。

二、市场营销业务的运营管理

市场营销业务的运营管理主要包括市场营销战略管理、市场营销流程管理、市场营销组织与人力资源管理、绩效管理及市场营销信息化管理等,下面分别简单介绍。

1. 市场营销战略管理

制定市场营销战略是一个企业最重要的战略管理工作,需要通过企业战略管理部门制定的战略制定流程来制定企业的市场营销战略。市场营销战略制定包括信息收集、信息分析、战略分析及目标与计划制定等过程,其中信息收集包括市场信息、竞争信息、客户信息、政策环境、技术趋势、业务数据、财务数据等;战略分析包括使用 SWOT 分析、PEST 分析等工具和方法,最终输出的成果包括企业总体的市场定位战略,包括竞争战略、产品战略、品牌战略、定价战略、渠道战略,以及清晰的目标与业务计划,包括销售收入、净利润、净资产收益率、股东总体投资回报等内容,如图 4-3 所示。

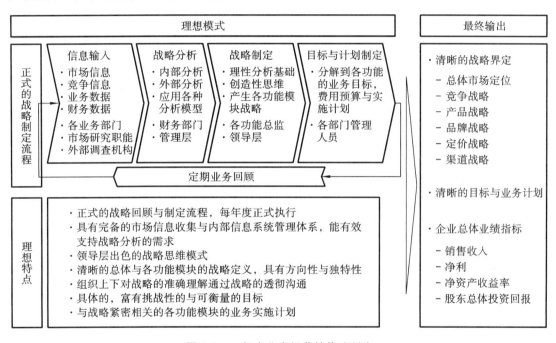

图 4-3　一般企业市场营销战略制定

2. 市场营销流程管理

市场营销业务管理中包含如下主要流程。

1) 销售管理流程

销售业务是一项比较复杂的业务,图 4-4 所示为一般企业的销售业务流程的详细步骤,包括线索管理、项目立项、标书准备、投标、谈判、合同评审、合同签订及合同交接等。企业的销售业务流程还应该包括客户关系管理相关的流程,如客户拜访、客户回访、客户关怀、客户信息管理等。

2) 市场管理流程

市场管理流程包括但不限于以下 7 个流程。

(1) 营销资源的分配及效果监测流程。

(2) 品牌规划与管理流程。

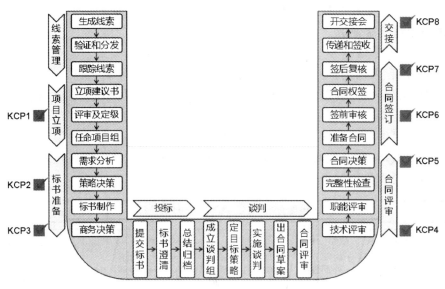

图 4-4　一般企业的销售业务管理流程

（3）主题营销策划和管理流程。
（4）产品组合策略流程。
（5）广告管理流程。
（6）促销策略与推进管理流程。
（7）重点客户管理流程。

3）营销协调管理流程

协调管理流程包括但不限于以下 4 个流程。

（1）新品研发上市流程。
（2）产销协调流程。
（3）销售系统与经营系统的协调流程。
（4）购销协调流程。

4）风险控制流程

风险控制流程包括但不限于以下 4 个流程。

（1）信用额度管理流程。
（2）应收账款管理流程。
（3）营销审计流程。
（4）违规处理流程。

5）营销财务管理流程

财务管理流程包括但不限于以下 3 个流程。

（1）预算确立与分配流程。
（2）现金流管理流程。
（3）费用报销流程。

6)营销人员管理流程

人员管理流程包括但不限于以下 4 个流程。

(1)例会管理流程。

(2)招聘与选拔流程。

(3)考核与激励流程。

(4)人员培训与计划制定流程。

案例 4-2

■ 某集团企业 LTC(线索到现金)业务流程架构 ■

对于国内很多企业来说,市场营销领域的业务流程建设通常都是一件老大难的管理变革工作,销售人员都不愿意受流程约束,公司领导对销售队伍基本采取业绩导向的政策牵引,大家都不太看重过程管理,所以,在这样的企业开展营销业务流程变革的阻力是很大的。迫于客户与竞争压力,受行业标杆企业以及财务回款压力越来越大等因素的影响,某公司 2016 年起开始致力于 LTC(线索到现金)业务流程架构建设,图 4-5 所示为该公司 LTC 业务流程架构 L1～L3,可以看出,到目前为止,该公司 LTC 业务在市场管理、销售项目管理等领域的相关业务流程尚处于待开发状态。

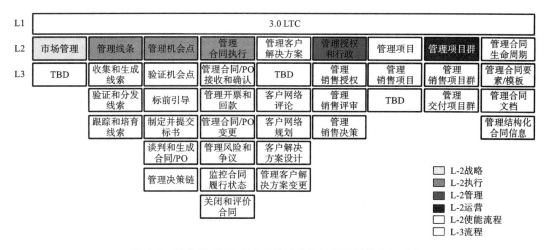

图 4-5 某公司 LTC(线索到现金)业务流程架构 L1～L3

3. 市场营销组织管理

市场营销的组织管理包括搭建营销组织和人力资源管理体系,图 4-6 所示为市场营销组织管理的典型模式,包括组织架构设置、人力资源管理和组织文化建设。

设计一个完整的营销管理组织体系,需经过 6 个步骤,即组织总体定位、层次结构设计、基本功能分配、权力责任划分、部门结构设置、建立流程规范。营销组织的设计有两种思路,一种是以职能划分的营销组织体系,一种是以服务对象划分的营销组织体系。

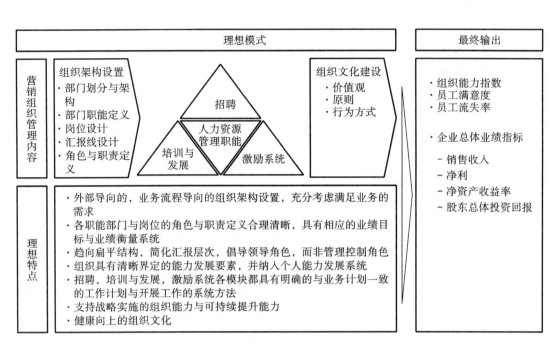

图 4-6　市场营销组织管理的典型模式

以职能划分的营销体系业务分工比较明确,具有强大的营销策划职能,既包括针对消费者的促销策划、产品推广等,还包括针对经销商的销售政策、价格体系、促进策略;销售部门只负责执行、维护市场网络,实现销售等职责;计/控部门负责计划管理、费用核算、人事行政等支持和控制工作。这种设计的优点首先是各部门职能定位清晰,执行、策划、控制等功能相对独立;其次突出策划功能,有利于整合营销方案;最后,销售控制能力强。这种营销组织也有缺点:销售部门只负责执行,没有决定权,往往会挫伤其积极性;灵活性弱,可能导致方案脱离实际;如果没有完成任务,可能会推诿责任。在以服务对象划分的营销体系中,销售部门负责经销商的管理,进行渠道维护、政策设计、策略制定与执行等工作,起到"推"的作用;市场部门负责与消费者沟通,进行产品推广、促销管理、产品策划管理等工作,起到"拉"的作用;商务部门负责计划、订单、物流、费用、人事管理等支持和控制工作。这种组织形式的优点:首先是针对性强,分别服务于不同对象;其次是销售和市场功能并重,"推"和"拉"结合,灵活性强;最后是内部责、权、利明确,部门间有清晰的边界。但也有一定的缺点:销售和市场可能脱节;对负责人素质要求高,需承担大量决策和协调工作;对销售的控制力度不强。

建立营销组织控制体系包括以下三方面内容。

1) 建立权、责、利对等的目标责任体系

"谁代表市场,谁拥有权力;谁配置资源,谁承担责任"。管理者不一定是作出决策的最好人选,亲临现场的人最清楚应该如何处理问题。让离市场最近的人作出决策,体现的是组织管理学的就近原则。让有权力做出投入资金、调动资源决策的人,对结果承担责任,体现的是组织管理学的对等原则。

有效激活一线人员,提高能动性。在企业中,管理者不是专家,而是资源整合者。当管理者能力有所不及时,可以依靠员工的能力来弥补,这就是授权营销管理原则的运用。企业要做好营销机制,应该在责权对立的体制下,激活一线人员,提高其能动性,使后台部门成为营销的支持系统,从而为一线部门提供更多的保障与支持,让营销工作更有效率。

2)建立垂直的财务管理体系

财务人员要吃"皇粮",不能吃"杂粮",否则容易受到利益诱惑,被金钱收买。因此,财务人员的奖金、工资、考核、晋升制度都需要建立垂直的管理系统。

要实行全面的营销预算管理,实行收支两条线,防止坐吃货款。并进行定期与不定期的财务审计,以规范和透明换得授权。

3)建立相对统一规范的人力资源管理体系

（1）直接和间接权力的把控　直接人事建议权和间接人事决定权是指上级对直接下级有建议权,对间接下级有决策权。如营销总监对大区经理和市场部经理只有任免的建议权,但没有决定权,对大区经理以下的区域经理有决定权；大区经理对区域经理只有建议权,没有决策权。直接和间接权利的把控,可以形成人力资源的权利链,一环套一环,避免形成山头主义。

（2）重视团队的绩效　企业要基于团队的绩效考核个人绩效。销售额与个人的努力相关,因此很多员工都喜欢单打独斗,不将团队的绩效放在心上。事实上,企业的发展靠的是团队,因此,在做绩效评估时要着重考察团队整体的业绩完成情况。如果企业只把团队精神当做企业文化贴在墙上,在进行绩效评估、奖优罚劣、晋升提薪时不重视团队的作用,就会使团队的功能流于表面,发挥不了团队精神的重要作用。

（3）体现组织价值导向的激励管理　激励管理包括业绩奖励和单项奖励。业绩奖励要体现企业组织的价值导向,也就是企业提倡和反对的价值目标要在经营管理中有明确的体现。如年底分配奖金时,奖金多少不重要,重要的是每人所占的比例,这是企业精神导向的一种体现。在营销体系中最好不要施行密薪制,除非个别职能部门的经理是"空降兵",或工资需要保密。企业不能保证绝对公平,但是可以用透明和公开换取公平。除业绩奖励之外,企业还可以设立单项奖励。如根据未来和战略发展,企业可以设立管理奖、进步奖、市场基础奖等。

（4）营销人员的培训和晋升　员工是以结果为导向的,只会向被提拔的人学习。企业在营销人员晋升考察时提拔业绩优秀的员工,可以激励其他员工更加努力地工作。但需注意的是,如果被提拔的员工的行为和价值取向与企业价值目标相悖,激励就是失败的,会影响企业的整体风气。

4. 市场营销绩效管理

市场营销体系的绩效管理包括建立目标责任体系、建立计划预算体系、建立绩效管理体系和进行薪酬激励管理4个部分。

1)建立目标责任体系

目标责任体系是让每个岗位的市场营销人员都清楚知道自己的工作内容、目标和责任。这看似简单,但很多企业都做不到。很多员工都是一个指令一个动作,不清楚自己的目标和责任,因而也就不会主动向着目标前进。

在企业中经常会出现反授权现象。很多企业管理者喜欢独揽大权,部门经理只是企业管理者的办事员。有些工作本该由部门经理负责,部门经理却要求下属找企业管理者签字,等工作出现差错时,部门经理就把责任完全推给企业管理者。之所以会出现这种现象,原因就在于员工的每个行为都要听企业管理者的指令,自身的目标、责任不清晰,管理陷入一团混乱。

2) 建立计划预算体系

建立目标责任体系后,就要确定企业的市场目标、策略、预算经费和统筹费用。

计划预算管理和授权是一致的。如果没有计划和预算管理,就不存在授权问题,领导也就无法授权;如果预算和计划管理做不到位,授权管理肯定也做不好。

3) 建立绩效管理体系

绩效管理体系是指企业向员工公布工作评定标准、企业的导向、绩效管理和考核评估标准,以激励员工做出改进和提高绩效的相应行为的总和。

4) 进行薪酬激励管理

在企业中,70%的工作是管理组织体系,30%的工作是确定策略体系。

企业在基础管理中要注意4点。

(1) 让员工知道自己的责任。

(2) 让员工知道如何工作及工作的成本。

(3) 让员工知道工作的标准。

(4) 让员工知道奖惩措施。

5. 市场营销信息化管理

市场营销信息化管理包括市场管理与销售管理相关的信息系统规划、建设与运维工作,典型系统包括 CRM 系统、LTC 系统、MM 系统等。

第四节 企业业务管理体系中的研发业务管理

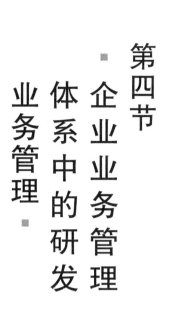

一、研发业务的功能定位

1. 研发业务的重要性

在社会化大生产和现代工业日益发达的社会,商品经济已经从卖方市场过渡到买方市场,企业作为市场主体需要不断创新、研发新的产品或服务模式,以满足不断变化的市场需求,提高市场竞争力和产品盈利能力。研发业务是保证企业不断创新和永葆青春活力的基础,表4-3和表4-4所示为2015年度和2016年度全球和中国研发费用投入最多的10家企业。

从表4-3可知,越是国际著名的公司,越是注重在新产品上的研发投入,且投入总量及投入强度普遍较高。强大的研发投入会给企业的发展带来强劲的动力。据统计,在高科技企业中,研发能力决定了企业80%的竞争力,如图4-7所示。

2. 研发业务的内涵

以技术或市场为导向,将市场机会、客户需求、内部产品创新或技术改进需求通过研发过程和工艺流程处理转化为新的产品、服务或解决方案,以不断满足市场需要、支撑企业的发展的技术创新活动。如图4-8所示。

3. 研发业务管理

研发业务管理是指在企业研发体系设计基础上融合各种管理理论,借助信息化平台对研发过程中进行的团队建设、流程设计、绩效管理、风险管理、成本管理、项目管理和知识管理等的一系列协调活动。

表 4-3　2015 年度和 2016 年度全球研发投入最多的 10 家企业

排名	公司	国家	行业分类	R&D 投入/亿欧元	R&D 三年增长率/(%)	销售收入/亿欧元	研发投入强度*/(%)	利润率/(%)
1	大众汽车	德国	汽车及其零配件	136.1	12.7	2,132.90	6.4	−0.6
2	三星电子	韩国	电子及电气设备	125.3	10.7	1,571.90	8	13.2
3	英特尔	美国	IT 硬件及设备	111.4	6.1	508.5	21.9	25.6
4	ALPHABET 谷歌上市实体	美国	软件及计算机服务	110.5	22.2	688.8	16	25.8
5	微软	美国	软件及计算机服务	110.1	4.8	783.7	14.1	23.8
6	诺华	瑞士	制药及生物技术	90	1.8	462.8	19.4	17.8
7	罗氏	瑞士	制药及生物技术	86.4	3.3	445.7	19.4	28.7
8	华为	中国	IT 硬件及设备	83.6	26.3	558.9	15	11.6
9	强生	美国	制药及生物技术	83.1	5.7	643.6	12.9	28.7
10	丰田汽车	日本	汽车及其零配件	80.5	9.3	2,165.10	3.7	10

表 4-4　2015 年度和 2016 年度中国研发投入最多的 10 家企业

中国排名	世界排名	公司	行业分类	R&D 投入/亿欧元	R&D 三年增长率/(%)	销售收入/亿欧元	研发投入强度*/(%)	利润率/(%)
1	8	华为	IT 硬件及设备	83.6	26.3	558.90	15	11.6
2	65	中兴通讯	IT 硬件及设备	19.5	12.4	141.80	13.8	6.7
3	79	中国石油	石油天然气	16.8	−6.4	2441.4	0.7	4.9
4	91	中国中铁	建筑及材料	14.5	17	848.9	1.7	3.4
5	93	百度	软件及计算机服务	14.4	63.3	93.9	15.4	17.6
6	96	中国中车	工业工程	14.1	48	336.5	4.2	7.8

续表

中国排名	世界排名	公司	行业分类	R&D投入/亿欧元	R&D三年增长率/(%)	销售收入/亿欧元	研发投入强度*/(%)	利润率/(%)
7	106	联想	IT硬件及设备	12.8	31.3	412.5	3.1	0
8	111	中国铁建	建筑及材料	12.4	10	821.6	1.5	4.1
9	116	上汽集团	汽车及其零配件	11.8	13.3	912.3	1.3	2.2
10	117	腾讯	软件及计算机服务	11.8	25.8	145.5	8.1	39.3

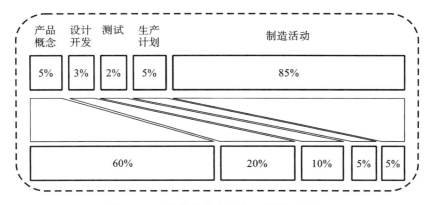

图 4-7 研发能力决定企业 80% 的竞争力

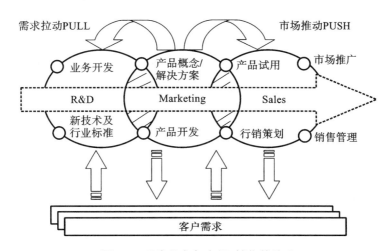

图 4-8 研发业务与市场、销售的关系

研发业务管理在狭义上是指对研发或技术部门及其工作进行管理,重点是产品开发及测试过程。在广义上,研发工作不仅仅包含技术开发工作,其范围涵盖产品的全生命周期,即产品创意的产生、产品概念形成、产品市场研究、产品设计、产品实现、产品开发、产品中试、产品发布等整个过程。从管理的角度来看,其范围涵盖产品战略与规划、市场分析与产品规划、产品及研发组织结构设计、研发项目管理、研发质量管理、研发团队管理、研发绩效管理、研发人力资源管理、平台开发与技术预研等领域。

二、研发业务的管理体系

研发业务管理体系一般包括产品规划、产品需求管理、产品研发过程管理、项目 & 多项目管理、产品研发组织管理、产品研发团队管理、产品研发绩效管理、产品生命周期管理、产品研发质量管理、产品研发管理的信息化等。

下面将重点从以下几个方面对研发业务及其管理进行简要阐述。

1. 产品规划

产品规划是指产品规划人员通过调查研究,在了解市场、客户需求、竞争对手、外在机会与风险以及市场和技术发展态势的基础上,根据公司自身的情况和发展方向,制定出可以把握市场机会、满足客户需要的产品的愿景目标及实施该愿景目标的战略、战术的过程。

产品规划的内容包括产品各类别结构规划、产品系列化规划、各机型定位规划、产品的长度和宽度、产品生命周期规划等。产品规划是一项复杂的工作,包含多方面的内容,主要有以下几个方面。

1)市场与行业研究

产品规划人员研究与产品发展和市场开拓相关的各种信息,包括来自市场、销售渠道和内部的信息;研究客户提出或反馈的需求信息;研究竞争对手;研究产品市场定位;研究产品发展战略等。

2)沟通

产品规划人员应及时与客户及公司内部的开发人员、管理人员、产品经理等保持良好的沟通,而且不仅仅在规划阶段,这种沟通要覆盖整个产品生命周期。

3)数据收集与分析

产品规划工作中最基本也最重要的一项内容就是收集与产品规划相关的各类数据,并对这些数据进行科学分析。

4)提出产品发展的愿景目标

产品规划工作的基本任务是提出产品发展的愿景目标,并通过各种沟通渠道让公司内的相关人员熟悉和理解这个愿景目标。

5)建立长期的产品规划

除了提出当前产品的愿景目标外,产品规划人员还负责对产品的长期发展规划(如3到5年内的发展计划)进行设计和描述。此外,产品规划工作还具有不受产品开发周期约束的特点。也就是说,产品规划通常会跨越整个产品开发周期,在产品开发周期的每个阶段中,产品规划人员的工作方式并没有明显的不同,他们会随时了解客户、市场、技术创新等情况,并根据内、外部的各种变化调整或完善产品规划。产品规划一方面是公司业务战略规划的具体承载者,同时也是产品开发的输入。项目任务书的开发来源于产品规划的成果。产品规划与市场管理及研发业务之间的关系如图4-9所示。

产品规划一般包含在业务战略中,或者是业务战略的后续任务。产品规划是经营单元/事业部/产品线的主要责任,从战略分层上讲属于第二个层次(见图4-10)。

根据企业的规模和不同的发展阶段,产品规划的责任人和操作方式是有区别的,产品

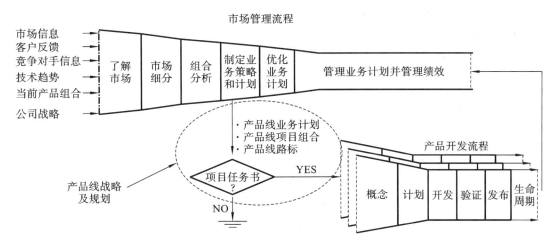

图 4-9 产品规划与市场管理及研发业务之间的关系

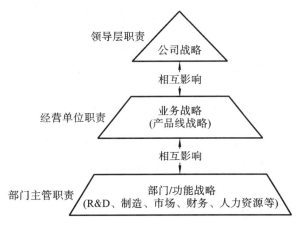

图 4-10 产品规划的层次

规划的责任与操作方式图 4-11 所示。

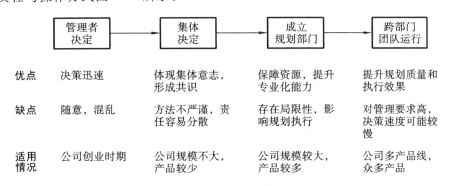

图 4-11 产品规划的责任与操作方式

2. 产品需求管理

产品需求是指产品开发中需要实现的全部功能、性能等要素的总和,是界定产品范围、确定开发内容、制订验证方案的依据。产品需求管理就是对产品需求进行挖掘、调研、分析、分解、实现追踪和需求变更等的管理活动。

产品需求管理过程与产品规划（市场管理）及产品开发过程的接口关系如图 4-12 所示。

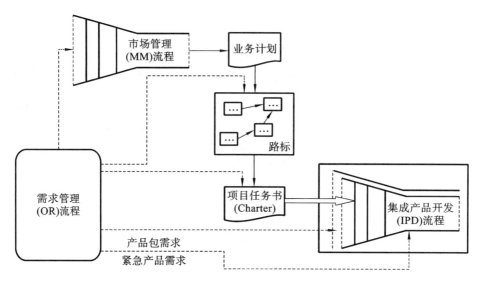

图 4-12　产品需求管理与市场管理及研发业务之间的关系

产品需求管理（包括需求的获取、甄别、评审、排序、验证）需要遵循 $APPEALS 原则，客户 $APPEALS 也代表了客户的购买标准。如图 4-13 所示。

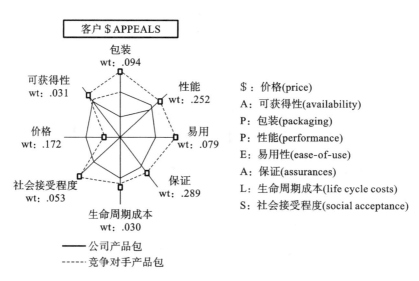

图 4-13　需求管理需遵从的因素模型

3. 产品研发过程简述

产品研发过程是指将产品需求逐步实现转化为真实产品的过程即产品研发过程。

1) 产品研发过程的瀑布式模型

产品研发过程的瀑布式模型如图 4-14 所示。

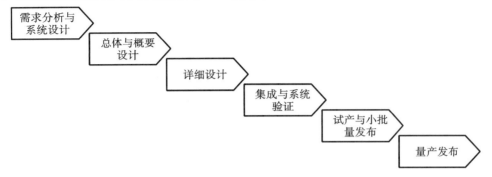

图 4-14　瀑布式开发模型

（1）需求分析与系统设计阶段　主要完成从原始需求、初始需求、客户问题的收集、整理、分析到产品的系统特性、系统需求、分配需求的实现过程。同时启动产品的架构分析与设计、完成备选概念的设计等。

（2）总体与概要设计阶段　主要完成系统和子系统的架构设计、功能设计、专项设计、DFx 设计等任务，同时确定产品的框架和各子系统的概要方案，明确各模块间的接口关系。

（3）详细设计阶段：在各子系统概要设计基础上完成详细设计、开发实现（如硬件、软件版本的开发、结构件的开发等）。

（4）集成与系统验证阶级　完成各子系统、功能模块的集成及调测，保证整个系统的功能的可用性和完整性。同时完成基于设计需求的系统测试用例的执行和验证，保证系统的性能及非功能性需求达到设计目标。

（5）试产与小批量发布阶段　为进一步验证产品功能的稳定性和产品批量复制系统（制造系统）的准备度和一致性，新产品在量产前需要先进行试产，同时对试产产品可针对特定范围、特定客户进行发布试用，以期进一步发现产品的缺陷或制造系统的不足，并及时进行优化。

（6）量产及发布阶段　在产品通过试产和小批量发布评审后，如果产品的质量和制造系统均达到量产标准则可以正式对外发布，即进入量产发布阶段。

2) 产品研发过程的阶段式模型

产品研发过程的阶段式模型如图 4-15 所示。

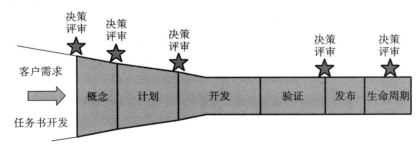

图 4-15　阶段式开发模型

(1) 概念阶段　确定产品概念和初始计划；提出产品概念评估的要求，包括对细分市场机会、需求、潜在的技术方法和风险、潜在的质量策略与目标、成本与进度预测，以及财务影响进行评估。对产品需求包/商业计划进行评估，并就其达成共识。确定产品如何实现组织的战略，可以满足哪些市场和客户需求，确定产品特征，包括初步的市场信息，通过子系统或构建模块选择形成的产品功能，服务与支持，可制造性评估等等。确定备选方案（如从技术、成本、供应商选择或供货、功能等方面等）。成立 Sourcing Team，启动采购活动。

(2) 计划阶段　在概念阶段的成果基础上进一步完善产品开发各方面的其他细节，如产品设计、进度和成本信息等，形成最终的产品开发计划。该计划中需要明确：项目里程碑计划、项目所需的计划资源的承诺、新器件/物料需求计划、风险管理计划、各领域细分计划、质量计划等。

(3) 开发阶段　对产品需求进行开发和验证。包括产品设计、集成与验证、制造工艺设计与执行、架构、性能、技术或构建模块，以及制造风险评估的所有方面。当按照最终产品规格，成功完成对集成产品的全部测试，并完成文档向制造的正式发布。

(4) 验证阶段　进行最终制造与客户验证测试，确认产品的可获得性。包括执行软硬件压力测试，标准与规格的一致性测试，对当前产品需求的最终评估，以及获得机构认证。

(5) 发布阶段　启动产品的量产活动、营销和销售。包括从产品逐渐增加到量产，履行管道备货，启动产品过渡计划，从产品开发向维护的过渡，监控/管理早期发货，逐渐提升产能，启动服务与支持，启动培训工作，对外发布产品等。

如图 4-16 所示为某科技研发型企业管理产品需求到开发的业务流程架构 L1～L3 的内容。

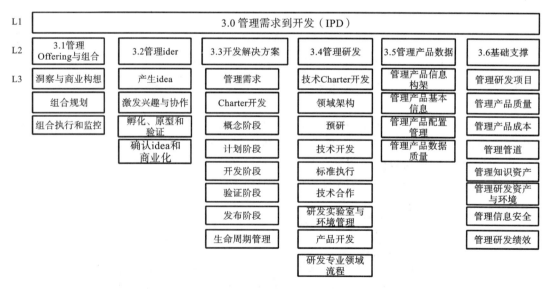

图 4-16　某科技研发型企业管理产品需求到开发的业务流程架构 L1～L3

4. 产品研发组织管理

常见的研发体系组织结构有三种类型：职能型、项目型和矩阵型。

(1) 职能型组织结构　员工更忠诚于各自职能部门而不是项目或客户，但减少了重复工作,利于专业化,汇报关系简单。如图 4-17 所示。

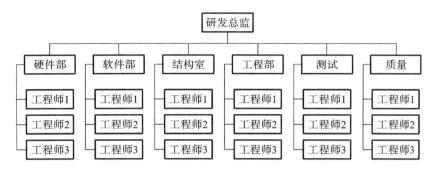

图 4-17　职能型组织结构

（2）项目型组织结构　项目间缺少知识交流共享,不利于知识积累;项目对资源把控强,有利于对项目高度负责。如图 4-18 所示。

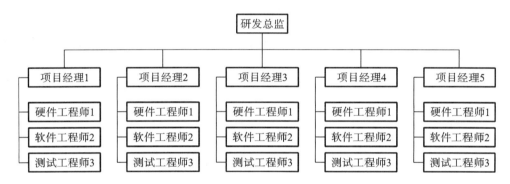

图 4-18　项目型组织结构

（3）矩阵型组织结构　多头汇报管理,管理复杂;但在员工忠诚度、经验积累、跨部门的沟通和协调和项目资源调度上较为平衡。如图 4-19 所示。

（4）不同类型的组织结构的特点比较如表 4-5 所示。

表 4-5　不同类型的组织结构的特点比较

组织结构 特点	职能型	矩阵型			项目型
		弱矩阵	平衡矩阵	强矩阵	
项目经理权力	很小或没有	有限	小～中等	中等～高	高到全权
资源可利用性	很小或没有	有限	小～中等	中等～高	高到全权
谁控制项目预算	职能经理	职能经理	混合	项目经理	项目经理
项目经理角色	兼职	兼职	全职	全职	全职
项目管理行政人员	兼职	兼职	兼职	全职	全职

（5）建议　一般以生产制造为主的企业更多地倾向于职能型组织结构,自顶向下、职

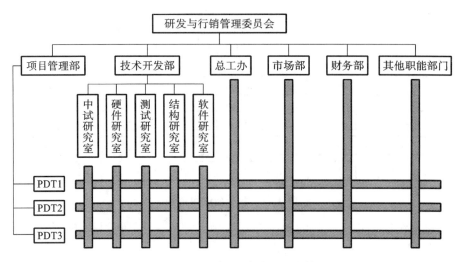

图 4-19 （混合）矩阵式组织结构

责清晰，更易于管理和控制。而小微型企业因人员数量少，人员一般直接纳入项目经理管辖范围，可避免多头汇报且对市场变化反应迅速。一般以研发为主要驱动力的高科技型普遍采用的是矩阵型组织结构，这样更利于调动企业跨部门资源共同为某一项目负责，更好地支撑市场和客户的需要。

5. 产品研发团队管理

（1）项目维度的研发团队管理 典型的项目层面的组织结构是形成以项目经理为中心、以各领域代表为核心成员的核心团队，各领域其他成员作为领域代表的外围组成员参与项目研发活动。典型的项目核心组成员有需求分析/市场代表、开发代表（硬件、软件、手册、结构等）、质量管理代表、技术服务代表、财务代表、采购代表、制造及供应代表等，共同构成支撑产品研发端到端的负责人。如图4-20所示。

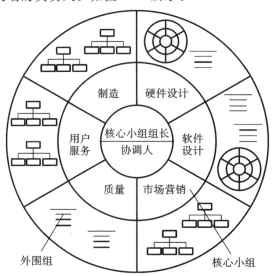

图 4-20 项目式组织架构

（2）从项目层面到个人可形成 3～4 级的计划分解模式，以期完成项目任务分解、控制和对个人的管理。如图 4-21 所示。

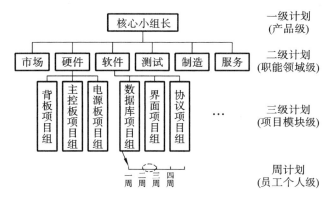

图 4-21　项目三级计划模型

6. 产品研发绩效管理

（1）组织级研发绩效指标（KPI）设置的一般思路和模型如图 4-22 所示。

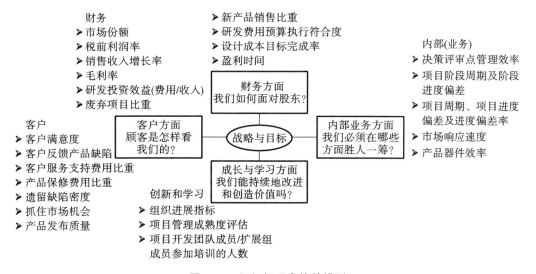

图 4-22　组织级研发绩效模型

（2）项目级绩效指标设置的一般思路有以下几个方面。

①进度类　进度偏差率/计划完成率。

②周期类　工期偏差/周期达成率。

③费用类　项目预算执行率/节约率。

④成本类　产品目标成本达成率/偏差。

⑤质量类　缺陷检出密度、发布前缺陷检出率、发布后缺陷遗留密度、需求变更率及稳定度。

⑥效率类　代码/文档/全周期生产率。

项目层面一般与公司管理层签署项目合同，对以上指标目标完成情况进行约束和牵引。

（3）个人绩效指标设置 在产品研发项目周期内，一般由项目经理与各成员就研发任务及目标签订个人绩效承诺书进行约束。针对个人绩效的一般管理过程如图 4-23 所示。

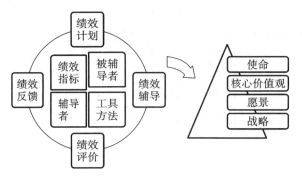

图 4-23 个人绩效管理模型

7．产品生命周期管理

（1）产品生命周期管理的主要目标 持续监控产品的市场盈利表现并且使收益最大化；关注产品的退市进程和配套的销售、供应与支持活动的适宜性，及时推出替代或升级产品及服务；持续监测产品的客户满意度。产品生命周期管理模型如图 4-24 所示。

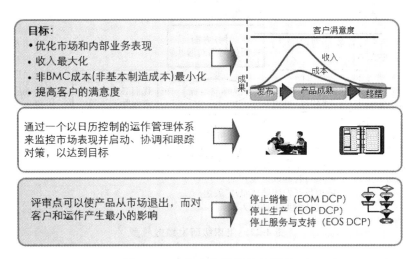

图 4-24 产品生命周期管理模型

（2）产品生命周期管理的主要内容如图 4-25 所示。

8．产品研发质量管理

1）典型的质量管理方法或系统

戴明环 PDCA、ISO 9000、CMMI 和 PACE-IPD 是目前国际上比较常用的几种典型的质量管理方法或工具。它们的内涵是相通的，在质量管理的理念上是一致的。如图 4-26 所示。

2）产品质量管理的两个方面

第四章　企业运营管理体系中的业务管理体系

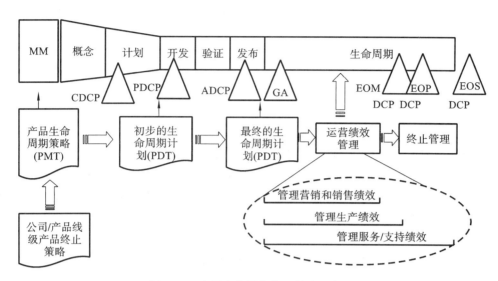

图 4-25　产品生命周期管理的主要内容

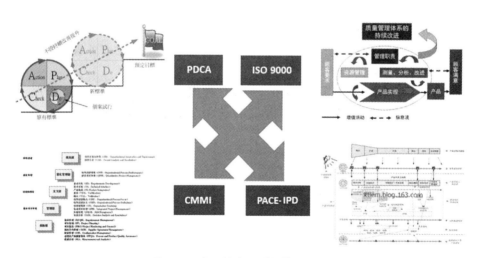

图 4-26　常见的产品质量管理方法

（1）交付件质量　如设计文档质量、单盘质量、代码质量、整机质量等。

（2）过程质量　如需求质量、系统设计质量、硬件开发质量、软件开发质量、测试过程质量、小批量验证质量等。

3）项目质量管理四部曲

（1）质量策划　通过调研、讨论与分析，识别项目的关键质量风险，提出合理的质量目标，制定关键、可实施的质量保证措施，最终形成完整的项目质量计划。

（2）质量保证　从预防角度不断识别项目过程中的质量风险或问题，并提前制定保证措施，确保阶段目标的完成。流程或管理要求的培训、讲解、导入：确保活动执行者理解质量要求，减少歧义或错误；质量审计及保证措施：通过对项目各业务过程和交付件的审计，识别关键质量风险及重大问题，协调管理资源加强关键活动的投入，确保既定过程目标的实现。

（3）质量控制　通过度量识别项目过程与既定质量目标或过程的偏差并提出纠正措施，确保过程被良好地执行。

（4）质量改进　通过分析识别质量或流程体系本身及项目团队、过程的短板并推动改进，提升项目交付质量。

4）产品质量保证的两大角色

（1）项目经理　项目经理是项目最终成功的负责人，也承担着项目进度控制、质量保证、资源调度的首要责任人角色，因此，项目经理对产品质量保证起着至关重要的作用。

（2）质量保证工程师　为保证项目的过程和结果质量，建议在项目中设置独立的质量保证工程师，以具体承担质量管理职责。

5）质量策划的四大关键要素

质量策划包括定义项目过程、制定质量目标、策划质量保证活动、策划质量控制活动等四个关键内容。

6）设计评审保证体系

评审是一种重要的质量保证和确认活动。

9．产品研发业务管理的信息化

信息化是保证研发业务管理体系有效落地的重要手段。研发业务管理的信息化一般包含以下几个重要方面。

（1）研发项目的基础信息管理，包括立项、结项、任务书、项目合同、变更管理。

（2）研发项目的计划管理，包括 WBS 的分解和跟踪、计划执行统计。

（3）研发人力资源管理。

（4）研发绩效管理。

（5）研发过程度量管理。

（6）共享基础模块 CBB 管理。

（7）研发物料管理。

（8）产品需求管理。

（9）版本规划管理。

（10）版本发布管理。

（11）配置管理，如研发文档管理。

（12）产品 BOM 管理。

（13）决策及技术评审管理。

（14）会议管理。

（15）缺陷、问题、风险管理。

第五节 企业业务管理体系中的供应链业务管理

一、供应链概述

20世纪后期科学技术的迅猛发展,加剧了市场的激烈竞争,促进了全球经济的一体化,用户需求的多样性和不确定性增加,这些都对传统企业管理运作模式提出了新的挑战。20世纪80年代末期应运而生的供应链以其敏捷度高、生产成本低、生产周期短等特点得到全球制造业的广泛重视和运用,基于供应链的管理将成为21世纪企业的管理发展趋势。那么什么是供应链,什么是供应链管理呢?

1. 供应链

供应链(supply chain)是指产品到达客户手中之前各相关者的连接或业务的衔接,是围绕核心企业,通过对信息流、物流、资金流的控制,从采购原材料开始,制成中间产品及最终产品,最后由销售网络把产品送到客户手中,即将供应商、制造商、分销商、零售商直到最终用户连成一个整体的功能网链结构。供应链管理的经营理念是从客户的角度,通过企业间的协作,谋求供应链整体最佳化。成功的供应链管理能够协调并整合供应链中所有的活动,最终成为无缝连接的一体化过程。

2. 供应链的发展阶段

供应链至今尚无一个公认的定义,在供应链的发展过程中,有关专家和学者提出大量的定义。这些定义是在一定背景下提出的,是不同发展阶段的产物。这些定义大致科划分为以下三个阶段。

1)第一阶段 物流管理阶段

早期的观点认为供应链是制造企业中的一个内部过程,是指把企业外部采购的原材料和零部件,通过生产转换和销售等活动,再传递到零售商和客户的一个过程。因此,供应链仅仅被视为企业内部的一个物流过程,它所涉及的主要是物料采购、库存、生产和分销诸部门的职能协调问题,最终目的是为了优化企业内部的业务流程,降低物流成本,从而提高经营效率。简单来说,此阶段供应链局限于企业内部操作层上,注重企业自身的资源利用。

2) 第二阶段　增值链阶段

进入20世纪90年代,随着产业环境的变化和企业间相互协调重要性的上升,人们逐步将对供应环节重要性的认识从企业内部扩展到企业之间。从而供应商、客户被纳入了供应链的范畴。通过链中不同企业的制造、组装、分销、零售等过程将原材料制成产品,再到最终用户的转换过程。这是更大范围、更为系统的概念。美国的史蒂文斯(Stevens)提出:"通过增值过程和分销渠道控制从供应商到客户的流就是供应链,它开始于供应的源点,结束于消费的终点。"这些定义都注意了供应链的完整性,考虑了供应链中所有成员操作的一致性。供应链不再只是一条生产链了,而是一个涵盖了整个产品"运动"过程的增值链。在这种认识下,加强与供应商、用户的全方位协作,剔除供应链条中的"冗余"成分,提高供应链的运作速度成为核心问题。

3) 第三阶段　网链阶段

再后来供应链的概念更加注重围绕核心企业的网链关系,如核心企业与供应商、供应商的供应商乃至一切前向的关系,与用户、用户的用户及一切后向的关系。

随着信息技术的发展和产业不确定性的增加,企业间关系呈现日益明显的网络化趋势。与此同时,人们对供应链的认识也正在从线性的"单链"转向非线性的"网链",实际上,这种网链正是众多条"单链"纵横交错的结果。正是在这个意义上,哈理森(Harrison)在1999年将供应链定义为:"供应链是执行采购原材料,将它们转换为中间产品和成品,并且将成品销售到用户的功能网链。"2001年发布实施的国家标准《物流术语》(GB/T 18354—2001)是这样定义供应链:生产及流通过程中,涉及将产品或服务提供给最终用户活动的上游与下游企业,所形成的网链结构。

供应链的概念较前一阶段更加注重围绕核心企业的网链关系,即核心企业与供应商、供应商的供应商的一切向前关系,与用户、用户的用户及一切后向关系。供应链的概念已经不同于传统的销售链,它跨越了企业界线,从扩展企业的新思维出发,并从全局和整体的角度考虑产品经营的竞争力,使供应链从一种运作工具上升为一种管理方法体系,一种运营管理思维与模式。

网链概念下的供应链强调战略伙伴关系问题,通过建立战略伙伴关系,企业可以与重要的供应商和用户更有效地开展工作。像华为、丰田、耐克、麦当劳等公司的供应链管理都是从网链的角度来实施的。

3. 供应链管理

世界权威杂志《财富》(FORTUNE)早在2001年已将供应链管理列为本世纪最重要的4大战略资源之一。供应链管理是世界500强企业保持强势竞争不可或缺的手段。

美国供应管理协会(The Institute for Supply Management,ISM)是全球最大、最权威的采购管理、供应管理、物流管理等领域的专业组织。该组织立于1915年,至今已有90多年的历史,其前身是美国采购管理协会。目前,ISM在全球75个国家共有180个分会,超过 45000 名会员,是全球采购与供应管理领域历史最悠久、规模最大、最受尊崇的供应管理领域专业协会之一。

美国物流管理协会(Council of Logistics Management,CLM)是全球最有影响的物流专业组织。CLM 成立于 1963 年,是非营利专业组织,协会的宗旨是通过发展、升级和传播物流知识来服务于物流行业。有 40 多年历史的美国物流管理协会于 2005 年 1 月 1 日正式更名为美国供应链管理专业协会(Council of Supply Chain Management Professionals,CSCMP),标志着全球物流进入供应链时代的开始。不仅包括物流的内容,而且包括采购、生产运作、市场/营销的功能。

二、供应链的业务管理

1. 供应链的业务管理

1996 年春,位于美国波士顿的咨询公司——Pittiglio Rabin Todd & McGrath (PRTM)和 AMR Research(AMR)为了帮助企业更好地实施有效的供应链,实现从基于职能管理到基于流程管理的转变,牵头成立了供应链协会(Supply-Chain Operations Reference-model,SCC),并于当年底发布了供应链运作参考模型(supply chain operation reference,SCOR)。

供应链运作参考模型(SCOR)是第一个跨不同行业的供应链标准流程参考模型,也是供应链管理的通用语言和流程诊断工具。SCOR 模型将供应链界定为计划(plan)、采购(source)、生产(make)、配送(deliver)、退货(return)5 大流程,如图 4-27 所示,并分别从供应链划分、配置和流程元素 3 个层次切入,描述了各流程的标准定义、对应各流程绩效的衡量指标,提供了供应链"最佳实施"和人力资源方案。运用 SCOR 模型可以使企业内部和外部用同样的语言交流供应链问题,客观地评测其绩效,明确供应链改善目标和方向。

供应链范围从你的供应商的供应商一直到你的客户的客户。通过对供应链中的信息流、物流和资金流进行重新设计、规划和控制,来保证在正确的时间把正确的产品或服务送到正确的地方,从而提高客户的满意程度,缩小总的供应链成本。

图 4-27　SCOR 模型

2. 业务管理的主要模块

按照 SCOR 模型 5 个基本流程,对计划、采购、生产、发运和退货分别说明。

1）计划

包括需求及供应计划。

（1）评估企业整体生产能力、总体需求计划，以及针对产品分销渠道进行库存计划、分销计划、生产计划、物料和生产能力的计划。

（2）制造或采购决策的制定、供应链结构设计、长期生产能力与资源规划、企业计划、产品生命周期的决定、生产正常运营的过渡期管理、产品衰退期的管理与产品线的管理等。

2）采购

（1）寻找供应商及物料收取　包括：获得、接收、检验、拒收与发送物料；供应商评估、采购运输管理、采购品质管理、采购合约管理、进货运费条件管理、采购零部件的规格管理。

（2）原材料仓库管理。

（3）原材料运送和安装管理　包括运输管理、付款条件管理及安装进度管理。

（4）采购支持业务　包括采购业务规则管理、原材料存货管理。

3）生产

（1）生产运作　包括申请及领取物料、产品制造和测试、包装出货等；工程变更、生产状况掌握、产品质量管理、现场生产进度制定、短期生产能力计划与现场设备管理；在制品运输。

（2）生产支持业务　包括制造业务规格管理、在制品库存管理等。

4）配送

（1）订单管理　包括订单输入、报价、客户资料维护、订单分配、产品价格资料维护、应收账款管理、受信、收款与开立发票等。

（2）产品库存管理　包括存储、拣货、按包装明细将产品装入箱、制作客户特殊要求的包装与标签、整理确认定单、运送货物等。

（3）产品运输安装管理　包括运输方式安排、出货运费调教管理、货品安装进度安排、进行安装与产品试运行等。

（4）配送支持业务　包括配送渠道的决策制定、配送存货管理、配送品质的掌握和产品的进出口业务等。

5）退货

（1）原材料退回　退还原料给供应商：包括与商业伙伴的沟通、同时准备好文件资料，以及物料实体店返还和运送。

（2）产品退回　接受并处理从客户处返回的产品：包括商业伙伴的沟通、同时准备好文件资料，以及物料实体店返还和接收、处理。

三、供应链运营管理

1. 供应链战略管理

供应链管理是世界500强企业保持强势竞争不可或缺的手段。Gartner从2005年开始发布全球公司供应链排行榜，至今已经是第13年，如表4-6所示，迄今为止是全球唯一的供应链排名。虽然还存在争议，但不影响从中窥探供应链的发展导向。

表 4-6　2017 年 Gartner 供应链 25 强

	2017年排名	2016年排名	2015年排名	同行意见169人投票 25%	Gartner意见38人投票 25%	三年加权平均ROA 20%	库存周转率 10%	三年加权营收增长率 10%	CSR 5%	综合得分
联合利华	1	1	3	2,074	649	10.20%	6.8	1.90%	10	5.39
麦当劳	2	2	2	1,264	442	13.90%	174.5	−4.20%	3	5.27
Inditex	3	6	5	1,192	337	16.30%	3.7	12.00%	10	4.98
思科	4	7	6	1,018	524	8.30%	13.5	0.80%	10	4.82
H&M	5	5	7	901	208	22.00%	3	12.50%	10	4.63
英特尔	6	4	3	952	486	10.50%	4	4.60%	7	4.42
雀巢	7	10	17	1,159	345	7.90%	5.1	−0.60%	10	4.1
耐克	8	11	10	1,290	207	16.20%	3.8	7.90%	6	4.07
高露洁	9	13	9	843	313	18.00%	5	−4.90%	6	4.03
星巴克	10	12	12	926	143	20.30%	11.1	12.70%	4	3.8
百事可乐	11	15	15	974	356	8.50%	9	−1.80%	6	3.67
3M	12	14	14	553	210	15.30%	4.2	−1.10%	10	3.54
强生	13	21	21	878	259	11.80%	2.6	0.40%	7	3.5
可口可乐	14	9	11	1579	232	7.80%	5.7	−4.20%	4	3.46
诺基亚	15	NA	NA	315	133	5.80%	5.6	46.30%	10	3.32
巴斯夫	16	20	NA	579	298	6.10%	4	−10.60%	10	3.21
施耐德电气	17	18	NA	546	325	4.20%	5.1	−0.30%	10	3.15
沃尔玛	18	16	13	1,312	225	7.50%	8	0.60%	3	3.11
惠普	19	17	NA	399	275	6.60%	9.8	−5.40%	10	3.06
欧莱雅	20	19	22	657	174	10.40%	2.8	5.10%	5	2.72
金伯利	21	24	20	607	163	11.80%	5.5	−2.60%	5	2.68
宝马	22	22	NA	681	129	3.70%	4.1	6.60%	10	2.62
帝亚吉欧	23	NA	NA	481	190	8.90%	0.9	−1.70%	7	2.57
联想	24	25	18	498	223	1.50%	14	7.20%	7	2.5
三星	25	8	8	958	100	7.30%	15.1	−3.60%	4	2.46

从近几年 Gartner 对供应链的评估中，可以看出领先供应链的发展呈现如下特征。

1）供应链的客户导向

以客户需求和行为作为公司的市场推进和运营支持策略的出发点。他们给客户的最好礼物就是简单、优雅的解决方案，而这都是由幕后供应链业务流程驱动的。供应链领导者将需求驱动的概念扩展为如何与客户互动，这就是以更深入的方式理解客户，并且无缝地融合到他们的日常工作。帮助供应链领导者获得了更多业务收入,同时提升了运营效率。

2) 供应链的数据化

企业开始用数字化技术来支持供应链的运营,包括物联网、云计算、机器学习等。大数据商业模式作为一个新的概念变得更清晰,供应链管理如何利用大数据来支持新的商业模式并且拓宽他们的价值链。生产商目前在处在数据支持的设备的中心,领导企业认识到"工厂"不再是公司四面墙里的一个地方,或者一个外包供应商。与上游供应商之间的数据同步协同生产以及协同其他的一些供应链功能才是商业价值增值的地方。

物流紧跟着生产商自动化的节奏,使用感应器、网关、追踪系统,对商业规则的改变和对于目前的计划所产生的影响进行预测及预警。物流控制塔不是新的概念,但是当和感应器和计算机结合起来的时候,就意味着更进一步的可视化并且减少了风险、降低了运营成本,以及提高服务水平。

3) 供应链的生态环境

领先的企业认识到供应链的成功取决于健康生态系统。注重与上游供应商和下游客户的关系、人才的获取与培养、环境可持续性。

4) 供应链的自适应组织

为了随时应对未来的供应约束和消费需求的变化,创建自适应性很强的组织和能力。例如一些公司(零售业)建立了模块化的供应链模式,实现即插即用。这种方法使他们能迅速和灵活应对业务需求的变化。

2. 供应链流程管理

SCOR 模型定义了以履行客户订单为目标的供应链流程。模型包含 3 层流程。第一层主要包含计划、采购、制造、交付和逆向。在第二章第二节供应链业务管理的主要模块中已有 5 大流程定义概述,此处不再赘述。这里主要介绍 SCOR 中的分层流程模型,用以供更全面系统的了解供应链流程,如图 4-28 至图 4-30 所示,在 3 层模型中,下层均是在上一层流程定义里展开。

供应链领域是开展流程建设起步早,而且也做得比较成熟的领域,这其中的主要原因可能是企业的供应链部门经常面临来自销售人员以及客户在交期、成本以及质量方面传递的压力。如图 4-31 所示为某集团企业供应链业务流程架构 L1~L3 的内容。

3. 供应链管理组织

1) 供应链管理组织概述

供应链的管理是一种全新的管理方法,它的运作需要组织保障,首先看看传统供应链管理组织的演进,从中了解传统组织的形式和问题。

(1) 分散性管理组织 产生于 20 世纪 50 至 60 年代。它基于传统的职能专业化分工,按职能设置采购、财务、制造、市场营销等部门。如图 4-32 所示。

(2) 功能集合型管理组织 产生于 20 世纪 60 至 70 年代,将分散在各专业部门内的物流功能进行合并和集合,使物流活动在组织中突现出来,以便于各部门进行计划控制和协调。如图 4-33 所示。

(3) 功能独立型管理组织 产生于 20 世纪 70 年代后。企业将核心的物资配送和物料

SCOR Contains Three Levels of Process Detail

	Level	Application	Examples
In Scope Applicable Across Industries	①	Level 1 processes are used to describe the scope and high level configuration of a supply chain. SCOR has five level 1 processes.	Plan, Source, Make, Deliver, and Return
	②	Level 2 processes differentiate the strategies of the level 1 processes. Both the level 2 processes themselves as well as their positioning in the supply chain determine the supply chain strategy. SCOR contains 26 level 2 processes.	Example Make level 2 processes: › Make-to-Stock › Make-to-Order › Engineer-to-Order
	③	Level 3 processes describe the steps performed to execute the level 2 processes. The sequence in which these processes are executed influences the performance of the level 2 processes and the overall supply chain. SCOR contains 185 level 3 processes.	Example Make-to-Order level 3 processes: › Schedule Production Activities › Issue Product › Produce and Test › Package › Stage › Dispose Waste › Release Product
Not in Scope Industry Specific	④	Level 4 processes describe the industry specific activities required to perform level 3 processes. Level 4 processes describe the detailed implementation of a process. SCOR does not detail level 4 processes. Organisations and industries develop their own level 4 processes.	Example Issue Product level 4 processes for the electronics industry: › Print Pick List › Pick Items (Bin) › Deliver Bin to Production Cell › Return Empty Bins to Pick Area › Close Pick Order

图 4-28 SCOR 流程模型 1

管理的功能独立出来，形成与财务、制造及市场营销等相平行的专业部门。如图 4-34 所示。

从总体上看，这三种组织结构由于物流活动仍处于分散或独立未分化状态，其缺点如下。

- 不能制订全公司性质的物流政策、物流战略和物流计划。
- 作为非核心业务，物流活动被埋没在部门活动中，其发展势必会受到约束。
- 不利于培养物流方面的专业人才。

另外，传统供应链管理聚焦于物流管理或采购管理，其组织结构也关注对应功能的支撑，然而随着供应链管理的发展成熟，集成型供应链管理组织成为趋势。

2）集成供应链管理组织

企业因利益而生，组织因事存在，因流程而高效，因当责而产生成果，最终为企业创造价值。关于供应链组织结构，千企千面，供应链组织结构的确定取决于企业对公司价值流程设计的理解深度。

先来看看图 4-35 所示的集成供应链的流程框架，了解其基本特征。

1）供应链是资金流、信息流、实物流集成的回路系统

订单来自外部市场的客户，客户的资金流、信息流倒向流进公司，从而触发公司向供应

sP PLAN

sP1 Plan Supply Chain	sP2 Plan Source	sP3 Plan Make	sP4 Plan Deliver	sP5 Plan Return
sP1.1: Identify, Prioritize, and Aggregate Supply Chain Requirements	sP2.1: Identify, Prioritize, and Aggregate Product Requirements	sP3.1: Identify, Prioritize, and Aggregate Production Requirements	sP4.1: Identify, Prioritize, and Aggregate Delivery Requirements	sP5.1: Identify, Prioritize, and Aggregate Return Requirements
sP1.2: Identify, Prioritize, and Aggregate Supply Chain Resources	sP2.2: Identify, Assess, and Aggregate Product Resources	sP3.2: Identify, Assess, and Aggregate Production Resources	sP4.2: Identify, Assess, and Aggregate Delivery Resources	sP5.2: Identify, Assess, and Aggregate Return Resources
sP1.3: Balance Supply Chain Resources with Supply Chain Requirements	sP2.3: Balance Product Resources with Product Requirements	sP3.3: Balance Production Resources with Production Requirements	sP4.3: Balance Delivery Resources with Delivery Requirements	sP5.3: Balance Return Resources with Return Requirements
sP1.4: Establish and Communicate Supply Chain Plans	sP2.4: Establish Sourcing Plans	sP3.4: Establish Production Plans	sP4.4: Establish Delivery Plans	sP5.4: Establish and Communicate Return Plans

sEP Enable Plan

- sEP.1: Manage Business Rules for Plan Processes
- sEP.2: Manage Performance of Supply Chain
- sEP.3: Manage Plan Data Collection
- sEP.4: Manage Integrated Supply Chain Inventory
- sEP.5: Manage Integrated Supply Chain Capital Assets
- sEP.6: Manage Integrated Supply Chain Transportation
- sEP.7: Manage Planning Configuration
- sEP.8: Manage Plan Regulatory Requirements and Compliance
- sEP.9: Manage Supply Chain Risk
- sEP.10: Align Supply Chain Unit Plan with Financial Plan

sS SOURCE

sS1 Source Stocked Product	sS2 Source Make-to-Order Product	sS3 Source Engineer-to-Order Product
sS1.1: Schedule Product Deliveries	sS2.1: Schedule Product Deliveries	sS3.1: Identify Sources of Supply
sS1.2: Receive Product	sS2.2: Receive Product	sS3.2: Select Final Supplier(s) and Negotiate
sS1.3: Verify Product	sS2.3: Verify Product	sS3.3: Schedule Product Deliveries
sS1.4: Transfer Product	sS2.4: Transfer Product	sS3.4: Receive Product
sS1.5: Authorize Supplier Payment	sS2.5: Authorize Supplier Payment	sS3.5: Verify Product
		sS3.6: Transfer Product
		sS3.7: Authorize Supplier Payment

sES Enable Source

- sES.1: Manage Sourcing Business Rules
- sES.2: Assess Supplier Performance
- sES.3: Maintain Source Data
- sES.4: Manage Product Inventory
- sES.5: Manage Capital Assets
- sES.6: Manage Incoming Product
- sES.7: Manage Supplier Network
- sES.8: Manage Import/Export Requirements
- sES.9: Manage Supply Chain Source Risk
- sES.10: Manage Supplier Agreements

图 4-29 SCOR 流程模型 2

商的采购行为。公司组织物料，完成生产后，实物或服务完成物流交付，公司再收集评估客户意见，形成改善方案，从而持续改善内部效率，提升对客户的服务水平。可见供应链是集

图 4-30　SCOR 流程模型 3

成了资金流、信息流、实物流的回路系统，这是企业增值的基本模式。

2）端到端的大计划是供应链运营的指挥棒

如图 4-36 所示，根据 SCOR 模型定义，计划属于供应链的战略层，采购、制造、物流注重执行。计划贯穿于企业内外，是供应链运营的指挥棒。这里强调的是端到端的"大计划"，是基于公司运营决策的计划，生产计划、物料计划等分段的"小计划"更偏重于执行。

3）注重客户反馈和改善

企业要实现持续增值，就必须重视客户的意见和反馈。由内向外是客户服务水平，由外对内是客户评价和持续改善。来自客户的反馈是供应链回路系统的末端，也是持续为客户提供价值的起始端。改善要有指标来监督，所以，辅以 KPI 指标，为供应链系统提供改善

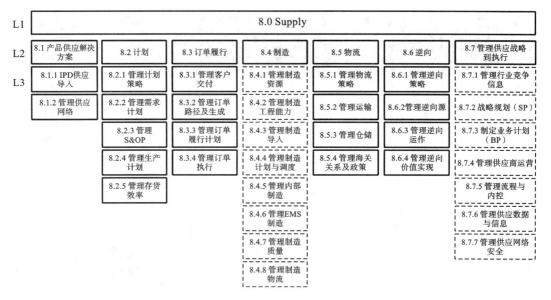

图 4-31 某集团企业供应链业务流程架构 L1～L3

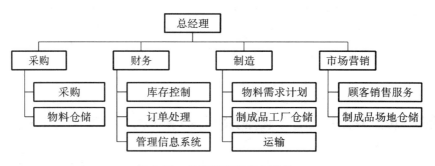

图 4-32 分散型管理组织结构

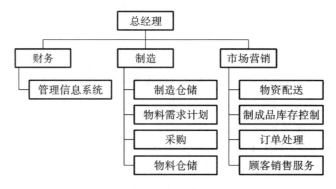

图 4-33 功能集合型管理组织结构

方向和目标。

了解了"高大上"的"集成供应链"流程,再看看以下身边的问题。

(1)销售订单就是计划 在大多数制造性企业里,只有计划部、PMC 部,没有专门的

第四章 企业运营管理体系中的业务管理体系

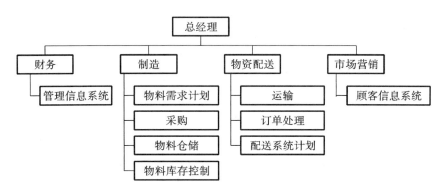

图 4-34 功能独立型管理组织结构

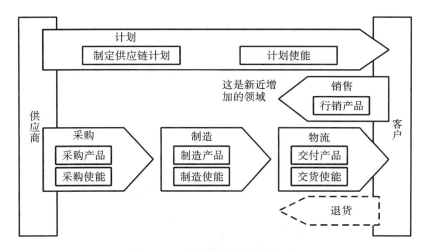

图 4-35 集成供应链的流程框架

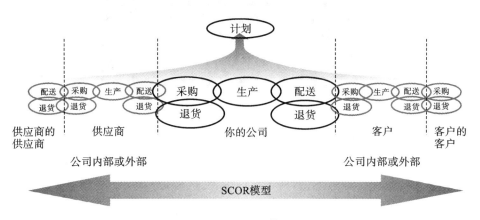

图 4-36 SCOR 模型

需求管理部门或岗位。最常见的误区就是销售订单就是计划。也许有人会反驳,我们是订单式供货啊,订单当然就是计划。的确,如果这个业务不涉及更长周期的物料采购,如果不涉及资金计划,如果不涉及产能规划,这种模式可以理解为订单式供货。大部分贸易型的公司就是这种类型,客户定金到位,就向上游下单,客户在出货前付款结束。

在制造型企业里,如果销售订单就是计划,则经常会陷入一个"销售与供应链相互绑架"的怪圈。销售给不出订单(准确地讲是备货预测),供应链就没货。销售投诉预测不准。大家吵得不可开交,一地鸡毛。这是典型的缺乏需求管理,缺乏端到端衡量经营结果的错误机制。

(2)"铁路警察,各管一段"的库存管理　在很多企业,成品是销售管,原材料是采购管,在制品是制造负责。往往到了月底,为了库存指标好看,销售要么向客户压货,要么让工厂别生产;工厂要么加班加点生产,要么不领料上线;采购要么推迟供应商叫料,要么要求工厂领料。上有政策下有对策,为了 KPI 考核,趋利避害,谁都会这么干。但是谁为库存负责?按上述方式,只有管理者,所以管理者最苦。交不了货当救火队员,库存积压还要吞下恶果。管理者要想解套,就要找个代理人,去承担端到端的库存指标就行了。

(3)准时交货是工厂的责任　有人认为工厂是交给客户前的最后一环,当然应该承担准时交货责任。这个理论貌似在理,但很牵强。客户订单进入公司前是怎样评审的?各环节是否按承诺达成?有什么问题?如果涉及定改制,如果涉及新产品试产,这是不是工厂能够左右的?如果研发、采购归工程管辖,还有些希望。《从 0 到 1》作者彼得蒂尔写道"当瘟疫、灾难、暴力斗争威胁和平宁静时,将骂名转嫁到所有人一致赞同的"替罪羊"身上对社会是有益的。如图 4-37 所示。

图 4-37　替罪羊

同样,当一个企业组织混乱、职责不清时,大家都会"柿子专找软的捏",找一个背黑锅的环节,比去改善公司体系简单多了,也更符合大多数人的利益。一个环节有太多的权利,就应该承担多大的责任。身边"又想马儿跑得快,又想马儿不吃草"的案例太多了。延伸开去,让某个环节去独自承担准时交货责任,就是让一个不具备权利的环节去承担整个链条的责任,都是"替罪羊"。

集成供应链结构设计要考虑以下两个方面。

一是要有端到端的计划。

端到端的计划既然如此重要,按集成供应链的框架,供应链的组织结构必须先理清计划。

• 集成计划　主要负责制订 S&OP 企业运作计划。集中计划收集市场部门的 6 个月滚动要货计划（需求预测），经过研发、销售、计划、产品、采购等共同参与的联席会议评审，再经过上一级的 S&OP 评审会（财务、决策层），最终输出执行的 S&OP 计划。

• 集成计划的分解　基于 S&OP 企业运作指导计划，逐层落实为物料计划、库存计划、产能计划、销售计划、财务计划，横向协作部门还有新产品计划（NPI、试产……）。

二是要有端到端 KPI。

KPI 的作用是反馈、监督，提升对客户的服务水平的同时，使企业运营增值。对供应链的 KPI 设置，前提是分工明确。除了强调职责清晰外，需要有人承担端到端的指标，否则端到端的指标往往都由企业管理者承担。

4. 供应链绩效管理

SCOR 模型中定义了 5 个核心供应链绩效属性：可靠性、响应性、敏捷性、成本和资产管理，如图 4-38 至图 4-40 所示。

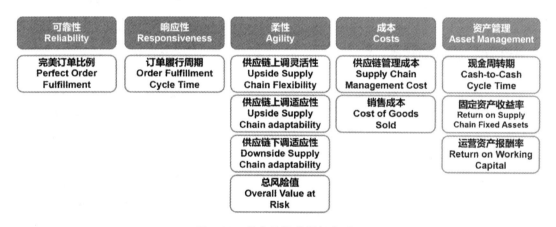

图 4-38　供应链绩效指标体系 1

在企业实践中，较为常用的核心绩效指标有：到货及时率（OTD）、订单履行周期、存货周转率（ITO）、产品质量指标（DOA/DAP、返修率等，具体可参考 TL9000 质量指标）、供应成本（采购、制造、物流等成本）。

SCOR Metrics

Supply Chain Reliability	Supply Chain Responsiveness	Supply Chain Agility
RL.1.1 - Perfect Order Fulfillment	**RS.1.1 - Order Fulfillment Cycle Time**	**AG.1.1 - Upside Supply Chain Flexibility**
RL.2.1 - % of Orders Delivered In Full	**RS.2.1 - Source Cycle Time**	AG.2.1 - Upside Flexibility (Source)
RL.3.33 - Delivery Item Accuracy	RS.3.8 - Authorize Supplier Payment Cycle Time	AG.2.2 - Upside Flexibility (Make)
RL.3.35 - Delivery Quantity Accuracy	RS.3.35 - Identify Sources of Supply Cycle Time	AG.2.3 - Upside Flexibility (Deliver)
RL.2.2 - Delivery Performance to Customer Commit Date	RS.3.107 - Receive Product Cycle Time	AG.2.4 - Upside Return Flexibility (Source)
	RS.3.122 - Schedule Product Deliveries Cycle Time	
RL.3.32 - Customer Commit Date Achievement Time Customer Receiving	RS.3.125 - Select Supplier and Negotiate Cycle Time	AG.2.5 - Upside Return Flexibility (Deliver)
RL.3.34 - Delivery Location Accuracy	RS.3.139 - Transfer Product Cycle Time	
	RS.3.140 - Verify Product Cycle Time	
RL.2.3 - Documentation Accuracy	**RS.2.2 - Make Cycle Time**	**AG.1.2 - Upside Supply Chain Adaptability**
RL.3.31 - Compliance Documentation Accuracy	RS.3.33 - Finalize Production Engineering Cycle Time	AG.2.6 - Upside Adaptability (Source)
RL.3.43 - Other Required Documentation Accuracy	RS.3.49 - Issue Material Cycle Time	AG.2.7 - Upside Adaptability (Make)
RL.3.45 - Payment Documentation Accuracy	RS.3.101 - Produce and Test Cycle Time	
RL.3.50 - Shipping Documentation Accuracy	RS.3.114 - Release Finished Product to Deliver Cycle Time	AG.2.8 - Upside Adaptability (Deliver)
RL.2.4 - Perfect Condition	RS.3.123 - Schedule Production Activities Cycle Time	AG.2.9 - Upside Return Adaptability (Source)
RL.3.12 - % Of Faultless Installations	RS.3.128 - Stage Finished Product Cycle Time	
RL.3.24 - % Orders/Lines Received Damage Free	RS.3.142 - Package Cycle Time	AG.2.10 - Upside Return Adaptability (Deliver)
RL.3.41 - Orders Delivered Damage Free Conformance	**RS.2.3 - Deliver Cycle Time**	
RL.3.42 - Orders Delivered Defect Free Conformance	RS.3.16 - Build Loads Cycle Time	**AG.1.3 - Downside Supply Chain Adaptability**
RL.3.55 - Warranty and Returns	RS.3.18 - Consolidate Orders Cycle Time	AG.2.11 - Downside Adaptability (Source)
	RS.3.46 - Install Product Cycle Time	AG.2.12 - Downside Adaptability (Make)
	RS.3.51 - Load Product & Generate Shipping Documentation Cycle Time	AG.2.13 - Downside Adaptability (Deliver)
	RS.3.95 - Pack Product Cycle Time	
	RS.3.96 - Pick Product Cycle Time	
	RS.3.102 - Receive & Verify Product by Customer Cycle Time	**AG.1.4 - Overall Value at Risk (VAR)**
	RS.3.110 - Receive Product from Source or Make Cycle Time	AG.2.14 - Supplier's/Customer's/ Product's Risk Rating
	RS.3.111 - Receive, Configure, Enter, & Validate Order Cycle Time	AG.2.15 - Value at Risk (Plan)
	RS.3.116 - Reserve Resources and Determine Delivery Date Cycle Time	AG.2.16 - Value at Risk (Source)
	RS.3.117 - Route Shipments Cycle Time	AG.2.17 - Value at Risk (Make)
	RS.3.120 - Schedule Installation Cycle Time	
	RS.3.124 - Select Carriers & Rate Shipments Cycle Time	AG.2.18 - Value at Risk (Deliver)
	RS.3.126 - Ship Product Cycle Time	
	RS.2.4 - Delivery Retail Cycle Time	AG.2.19 - Value at Risk (Return)
	RS.3.17 - Checkout Cycle Time	
	RS.3.32 - Fill Shopping Cart Cycle Time	
	RS.3.34 - Generate Stocking Schedule Cycle Time	
	RS.3.97 - Pick Product from Backroom Cycle Time	
	RS.3.109 - Receive Product at Store Cycle Time	
	RS.3.129 - Stock Shelf Cycle Time	

图 4-39 供应链绩效指标体系 2

Supply Chain Costs	Supply Chain Asset Management
CO.1.1 - Supply Chain Management Cost	**AM.1.1 - Cash-to-Cash Cycle Time**
CO.2.1 - Cost to Plan	**AM.2.1 - Days Sales Outstanding**
CO.3.104 - Cost to Plan (Deliver)	**AM.2.2 - Inventory Days of Supply**
CO.3.105 - Cost to Plan (Make)	AM.3.45 - Inventory Days of Supply (Finished Goods)
CO.3.106 - Cost to Plan (Return)	AM.3.16 - Inventory Days of Supply (Raw Material)
CO.3.107 - Cost to Plan (Source)	AM.3.17 - Inventory Days of Supply (WIP)
CO.3.108 - Cost to Plan Supply Chain	AM.3.23 - Recycle Days of Supply
CO.2.2 - Cost to Source	AM.3.28 - Percentage Defective Inventory
CO.3.27 - Cost to Authorize Supplier Payment	AM.3.37 - Percentage Excess Inventory
CO.3.115 - Cost to Receive Product	AM.3.44 - Percentage Unserviceable MRO Inventory
CO.3.126 - Cost to Schedule Product Deliveries	**AM.2.3 - Days Payable Outstanding**
CO.3.137 - Cost to Transfer Product	**AM.1.2 - Return on Supply Chain Fixed Assets**
CO.3.138 - Cost to Verify Product	**AM.2.5 - Supply Chain Fixed Assets**
CO.2.3 - Cost to Make	AM.3.11 - Fixed Asset Value (Deliver)
CO.2.4 - Cost to Deliver	AM.3.18 - Fixed Asset Value (Make)
CO.3.163 - Order Management Costs	AM.3.20 - Fixed Asset Value (Plan)
CO.3.200 - Order Delivery Costs	AM.3.24 - Fixed Asset Value (Return)
CO.2.5 - Cost to Return	AM.3.27 - Fixed Asset Value (Source)
CO.3.131 - Cost to Source Return	**AM.1.3 - Return on Working Capital**
CO.2.7 - Mitigation Cost ($)	**AM.2.6 - Accounts Payable (Payables Outstanding)**
CO.3.178 - Risk Mitigation Costs (Deliver)	**AM.2.7 - Accounts Receivable (Sales Outstanding)**
CO.3.179 - Risk Mitigation Costs (Make)	**AM.2.8 - Inventory**
CO.3.180 - Risk Mitigation Costs (Plan)	
CO.3.181 - Risk Mitigation Costs (Return)	
CO.3.182 - Risk Mitigation Costs (Source)	
CO.1.2 - Cost of Goods Sold	
CO.3.140 - Direct Labor Cost	
CO.3.141 - Direct Material Cost	
CO.3.155 - Indirect Cost Related to Production	

图 4-40　供应链绩效指标体系 3

第六节 业务管理体系之间的关系

业务管理要素之间存在着密切的逻辑关系，首先是基于价值链的业务之间的上下游逻辑联系，其次是业务管理上的逻辑联系。由于不同类型的行业和企业的业务和业务管理的内容与形式差异很大，不可能一一作具体的展现，本节将针对一些典型的业务进行描述。

一、供应链业务与产品研发业务的关系

在很多企业，供应链是围绕量产需求设计，以效率为导向，成本能做低，但速度做不快。这往往成为新产品开发的挑战，因为研发虽然关注成本，但更关注速度。研发的需求得不到有效满足，就对供应链很不待见。看上去这是研发的行为问题，其实解决方案在供应链的能力上：供应链不改变支持开发新产品的能力，研发就不会改变不待见供应链的行为。所以，表面上看是研发的行为改变，实质上是供应链的能力建设问题。让我们拿个案例来说明。

硅谷有个高科技制造企业，一二十亿美金的规模。跟任何技术公司一样，该公司的研发人员整天被最后期限赶着走，不管是来自客户、新产品还是项目的，日子过得很悲催。他们对供应链的最大抱怨呢，就是速度太慢。比如研发人员想买点简单的东西，做个试验什么的，知道了供应商，知道了价格，光让供应链部门下个订单，不等个三五天的时间，这订单就是出不了门。为什么这么慢呢？两个主要原因，其一，采购员既支持量产，也支持新产品开发，采购员的面前任何时候都排着一长串儿的订单，主要是量产的。先来后到，研发人员的订单来了，排队动不动就得一两天。其二，公司的制度、流程是围绕量产的和重复性需求设定，对于研发的一次性采购，要加上额外的审批，采购审完财务审，层层审批显著增加了周转周

期。速度慢,研发人员很有意见,就给供应链很多压力,支持新产品开发的采购经理的日子就很难过,很少有人能熬过两年。有一个高级采购经理甚至半年不到就走人。

那怎么办?不能在研发人员难伺候上做文章,得从有效满足他们的合理需求上着眼。那就是提高供应链的能力,以满足研发人员的需求,从而改变他们对供应链不友好的行为。这样,聚焦点就成了能力建设。前面已经多次说过,能力是个三位一体的概念:组织、流程和系统。这个高科技企业的供应链部门正是从这三个方面出发,提高供应链支持新产品开发的能力。

先说组织。为加强对新产品的支持力度,该公司配备了几个专职的采购员。这些采购员不处理量产订单,他们的工作就是支持研发人员的需求,从确认需求到下订单、跟单、收货,尽可能快地满足研发人员的需求。这样,订单的处理周期大幅缩短。除了人员建制外,组织措施还包括绩效考核。比如对这几个为新产品开发配置的采购员,该公司开始统计订单发送速度,比如在 x 小时内,应该有 $y\%$ 的订单发送给供应商,每周、每月考核。绩效考核驱动员工行为,这些采购员自然更加认真及时处理研发人员的订单。

再说系统。对于研发人员的一次性零星需求,该公司设计了一个简单的 Excel 表格,让研发人员填写要买的零星物料和供应商信息,填写完毕就发送到一个专用的 E-mail 信箱。表格一旦进入那个 E-mail 信箱,系统就开始计时。那几个全职的采购员时时都紧盯着这个共用信箱,看到 Excel 表格就尽快处理。人们提到系统,总觉得需要投入很多资源,其实未必,比如这里的系统措施,在收发邮件的 Outlook 系统里稍作设置即可,不需要任何额外投资。

最后说流程。组织调整了,比如设置专门为新产品开发的采购员,也意味着流程的调整,研发人员的采购需求产生了,就再也用不着跟量产需求一起排队。在审批流程上,该公司也简化了采购对研发人员需求的审批。想想看,研发人员想买点杂七杂八的东西,用途大多是研发项目,作为技术外行的采购员,你何德何能,能够判断花费是否合适?

谁能判断这些需求是否合理?有时候是管理者都批准了,还要采购批准啥呢?这些小额采购,金额不大,即使给研发人员打了水漂,又有多少损失呢?不是说不应管控这个风险,说的是风险管控与制造的麻烦相比,性价比不一定合算——我们在解决一个问题的时候,往往会制造另一些问题,关键是要看解决的问题多,还是制造的问题多。

对于硅谷的这个企业来说,订单处理速度只是供应链改变能力、研发人员改变行为的一个简单例子。这些举措其实都没有什么特别的技术含量,也不用多少投资。关键是要意识到,内部客户对待支持职能的态度行为,根本上是取决于支持职能的能力;不改变支持职能的能力,就很难改变内部客户的行为。让我们再举个例子,看这个公司是如何改变供应链的能力,以改变研发人员的行为。

拿产品的入库为例。跟很多公司一样,研发人员火急火燎,催促供应商快点交货,但一旦货到了自家仓库门口,就如石沉大海,"走流程"动辄就得几天时间。比如在这个硅谷公司,供应商的产品送到仓库,就得排队,等候录入 ERP,这一等就是小半天——跟上面的订单处理一样,随时都有一大堆量产的物料在等着入库;好不容易录入 ERP,又开始排队,等着搬到货架上,小半天又过去了;上了货架,还得排队,等候送到研发人员的办公室。就这样,研发人员一边在火急火燎催货,供应链却慢条斯理,按部就班地走流程。你说研发人员能给供应链好脸色吗?

那解决方案呢,还是得从供应链的能力建设着手。这个企业的供应链先从系统上开始,把所有研发人员的订单都识别出来(这容易,比如 SAP 里,以 47 开头的一般是研发人员订单);对这些订单,要求供应商用橘色的包装来识别,然后从物流到仓储到搬运,凡是看到橘色的包装,都得放下手头的活儿,优先处理橘色包裹——这也是组织和流程措施。一下子,这就把大段大段的排队等候时间给拿掉了。

想想看,在仓库收发的材料中,绝大多数的是给生产线的,现在让为数甚少的研发订单插队,对生产线的总体影响没什么,但对研发人员来说却是天壤之别:以前收发流程慢,经常见研发人员自己驾车到供应商处拿货,浪费研发人员的宝贵时间不算,后续的账实不符、供应商付款问题又是一大堆(研发人员拿到物料了,却没有及时或干脆不补流程,账实不符);现在有了橘色包装、优先通道,入库的延误尽量减少了,仓库又设了一个专人,整天的任务就是给研发人员送货(组织措施),研发人员自然就用不着到供应商那去拿货了,而相应的账实不符问题也得到了根治。又是一个取决于供应链的能力提升例子。

上面两个例子只是该公司的供应链提升能力、更好满足新产品开发的一部分,从而改变内部客户的行为,改善与供应链的关系。各种举措,不管是组织、流程还是系统措施,其实都没多少"技术"含量,也用不着多少投资,却对提升新产品开发的支持力度有显著意义。

不理解这些的呢,总是抱怨研发太强势,不愿"善待"供应链;理解这些的呢,则善于从自身找问题。毕竟,用一句老话讲,会埋怨的埋怨自己,不会埋怨的埋怨别人。企业人是理性的,组织行为也是。在一个公司里,一个职能不被"待见",根本原因都在于那个职能的能力:能力不足,没法有效解决内部客户的问题,或者制造的问题比解决的还多时,受到影响的咋会拿正眼看你呢?

写到这里,想到某公司的采购经理抱怨说公司的那些大厨看到她跟仇人一样。这是家连锁酒店餐饮企业,大厨们开发新菜品,采购人员的一项任务是确保大厨们不要乱花钱。大厨们经常买点零星的东西,比如一块猪肉。需求提出来后,先是采购审批,采购审完后又是财务的审批。好不容易审批流程走完了,动不动一两周就过去了。应该对那位采购经理说,现在你该理解了,采购制造的问题比解决的还多,大厨们看到你能高兴吗?

二、市场营销业务与产品研发业务的关系

中国著名营销专家谭兆麟指出,我国企业营销滞后的"瓶颈"在于观念的陈旧,策略的盲目,手段的落后,队伍素质的低劣。加入 WTO 后,我国企业所面临的最大挑战就是市场营销。营销是企业发展的龙头,是制约企业发展的决定性环节,企业只有把产品销售出去,才能实现利润,保证生存和发展。市场营销与产品研发一样,都是企业发展的强大推动器,如同企业腾飞的"双翼",不可或缺。在市场竞争日益激烈的今天,企业单靠产品研发固然能够有所发展,取得一时成功,但要获得持久的竞争优势,则必须重视营销与产品研发的整合,让营销统帅产品研发。

1. 产品研发忽视市场营销注定要付出代价

美国思科公司 CEO 钱伯斯曾说过:"最好的技术不一定能成功,市场最终还是要打败技术。"这是因为在市场经济下,品牌的价值、产品的价值、企业的价值包括人的价值,最终

都要通过市场来体现。对于现代企业而言,产品是其生产经营的载体,企业生产出来的产品能否畅销市场,则要看该企业在产品研发过程中是否对市场进行了深入研究、对市场消费需求进行了充分预测。

在企业实际经营发展中,最好的技术、最好的研发固然是其核心竞争力所在,但缺乏市场营销的产品研发不一定能转化为市场需求。产品投放市场后可能得不到消费者的青睐而出现滞销,巨额投资难以收回,从而使企业蒙受重大损失,制约企业的持续快速发展。在这一方面不乏典型实例。如德国企业在众多领域拥有核心技术,就因为缺乏市场营销能力,而在一个个领域都败下阵来。一个典型的例子是西门子,虽然它一向以产品研发能力强而取胜,但是在特别需要营销观念和手段的消费品领域却不能得心应手。更为典型例子就是 20 世纪最大的破产案——铱星公司破产案。铱星公司成立于 1991 年,摩托罗拉是其第一大股东,日本铱星公司是第二大股东,主要致于力全球卫星通信技术的研发,其技术在全球是领先的,但公司决策者由于忽视了市场营销,将产品的消费者定位为普通大众,结果因价格太昂贵,公众不能接受,终使铱星成为"流星"。纵观西门子和铱星公司的失败原因,显然是因为盲目研发而忽视营销导向造成的。

在市场经济下,成功的企业或企业家要善于运用"营销统帅研发"的战略,把最佳的技术创新与现代营销方式结合起来,创新出新的商机与财富,从而获得持久的竞争优势。在这一点上,建设集团 2003 年以来的快速发展就是最好的佐证。建设摩托自 1995 年实现年产销突破 100 万辆大关后,在接下来的 7 年里持续下滑,到 2002 年已滑到了最低谷,濒临退出市场的边缘。2002 年底,富有现代营销理念和市场实战经验的陈永强就任建设集团总经理后,以营销为突破口,制定了新的营销策略、创新营销模式和战略战术,展开了绝地反击战,使建设摩托市场销量一年上一个新台阶。2003 年,建设摩托实现销量 73 万辆,同比增长 67.42%,行业排名由 2002 年的第 12 位上升至第 8 位;2004 年销量达到 109 万辆,同比增长 49.60%,行业排名跃居第 3 位。2005 年 1 至 10 月份,建设摩托行业排名继续保持着前三甲的地位,并在 5 月和 9 月单月销量排名中跃至第 2 位,显示出了强劲的发展潜力。

2. 产品研发关注市场营销的现状不容乐观

当前,国内不少企业的市场营销还处于非常低的水平,加快营销创新已是大势所趋。然而现状是:仍有一些企业对营销与研发的关系认识不够,一味奉行产品导向,不太注重市场营销。某些企业的产品研发还是以自己为中心进行,对用户的想法及对潜在的市场需求调研大都停留在表面上。如一些企业在进行产品研发时,不直接接触客户,不对市场需求进行调研预测,单纯依靠统计学的市场调查进行开发,把客户孤立了起来;再就是听说某个产品好卖,于是就判断该产品"具有市场性",随后进行开发,这种做法自然具有盲目性,其结果是市场不认可;还有的企业仍企图通过产品的先进性来获得市场,其结果同样会落得人财两空,与成功无缘。

在市场经济不断完善的今天,那些一味重视研发而忽视营销的企业,实质上坚持的是一种以产品为中心的、落后的营销观念,在这种导向指导下的产品研发,其失败是不可避免的,也是必然的。

3. 产品研发必须看准市场,坚持营销导向

从计划经济到市场经济,企业的发展可以说经历了生产导向、市场导向和营销导向三个阶段。生产导向是以产定销,生产什么就销售什么,不考虑市场的需求。市场导向是以销定产,市场需要什么,企业就生产什么。从生产导向到市场导向是一次质的飞跃,但企业未能摆脱消极被动局面,往往受制于市场。而营销导向是以需定销、以需定产,企业主动研究市场的潜在需求,积极开拓市场,引导消费。营销导向摆正了企业与市场、技术与市场的关系,是牵着市场跑的最新观念。所以企业在充分研究市场的前提下,对需要开发的产品要有前瞻性和预见性,要充分考虑客户的利益和社会的长远发展,主动去引导消费和推动消费。

企业重视产品研发,这是必须的,也是必要的,但最重要一点是要让研发落地,让产品得到市场的青睐,否则产品的研发是徒劳无益的。因此,企业在重视产品研发的同时,要以市场营销为导向,让营销统帅研发。那么该如何让营销统帅研发呢?

(1) 企业要以市场为基础对产品的研发定位 企业在产品研发上,要坚持从市场中来、从客户中来的原则,要通过周密的市场调查、预测、比较等手段,做好产品研发定位的工作。只有根据市场的需求做出产品的市场定位,开发出来的产品才有市场基础。如海尔集团在产品研发中就尤其关注客户需求,推出的"双富豪"双温冷柜和"雪富豪"变温冷柜,投入市场后就出现热销场面,供不应求。

(2) 要依据产品的市场定位进行技术创新和产品创新 有了市场定位这个基础,技术创新便有了方向。在技术创新中,要将产品的技术功能与外观设计结合成一体,全面构思产品的结构与功能、零部件与生产工艺、节能与降耗、外观款式与色彩、包装与运输、广告与形象,直至营销策划的各个环节的最佳设计,使开发出来的产品尽量达到"零缺陷",从而促进客户的主动购买欲望。

(3) 当产品投放市场后,要认真听取客户的意见 客户对一种新产品的意见和建议,甚至抱怨或投诉,其实正是企业需要寻找和解决的不足之处。我们要善于搜集客户的抱怨和意见,要学会从客户的抱怨和意见中寻求产品改进要素,这也正是新产品适应市场的过程。

此外,一种新产品开发成功投入市场之初,最好让项目负责人直接参与市场销售,以便直接了解市场对该产品的评价和进一步要求。这样,就会形成"研究市场—开发产品—再研究市场—再开发产品"的良性循环。

4. 强化营销创新,助推企业持续快速发展

简单地说,营销创新就是指企业在争取市场占有率和利润率上,运用新的策略和方法提供客户需要的商品或服务。大凡成功的企业,莫不重视营销统帅研发。众所周知,在世界 500 强企业中,主营业务利润率仅次于微软、英特尔、葛兰素威康而排名第四、以生产伟哥闻名的辉瑞公司,成功的奥秘就是以"研发协助营销"为发展战略,其研发策略是以"市场为中心、追求实用价值和畅销产品"。据悉,辉瑞公司非常重视市场营销,目前在全球的销售人员多达 17700 人,其前任 CEO 就是新药推销员出身。再看由一个名不见经传的小公司迅速发展成为世界 500 强企业的戴尔公司,其"戴尔经营模式"的形成,就是靠市场竞争意识加上技术领先的营销方式创新,运用网络并根据客户需求突出技术创新与产品定位,注重产品供应、技术、服务与信誉的整合效应,直接向客户销售产品,使客户群体迅速扩张,市场快速裂变,实现神奇发展。

让营销统帅研发,强化营销创新,助推企业发展。近年来,随着市场消费观念的更加成熟,绝大多数企业在近似残酷的竞争中逐渐加深了对市场营销龙头的认识,开始推行精细营销、深耕上量,全面提升市场营销能力,主要包括以下5个方面。

(1) 树立社会营销观念,以产品为导向的营销观应转为以市场为导向的市场营销观念。

(2) 不断进行市场创新,通过对市场的细分,寻找挖掘目前未被满足或尚未被完全满足的市场,在竞争对手之前找到开发与营销机会。

(3) 不断进行营销技术创新,在开展营销活动中加强市场调研,加快在分销、促销和顾客服务等方面的创新。

(4) 强化营销组合创新,在产品、价格、渠道、促销(4P组合)方面不断创新体现自身的竞争力。

(5) 进一步加快营销队伍创新,使营销人才不仅仅是经营型的营销人才,而要成为知识型的营销通才,成为打造企业核心竞争力的骨干力量。

总之,在市场经济下,营销是企业发展的龙头,不断创新是企业立身市场的根本,企业在进行产品开发时,一定要关注市场、深入市场、读懂市场,要看准市场的脸色,不断求新、求精、求变。

三、销售业务与供应链业务的关系

在培训供应链管理时,有案例专门讨论如何提高需求预测的准确度。每每谈到哪个职能该做预测、哪个职能该对预测准确度负责时,鲜有例外,大家的矛头所指都是销售部门。原因很简单:销售离需求最近,最了解需求,所以处于最合适的位置做预测,自然也该对预测的准确度负责了。这听上去很有道理,其实是个误区。

先说离需求近。销售离客户最近,但一个产品,尤其在大公司,可能有多个销售人员负责多个客户、渠道、门店,如果让多个销售人员都做预测、合起来成为产品的总预测的话,预测的准确度就注定不高;如果让其中一个销售人员统一为这个产品预测,除了自己的客户,他对别的客户需求不熟悉,面临的问题就与我们的计划人员没有两样。此外,因为预测是销售人员的兼职,销售人员的绩效主要看销售额与利润率,你可以把预测准确度作为一个考核指标,但对任何一个销售人员来说,这只是个辅助指标,所以不会得到足够的重视;如果让预测的准确度成为该销售人员的主要绩效指标,那么他的销售任务必将大幅缩减,所能接触的客户也就更少,导致"销售离需求近"的优势全面消失,客户端的主要信息还是得通过别的销售获得,这个人就势必成为负责预测的专职人员,也就是说成为需求计划人员,不再是销售了。

再说能力。需求预测的基本功是数据分析,即在需求历史的基础上,通过建模,预测未来的需求。数据分析并不是销售人员的特长,销售人员的天职是跟人打交道,社交能力高于分析能力,做预测以"拍脑袋"为主。而在缺乏数据分析的情况下,"拍脑袋"注定得不到高质量的预测。从能力上讲,计划和销售可以说是两个极端:计划是数据驱动,典型的分析型决策,通俗点讲就是有点像计算机;销售是直觉判断,典型的直觉型决策,通俗地说就是"拍脑袋"。分析型和直觉型是决策方法上的两个极端,单纯一种方法没法做出高质量的决策:因为缺乏对业务的直接经验,计划人员做的预测往往不切合实际;因为缺少数据分析,销售人员做的预测往往是拍脑袋。企业在提高预测准确度上鲜有建树,常常就是因为游走在这两个极端,没有意识到好的预测需要集成销售和计划的能力。

用一句话来总结,好的预测是"由事实开始,由判断结束"。先从数据分析开始,通过数据模型,比如平均移动法、指数平滑法等得出基本的预测(计划人员是这方面的专家),再加入职业判断,比如某个产品有促销计划,那就在过去3个月的销量基础上上浮30%(销售人员是这方面的专家)。数据分析加上职业判断,才会产生最好的预测。这就是说,好的预测是销售和计划相结合的产物。在这里,计划人员埋头数据分析,主要跟已经发生了历史数据打交道;销售人员注重直觉和经验,弥补历史数据的不足。从职能的角度看,销售的眼睛是朝前看的,关注的重点是还没有发生过的;计划的眼睛是朝后看的,关注更多的是已经发生过的。销售与运营计划(S&OP)的一个根本目标就是促进销售与计划的结合,以便把已知的和未知的紧密结合,在公司层面产生最高质量的预测计划。

那么,究竟哪个职能应该对预测和预测的准确度负责呢? 需求计划。预测是在历史数据的基础上,整合销售、产品和供应链的知识,对未来业务量作出的判断,而需求计划是这一系列活动的核心,把各个职能黏合起来。作为一个独立的职能,预测是需求计划的根本任务,是需求计划职能的产物。冤有头,债有主,谁的"孩子"干了坏事,谁就是第一责任人,所以需求计划应该对预测的准确度负责。相反,销售人员的根本任务是销量和利润率。如果要给预测找个第一责任人的话,那就是需求计划人员而不是销售人员。

一提起预测的准确度问题,人们就习惯性地把手指向销售,貌似销售是需求预测的决定因素。其实在大多情况下,需求预测并不需要多少销售端的信息,因为大多企业是以重复性业务为主,历史需求已经蕴藏了丰富的信息,分析得当,便能作出不错的预测。即使预测不准,还有安全库存来应对。由于计划人员的能力问题,安全库存往往设置不合理,造成短缺或过剩,这又一个典型的计划问题。

即便有时候需求异动较大,也往往是因为没有与销售部门定期沟通:销售没说,打他们的板子;计划没问,同样罪在不赦。销售人员整天忙于救火,应对客户的种种问题,活在当下,对未来的事往往不能及时告知计划人员;计划人员的天职是着眼未来,应该建立与销售人员及其部门定期、不定期沟通的机制,及时探知可能发生的需求异动。很多时候,表面上看是销售人员没有及时说,其实是计划人员没有建立与销售人员及部门的有效沟通机制,没有及时问。

对于预测的准确度问题,计划部门习惯性地往销售部门头上推,其实是走阻力最小的路:计划怪销售,销售怪客户,而凡事不管有多大,一旦到了客户头上,就不了了之,谁又能拿客户怎么样呢? 所以这就是屡屡上演的场景:需求预测不准,造成短缺或过剩,大家把矛头指向计划;计划呢,总能找到客户需求方面的问题,把责任推到销售头上,完成压力转移;而销售呢,想都不想就直接推到客户头上了。于是这压力就消失在"棉花堆"里了。这对大家来说都是最"合理"、最"安全"的做法。但结果呢,就是形成企业的受害者文化,每个职能都觉得自己是受害者,没法形成真正的责任机制。

责任机制就是层层问责制：需求预测不准造成业务损失或库存积压的，需求计划首当其冲得挨板子，比如扣奖金；需求计划挨了板子后，继续追溯责任，一级一级打板子：如果根源是销售对客户的大规模异动管控不力，或者促销计划没有及时通知计划和供应链，那销售也得挨板子，在绩效考核上受到影响。不真的打板子，就不可能建立真正的问责机制。

需求预测做砸了，需求计划是主要的责任方，要么是对数据分析不当，决策质量不高；要么是对销售、供应链等相关职能管理不力，没有及时获得高质量的输入信息。所以，预测失败，计划部门是第一责任人，要挨板子。但如果根源是销售部门，销售部门的板子则不能不挨，否则对待需求预测越来越不严肃，提供的预测信息就会越来越随意，造成更多的库存问题。

本土企业常犯的错误就是销售是强势职能，问责机制很难建立，尤其是管理者本身是主管销售的情况下。我曾经亲身坐在一个会议里，问题明明是销售造成的，但"秃子头上的虱子就是没法捉"，因为负责销售部门的是公司的二把手，就在会议室里坐着呢，而负责追溯问题根源的计划部门呢，就只能不痛不痒，专打苍蝇不打老虎，谈几件小事拉倒。几十亿的大企业如此，规模小的企业就更别说了。

既然销售的问责机制没法建立，企业面临的选择就只剩下两个，两种结果都不符合企业的长远利益。

（1）继续维持对计划部门的问责机制，但对销售部门没有问责，时间长了，计划部门就成了受害者。需求预测本身呢则更是"垃圾进垃圾出"，质量自然也是越来越差。当需求计划提供给供应链时，问责机制使计划部门两头受气，前端管不了销售，后端对付不了供应链，越来越弱势，发挥不了应有的作用。

（2）为了维持公平，放弃对需求计划的问责机制，或者表面上有问责机制，但没有实质性的纠偏举措，就成了供应链怪计划部门，计划部门怪销售部门，销售部门怪客户，最后不了了之，结果呢，需求预测成儿戏，注定是越做越烂。这也是为什么在很多企业，需求预测的准确度一直没法提高：没有责任机制的事情注定是做不好的。

思考题

1. 你所在的企业或组织有哪些业务？如何描述这些业务？
2. 你所在的企业或组织的业务之间存在怎样的关系？
3. 你所在的企业或组织是如何开展业务管理的？

第五章 企业运营管理体系中的职能管理体系

QIYE YUNYING GUANLI TIXI ZHONG DE ZHINENG GUANLI TIXI

核心要点

职能管理是为企业业务服务的支撑流程,最终目的也是为实现客户价值主张服务的,一般企业包括有战略管理、组织与人力资源管理、财务管理、流程与信息化管理、企业文化管理等职能管理业务,企业的职能管理部门肩负着"管理"和"服务"的双重职责,所有的业务管理都也可以使用战略、流程、组织、绩效、IT和文化等手段来强化履职能力。

第一节 职能管理体系概述

职能管理体系包括职能、职能管理。"职能"这个概念在本书中是与"业务"这个概念相对应而存在的,是指企业中不直接参与创造客户价值过程的那部分工作内容;职能管理就是对这类"不直接参与创造客户价值过程的那部分工作内容"的管理;而职能管理体系,就是要把职能管理的内容结构化,要完整、全面地识别职能管理的构成要素,以便更有效地实施职能管理工作。

一、职能管理的价值与使命

职能管理的价值与使命是支持业务部门更加成功。不能让业务部门更加成功的职能部门是不合格的职能部门。一个组织因为有经营、增值的业务需要开展,分工后开始有了不同的业务部门。业务部门的工作越来越多时,业务干部需要把更多的精力放在本部门增值性的经营业务上,难以全面、及时做到在各项基础管理方面(如设备管理、人力资源、体系建设等)投入足够的资源和精力,去研究、学习、理解、交流及应用各基础管理专业的管理理念和管理方法。而只有这些基础管理工作做好了,业务经营方面的问题和瓶颈等才能得到切实解决,组织表现才能更好,企业的发展才能持续。为了能够让这些业务部门在这些基础管理上也能做好,安排专门的部门或岗位来负责这些基础管理工作,所以有了设备、人力、质量、企管、财务等职能管理部门或岗位。这些职能部门或岗位出现的意义在于能够专职在本领域深耕细作,并拿出更加适合本企业业务部门的管理方案,成为业务部门的伙伴,以支持业务部门和业务人员的工作更加成功。因此,一般来说,组织内各项职能管理工作的第一责任人是业务部门和业务管理者,其次,不能让业务部门更加成功的职能管理部门/岗位是不合格的职能管理部门/岗位,职能部门/岗位的价值与使命在于努力支持业务部门更加成功。

二、职能管理的定位

职能管理主要有两个功能：支持服务；监管。支持与监管不能混淆在一起，要有各自清晰的目标、职责和边界。如果支持服务和监管的工作能够分开为两个团队做的话，尽量分开。如果做不到岗位设置上分开，那么最低也要保证两类工作目标的独立；有些团队支持服务和监管两类工作由同一岗位来做，目标也没分开定清楚，结果就容易引起混淆：支持服务工作做多了感觉自己是在放水；监管工作做多了业务部门说管卡多，服务和支持太少。所以，支持服务工作和监管工作要各有各的目标，在计分卡上要各有各的权重，让团队清楚认识到自己有两项任务，不能只做一项，不能厚此薄彼、有所偏废，也不能降低职业道德标准，把该坚持的原则变成个人行为和获得人情分的机会，更不能在认识上分不清。

1．职能管理的监管部分的工作要求

职能管理的监管部分4点工作要求如下。

（1）监管的定位和目标　及时发现问题，提出警示，督促整改，或进行升级，监管的对象是管理中的待改进点和风险。在配合和支持业务实现业务目标的过程中，要科学认真地发表专业意见，发现问题要及时提出。有违背制度和底线等严重问题的，要及时否决。

（2）监管到位　全面、系统、彻底、及时，这是高职业道德和高职业素养的体现；不能监管时还扮演服务角色，不能放水，不能有人情面子问题，不能不坚决，要坚持原则。

（3）监管不能越位　要把问题暴露充分，除了按政策和规定行使否决等权力之外，不能插手业务，业务上的事要由业务部门做最终决策，不越位，尤其不能直接插手业务替业务部门做业务决策。意见不统一时要升级，不能直接驳回业务的意见或替业务做决定，剥夺业务部门作决策的权力，造成责权混乱。履行监管职能，要平衡拿捏好自己到位但不越位。

（4）职能部门不同意业务意见，在沟通无效的时候要及时升级　能否及时升级，真正难的原因在于某些干部的职业素养不够，把公事的正常升级更多地视为、理解为私人之间的谁和谁过不去、个人冲突。公是公、私是私，分清了更容易明明白白、坦坦荡荡做事，该升级时必须升级。该升级不升级是对公司不负责任，正常执行升级能够促进个人的自觉与公司的管理转型。

2．职能管理的支持服务部分的工作要求

职能管理的支持服务部分6点工作要求如下。

（1）职能部门的使命　是从专业方面帮助业务实现成功，并只能通过与业务深度融合，让业务部门更加成功来实现自身价值。职能岗位或部门存在的价值在于让业务部门更加成功，而不是让自己成功。即职能岗位在自己本专业方面做得不论有多"领先""科学""业界好评""自评完美"，如果没有支持和促进相关业务部门更加成功，都是不可取、没必要的。职能部门需要与业务紧密结合、深度融合、通过支持业务取得更加成功来实现自身价值。离开业务部门的成功，不存在职能部门的成功。业务的成功是职能成功与否的评价标准和行动目的。

（2）职能部门要及时提高自己的专业能力　升级自己的专业水平，以使自己和业务部门在此方面能力更强并带来业务更成功。职能部门必须不断学习、提升自己服务和支持的能力。某些职能部门对自己要求低,对业务部门要求高,总是像一个置身事外、毫不相干的人一样指责业务部门的能力不足和做不好,这种现象的本质是职能部门不清楚自己的定位和价值,不知道为业务部门配备职能部门就是为了通过自己的专业特长来给业务部门出谋划策,分担业务部门的职能工作。支持业务部门做得更好。

(3)勇于担当履责,敢于在职能管理工作上进行决策并保证结果　公司所有的职能部门对本专业的管理拥有独立的决策权,同时有义务和责任保证决策的正确、科学、合理和实效。如果一项落实职能管理的政策或制度涉及其他部门,对政策或制度的内容和决策点,主责担当的职能部门拥有独立的决策权,同时,主责职能部门应该保证管理要求和决策符合现实环境,符合客观事实条件,科学合理、可操作和效果好。不应该把相关部门全部拉进来一一联签,而应该是通过提高自身能力和对业务的了解程度来做决策。相关部门的联签并不会带来对主责部门的免责,原则上也不应该轻易动用联签。反对任何以免除或降低主办者责任为目的的联签。各职能部门对自己的专业负全权责任,但也不要对意见充耳不闻、一意孤行,要注意主动、提前、日常积累有益的建议,提高决策能力和决策质量,勇于担当、履责。

(4)以科学务实的管理体系提高支持业务的能力　对专业范围内的工作,职能部门要起到主导作用,主动规划,主动思考,并组织在公司范围内的落地,建立起系统的管理方法和机制,并保障整个系统能够正常、高效运转,保证结果。

(5)要让业务部门懂、会、做,有实效　职能部门要在自己的本专业方面,通过沟通培训辅导,让业务部门了解知识、掌握方法;还要通过规则、流程和引导机制等,让业务部门迈开步子,产生实在的进步、变化和效果。是否做到让业务部门实实在在地懂、会、做起来并有实效,是检验职能部门的工作的重要标准。

(6)支持服务和监管工作要形成闭环和循环　职能部门中的监管部分发现的问题,是其支持和服务功能的开端。职能部门要以"使业务部门更加成功"为目标,结合监管职能发现的问题,主动帮助、支持及与业务部门共同努力,把问题消灭掉,并通过监管活动来验证支持和服务的实效,这样就能形成闭环和循环。只有这样做,才能够把自己的价值发挥出来,职能部门和业务部门也就形成了合力,拧成了一股绳,大家的协同就能成为自然,大家工作也就都有了成就感,工作的氛围也会变得愉快、宽松、更加积极向上。合作并让每一方都成功,让各级都是开心地工作,才能有效落实以员工为中心,进而传递到以客户为中心,公司的发展就能更好。

三、职能管理的价值认可

一项具体工作的价值大小,不是由这项工作是属于业务类还是职能类决定的,真正的决定因素是:此工作最终实现的对"公司整体"有效价值的大小。如果在没有职能管理时,业务的表现实效是"1",那么增加了职能管理,业务的实效超出"1"的部分就明显是职能工作带来的价值。一项业务工作实现突破、更加成功,并不一定都是业务部门直接推动的,但如果这种提升主要是由职能部门在充分发挥了专业服务支持及监管功能促成的,那么,职能工作带来的价值甚至高于业务原有的例行价值。

第二节 企业职能管理体系的构成要素

如第一章第四节所述,企业运营管理包括职能管理和业务管理两个方面。本节重点介绍职能管理体系构成要素的内容。

既然职能管理是指企业中不直接参与创造客户价值过程的那部分工作,那么企业有哪些工作是不直接参与客户创造价值过程的活动,如何对这些活动进行划分,以及如何识别和建立这些职能管理活动之间的关系,这都是职能管理体系需要处理的问题。

一、APQC流程分类框架的业务要素

第四章谈到,APQC开发并维护的通用版企业流程分类框架将企业流程架构第一层上的流程分为"运作类"和"管理支撑"两大类,其中"管理支撑"类的流程分类如图5-1所示。

管理支撑类流程包括"7.0 开发和管理人力资源""8.0 管理信息技术(IT)""9.0 管理财务资源""10.0 资产的获取、建设与管理""11.0 企业风险、遵从性、连续性与柔性管理""12.0 外部关系管理"及"13.0 业务能力开发与管理"7个构成要素,这7个要素便构成一个企业通常意义上的"管理支撑"过程,这些"管理支撑"过程是为企业流程分类框架中的6类运作类流程(包括"1.0 开发愿景与战略""2.0 开发、管理产品和服务""3.0 营销产品和服务""4.0 产品交付""5.0 服务交付"及"6.0 管理客户服务")提供管理和支撑服务的,这些"管理支撑"过程因它们而存在,没有这些运作类流程,这些"管理支撑"过程便没有了存在意义。

也就是从职能管理的角度来说,企业需要对这7个方面实施管理,这就是本节要讲的职能管理的构成要素。

MANAGEMENT AND SUPPORT SERVICES

7.0 Develop and Manage Human Capital

8.0 Manage Information Technology [IT]

9.0 Manage Financial Resources

10.0 Acquire, Construct, and Manage Assets

11.0 Manage Enterprise Risk, Compliance, Remediation, and Resiliency

12.0 Manage External Relationships

13.0 Develop and Manage Business Capabilnes

图 5-1　APQC 流程分类框架之运作类流程

二、企业职能管理体系的构成要素

APQC 的通用流程分类框架描述的虽然是一般情况下"管理支撑"过程或职能管理要素的分类方法,但是由于管理与支撑过程本身的通用性特点,决定了企业的管理和支撑过程基本上是大同小异的,也就是说,不同企业的职能管理的构成要素基本相同,只是各职能管理要素的开展方式、方法及发育的成熟程度不同而已。如所有的企业都需要开展人力资源管理、财务管理、信息管理、资产管理、风险与遵从性管理、外部关系管理及业务能力管理等职能管理工作,但是对于各个具体的企业而言,因为企业所在的行业、企业战略、企业规模、企业选择的商业模式及企业的核心能力的不同,不同企业在从事这些职能管理活动的方式、方法与成熟度水平上会有明显的差异,如小微企业,它们可能选择财务或 IT 系统外包,也可能还谈不上风险与遵从性管理;对中型企业来说,可能它们还没有来得及建立员工的任职资格管理体系或战略管理体系;而对一些大型企业来说,比如华为公司,它们已经围绕"7.0 开发和管理人力资源""8.0 管理信息技术(IT)""9.0 管理财务资源""10.0 资产的获取、建设与管理""11.0 企业风险、遵从性、连续性与柔性管理""12.0 外部关系管理"及"13.0 业务能力开发与管理"这些要素开展了系统性的建设与管理工作。就笔者所知,华为公司针对"13.0 业务能力开发与管理"这项工作开展的工作内容如表 5-1 所示。

表 5-1　华为公司"业务能力开发与管理"职能管理活动

PCF ID	Layer	Name	名　　称
10013	13.0	Develop and Manage Business Capabilities	业务能力开发与管理
16378	13.1	Manage business processes	业务流程管理
16400	13.2	Manage portfolio, program, and project	项目、项目群与组合管理
17471	13.3	Manage enterprise quality	企业级质量管理

续表

PCF ID	Layer	Name	名称
11074	13.4	Manage change	变革管理
11073	13.5	Develop and manage enterprise-wide knowledge management (KM) capability	企业级知识能力建设与管理
16436	13.6	Measure and benchmark	测量与标杆对比
11179	13.7	Manage environmental health and safety (EHS)	环境、健康与安全管理

从华为公司"13.0 业务能力开发与管理"职能管理能力来看,该公司已经开展了"业务流程管理""企业级知识管理能力建设与管理""企业级质量管理""变革管理"等工作。这些职能管理工作对于许多中小型企业来说,可能还没有听说过,或者还只是处于概念或起步阶段。

需要特别说明的是,不同的企业对职能管理体系构成要素的划分原则与划分方式是不一样的,这要看企业对职能管理工作的理解及管理的重点、难点,另外职能管理工作的颗粒度大小及相互关系也会成为职能管理体系顶层设计需要考虑的因素,如有的企业的领导认为企业文化管理非常重要,可能会专门设立"企业文化管理"职能;有的企业认为流程管理非常重要,就会设立专门的"流程管理"职能;还有的企业设立"综合管理"职能,将不能被其他职能纳入的职能管理工作统统划归到这个职能管理领域去等。

案例 5-1

某集团公司职能管理体系的构成要素

某公司职能管理体系建设是一个从无到有、从有到全、从全到系统化的不断发展和完善的过程,2009 年前,该公司没有建立完整的流程管理职能。2012 年,公司开始建立若干关键职位的任职资格管理标准与体系,属于组织管理的范畴。2014 年,该公司开始建立企业项目管理职能,目前尚无职能要素归宿。到目前为止,该公司还没有建立系统化的变革管理职能,目前尚无职能要素归宿。图 5-2 所示为某公司现有的职能管理体系的顶层设计,构成要素包括战略管理、流程管理、组织管理、绩效管理、信息化管理、财经管理、企业文化管理及综合管理。

下面分别介绍组织与人力资源管理、绩效管理、信息化管理、企业文化管理等方面的内容,流程管理作为职能管理的主要构成要素,是本书的核心部分,在第 7 章作单独介绍。财务管理和综合管理的内容,本书不做展开介绍。

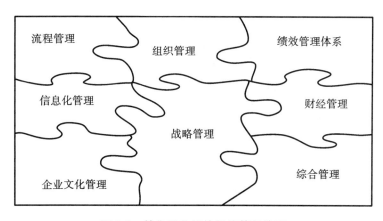

图 5-2　某集团公司的职能管理体系

第三节 组织与人力资源管理

一、人力资源管理综述

社会存在三大资源：人力资源、财力资源和物力资源，其中最重要的是人力资源。现代管理大师彼得·德鲁克曾经说过："企业只有一项真正的资源：人，管理就是充分开发人力资源以做好工作。"进入21世纪，随着经济全球化、一体化的高速发展，中国经济不可避免的面对经济全球化的挑战，而作为市场经济中的主体，企业也难免受到冲击和挑战。经济发展经历了不同阶段，市场的竞争也逐渐从以争夺原材料、资金等物力、财力资源，发展到以争夺人才资源为主的竞争。人才是推动社会生产力前进的动力，是先进生产力、先进文化的载体，是经济发展各因素中最重要、最活跃的因素，同时也是创新发展的第一资源，是赶超发展的动力之源。掌握人才资源，是企业发展的重要手段，人才强企的重要性也越来越突出。

1. 人力资源的含义和特性

做好人力资源管理工作，首先应该弄清人力资源是什么，人力资源有什么特性。"人力资源"最早是由著名管理学家彼得·德鲁克于1954年在其《管理的实践》一书中提出的。他指出："和其他所有资源相比较而言，唯一的区别就是它是人"，并且是经理们必须考虑的具有"特殊资产"的资源。伊万·伯格认为："人力资源是人类可用于生产产品或提供各种服务的活力、技能和知识。"综合诸多学者的观点，我认为人力资源是居于资源链条顶端，能够利用自身和其他资源，最终为企业和社会产生利益的综合体。

除了人力资源定义外，人力资源对比其他资源也有着自身的特性。国内学者付亚和、徐芳等人对人力资源的特性做了如下界定。

（1）人力资源是活的资源。

(2) 人力资源是创造利润的主要来源。
(3) 人力资源是一种战略资源。
(4) 人力资源是可以无限开发的资源。

2. 人力资源管理的含义

人力资源管理的开创者戴维·尤里奇提出从两个角度看人力资源应该做的事。

(1) 战略层面　你干的工作是日常性的还是策略性的。

(2) 流程层面　你工作服务的对象是人还是流程。

从上述两个角度可以看出人力资源管理抽象性工作。人力资源管理简单地说就是对人的管理。就是通过各种有效手段，利用人本身的资源优势，挖掘人的潜力，为组织或团队创造单人无法达成的群体利益，实现组织或团队的最终目标。《华为基本法》中明确提出："人力资源管理的基本目的是建立一支宏大的高素质、高境界和高度团结的队伍，以及创造一种自我激励、自我约束和促进优秀人才脱颖而出的机制，为公司的快速成长和高效运作提供保障。"也印证了尤里奇的观点，人力资源管理就是运用一些流程化、标准化和制度化的工具和手段，对组织成员提供充分施展和发挥自己能力的平台、机遇，最终实现组织目标及个人的发展的和谐状态。

3. 人力资源管理的发展阶段

人力资源管理作为一门学科，其真正意义上的形成是在20世纪70年代，但人事管理的思想和观念可谓有团队的时代就有人的管理。传统观点认为，人力资源的管理经历了以下4个阶段。

(1) 人事管理阶段　在这个阶段的主要特点就是人就像一个档案存在人事部门，人事工作的特点就是琐碎、重复，侧重日常手续工作的办理。

(2) 人力资源管理阶段　这个阶段强调以工作为重点，也逐步演化出经常说的招聘、培训、薪酬、基础人事等模块，而彼此模块的工作相对独立。

(3) 战略人力资源管理阶段　这个阶段的主要特点是公司开始重视人力资源管理在公司发展战略中的作用，伴随出现人力资源总监或分管人力资源副总裁的职位，开始将人力资源战略同公司的业务发展联系在一起。

(4) 人才管理阶段　人力资源管理被看做是一个整体，而不再被割裂成模块；人力资源部门不只是一个服务部门，更是管理部门，人力资源的政策也不只是自上而下，更是自下而上，是基于业务发展需要的。人力资源管理的目标是实现公司发展过程中持续的人才供应并保持持久的动力和活力，满足组织发展需要。

4. 人力资源管理部门的发展

人力资源管理的发展不能避开人力资源职能实现的载体——组织——的发展变化。一个企业组织的设置和发展，也代表了这个企业管理，特别是人力资源管理理念的变化。研究人力资源和人力资源管理，离开组织这个概念是不完整的。结合人力资源管理发展的阶段，我们认为人力资源的部门结构主要有图5-3至图5-5所示的几种组织形态。

5. 人力资源管理与战略管理

"战略"一词源于军事术语，是指在一场战争或战斗背后所隐含的宏伟构想，通常是指一种从全局考虑谋划实现全局目标的规划。在当今快速发展的时代，要求企业在管理中必

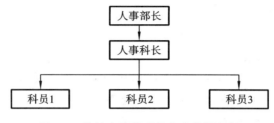

图 5-3　传统人事管理的人力资源部门

图 5-4　小型组织的人力资源部门

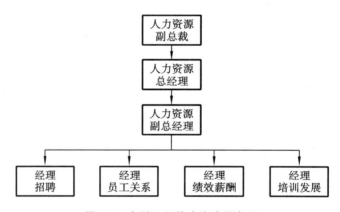

图 5-5　大型组织的人力资源部门

须具备长远的战略规划,而人力资源作为企业发展中重要的手段之一,人力资源战略显得尤其重要。

　　战略管理是一个过程,也是企业占据发展优势的一个手段。美国韦恩·蒙迪和罗伯特·M.诺埃认为,战略管理过程具有两个不同但却相互依赖的两个阶段:战略制定阶段与战略执行阶段。谈起战略制定,要用到 SWOT 分析法,它是一种综合考虑内外部各种因素可能带来影响,进而全面、系统的甄选最适合自身发展理念的方法。S 是指企业内部优势(strengths),W 是指企业内部劣势(weaknesses),O 是指企业遇到的外部环境机会(opportunities),T 是指企业遇到的外部环境威胁(threats)。S 和 W 是企业自身相对于行业竞争者而言的,通过自身优劣势的分析,弄清自身在行业中的地位;O 和 T 是企业面对外部环境可能遇到的各种因素,一般可以分为政治环境、经济环境、社会环境和科技环境。运用 SWOT 分析法,确定企业处在 SWOT 矩阵中的哪种状态,以制定不同的企业发展战略。

人力资源战略是战略管理的重要组成部分,主要在于充分合理运用各种人力资源,使其发挥出最大优势,以实现组织目标的各种人力资源使用模式和活动的综合。人力资源战略不只是服从整体的企业战略,而且在制定企业战略时也要积极考虑人力资源问题。战略的人力资源管理具有系统性、前瞻性,是基于组织战略的需要。

二、组织与人力资源管理

组织是人力资源发挥作用的载体和依托。相对于企业来讲,组织是在共同目标下协同工作人的群体,及连接企业成员和企业内部机构的一种形态。从组织在企业中的作用来看,组织具有以下特性。

(1) 组织是有目标的,组织承担企业的战略分解的实施和完成目标任务。
(2) 组织是有层级的和跨度的,有领导者和被领导者。
(3) 组织是有明确的职责,有业务范围和责任划分。
(4) 组织是是由岗位和人员组成的。

在组织发展的历程中,经历了多种不同的组织模式和结构,按照组织形态,有 U 型(一元结构)、H 型(控股结构)和 M 型(多元结构)3 种基本类型,这 3 种组织形态的差异如表 5-2 所示。

表 5-2 3 种组织形态对比

主要差异	U 型	M 型	H 型
集权/分权	集权	分权	分权
运营单位	职能部门	营业分部	子公司
总部功能定位	决策权高度集中	决策权分层	协调功能
机会主义倾向	高(部门利益)	低	高
产品或服务(或客户)	单一产品或服务	多样化产品	多样化产品
适用范围	中小企业	大中型公司	大中型公司

人脱离不了组织而存在,无人也不成组织。组织内的人必须有明确的岗位、职责,方可发挥作用,最终完成组织的目标。下面从组织设计、人力资源业务(规划、招聘、绩效、薪酬、培训和员工关系)及新人力资源管理方面进行陈述。

1. 组织设计

1) 影响组织设计的因素

组织的各种活动总是受到组织内外部各种因素的影响,因此,不同的组织具有不同的结构形式,也就是说,组织结构的确定和变化都受到许多因素的影响。

(1) 环境的影响 环境包括组织边界之外的因素,主要有社会政策、客户需求、竞争对手等,其中行业内的政策及市场需求将是影响组织变化的重要环境因素。

(2) 战略的影响 公司的发展目标和战略也确定了其组织的模式和发展方向,战略的挑战和变化必然带来组织的调整优化。Alfred Chandler 通过对美国 100 家大公司进行考察得出结论:组织战略的变化先于并且导致了组织结构的变化。如表 5-3 所示。

表 5-3 3 类战略及其相应的组织结构特性

结构特征	保守型战略	风险型战略	分析型战略
主要结构形式	职能制	事业部制	矩阵制
集权与分权	集权为主	分权为主	适当结合
计划管理	严格的	粗泛的	有严格的，也有粗泛的
高层构成	工程师、成本专家	营销、研究开发专家	联合组成
信息沟通	纵向为主	横向为主	有纵向也有横向

（3）技术的影响 由于技术复杂程度和技术的不同类别，组织也有不同的类型。琼·伍德沃德通过对英国南部的 100 家小型制造业的调查发现：随着技术复杂性的提高，组织的纵向层次数目也增加。同时，有专家研究表明，越是常规技术越要求标准化的组织，越是非常规的技术越要求灵活性强的组织。

（4）组织规模与生命周期的影响 组织在不同的发展周期，也存在不同的类型，如大型组织和小型组织在集权化程度、复杂化程度等方面都有区别，在企业的创业阶段、成熟阶段等也对组织的形态有不同的要求。

2）组织设计的方法

组织的内容主要包含 3 个方面：组织的含义（职责）、组织的层级、组织的汇报关系。

组织的含义（职责）说明了这个组织是为了完成某项或某类任务，这些任务是为了完成企业战略服务和支撑的。组织的层级代表了组织的内部结构构成，以及下级组织的相互依存、相互组合的方式，同时也表面了组织的管理幅度、层次等。组织的汇报关系是对组织层级内部人员权利和责任的划分，是组织正常运作、完成既定目标的有力支撑。由此可见，从上述 3 个内容进行分析、界定，组织的设计基本可以完成。

2. 人力资源规划

1）人力资源规划含义

企业有战略规划，作为企业的组成部分，在企业战略指导下，人力资源也有战略规划。人力资源规划是指为实施企业的发展战略，完成企业的生产经营目标，根据企业内外环境和条件的变化，通过对企业未来的人力资源的需要和供给状况的分析及估计，运用科学的方法进行组织设计，对人力资源的获取、配置、使用、保护等各个环节进行职能性策划，制订企业人力资源供需平衡计划，以确保组织在需要的时间和需要的岗位上，获得各种必需的人力资源，保证事（岗位）得其人、人尽其才，从而实现人力资源与其他资源的合理配置，有效激励、开发员工的规划。如图 5-6 所示。

2）人力资源规划的制定

人力资源规划是在企业战略下，以组织的人力资源供求为基础而确定的，在人力资源规划过程中要坚持几点原则：第一，人力资源规划必须服务于企业战略规划；第二，人力资源规划需要有长远观、大局观；第三，人力资源规划要基于业务开展的需要；第四，人力资源规划要考虑员工的发展。

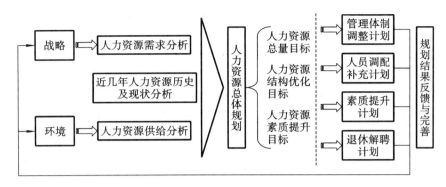

图 5-6 人力资源规划的含义

人力资源规划的程序即人力资源规划的过程,一般可分为以下几个步骤:收集有关信息资料、人力资源需求预测、人力资源供给预测、确定人力资源净需求、编制人力资源规划、实施人力资源规划、人力资源规划评估、人力资源规划反馈与修正。

(1) 调查、收集和整理涉及企业战略决策和经营环境的各种信息,提炼企业对未来人力资源的影响和要求。

(2) 根据企业或部门实际情况,确定其人力资源规划期限。

(3) 通过职能分析来进行部门化组织设计。

(4) 通过(工作)岗位分析,进行(工作)岗位设置,制订劳动定员定额计划。

(5) 采用定性和定量相结合、以定量为主的各种科学预测方法,对企业未来人力资源的供需进行预测,在此基础上制订人力资源供需协调平衡的总计划和各项业务计划。

(6) 做好人力资源管理费用预算,保证人力资源规划与企业有限的财力相适应,从经济上确保人力资源规划是遵循企业可持续发展的战略目标。

(7) 做好人力资源管理制度建设。对组织行为进行规范,是人力资源管理活动有效实施的制度保障,因此制定必要的人力资源政策和措施是人力资源规划的重要工作。

(8) 做好人力资源开发规划,是实现人力资源规划总目标的重要的、补充提高性的规划内容。

(9) 人力资源规划并非是一成不变的,它是一个动态的开放系统,还应包括调整发展规划。

3. 人力资源管理业务模块及新人力资源管理

在现阶段的企业管理中,提到人力资源管理,大家更多的会从招聘、绩效薪酬、培训与发展和员工关系几个方面去认知,加上人力资源规划,就是传说中的人力资源 6 大模块。本节也将从这几个方面进行逐一介绍。

1) 人员招聘与录用

为企业筛选合适人才,是人力资源管理重要的,也是首要的一个环节。人才的辨别与甄选,也决定了企业人力资源管理的水平和效果。由此可见,人员招聘程序尤为重要。

(1) 根据人力资源规划,制定人员需求规划　人力资源规划确定了岗位及职责,也在人员规划方面指出了方向,在招聘实施前,首先要调查清楚人员需求,只有需求准确了,方才有效实施。

(2) 确定招聘渠道，实施精准招聘　根据人员需求情况及类型，分析需求人员的特性，制定不同的招聘渠道及策略。如公司储备性人才需求量大、基础好、经验相对要求不高，可以开展校园招聘；对于经验要求丰富、行业内技术较强的人员需求，可以采取 IPO、猎头招聘的方式。

(3) 组织面试实施，准确甄选人才　只有运用了有效的甄选手段和过程，才能保证招聘到合适的人选并最终放在合适的岗位为企业服务。所以在面试甄选过程中，企业根据不同岗位需求的人员特性做不同的甄选手段。如对销售人员，需要的是敏锐的市场洞察力、机会把握能力、语言组织能力等，可采取无领导小组讨论的形式，指定固定主体，让面试者发挥和展现。

(4) 确定合格人员，做好录用前准备　通过面试的人员可以看做企业拟录用的资源池，企业人力资源人员将根据招聘人数计划、面试情况等，做录用准备。在录用前还有一项工作要做，那就是做好拟录用人员的背景调查和体检工作，以确保候选者在综合素质、岗位匹配中更加优秀和准确。

(5) 确定录用，签订试用或聘用合同　企业确定候选者合适后，并收到候选者接受的回复，即可与候选者签订试用或聘用合同。聘用合同一般包括雇佣双方基本信息、合同期限、薪资待遇、违约责任等。聘用合同的签订一定是基于法律前提下，双方一致签字确认的结果。

2) 绩效与薪酬

绩效管理是通过一套工具或手段，评定员工在一定阶段内的成果和表现，并将结果应用于薪酬等方面，以激励员工发挥更大潜能，服务于公司发展的一个过程。绩效管理不是一种状态，更是一个过程，遵循的就是 PDCA 原则。

(1) 制订考核计划　考核计划中的一项重要指标就是依据上级或组织的绩效目标分解，作为承担者的考核 KPI。其次依据日常工作计划，罗列重点工作。在考核计划的过程中，也要遵循目标或达到的结果清晰、时间节点明确、责任主体具体、考核测评易执行的原则。

(2) 目标的确认　绩效考核是一个双方沟通确认的结果，在达到目标、时间节点方面需要上下级共同沟通确认，切忌自上而下的盲目推行和无约束的计划。双方达成一致后要落实签字确认，以保证后期考核的依据。

(3) 考核的实施和评定　对于绩效考核的过程实施，可以对过程进行监控，在实施中进行纠偏和提醒，同时注意证据的搜集和存档。在绩效评定时，要遵循公平公正的原则，用事实和数据说话，给出客观的绩效评价。

(4) 绩效反馈和改进　考核是一种手段，奖惩不是目的。绩效考核更重要的一个作用就是帮助员工改进。所以绩效反馈和绩效改进是绩效考核中的主要目的，这样才能帮助员工能力的不断提升，个人和组织绩效的不断改进。

薪酬是组织对员工的贡献，包括员工的态度、行为和业绩等所做出的各种回报，薪酬的高低和构成是吸引并激励、保留优秀人才的重要因素。通过薪酬机制的建立和实施，将促进公司与员工结成利益共同体关系，达到企业的长远发展。本部分从流程的建设方面，对薪酬设计进行分析。

(1) 薪酬方案前期调查　每一家企业都无法脱离社会而生存,也都有归属行业,同样面临着竞争对手。合理的薪酬方案不仅能在行业中处于竞争优势、招揽人才,也能做到节约成本。所以薪酬方案的设计要从地域经济发展情况、行业水平或某一技术人才的薪酬水平等方面进行多方面的调查。

(2) 岗位价值分析和定级　根据分工和业务的不同,企业内部存在着不同的岗位,不同岗位间的价值也不同。制定薪酬结构时,首先要根据岗位在企业业务中的重要性、复杂性、对人员的要求等方面,通过排序法、分类法、岗位评分等方法,进行价值评定,然后设置每个岗位的薪酬区间和幅度。

(3) 不断优化薪酬结构　由于薪酬受到多方面的影响,包括外部(社会、行业、竞争对手)和内部(业务调整、内部公平)等因素,所以要实时对薪酬结构进行调整和优化,以提高企业竞争力,满足企业发展之需。

3) 培训与发展

高速发展的社会要求我们的企业管理、人才的知识水平都要随着变化,而培训就成为企业增加应变能力的重要手段,众多知名的企业都非常重视员工的培训工作。培训的合理设计,不但能帮助员工得到能力的提升,更为公司的竞争和发展提供源源不断的动力。培训的系统性、针对性、科学性成为培训设计的重要目标和衡量标准。

(1) 培训需求分析　培训是解决企业员工和企业发展现存问题,帮助员工弥补为实现企业发展目标之需的不足之处进行的。培训的需求分析坚持"5W2H"的方法,即谁需要培训(who)、为什么要培训(why)、需要什么样的培训(what)、何时进行培训(when)、何地进行培训(where)、如何培训(how)及对多少人进行培训(how many)。需求分析可以通过问卷调查、面谈、组织需要等方式进行收集信息,同时可以对岗位及工作任务进行剖析,弄清当前公司和员工能力之间的不足,以更加针对、科学的设计培训方案。

(2) 培训组织实施　一个良好的培训方式的选择,是培训发挥效果的重要作用。根据不同的授课内容、授课群体,可以选择面授、远程教育或小组讨论等学习方式,以使培训效果的最大化。

(3) 培训效果的评估　培训效果对受训者所获得的知识、技能对自己本身工作或公司业务发展的帮助和达到的结果。良好的培训效果对员工能力的提升和满足企业发展需要提供帮助,没有好的效果的培训无非浪费经费和人力、时间。对课程进行后评估,也是进一步对培训课程的持续优化和完善。

4) 员工关系建设和维护

员工关系是人力资源的一项重要内容,本部分重点探讨员工关系中的劳动关系管理。劳动关系的问题如同某些慢性疾病一样,在不经意之间就会发生但未引起重视,随着时间的推移和积累,待发现时可能就已比较严重。所以,建立预防劳动风险的思维习惯,妥善管理好员工之间、员工与企业之间的关系,是建立和谐劳动关系、增强企业凝聚力的重要问题。

(1) 规章制度要合法、健全　合理健全的企业规章制度是防范劳动风险的前提。要在国家法律法规前提下,及时完善公司规章制度,根据相关要求进行公布、公示,让员工知晓。

(2) 建立劳动争议处理机制　劳动争议很多问题正是由于处理不当,造成事态的扩大化。所以在处理劳动争议时，企业要建立劳动争议处理机制，工会等员工代表组织要发挥作用，根据不同类型的劳动争议启动不同类型的处理预案。

（3）做好员工关怀和善后事宜　劳动纠纷处理的好坏，不光是某一事件处理结果的衡量，面对的还有事件背后的群体。在处理劳动纠纷后，一定采取员工关怀的措施，避免员工情绪的波动，防范类似事件的再度发生。

5）新人力资源管理

在企业管理变革高速发展的时代，人力资源管理也发生较大的变化。目前最为推崇的当为尤里奇的人力资源"三支柱"理论，如图5-7所示。

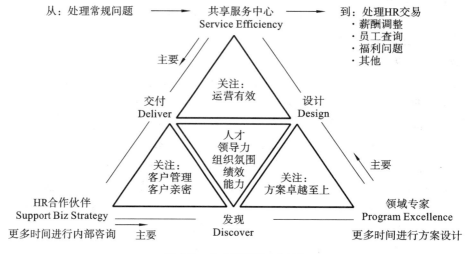

图5-7　人力资源"三支柱"

"三支柱"理论的实施基础就是企业已经形成或预备构建构建基于客户化、流程化的组织。很多企业没有真正打造流程化的体系，企业的业务流程没有进行系统的整合和梳理，更谈不上是基于客户的流程化体系建设。真正要构建"三支柱"模型，首先人力资源要真正上升到战略和业务层面，而不再是一个事务性的部门或业务，公司的业务流程方面要有系统性、规范性的建设和运作。

"三支柱"模型中的COE可以看做是传统人力资源中的人力资源规划，但比传统的规划更具有战略性和指导性。共享服务中心和HRBP就需要人力资源平台的信息化、公开化、模块化、标准化，如果企业在制度和流程方面缺少标准化，很难实现管理或业务的共享，没有大数据的支持、流程化的体系支撑，也难以实现共享和BP的作用。所以从新人力资源的要求来看，企业建立标准化、制度化、流程化也是大势所趋。

人力资源管理的各个模块都应该成为企业人力资源管理业务流程架构的内容，在流程架构的基础上开展相关流程的建设与持续改进工作，确保企业内部客户满意度的持续提升。如图5-8所示为某集团企业人力资源管理的流程架构，该集团将人力资源管理工作分为招聘管理、人事管理、绩效与薪酬管理、员工发展等业务模块。

第五章 企业运营管理体系中的职能管理体系

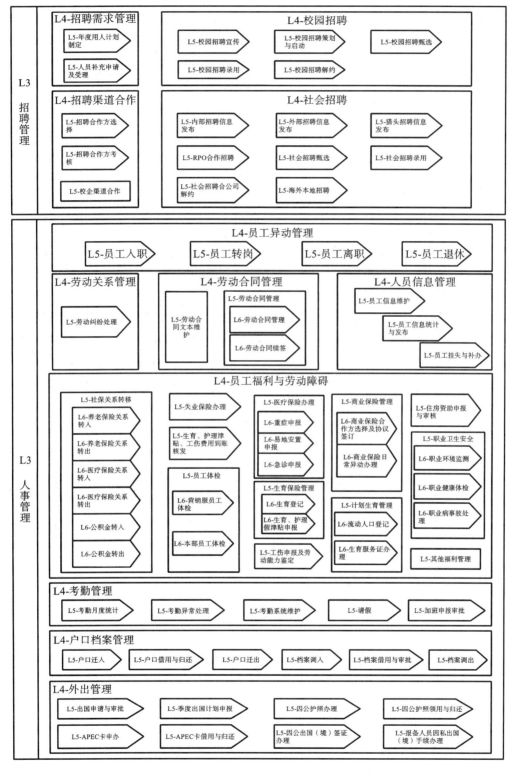

图 5-8 某集团企业人力资源管理的流程架构

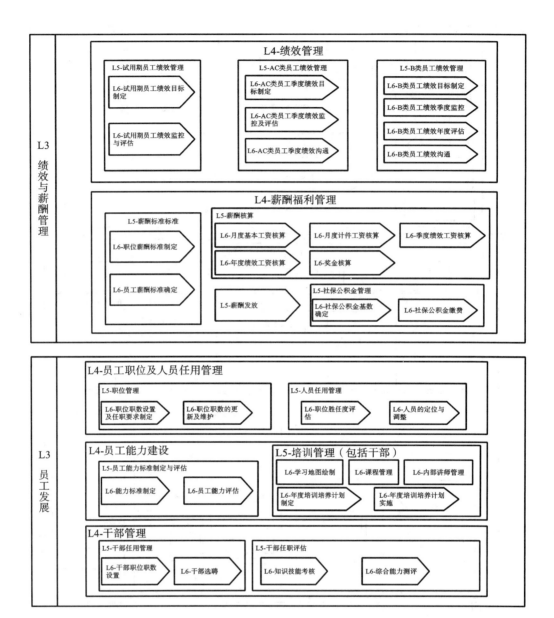

续图 5-8

案例 5-2

某公司人力资源体系的建设

2011 年以来，某公司开始了长期、持续的管理变革之路，人力资源部作为职能管理部门，在公司管理变革大背景下，也开始了内部管理的优化和建设。

1. 建业务需要的任职资格

根据公司业务发展,为提升组织绩效的需要,通过对完成组织绩效目标的业务活动的分析,对员工的职业发展通道进行设计,同时鼓励人才向提升组织绩效的方向发展。通过这些原则的确定,建立起满足组织业务需要的任职资格体系。某公司的任职资格体系分为经营管理类、营销服务类、业务技术类、职能管理类和综合支持类,同时在各类别中又根据业务活动及能力要求等划分不同的任职资格序列。

公司每年对任职资格进行初始化评定和例行评定,从而帮助员工了解个人能力差距,使其有目的的提升个人职业发展的不足,促进员工主动的向满足公司业务发展的方向努力。

2. 建设业务需要的人力资源管理队伍

管理变革前,该公司的人力资源部门以行政职能为主,主要从人力资源专业性、事务性和职能性开展工作。业务开展更多的是从上而下的管理模式,承担的主要责任是政策及文件的上传下达,起到的仅仅是一个桥梁作用。这种模式,使政策的制定脱离了业务,业务部门的声音很难得到反馈。

随着管理变革的推进,该公司的人力资源建设逐步朝着人力资源"三支柱"的方式开展,在业务部门设置人力资源外派经理和受人力资源部指导的人力资源专员,让人力资源管理业务下沉至各产出单元;与此同时,下沉至产出单元的人力资源经理或专员可以听到一线人员的呼声,使人力资源的招聘、任职资格建设等更具有针对性和可实施性,如图5-9所示。

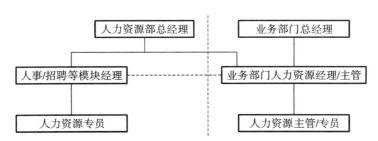

图5-9 基于业务部门的人力资源矩阵管理模式

案例 5-3

■ 某公司的员工关系管理 ■

随着公司规模的扩大、员工的维权意识不断增强,再加上外部政策及环境的不断变化,对人力资源及员工关系的管理也提出越来越高的要求和挑战。该公司作为一家国企,更是在员工关系管理方面承担社会责任。基于此,该公司的员工关系管理在制度和流程方面建立较为完备的体系。

从组织层面,在公司层面成立以公司副总裁为主任的劳动争议调解委员会,由公司工会办公室行使日常职责,各基层工会承担所辖部门劳动关系的处理;每月设置领导接待日,员工可以直接在接待日向公司领导反应和提出问题、建议。员工在内部有多重渠道反应个人诉求,在一定程度上减少劳动纠纷的产生和扩大化,也进一步稳定了员工关系。

在制度与流程层面,公司人力资源部健全并完善各项规章制度,制度通过有效途径表决通过并广泛公示,确保员工知晓;在处理流程方面,通过基层管理、业务部门人力资源工作人员、基层工会与公司人力资源、公司工会等多种渠道解决,同时健全员工申诉机制,保证员工利益不受损害,员工反馈渠道畅通,员工问题反馈及处理渠道如图5-10所示。

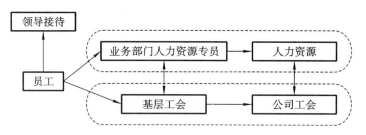

图 5-10　员工问题反馈及处理渠道

在管理方面,以人力资源部牵头编写《员工关系手册》,从风险防范和日常管理方面为管理人员提供操作依据;定期发布劳动关系案例,结合案例传达解决问题的方式方法,在案例中加强劳动关系的管理。如图5-11所示。

图 5-11　某公司的《员工关系手册》

可以看出,从组织建设到制度流程的规范,再到具体的操作,该公司的员工关系管理基本形成一套完备的体系,对解决员工问题,维护企业和谐和促进发展等方面发挥了一定作用。

第四节 绩效管理

一、绩效管理的内涵

绩效管理是指各级管理者和员工为了达到组织目标共同参与的绩效计划制订、绩效辅导沟通、绩效考核评价、绩效结果应用、绩效目标提升的持续循环过程。绩效管理的目的是持续提升个人、部门和组织的绩效。

绩效一词源于英文 performance，不同的人对绩效有不同的理解。有的人认为，绩效是指完成工作的效率与效能；有人认为绩效是指那种经过评估的工作行为、方式及其结果；更多的人认为绩效是指工作结果。从管理学的角度看，绩效包括个人绩效和组织绩效两个方面，可以用财务指标和非财务指标表述。

组织绩效是指组织在某一时期内组织任务完成的数量、质量、效率及盈利情况，包含经济、效率和效益三个方面。经济是指输入成本的降低程度。在实践中，它通常以低成本投入而获得的资金节省为度量，如通过市场检验或使用较低的投入而获得的成本降低。效率是指一种活动或一个组织的产出及其投入之间的关系。最常用的效率测定的概念是劳动生产效率及单位成本。效益是指产出对最终目标所做贡献的大小。

个人绩效是指组织内部的员工为组织所做的努力及贡献的收益，是考核者对员工工作状况的评价。包括两个方面：员工的行为和员工的工作结果。员工的行为可以影响到工作结果。

介于组织绩效和个人绩效这两个层面之间还有一个部门绩效。很显然，组织绩效往往会被分解为部门绩效，部门绩效又被分解为部门内部每一位员工的个人绩效。组织绩效实现应在个人绩效实现的基础上，同时，员工个人绩效应当支持所在部门绩效的实现，组织中的每一个部门的绩效又应当支持整个组织绩效的完成。但是员工个人绩效的实现并不一定保证组织是有绩效的。如果组织的绩效按一定的逻辑关系被层层分解到每一个工作岗位及每一个人的时候,只要每一个人完成了组织的要求,组织的绩效就实现了。

二、绩效的特征及其影响因素

1. 绩效的基本特征

企业是一个有目标的组织,绩效管理是对企业是否达到目标的一种检验,因此绩效管理是企业管理的核心内容。绩效管理是以战略为导向,以经营目标计划为基础,以关键业绩指标(KPI)为核心,通过持续改进,不断提升组织和员工绩效的管理过程。

1) 组织绩效的特征

从组织绩效的角度来看,绩效管理就是要把绩效指标与公司战略挂钩,变静态考核为动态管理。组织绩效特征如图 5-12 所示。

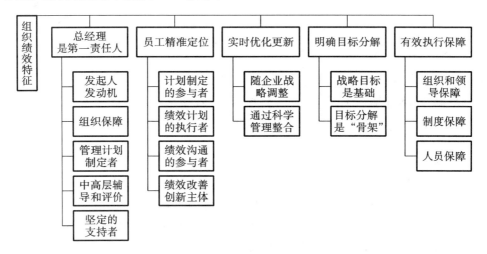

图 5-12 组织绩效特征

(1) 总经理是绩效管理第一责任人 绩效工作的系统性和全局性,决定了总经理及公司高管不可能置身于绩效管理工作之外,必须持续抓绩效管理建设与实施工作。

(2) 绩效管理的更新优化 企业在不同的时期,根据战略的不同管控要求,会有不同的侧重点。有些强调控制,有些强调快速反应,有些强调成本压缩,不一而足。因此在调整企业战略同时,绩效管理必将随着企业战略进行调整。

绩效管理的目的是为了提高和改善员工的绩效,从而提高和改善组织的绩效。绩效管理的目的不只是绩效考核,绩效考核只是绩效管理的副产品,是为了促使绩效更好地完成。绩效考核是绩效管理的一部分,是绩效管理的手段而不是目的。不少企业认为"薪酬与绩效结合起来"的管理就是绩效管理,导致企业最终为了"薪酬"而不是"绩效"进行绩效管理,从而使绩效管理无法达到绩效管理的效果。因此,只有通过科学的绩效管理来整合战略、运营与人员流程,才使企业战略能真正落地有效实施。

(3) 明确的目标分解 如果没有战略目标分解作为基础,绩效管理体系就没有了依托,就无法发挥其应有的效用。在实际制定绩效考核指标的时候,需将企业战略目标分解成各部门各员工的工作任务,在完成战略目标的逐级分解之后,就要结合各个岗位的工作职责和实际工作内容,确定岗位要完成目标任务需要达到的标准或要求(不同的绩效指标设计的思路,其体现的效果也会有所不同),并据此来考察组织工作流程中哪里出现了问题或什么地方需要改进,通过优化工作来满足企业的战略要求。

(4) 有效的执行保障　绩效管理是任何一个组织管理工作的核心,是组织执行力的来源,是提高组织整体执行力的最佳途径。成功实施绩效管理,不但能帮助企业提高管理效率,帮助管理者提升管理水平,而且对于企业重新认识绩效管理对实现企业战略目标的作用具有重要意义。绩效管理有完善的保障体系支撑,才能更有利于企业绩效考核方案的实施。也会更加深入完善,真正达到推动企业提升执行力的目的。

2) 员工绩效的特征

从员工绩效的角度来看,绩效本身具有可衡量性、多因性、多维性及动态性 4 个特征,如图 5-13 所示。

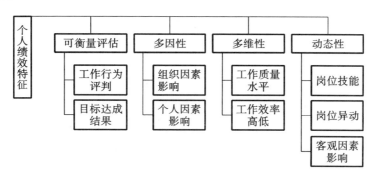

图 5-13　员工绩效特征

(1) 绩效必须是可衡量的或可评估的　也就是说,可以按照员工的工作行为或工作结果对组织或个人所产生的作用是消极的、积极的还是中性的来加以评判,即根据它们对于组织、部门或个人的目标实现是否做出了贡献来判断这些行为和结果的价值。无论是绩效构成中的行为部分还是结果部分,都必须能够通过定量或定性方法加以评估。不能衡量和评估的绩效是毫无意义的。

(2) 绩效具有多因性的特征　它是指员工的绩效会受到多方面因素的影响,这些因素既包括组织方面的因素,也包括员工个人的因素。组织因素主要涉及组织的战略和目标、组织文化和价值观、上级的领导风格等,个人因素则主要涉及员工个人的知识、技能、能力及价值观和工作动机等方面。关于这些方面的问题,将在影响员工个人绩效的因素这部分内容中进一步阐述。

(3) 绩效具备多维性　是指员工的绩效不是某个单一维度构成的,相反,在员工的绩效中往往涉及多个维度的内容。如对某一位生产工人而言,其绩效就不仅仅表现在产量一个方面,还包括工作质量水平,如残次品率、质量差错率等,此外,还必须考虑他在完成工作任务过程中耗费的时间长短及成本多少。因此,在界定员工的绩效并制定相关的绩效标准时,很重要的一点就是要全面考察员工的绩效构成,不能遗漏任何重要的绩效项目。否则就很容易出现员工重视被考核的绩效维度,而忽视不考核的绩效维度的现象。

(4) 绩效是动态的　动态性是指一位员工的绩效在一定的时期内会发生变化，而不是一成不变的。比较常见的情况是，同一个职位上的员工，由于个人的工作年限延长，知识和技能水平不断提高，绩效水平也存在不断提高的趋势。但是，如果职位本身的工作要求或在工作中所使用的设备和技术等方面的因素发生了变化，也有可能会导致一位过去绩效不错的员工出现绩效不佳的情况。此外，一位绩效很好的员工在被调动或晋升到一个新的职位上之后，也有可能会出现短期内的绩效下滑。正是因为员工的绩效是动态变化的，所以通过绩效管理来不断改善和提升员工的绩效就有了可能。

2. 绩效的影响因素

绩效的影响因素有两个方面，如图 5-14 所示。

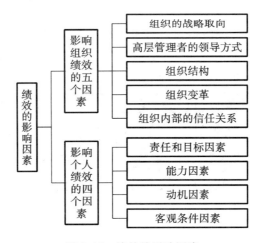

图 5-14　绩效的影响因素

1) 影响组织绩效的 5 个因素

(1) 组织的战略取向　组织的战略取向决定了组织的经营范围、所服务的客户群体及所采用的竞争战略，这些将在宏观层面上影响组织的绩效，而组织的战略取向变化又会影响微观层面上的组织结构。Johnson & Michiel(2001 年)以购买型组织结构为研究对象，研究了职能型组织结构变革的原因及这些变革是如何发生的。研究发现，环境压力会驱动企业的组织变革，但并非是产生组织变革的唯一因素，组织结构受环境和战略的影响，部门化的组织必须与企业的战略和结构一致。不考虑企业整体结构的变革，而仅仅考虑部门化的变革往往是无效的。

(2) 高层管理者的领导方式　高层管理者的心智及领导方式也对组织绩效具有重要的影响。Bass 认为，领导有两类：交易型领导和变革型领导。交易型领导是指领导与下属之间的关系以一系列的交易和隐含的契约为基础。该类型的领导以奖赏的方式领导下属，当下属完成特定的任务后，便给予承诺和奖赏，整个过程就像一项交易。变革型领导是指领导者通过改变下属的动机与价值观，例如提升需要层次、超越自我兴趣等来促进绩效的提高和整个组织的变革；变革型领导涉及 4 个方面：领袖魅力、鼓舞动机、个别体贴和智力刺激。有研究表明，领导方式与组织绩效具有密切的联系。

(3) 组织结构　Decanio 和 Catherine 等人(2000 年)认为，组织结构能影响组织绩效。

他们研究的主要是组织结构和组织绩效间的经济测量。这里,绩效被定义为组织采用了能带来利润的创新所实现的净现值。经济测量主要是测量由替代补偿原则引起的收入不公平。研究的基本思路是组织的适应力取决于组织成员采用的能带来利润的创新活动。研究表明所观察到的大量经济上的不平等可能是由于个体在组织结构中的定位,人力资本和天生能力的不同可能作为个体在层级制中所处位置的结果,但是结构的存在本身就是一个明显的资源不平等。

此外,构成组织的但与个体特征无关的因素(如收益、成本等)也会系统地影响着不平等的程度。研究虽没有对现实中所观察的不平等做出解释,但验证了一句格言"不在于你知道什么,而在于你是谁"。研究指出,经济上不平等的原因很少有经济学上的关注,不管个体的个性差异,层级制和组织结构的盛行本身就是收入不平等的源泉。

(4) 组织变革 组织的权变理论认为组织结构必须进行变革以保证组织获得高的绩效水平。Donaldson(2000年)认为,组织绩效的变化也能促使组织变革,使组织更适合于环境。当组织绩效比较低时,组织会陷入危机,使企业的价值降低,从而导致组织变革。组织绩效的变化可以作为组织变革的动力,当组织不适应出现时,组织绩效就会下降,低于满意水平,这样就会引发组织变革,使组织由不适应转变为适应。只有不断地组织变革和改善组织适应力,组织才会保持高的绩效水平,并获得持续成长。Donaldson的研究同时认为,当商业周期持续低落时,使得组织绩效低于满意水平,从而引发适应性的组织变革;当竞争对手具有良好的组织适应力时,组织的低绩效会驱动组织的适应性变革;负债会促进组织适应性的变革,因为必须要经常支付利息,所以管理者会不断增加组织绩效来达到满意水平;部门风险也会引发组织的变革,如"明星"部门具有较高的部门风险,会使得该部门经常处于不适应状态而引发经常性的适应性变革。

(5) 组织内部的信任关系 组织内部的长期有效的信任关系直接影响着组织成员"履约"的愿望,信任与组织绩效密切相关。在研究如何确保组织目标所需要的控制机制时,Mills和Cerardo(2003年)从研究结构性授权入手,探讨了组织有效授权所必需的组织制度和信任问题。他们发现,当组织实行充分授权后,会导致员工的决策并不能支持企业的整体目标和方向,结果会导致授权过程中相互信任的降低,增加组织内部的协调成本和工作的被动性,并降低组织的工作效率和绩效。所以,必须对授权实施适当的控制。对员工的结构性授权能带来明显的益处,但对于组织也会有道德困境和剩余索取权的潜在风险。组织制度和信任可以有利于对个体的授权,并应结合标准化的过程和信任机制来实现组织的目标。

2) 影响个人绩效的四大因素

影响员工个人绩效水平高低的因素主要包括4个方面:责任和目标因素;能力因素;动机因素;客观条件因素。

要想取得良好的绩效,员工必须清楚地知道自己到底应该做什么。如果员工连自己应当完成哪些工作任务都不清楚,就根本不能期望他取得优良绩效了。员工应该做什么的问题又主要取决于两个方面的因素:一是组织的战略和文化要求员工做什么?很显然员工的工作必须能够对组织的战略目标实现产生支持作用,同时员工的行为还必须符合组织文化的要求,组织文化决定了哪些事情能做,哪些事情不能做;二是员工所在职位本身的职责要求他们做什么？职位本身的要求确定了员工的职责范围及其需要完成的主要工作任务，它通常以职位说明书的方式明确指出。总之，组织战略和文化及职位本身的要求共同决定了员工需要完成哪些工作任务，同时也决定了他们在完成工作任务的过程中应当坚持什么样的行为准则。

即使员工知道自己应该做什么，也很有可能因为不知道怎样做而无法达成良好的绩效。也就是说，员工要想取得良好的绩效，还必须具备履行职责或完成工作任务所必需的知识、技能和能力。那么，怎样才能确保员工具备完成相应的工作或承担相关责任所需的知识、技能和能力呢？主要途径无非有两条：一是做好组织的人员招募、甄选和配置工作，根据职位说明书中列明的任职资格条件要求来招募和甄选任职者，用真正能够胜任工作要求的人来填补职位空缺，从一开始就确保人员和职位之间的匹配；二是通过各种培训开发手段来弥补员工在相关知识、技能以及能力方面的不足。很多时候，即使是一开始时能够胜任职位的工作需要的人，也有可能会随着组织的战略方向、技术系统、工作方式等的调整而出现知识、技能和能力方面的缺陷。在这种情况下，组织就需要及时开展培训和开发活动，以确保员工不断更新自己的知识和技能，满足工作的需要。

即使员工知道自己所应承担的工作职责和工作任务，同时也具备履行这些职责或完成这些任务的知识、技能和能力，仍然有可能不采取那些能够导致高绩效实现的行为。很显然，这就涉及员工的动机问题。那么，哪些因素有可能导致员工不愿意采取对组织有利的行为呢？最常见的情况是，员工没有受到足够的激励，他们并不认为一旦自己努力工作，取得良好的绩效之后，组织会给自己提供相应的报酬，或者认为可能获得的报酬数量太少。最常出现的一种现象是：员工认为组织的加薪决策和晋升决策与员工个人的绩效表现关系不大，或者关系不明显。第二种情况虽然不是很常见，但是也时有发生。如有些求职者会临时先找个地方落脚，然后再继续私下寻找其他更好的组织或职位。上述情况表明，组织要想确保员工有充足的努力工作动机，就必须不断优化晋升决策和薪酬激励机制，以及在招募和甄选过程中认真考察求职者的求职动机，在必要时还要进行求职者的背景调查。

在员工本人知道自己该做什么，也具备做事的能力，同时也愿意做的情况下，他们仍然有可能无法取得优良的绩效。这里的一个关键问题在于，员工所处的环境是否允许他做好某些事情。有时一个组织的文化或员工所在的群体形成的群体规范并不鼓励员工去做某些对组织有利的事情，如果他们做了这些事情，反而有可能招致惩罚。此外，在现代组织中，每一位员工的工作通常都不大可能完全独立于他人，而是需要得到本部门及其他部门同事或直接上级的支持和帮助，如果其他员工或直接上级对当前员工的努力采取不配合、不合作的态度，至故意制造障碍，那么员工也很难最终取得好的绩效。

从这个角度来说，良好的组织文化及相互支持与合作的组织氛围，对员工取得高绩效非常有帮助。

3. 情绪对绩效管理的影响

情绪源于心理学，是指伴随着认知和意识过程产生的对外界事物的态度，是对客观事物和主体需求之间关系的反应，是以个体的愿望和需要为中介的一种心理活动。情绪是思维的基础，而且人进行判断、推理、决策等一系列活动都要有赖于情绪。情绪是先于认知发展的，情绪处于大脑中更加重要的部位，情绪是人产生行动的准备阶段，会和人实际所采取的行动相联系。情绪也是人对客体是否符合自己需要而产生的体验,符合自身需要的事务通常会引起愉悦的体验,不符合需要的事物往往引起令人不愉悦的情绪和反应,情绪包含了人的认知活动,会涉及并影响对外界事物的评价。

员工情绪管理的能力对工作绩效有显著影响,主要表现在具有较高情绪管理能力的员工会对其工作绩效产生正面的效应。这类型员工可以很好地管理和控制自己的情绪,这样在工作中可以实现自我激励,以积极的情绪完成工作任务,较好地取得其工作绩效。而情绪管理能力相对较弱的员工,在工作中遇到挫折或困难的时候,由于情绪管理不当反而会导致工作绩效的降低。具体影响体现在以下几个方面。如图5-15所示。

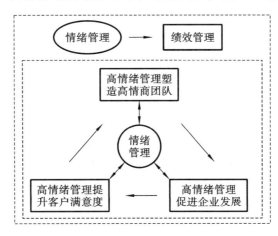

图5-15 情绪管理与绩效管理

(1) 具有较高情绪管理能力的员工可以塑造出高情商的团队 伴随着企业员工的知识化和专业化,企业工作中员工彼此的依赖性逐渐增强。情绪管理能力强的员工可以很好地识别其他员工的情绪,更好地适应工作环境,并建立员工之间广泛的协作关系。通过不断提高员工的情绪管理能力,可以进一步改进员工之间彼此的工作方式,使员工在彼此配合、互相激励的环境中发挥其智慧才干和创造性,从而塑造出高情商的工作团队。

(2) 具有较高情绪管理能力的员工可以提升客户满意度 客户满意度是员工绩效评价的重要指标之一。情绪管理能力强的员工能更好地了解和分析客户的需求,从客户的角度出发,切实地维护客户的权利,为客户解决难题。因此,当情绪管理能力强的员工面临客户投诉等问题的时候,他们能很好地控制和调节自己的情绪,认真负责地解决问题,并长久赢得客户的信任和满意。

(3) 具有较高情绪管理能力的员工可以促进企业成长和发展 伴随着企业的发展,新知识和新技术的引入对每一个员工都提出了新的挑战,这样会导致员工心理压力的增加,甚至会将情绪的不适状况带入到工作当中,从而分散员工注意力,形成操作失误等问题,影响企业的发展。但是,情绪管理能力强的员工可以利用其更为精准的认知情绪,较好地吸收外部信息来创造性地解决企业成长中所面临的各种问题。因此,通过提升员工的情绪管理能力可以减少员工的情绪压力,使员工集中注意力,以更好的情绪投入工作,减少决策和操作性错误,从而避免给企业带来不必要的损失。

三、绩效管理的作用

绩效管理是增强战略执行力的一套方法，它将个人业绩、个人发展与公司目标有机结合，通过持续改善个人业绩和团队业绩来持续改善公司业绩，并确保公司战略的执行和业务目标的实现。

1. 绩效管理促进组织和个人绩效的提升

绩效管理通过设定科学合理的组织目标、部门目标和个人目标，为企业员工指明了努力方向。管理者通过绩效辅导沟通，及时发现下属工作中存在的问题，给下属提供必要的工作指导和资源支持，下属通过工作态度及工作方法的改进，保证绩效目标的实现。

在绩效考核评价环节，对个人和部门的阶段工作进行客观公正的评价，明确个人和部门对组织的贡献，通过多种方式激励高绩效部门和员工继续努力提升绩效，督促低绩效的部门和员工找出差距并改善。

在绩效反馈面谈过程中，通过考核者与被考核者面对面的交流沟通，帮助被考核者分析工作中的长处和不足，鼓励下属扬长避短，促进个人得到发展；对绩效水平较差的部门和个人，考核者应帮助被考核者制订详细的绩效改善计划和实施举措。

在绩效反馈阶段，考核者应和被考核者就下一阶段工作提出新的绩效目标并达成共识，被考核者承诺目标的完成。在企业正常运营情况下，部门或个人新的目标应超出前一阶段目标，激励部门和个人进一步提升绩效，经过这样绩效管理循环，部门和个人的绩效就会得到全面提升。

另外，绩效管理通过对员工进行甄选与区分，保证优秀人才脱颖而出，同时淘汰不适合的人员。通过绩效管理能使内部人才得到成长，同时能吸引外部优秀人才，使人力资源能满足组织发展的需要，促进组织绩效和个人绩效的提升。

2. 绩效管理促进管理流程和业务流程优化

企业管理涉及对人和对事的管理。对人的管理主要是激励约束问题，对事的管理就是流程问题。流程问题就是一件事情或一个业务如何运作，涉及因何而做、由谁来做、如何去做、做完了传递给谁等4个环节的问题，对上述4个环节的不同安排都会对产出结果有很大的影响。

在绩效管理过程中，各级管理者都应从公司整体利益及工作效率出发，尽量提高业务处理的效率，应该在上述4个环节不断进行调整优化，使组织运行效率逐渐提升。在提升组织运行效率的同时，逐步优化了公司管理流程和业务流程。

3. 绩效管理保证组织战略目标的实现

企业一般有比较清晰的发展思路和战略，有远期发展目标及发展规划，在此基础上根据外部经营环境的预期变化及企业内部条件制订出年度经营计划及投资计划和企业年度经营目标。企业管理者将公司的年度经营目标向各个部门分解就成为部门的年度业绩目标，各个部门向每个岗位分解核心指标就成为每个岗位的关键业绩指标。

四、绩效管理机制的构建

企业绩效管理机制是指企业结合自身实际情况，在管理者与员工之间就目标与如何实现目标达成共识的基础上,通过定期有效的绩效评估,肯定成绩,指出不足,对组织目标达成有贡献的行为和结果进行奖励,对不符合组织发展目标的行为和结果进行约束;通过激励去激发员工的工作热情、提高员工的能力和素质,帮助员工取得优异绩效,从而实现组织目标,并引导员工自觉向企业整体战略目标靠拢,且在积极主动的工作过程中实现自我价值的过程。如图 5-16 所示。

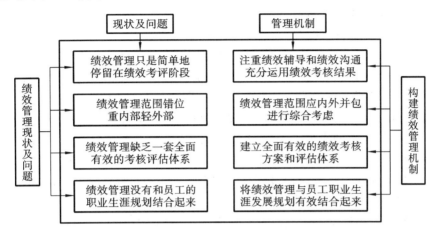

图 5-16 绩效管理机制的构建

1. 绩效管理机制现状及存在的问题

1)绩效管理只是简单地停留在绩效考评阶段

绩效考评是绩效管理不可或缺的一部分,但不是绩效管理的全部。企业在绩效管理过程中,很多时候只是以员工的业绩说话,这种简单把绩效考评当做绩效管理的手段的做法,并没有以人为本的企业绩效文化作支撑。在这种情况下,无形中鼓励了员工的短期行为,为突出个人业绩,员工可能会将个人利益凌驾于组织利益上;不利于团队文化的建设,造成员工之间的不和睦;员工的主动性没有发挥出来,工作热情和参与度也不会很高,容易引发员工的抵触情绪。

2)绩效管理范围错位,重内部轻外部

企业设计的绩效指标只着眼于满足内部的需要,管理者满足于命令-控制模式,对每一项作业和工作日的每一分钟进行跟踪,绩效指标的设计也仅限于某些内部职能部门:财务、人事等。这种绩效衡量方法忽略了客户的需求,将绩效管理局限在内部静止的环境中,忽视了外部环境对绩效管理结果的影响,将最终导致绩效管理活动偏离企业的总体发展战略目标和实际的生产经营活动。

3)绩效管理缺乏一套全面有效的考核评估体系

企业对于绩效评估缺乏一套系统、客观的评估标准,在具体评估过程中只考虑员工的绩效,而不注意影响绩效的各方面因素,如员工的工作环境、机会的偶然性等。评估结束后,不把评估结果与员工的培训和发展结合起来,甚至评估者对被评估人带有偏见,或者仅以员工短期工作行为作为长期工作表现的评估依据等,都容易引发员工的抵触情绪,损害员工的工作积极性和主动性,不利于企业以人为本的绩效文化的建设。

4) 绩效管理没有和员工的职业生涯规划结合起来

企业在绩效管理过程中没有将个人目标和组织目标很好地结合起来,没有在员工进入企业之后对其进行相关的职业生涯规划指导,导致员工往往只过分关注考核期内个人的业绩成果,却忽视了结合个人职业生涯规划而制定的应该达到的素质和能力,不利于员工未来的职业发展。

2. 构建企业绩效管理机制

1) 注重绩效辅导和绩效沟通,充分运用绩效考核结果

有效的绩效管理应该是从建立以人为本的企业绩效文化开始,结合员工的个人发展意愿及企业的发展总体目标,确定个人工作计划、目标;然后才是绩效考评,绩效考评结果应作为人员开发、人员晋升、员工职业生涯发展规划等人力资源管理活动的依据,而不仅仅是处罚或奖励员工的手段,更不是绩效管理的最终目的。绩效辅导和绩效沟通作为绩效管理的重要核心,是管理者帮助下属改善绩效的有效手段,是管理者与下属真诚沟通、探讨问题、开阔思路、找出对策、互相认同的过程,也是激励下属、整合资源、提高团队凝聚力和士气的过程。在绩效辅导和绩效沟通过程中,管理者应给予下属充分的表达机会,为其提供必要的帮助,同时要注意区别对待不同下属。

良好的沟通与意见反馈能够及时排除障碍,最大限度地提高绩效执行效果。沟通与反馈应该贯穿于考核的整个过程。上级在开始制订绩效考核计划时就应该与基层进行充分的协商,并在整个考核过程中始终保持与基层的联系,对考核执行的效果,基层要及时反馈,汇报遇到的问题和提出改进的建议,沟通可以采取书面报告、面谈会的方式,也可以采用非正式的交流方式。有效的沟通与反馈不仅能使上级及时掌握绩效考核的效果,更能通过基层反馈的意见进一步完善绩效考核制度,使考核制度更趋合理。

2) 绩效管理范围应内外综合考虑

当今社会,企业所处的外部环境不断变化,绩效管理很难再停留在只着眼于内部绩效活动的时代,任何先进的、高品质的服务提供者都需要从外部对客户进行考量。这就要求企业首先明确对客户来说什么是最重要的,接着考虑如何向客户提供产品和服务,然后落实到具体的产品生产和服务提供的人员身上,对经理人员和相应职能部门的绩效衡量指标也应该从这个"客户—服务者—生产者"链条背后的驱动因素为出发点进行设计,确保绩效考核综合考虑了内外环境各自的影响因素。

3) 建立全面有效的绩效考核方案和评估体系

(1) 企业的领导者首先应该明确绩效评估与企业的正常运转和发展的重要关系,以及绩效评估对员工个人的重要性,制定出切实可行的评估标准,并且标准一经确定,就要严格执行。

(2) 绩效评估人员在评估前应对整个评估过程有统一的认识,要客观、公正地对待员工;评估时要善于听取员工的意见,也可以在评估标准制定时期吸收员工代表参与制定过程中。

(3) 在绩效评估结果出来以后,上级主管应与员工一起根据评估结果指出员工在工作中的优点和不足之处,帮助员工找出其工作方法和能力上的不足,并帮助其设计如何通过培训与职业发展来弥补不足;同时在沟通的过程中,可以发现评估方法中存在的不足,完善

评估制度及评估标准。

4) 将绩效管理与员工职业生涯发展规划有效结合起来

员工的个人职业生涯发展规划在促使员工超越单纯的薪酬激励、实现更高层次的自我价值中发挥着重要作用,同时也形成了企业的特殊的凝聚力和文化,为社会积累大量高素质的人力资源。绩效管理是一种目标式量化管理方法,结合了目标管理和量化考核的思想,将每个岗位即每个员工的工作目标的实现程度进行评价。两者有效结合的过程如下。

（1）制订绩效计划　设定绩效的内容和目标及没达到目标的处罚和达到目标的奖励。

（2）实施绩效计划　跟踪员工绩效周期内的绩效进展情况,及时调整不适合计划的客观和人为因素。

（3）员工绩效考核　帮助员工清楚的量化自己的工作情况,与员工沟通,并根据对绩效计划的执行结果进行评估,根据考核结果对绩效进行管理,并制订下一步发展计划。

（4）通过绩效考评跟踪员工职业目标的进度,进行考评结果与职业目标的比较,寻找考评结果在职业生涯规划实施过程中所处的具体位置,同时也可以找出差距,进行计划修订。

五、绩效考核执行方案

一个完整的绩效管理过程是从制定绩效目标开始的,然后延续到对工作过程的监督、协调、指导和控制,接着延伸到对员工个人及团队的实际绩效完成情况进行衡量,最后还要对通过绩效衡量反映出来的不良绩效问题进行讨论和反馈,并制订进一步的绩效改善计划。绩效管理的这4个重要环节或关键步骤缺一不可,任何一个环节的执行出现问题,都会对整个绩效管理体系产生不利影响。在管理实践中,绩效管理的这4大步骤首尾相连,最终形成一个绩效管理循环,如图5-17所示。这个循环与质量管理过程所遵循的PDCA循环的思想是完全一致的。

1) 绩效计划(P)

绩效管理是一项协作性活动,由员工和管理者共同承担。并且绩效管理过程是连续的过程,而不是在一年内只进行一两次的填表"仪式"。绩效计划是整个绩效管理流程中的第一个环节,发生在新的考核绩效期的开始。制订绩效计划的主要依据是员工职位说明书和公司战略目标及年度经营计划。在绩效计划阶段,管理者和被管理者之间需要在对被管理者绩效的期望问题上达成共识。在共识的基础上,被管理者对自己的工作目标作出承诺。管理者和被管理者共同的投入及参与是进行绩效管理的基础,也就是说,绩效管理必须由被管理者和管理者共同参与,才能真正取得好的结果,获得成功。在绩效计划里,主要的工作是为被管理者指定关键绩效指标。

2) 绩效辅导(D)

关键绩效指标确定以后,管理者应扮演"辅导员"和"教练员"的角色,以指导者和帮助者的姿态与员工保持积极的双向沟通,帮助员工理清工作思路,授予与工作职责相当的权限,提供必要的资源支持,提供恰当(针对员工的绩效薄弱环节)的培训机会,提高员工的技能水平,为员工完成绩效目标提供各种便利。这里所指的绩效沟通与辅导是针对绩效目标的辅导,依托绩效计划阶段所制定的绩效目标,也就是关键绩效指标管理卡,与员工保持持

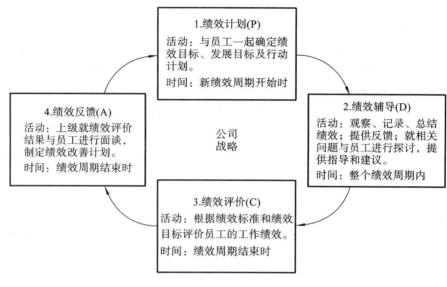

图 5-17 绩效管理过程循环

续不断的绩效沟通,对员工进行有针对性的辅导,进而保证员工的绩效目标得以完成和超越,使员工的能力在绩效管理的过程中得到有效的提高,为员工在下一绩效周期挑战更高的目标做好准备。

3）绩效评价（A）

绩效评价有两个方面的含义：对公司所采用的绩效管理体系及管理者的管理方式进行诊断；对员工本绩效周期内存在的不足进行诊断。通过这两个方面的诊断,得出结论,放到下一 PDCA 循环里加以改进和提高。所以,在绩效周期结束时,管理者还应对员工进行绩效满意度调查,通过调查,发现绩效管理体系当中存在的不足并调整,人力资源部也可以据此对整个企业的绩效管理体系进行调整,使之不断得到改善和提高；同时,根据绩效反馈的结果,管理者还要帮助员工制订个人发展计划或改进计划,对员工在知识、技能和经验等方面存在的不足制订发展计划,放入下一 PDCA 循环加以改进。

4）绩效反馈（C）

在绩效周期结束的时候,依据预先制定好的关键绩效指标,管理者对员工的绩效目标的完成情况进行考核。绩效考核的依据就是绩效计划阶段的关键绩效指标和绩效沟通辅导过程中所记录的员工业绩档案。绩效管理的过程并不是到绩效考核时打出一个分数就结束了,管理者还需要与员工进行一次面对面的交谈,即绩效反馈面谈。通过绩效反馈面谈,使员工全面了解他们自己的绩效状况,正确认识自己在这一绩效周期中的优秀表现,同时正确认识还存在哪些不足和有待改进的弱项；并且员工也可以提出自己在完成绩效目标中遇到的困难,请求得到管理者的指导和帮助。在绩效考核与反馈阶段,管理者所扮演的角色主要是"公证员"。所谓公证员即要求管理者本着公开、公平、公正的原则,站在第三方的角度,依据绩效沟通与辅导过程中的业绩记录,对员工做出公正、公平的评价。这一阶段所使用的工具是"平衡计分卡",这部分内容在第二章有详细介绍。

1. 绩效考核方案制定

制定绩效考核方案须具备5个要素,分别是:高层管理者的高度重视;直线管理者的责任到位;方案设计科学合理;方案宣传深入基层;始终沟通。大多数的企业都忽视了绩效沟通的重要性,而强调评估阶段的工作。绩效沟通在计划、辅导、评估、反馈、激励等不同的阶段都要贯穿始终。然后是制定绩效考核方案的步骤。

1) 开展工作分析

工作分析是所有的人力资源管理的基础,既是薪酬管理系统的第一步,也是绩效管理系统的第一步。

2) 建设绩效指标库

绩效指标库是企业绩效考核的核心和基础,绩效指标的来源主要有以下几个方面。

(1) 基于企业经营目标的分解　是指为完成战略任务而将企业经营目标逐层分解到每个部门及相关人员的一种指标设计方法。通过这种方法得到的指标所考核的内容都是每个人最主要的且必须完成的工作。

(2) 基于工作分析　通过职位说明书或岗位职责说明可以把多种类型的工作分成必须做、应该做和要求做三种,而这种指标设计法就是找出必须做、可衡量的工作,并把它们设置成绩效考核的指标。

(3) 基于综合业务流程　根据被考核对象在流程中所扮演的角色、肩负的责任及同上游、下游之间的关系,确定衡量其工作的绩效考核指标的一种设计方法。

2. 绩效考核方案执行

1) 确定关键职责领域

制定适用于企业的具体的岗位职责,主要有下列原则。

(1) 必须结合本单位的工作性质和特点制定　这样才能真正落实专业技术人员的工作范围任务、权限、责任和义务。

(2) 必须按不同专业、不同档次、不同的工作岗位制定　这样才能使职与责结合起来。

(3) 必须全面、准确、明了　这样才能便于专业技术人员履行职责和对专业技术人员进行考核。

2) 确定关键绩效指标

关键绩效指标(KPI)是对组织运作过程中关键成功要素的提炼和归纳。主要满足以下条件。

(1) 明确的、具体的　指标要清晰、明确,让考核者与被考核者能够准确的理解目标。

(2) 可量化的　目标、考核指标更要量化,"比较好""还不错"这种词都不具备可量化性,将导致指标的模糊,一定是要数字化的。没有数字化的指标是不能随意考核的,否则考核就容易出现误差。

(3) 可实现的　目标、考核指标都必须是付出努力能够实现的,既不过高也不偏低。如对销售经理的考核,去年销售收入2000万,今年要求1.5亿,也不给予任何支持,这就是一个完全不具备可实现性的指标。指标的目标值设定应是结合个人的情况、岗位的情况、历史的情况来设定的。

(4) 实际性的、现实性的　现实性的定义是具备现有的资源,且存在客观性、实实在在的。

(5) 有时限性的　目标、考核指标都是要有时限性,要在规定的时间内达到,时间一到,就要看结果。如要求2000万的销售额,单单这么要求是没有意义的,必须规定在多长时间内完成2000万的销售额,这样才有意义。

3) 绩效指标特征

(1) 绩效考核指标应与企业的战略目标相一致。

(2) 绩效考核指标应突出重点。

(3) 绩效考核指标应与素质和业绩并重。

(4) 绩效考核指标重在"适"字。

4) 绩效面谈

绩效面谈是指管理者对员工的绩效考核进行交流与评价,确定员工本周期绩效考核表现,然后根据结果,与员工做一对一、面对面的绩效沟通,将员工的绩效考核表现通过正式的渠道反馈给他们,让员工对自己表现好的方面和不好的方面都有一个全面的认识,以便在下一个绩效考核周期做得更好,达到改善绩效的目的。

六、绩效考核结果评价及应用

1. 绩效考核结果评价

(1) 考核结果评价　绩效评价又称绩效审查、绩效考核、绩效考评、绩效评估等,它往往发生在一个绩效周期结束的时候,其主要目的在于考察和衡量员工在多大程度上表现了组织期望的行为,同时在多大程度上达成了组织期待他们实现的结果。在很多组织中实际上存在两套并行的绩效评价制度,即正式的评价制度和非正式的评价制度。管理者经常在考察自己的员工工作做得怎么样,这实际上就是一种非正式的评价制度。此外,还有组织建立的正式绩效评价制度,这是为了对员工的绩效进行评价而建立的一整套规范性和系统性的制度。

在绩效评价方面,任何一个组织都需要回答5个关键问题,即评价什么,怎样评价,谁来评价,何时评价,以及为何评价。

(2) 考核结果分析　无论采用何种绩效评价方法和何种绩效信息来源,通常都需要让人来对人进行评价,这样在评价的过程中,难免会出现由于有意或无意的因素导致评价者所得出的评价结果有误差或偏差的情况,了解这些评价误差的类型及其产生的根源,然后有针对性地制定了防评价误差出现的对策,对于提高绩效评价的准确性和公平性无疑是有好处的。

2. 绩效考核结果的应用

根据绩效考核的结果提出整改意见,进一步提高行动计划。大部分企业忽视了这一步,认为绩效得到测评和考核就是工作的终点,或者对后期的改进行动减少了注意力,这绝对"本末倒置"。因为,绩效考核最核心的目的不仅是衡量过去,更重要的是促进未来的改进,通过定期、客观分析流程当前绩效值与客户期望值及竞争对手标杆值的差距,持续优化并提升绩效管理。

通过绩效考评调整和完善未来的职业生涯发展规划,根据合理量化的考评结果,针对差距和不足开展学习和培训,完成职业知识和经验的积累,促进员工职业规划的稳步实现。通过开展员工的职业生涯发展规划和绩效考评的有效结合,建立起绩效考评开发式的双向交流的氛围,在绩效考评中对员工的职业生涯规划效果进行评估,促进员工时刻不偏离职业规划目标,实现其自我价值;在开展员工的职业生涯发展规划的评估中,通过绩效考核促使员工提升职业能力,促进员工成长,同时调动员工的工作积极性和主动性,实现企业的发展规划。

推动企业管理创新的关键是建立和健全科学规范的绩效管理体系,完善与绩效管理体系相配套的一系列人力资源管理体系。绩效管理问题是企业管理中的热点问题,同时也是难点问题,它的完善与否、系统性与一致性是影响企业管理效率和员工工作积极性的关键。企业的绩效管理工作不能简单地看成是一件独立、重复性的工作,它本身就融合了企业的文化及战略目标,其能否有效运用还需与企业管理的其他策略和政策结合起来,取得时间上、空间上和员工内部的一致性,才能有的放矢,发挥积极的作用。想要绩效管理系统真正发挥作用,还需要其人力资源子系统的共同配合,如培训、薪酬、激励等,只有管理人员同时具备绩效管理的能力和动力,企业人力资源管理的绩效管理系统才能真正达到预期的效果。

案例 5-4

■ 不要只是把考核结果应用于奖金分配 ■

某公司成立于20世纪50年代初。经过近60多年的努力,在业内已具有较高的知名度并获得了较大的发展。目前公司有员工1000人左右。总公司本身没有业务部门,只设一些职能部门;总公司下设有若干子公司,分别从事不同的业务。在同行业内的企业中,该公司无论在对管理的重视程度上还是在业绩上,都是比较不错的。由于政策的变化,该公司面临着众多小企业的挑战,为此公司从前几年开始着手从管理上进行突破。

绩效考核工作是公司重点投入的一项工作。公司的高层管理者非常重视,人事部具体负责绩效考核制度的制定和实施。人事部是在原有的考核制度基础上制定出了《中层干部考核办法》。在每年年底正式进行考核之前,人事部又出台当年的具体考核方案,以使考核达到可操作化程度。

该公司的做法通常是由公司的高层管理者与相关的职能部门人员组成考核小组。考核的方式和程序通常包括被考核者填写述职报告、在自己部门内召开全体员工大会进行述职,民意测评(范围涵盖全体员工),向全体管理人员和员工征求意见(访谈),考核小组进行汇总写出评价意见并征求主管副总的意见后报公司总经理。

考核的内容主要包含三个方面:被考核部门的经营管理情况,包括该部门的财务情况、经营情况、管理目标的实现等方面;被考核者的德、能、勤、绩及管理工作情况;下一步工作打算,重点努力的方向。具体的考核指标侧重于经营指标的完成和政治思想品德,对于能力的定义则比较抽象。

对中层干部的考核完成后，公司领导在年终总结会上进行说明，并将具体情况反馈给个人。

对于一般的员工的考核则由各部门的领导掌握。子公司的领导对于下属业务人员的考核通常是从经营指标的完成情况（该公司中所有公司的业务员均有经营指标的任务）来进行的；对于非业务人员的考核，无论是总公司还是子公司均由各部门的领导自由进行。通常的做法都是到了年度要分奖金了，部门领导才会对自己的下属做一个笼统的排序。

这种考核方法使得员工最初的参与程度较高，颇有点儿声势浩大、轰轰烈烈的感觉。公司在第一年进行操作时，获得了比较大的成功。由于被征求了意见，一般员工觉得受到了重视，感到非常满意。管理者则觉得该方案得到了大多数人的支持，也觉得满意。但是，被考核者觉得自己的部门与其他部门相比，由于历史条件和现实条件不同，年初所定的指标不同，觉得相互之间无法平衡，心里还是不服。考核者尽管需访谈300人次左右，忙得团团转，但由于大权在握，体会到考核者的权威，还是乐此不疲。

到第二年时，大家已经丧失了第一次时的热情。第三、第四年进行考核时，员工考虑前两年考核的结果出来后，业绩差或好的管理者并没有任何区别，自己还得在他手下干活，领导来找他谈话，他也只能敷衍了事。被考核者认为年年都是那套考核方式，没有新意，失去积极性，只不过是领导布置的事情，不得不应付。

该公司的做法是相当多的企业在考核上的典型做法，带有一定的普遍性，这种做法在一定程度上确实发挥了作用，但是这种做法从对考核的理解上和考核的实施上均存在有许多误区。

误区一：对考核定位的认识上的模糊与偏差。

考核的定位是绩效考核的核心问题。所谓考核定位，其实质就是通过绩效考核要解决什么问题，绩效考核工作的管理目标是什么。考核的定位直接影响了考核的实施，定位的不同必然带来实施方法上的差异。对绩效考核定位认识上的模糊主要表现在考核缺乏明确的目的，仅仅是为了考核而考核，这样做的结果通常是考核流于形式，考核结束后，考核的结果不能充分利用，耗费了大量的时间和人力物力，结果不了了之。考核定位认识上的偏差主要体现在片面看待考核的管理目标，对考核目的的定位过于狭窄。该公司的考核目的主要是为了年底分奖金。

根据绩效管理的思想，考核的首要目的是对管理过程的一种控制，其核心的管理目标是通过了解和检核员工的绩效及组织的绩效，并通过结果的反馈实现员工绩效的提升和企业管理的改善；考核的结果还可以用于确定员工的晋升、奖惩和各种利益的分配。

很多企业都将考核定位于一种确定利益分配的依据和工具，这确实会对员工带来一定的激励，但势必使得考核在员工心目中的形象是一种负面的消极的形象，从而产生心理上的压力。这是对绩效考核的一种片面理解。必须将考核作为完整的绩效管理中的一个环节看待，才能对考核进行正确定位。完整的绩效管理过程包括绩效目标的确定、绩效的产生、绩效的考核，构成了一个循环。因此，绩效考核首先是为了绩效的提升。

考核的定位问题是核心问题，直接影响到考核的其他方面。因此，关于考核认识上的其他误区在很大程度上都与这个问题有关。

误区二：绩效指标的确定缺乏科学性。

选择和确定什么样的绩效考核指标是考核中一个重要的同时也比较难于解决的问题。像该公司这样的许多公司所采用的绩效指标通常一方面是经营指标的完成情况，另一方面是工作态度、思想觉悟等一系列因素。能够从这样两方面去考虑是很好的，但是对于如何科学地确定绩效考核的指标体系及以什么样考核的指标具有可操作性，许多企业是考虑得很不周到的。

一般来说，员工的绩效中可评价的指标一部分应该是与其工作产出直接相关的，也就是直接对其工作结果的评价，国外有的管理学家将这部分绩效指标称为任务绩效，另一部分绩效指标是对工作结果造成影响的因素，但并不是以结果的形式表现出来的，一般为工作过程中的一些表现，通常被称为周边绩效。对任务绩效的评价通常可以用质量、数量、时效、成本、他人的反应等指标来进行评价，对周边绩效的评价通常采用行为性的描述来进行评价。这样就使得绩效考核的指标形成了一套体系，同时也可以操作。在该公司的绩效指标中，在任务绩效方面仅仅从经营指标去衡量，过于单一化，很多指标没有包括进去，尤其是对很多工作来说，生产不仅仅是经营的指标。在周边绩效中，所采用的评价指标多为评价性的描述，而不是行为性的描述，评价时多依赖评价者的主观感觉，缺乏客观性，如果是行为性的描述，则可以进行客观的评价。

误区三：考核周期的设置不尽合理。

考核周期是指多长时间进行一次考核。多数企业者都像这家公司一样，一年进行一次考核。这与考核的目的有关系。如果考核的目的主要是为了分奖金，那么自然就会使得考核的周期与奖金分配的周期保持一致。

事实上，从所考核的绩效指标来看，不同的绩效指标需要不同的考核周期。对任务绩效的指标，可能需要较短的考核周期，如一个月。这样做的好处是：一方面，在较短的时间内，考核者对被考核者在这些方面的工作产出有较清楚的记录和印象，如果都等到年底再进行考核，恐怕就只能凭借主观的感觉了；另一方面，对工作的产出及时进行评价和反馈，有利于及时改进工作，避免将问题一起积攒到年底来处理。对于周边绩效的指标，则适合于在相对较长的时期内进行考核，如半年或一年，因为这些关于人的表现的指标具有相对的稳定性，需较长时间才能得出结论，不过在平时应进行一些简单的行为记录作为考核时的依据。

误区四：考核关系不够合理。

要想使考核有效地进行，必须确定好由谁来实施考核，也就是确定好考核者与被考核者的关系。该公司采用的方式是由考核小组来实施考核，这种方式有利于保证考核的客观、公正，但是也有一些不利的方面。

通常来说，获得不同绩效指标的信息需要从不同的主体处获得，应该让对某个绩效指标最有发言权的主体对该绩效指标进行评价。考核关系与管理关系保持一致是一种有效的方式，因为管理者对被管理者的绩效最有发言权。而考核小组可能在某种程度上并不能直接获得某些绩效指标，仅通过考核小组进行考核是片面的，当然，管理者也不可能得到关于被管理者的全部绩效指标，还需要从与被管理者有关的其他方面获得信息。所谓360°绩效考评，就是从与被考核者有关的各个方面获得对被管理者的评价。

误区五:绩效考核与其后期的其他工作环节衔接不好。

要想做好绩效考核,还必须做好考核期开始时的工作目标和绩效指标确认工作和考核期结束时的结果反馈工作。这样做的前提是基于将绩效考核放在绩效管理的体系中考虑。孤立地看待考核,因此就不会重视考核前期与后期的相关工作。在考核之前,管理者需要与员工沟通,共同确认工作的目标和应完成的绩效标准。在考核结束后,管理者需要与员工进行绩效面谈,共同制订今后工作改进的方案。

第五节 信息化（IT）管理

一、IT 年度工作计划的管理

IT 年度工作计划一般采用集中调研、分别反馈、汇总上会的方式，自下而上地收集业务部门、子公司的需求，作为编制依据。这种方式的主要弊端：一是难以有效体现 IT 在企业发展中应该承担的战略支撑价值；二是客观上分散了决策的重点和目标，使 IT 难以跳出"业务需求的技术实现者"定位，不利于发挥对企业战略发展和转型的支撑作用。所以，由自下而上收集需求，逐渐转变为自上而下进行战略目标分解。根据决策层下达的次年业务经营任务和管理评审工作，进行面向流程信息化支撑体系的匹配和分析，继而形成 IT 工作的年度工作建议。结合自下而上收集的需求反馈，充分考虑 IT 部门在人员、系统、风险、外包、其他资源方面的条件和不足，编制具有现实可操作性的 IT 年度工作计划，整理编写《年度信息化建设任务书》。在这里，IT 部门是年度工作计划的执行主体，但并不意味着 IT 年度工作计划仅仅与 IT 部门有关。需要通过在企业层面的宣贯，明确各个部门的职责和工作内容，共同承担面向企业业务发展战略的责任。

为牵引业务加强需求调研分析，中高层业务管理者投入精力参与业务分析与设计，经慎重评估后提出完善的业务需求，更加重视已上线应用系统的应用效果提升和持续改进，同时避免投入大量资源建设的应用系统由于各种原因实际上很少被使用。某公司的 IT 部门联合财务管理部门研讨，制定了"IT 服务成本费用分摊管理办法"，如图 5-18 所示。

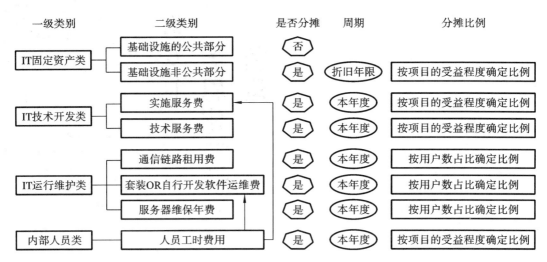

图 5-18 某企业的 IT 服务成本费用分摊规则

二、企业架构梳理和管控

企业业务架构(enterprise business architecture)又称企业运营模式,是企业战略转化为日常运营的机制。日常运作的组织、流程、IT 系统都应该是在业务架构指导下运转的。精心设计的业务架构会显著提高企业的效率和竞争能力,没有业务架构而直接组织和建立企业的日常运营,就会出现运营与战略的脱节、各个业务环节缺乏统一协调等问题。没有业务架构指导的 IT 建设的后果是 IT 应用根据各项目要求无约束的增加,应用膨胀和冗余重复建设等。

IBM 在 2015 年提出的业务组件建模(component based modeling,CBM),围绕"怎么标准化、怎么组件化、怎么服务化"做文章,旨在帮助企业建立一种全新的业务运营模式,落实企业的既定战略,改进企业的业务流程,使企业运转更加高效,降低成本,提高客户满意度,帮助各个业务线条进行沟通和配合,减少和消除职责重叠或盲区,有效提高 IT 投资回报,规避、减少以至消除 IT 项目和 IT 系统的风险。一般企业组织内部都有研发设计、工艺、生产、销售、财务、人力资源、售后服务等部门,每一个部门既是服务提供者又是服务消费者,这是面向服务架构(SOA)在企业管理职能设计中的具体体现,如图 5-19 所示。

1. 业务能力

定义为大的业务领域或管理领域。从企业整体看,营销、销售、研发、制造、物流和人力资源等可定义为业务能力。

2. 责任级别

责任是指岗位责任制,根据工作岗位的性质和业务特点,明确规定职责、权限。每个部门有部门职责,每个岗位有岗位责任。

CBM 的 3 个责任级别对应公司的高层、中层和基层管理者。责任级别体现了活动和决策的范围和目的。引导与决策层是关于战略、方向和策略的。运营与控制层是关于监控、异常情况管理和战术决策的,把战略和政策转换、提炼成项目、行动和规则。运作与执

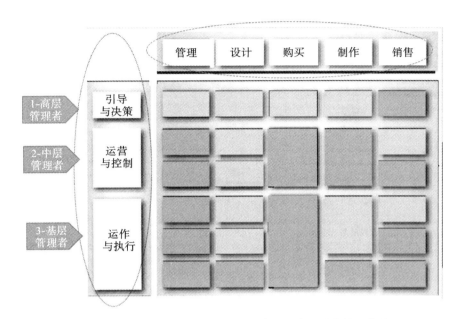

图 5-19 面向服务架构(SOA)在企业管理职能设计中的具体体现

行层是与操作、维护或生产相关。

3. 业务组件

业务组件就是企业的业务模块。在企业架构中,通过业务组件化把企业的产品、销售、采购、生产、财务等业务功能转变为业务模块,具体的方法被称为"业务组件建模"(CBM)CBM 通过企业功能组件化的方式对企业进行重新定义和组合的过程,在一张图上就可以直观地显示出企业的业务蓝图。

采用组件化的流程设计的理念,并与传统流程设计方法相结合,打破部门的界限,相同的环节在企业中只存在一个,为企业建立一个整合分享的流程,最终实现流程的透明化,标准化,体系化和可考核化,如图 5-20 所示。

生活中不乏组件化的典范。逛宜家可以发现,台灯拆分为灯罩、灯泡、挂件 3 个部件,每个部件都有多个选择,比如灯罩颜色、灯泡瓦数等,可以自由组合,这就叫组件化。产品组件化为宜家的生产、销售打下了无与伦比的灵活性基础。

三、IT 建设项目的管理

IT 建设项目的管理是信息化建设管理工作的主要手段,IT 建设项目一般包括 8 个阶段,如图 5-21 所示,下面分别介绍。

1. 需求论证阶段

这个阶段主要包含需求意向调研、提交需求申请、需求意向评估与确认和需求意向评审 4 个环节。需求方在提交需求申请前应在业务部门、业务管理部门范围内调研、充分沟通业务问题、信息化目的和目标等。主要目的是促使业务部门、管理部门、IT 方三方经过充分的讨论,提出合理的、完善的业务信息化需求。

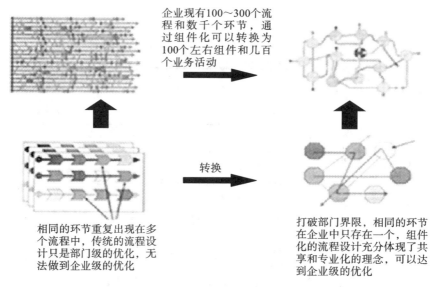

图 5-20 传统流程向组件化流程转换

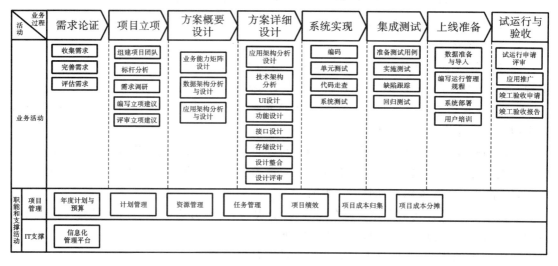

图 5-21 IT建设项目的8个阶段

2. 项目立项阶段

这个阶段识别关键干系人，成立项目组，明确项目组成员的工作职责，运用标杆分析和SWOT分析方法进行内外部环境分析，采用问卷、访谈或小组讨论等形式与重要干系人沟通收集信息，按格式规范结构转化为立项建议书的内容。

3. 方案概要设计阶段

这个阶段主要包含涉众分析、业务架构完善、业务能力需求分析设计、应用架构分析设计、信息安全分析设计和方案概要设计评审等6个环节。主要目的如下。

（1）确保方案概要设计符合业务战略和业务管理要求。

（2）应用IBM的CBM(业务组件模型)和TOGAF方法进行分析，得出业务能力与责任级别矩阵图、应用逻辑架构图和数据架构图。

(3) 基于(2)的成果，进行业务组件(业务用途、活动、资源、治理、业务服务)、数据逻辑模型等内容的分析与设计。

4．方案详细设计阶段

这个阶段主要包含系统总体方案设计、业务应用类服务设计、业务类支撑数据设计、用户角色与权限设计、集成设计、非功能性需求实现设计等6个环节。主要目的有：细化方案概要设计，运用用例分析方法，得出满足用户需求而必须提供的功能，并对功能进行详细设计，为系统开发奠定基础。

5．系统实现阶段

这个阶段主要包含模块及接口的编码实现、用户可接受性测试、代码走查、单元测试等重要活动。

6．集成测试阶段

这个阶段主要包含制订软件测试计划、编写测试用例、执行测试用例、缺陷跟踪、测试分析、测试报告评审等活动。

7．上线准备阶段

这个阶段主要包含正式环境准备、系统培训、制定系统运行管理办法和试运行启动评审过程。试运行启动会是重要节点，明确责任，营造气氛，参与人员对试运行成功充满信心，具体措施是应用权限责任人对业务在线运行的效率和效果做出承诺，激励使用推广责任人、关键用户为试运行成功而努力。

8．试运行与验收阶段

这个阶段主要包含系统试运行、拟制项目总结报告和项目验收评审等过程。主要目的如下。

(1) 对项目的目标是否达到进行评估。

(2) 对项目执行过程的进度、质量和成本进行分析。

(3) 对项目实施过程中的经验和教训进行总结。

四、IT 运维服务管理

IT服务管理的实体包括运维管理对象、运维组织结构、运维服务管理流程、运维服务支撑系统和运维服务和服务持续改进等6个要素。组成IT服务管理的6个要素的详细组成及其相互关系如图5-22所示。

1．IT 运维服务组织结构

图5-23所示的是某企业的IT运维服务组织结构。

2．IT 运维管理流程

IT运维服务管理流程包括管理职能、用户支持流程和服务发布与控制流程。服务台是一项管理职能；服务支持流程涉及故障管理和问题管理等流程；服务发布与控制流程涉及变更管理、配置管理、发布与部署管理和巡检管理等流程。

1) IT 故障管理流程

IT故障管理流程建立了终端用户与信息化中心运维人员和运维管理人员的服务通道

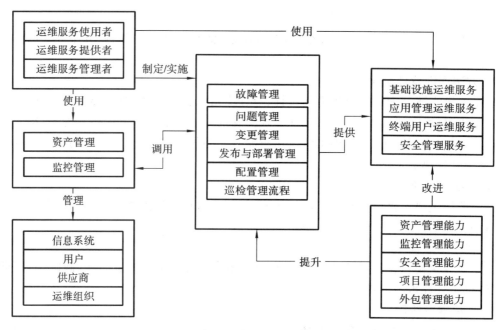

图 5-22 IT 服务管理的 6 个要素的详细组成及其相互关系

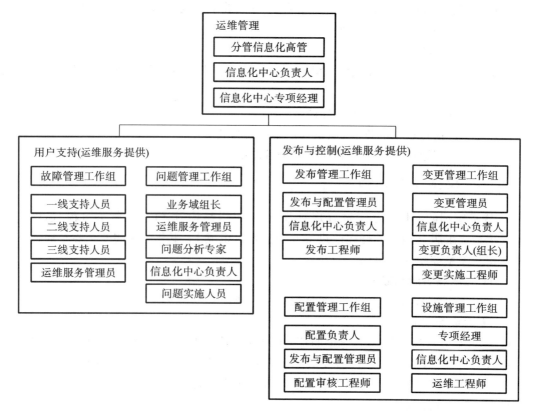

图 5-23 IT 运维服务组织结构

并进行闭环管理。包括故障接收和记录、故障匹配、故障解决与恢复、解决完毕与用户沟通等主要过程。其与问题管理流程、知识管理流程、配置管理流程关联。主要目的包括但不仅限于以下内容。

（1）快速响应用户故障请求，尽快恢复 IT 服务。

（2）及时有效的沟通，提高用户满意度。

（3）按规范记录故障，进行分类分析与诊断，形成 FAQ。

（4）为 IT 管理提供信息，包括故障处理情况，支持效率等。

2）IT 问题管理流程

IT 问题管理流程是基于故障管理过程中，对于重复出现且对业务部门造成影响，或重大且未能及时解决，或可能存在重大隐患但还未发生的故障，升级为问题后进行分析和甄别，及时有效地提供解决方案，通过找出根本解决方案，变通方法或建议的预防性措施来防止事件的再次发生的流程。主要目的包括但不仅限于以下内容。

（1）通过消除引起故障的深层次根源以预防问题和故障的再次发生，并将未能解决的故障的影响降低到最小。

（2）重大或未能有效解决的故障升级为问题。

（3）开发和运维过程中发现的问题。

（4）对有明显发展趋势或多个有共同征兆的故障进行趋势分析发现的问题。

3）IT 变更管理

IT 变更管理流程包含下述主要内容：提出变更请求，变更管理员的分类与评估，变更负责人的评估与审批，信息化负责人批准，协调变更实施及回顾和关闭等过程。变更管理流程始于变更的接收，结束于变更的实施和回顾。变更的对象包括 IT 环境中的硬件、软件、角色、职责和文档记录等。主要目的包括但不仅限于以下内容。

（1）管理和引导用户变更需求。

（2）通过对所有变更的正确评估，维护 IT 生产环境的完整性。

（3）变更和变更实施得到正确记录，并提供审核依据。

（4）通过在组织内进行有效的协商和沟通，确保所有的变更都具有可追溯性。

（5）减少或消除由于变更实施准备不当等对 IT 环境的破坏作用。

4）IT 发布与部署管理

IT 发布与部署管理流程主要有发布申请、发布受理，评估审批，发布测试与实施和发布关闭等流程。发布管理是指控制软件、硬件、服务、文档等的发布。主要目的包括但不仅限于以下内容。

（1）为公司的 IT 环境提供一个有效的发布环境。

（2）保证正确的经过批准和测试的软硬件版本被发布实施。

（3）降低发布风险，保证信息化中心提供的各项业务的持续性稳定性，提高用户满意度。

5）IT 配置管理

IT 配置管理流程的主要内容包含配置管理策略的制定、配置项定义和标识、配置管理数据库的初始化、配置管理数据库的控制和维护及定期审核和回顾等 5 个流程。主要目的包括但不仅限于以下内容。

(1) 配置项纪录的完整性得到维护和确认。

(2) 核实基础设施和应用系统中实施的变更以及配置项之间的关系。

(3) 保障 IT 生产环境的稳定性。

6) IT 巡检管理流程

IT 巡检流程主要包括设计并审核巡检方案、宣贯巡检方案、制订巡检计划、审核巡检计划、执行巡检任务,填写巡检报告和审核巡检报告等流程。主要目的包括但不仅限于以下内容。

(1) 收集业务系统的配置和运行状态信息,发现和消除故障隐患。

(2) 根据业务发展需求和目前资源状况,制订合理、可行的系统扩容、改造和维护计划,提高生产系统的安全性。

3. 资产与配置管理和监控管理

1) 资产与配置管理之物理资源结构

(1) 机房管理。

(2) 存储管理。

2) 资产配置管理之逻辑资源结构

(1) 传输专线链路结构。

(2) 应用起点的混合结构。

五、IT 服务与管理的信息化建设

一些公司的信息中心在推动公司管理信息化方面做了很多工作,但自身的管理却仍停留在纸质、口头汇报等传统形式上,并没有充分利用信息化的手段和工具,信息中心成了信息化的"灯下黑"。

某企业 IT 管理团队认识到需借助信息化建立有效的运维管理机制,提高 IT 部门的工作效率和管理水平,自 2013 年开始亲自策划并实施了门户、微吧项目管理平台和在线学习平台,如图 5-24 所示。

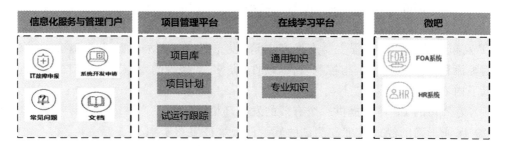

图 5-24 某企业门户、微吧项目管理平台和在线学习平台

信息化服务与管理门户的功能索引如图 5-25 所示。

项目管理平台的功能索引如图 5-26 所示。

在线学习平台的功能索引如图 5-27 所示。

第五章 企业运营管理体系中的职能管理体系

图 5-25 某企业信息化服务与管理门户的功能索引

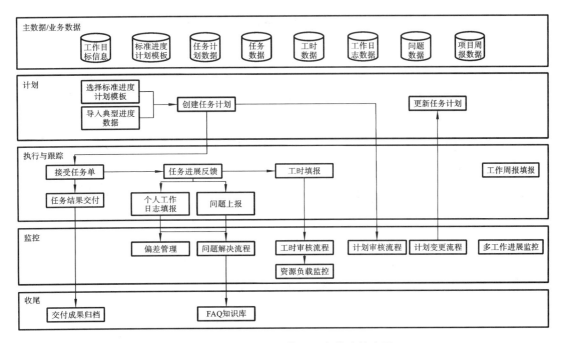

图 5-26 某企业项目管理平台的功能索引

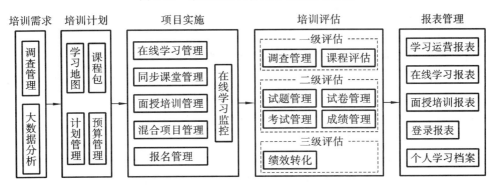

图 5-27 某企业在线学习平台的功能索引

微吧的功能索引如图 5-28 所示。

图 5-28　某企业微吧的功能索引

案例 5-5

某集团公司年度 IT 系统建设工作计划

某集团公司年度 IT 系统建设工作计划制订流程如图 5-29，分为 3 个阶段：在启动阶段，进行现状分析等素材收集并分发；在申报阶段，由经营单元和管理部门进行策划，管理、改进主题和信息化机会点；第三阶段为信息化中心承接业务管理部门和职能管理部门申报的信息化项目，根据 IT 架构和资源情况进行最终工作计划的确定。

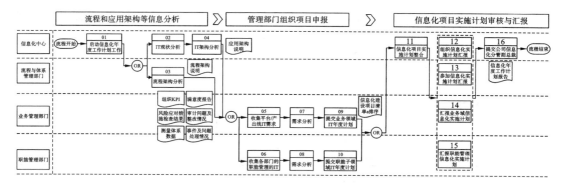

图 5-29　某集团公司年度 IT 系统建设工作计划制订流程

明确项目组合、项目群和项目三者各自的责任主体。最上层的 IT 系统建设由公司 IT 管理部门组织建设，第二层的各业务与管理领域的 IT 建设由主干业务流程的端到端的管理主体部门负责，第三层具体实施的项目由项目组负责，如图 5-30 所示。

项目任务书的内容包含项目目标、范围、项目里程碑计划等，作为项目过程监控、进度偏差、项目变更项目竣工验收的评价依据和项目总监考核的参考依据。每年 1 季度末由 IT 项目管理部组织完成项目任务书的编制，如图 5-31 所示。

明确监控和考核要求，将 IT 系统建设的进度基线要求落实到主体部门，对直管干部重点工作和项目经理的 PBC 描述，如图 5-32 所示。

通过月度项目进度看板使项目进展可视化，以绿色、橙色、红色标识单个项目的进展状态，可以直接掌握项目进度偏差情况。IT 方和业务方项目经理共同确认项目状态信息，对于进度偏差需要积极采取应对措施。由 IT 项目管理部每月第 1 周发布看板。

第五章　企业运营管理体系中的职能管理体系

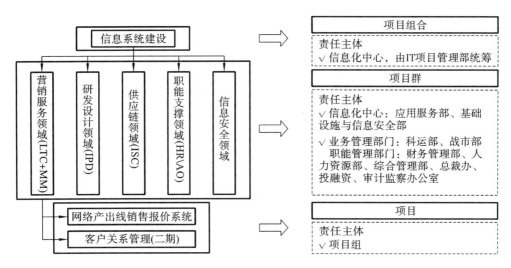

图 5-30　某集团公司 IT 系统建设项目组织

图 5-31　IT 系统建设项目任务书

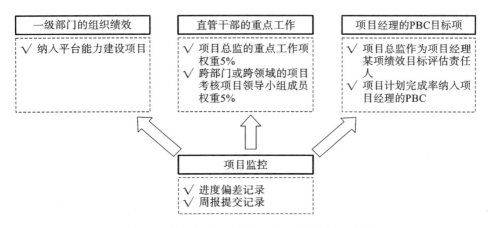

图 5-32　信息化建设工作与组织或个人绩效挂钩

第六节 企业职能管理体系中的企业文化管理

一、企业文化和企业文化管理的内涵

1. 企业文化

企业文化是指那些能够直接影响到员工行为的观念,是由企业全体成员共同拥有和分享的,是关于组织目标和行为的一系列要素的总称。它包括以下两个内容。

(1) 企业文化是一系列要素,是企业信仰,是价值观,是行事原则。企业文化作为企业的思想中心,必须得到全体员工的认可和尊重。企业文化理应成为员工们共同追求、共同遵守的价值体系,因为只有共同的观念,才具有让组织成员形成凝聚力的价值。

(2) 价值观是要影响组织的目标和成员行为的,企业要建立独特的文化,这个文化要有助于公司的业务开展、组织协同,要对商业活动有所帮助。否则,企业就是一盘散沙,企业文化建设就只是贴满墙装装样子的口号标语,与需要激发员工智慧的企业文化的本质背道而驰,造成企业资源的浪费。

2. 企业文化管理

企业文化管理是指对企业文化的梳理、凝练、深植、提升。在企业文化的引领下,匹配公司战略、人力资源、生产、经营、营销等管理模块,齐心合力推动企业持续、快速、健康地发展。

优秀的企业文化是员工的心、企业的智慧、管理者的行为。能够带动组织成员树立与企业一致的目标,并在个人成长的过程中与企业目标保持步调一致。能为员工营造一种积极的工作氛围、共享的价值观念和管理机制,从而产生鼓励积极创造的工作环境,也会对企业的绩效产生强大的推动作用。企业文化管理本身就是管理,是更高层次的核心管理和系统管理。

二、企业文化的属性

企业文化对企业的发展和经营有着显著的影响,这个影响即可以是促进作用,也可以是损害作用。由于关乎企业的盈利和生存,企业文化的管理也就成为了必需。

因为企业自身的属性是以生产或服务满足社会需要,实行自主经营、独立核算、依法设立的一种营利性的经济组织,企业文化建设是为企业获取利润服务的,因此企业文化就必须具备以下属性。

1. 意识属性

企业文化是企业的核心竞争力。企业是营利组织,因此企业文化建设必然要关注提高经济效益。但通过什么样的方式去获得经济效益,事实上关系着企业的命运。因此建设先进的企业文化,也必然要求选准着力点。重视企业文化管理,坚持把提高全员质量意识、诚信意识、创新意识作为着力点,就能营建适应企业发展变革的文化氛围。

1)质量意识

质量意识是企业文化的核心。

在企业发展过程中,质量意识是对企业的生产经营起推动作用的主导意识。质量意识是全面质量管理的基本要素之一,是现代企业所必需的经营意识。因此,把质量意识作为企业文化建设的重要内容,以改良和塑造员工的质量观。质量意识是构成企业文化的核心内容,是企业内部团结向上的凝聚力和发展前进的精神动力。一个企业离开质量意识去谈企业文化只不过是一句空话,只有把质量意识作为企业文化的核心,才能引发一系列积极的、以质量为中心的价值观念,才能给企业造成良好的心理环境,从而由精神力量转化为物质力量,促进企业不断提高产品质量,增强产品的市场竞争力。

2)诚信意识

诚信意识是企业文化的社会资源。

企业是促进社会经济发展、创造和积累财富的主体,共赢互利、信守承诺的企业信用是现代文明诚信社会的基础。人无信则不立,企业无信则不长,诚信是企业赖以生存和发展的基本条件。企业要在激烈的竞争中立于不败之地,就必须提高诚信意识,破除只重视经济效益而轻视企业信誉的观念,把诚信与发展、诚信与效益结合起来。企业要把诚信作为一种社会资源看待,培育良好的企业诚信文化。树立诚实守信的企业诚信价值观,形成"守信光荣,失信可耻"企业文化氛围,让诚信渗透到企业的每一个组织系统、每一项活动、每一个员工的行为中,以诚信来指导企业的管理和发展,在管理和发展中体现诚信的丰富内涵。

3)创新意识

创新意识是企业文化的灵魂。

创新是企业永恒的主题,没有创新企业就没有发展,没有未来。

企业文化不但要与企业环境、经营管理相适应,而且要与社会同步发展。这就要求企业要以与时俱进的精神进行文化创新,从而带动企业其他方面的创新。企业文化创新是为了使企业的发展与环境相匹配,要根据企业本身的性质和特点形成体现企业共同价值观的企业文化,并不断创新和发展。

2. 管理属性

虽然企业文化理论发端于美国,但纵观全球,恐怕很难找到像我们这样重视企业文化的国家了。企业文化能够在中国的企业中得到如此热烈的追捧,源于与我们传统的教化思维和思想政治工作的一贯做法。而企业文化理论自产生那天起,就是一种管理的理论,一种将文化建设与管理实践融合在一起的学问,一种从文化角度观察企业、以先进的理念来指导企业实践运行与成长的方法。但是,由于传统的套路,使得企业文化在我国企业的实践中脱离了经营管理实践,单纯变成用来教育员工的工具。比如 20 年前最常见的"今天工作不努力,明天努力找工作"之类。这些条幅体现了管理者和组织领导的一些认知,是管理者、领导们希望员工呈现出的价值观,这个价值观就被称为组织文化,或企业文化。但这些所谓的组织文化,都是贴在墙上的,是管理者喜欢的,自己也很想让大家尽量朝着这个方向做。但是,组织成员是不是对这些有共识,并且体现在行动里边,这就是另外一回事了。

三、企业文化管理的作用

企业文化是企业经营管理的一个极其重要的内容,任何企业实际上都是被特定的文化所包裹,每一个组织成员都是按照特定的规则认知去行动,所以企业文化管理在企业运营管理中具有以下作用,如图 5-33 所示。

图 5-33 企业文化管理的作用

1. 导向作用

企业存在的意义是什么?根本宗旨和目标是什么?企业的根本宗旨和目标构成了员工奋斗的共同理想或愿景,但是企业目标不能仅仅是追求盈利,企业要能够凝聚人,就必须有超越利润的价值观,就需要实施文化管理。

2. 激励作用

对员工的激励,应综合考虑物质和精神的需要,物质需要可以用物质去满足,而精神需要、自我实现需要、自尊需要则要靠企业文化。这就是现在很多企业在留住人才的时候,不仅是靠待遇留人,还要靠感情和事业留人。而感情和事业正是文化的一部分。

3. 凝聚作用

企业应能够团结员工的心,使他深切感到这个事业值得追求,使他感到企业如家,也可以通过企业文化,通过文化的感情诉求实现。

4. 塑造作用

人都是环境影响的产物,一流的员工不仅要有一流的业绩和一流的技术,更重要的是他的精神风貌、作风、敬业精神都应该是一流的。企业文化特别强调,员工之间具有很强的团队精神,互相协作很好,内耗少,一致性强,企业的竞争力也会较强。

5. 资源整合作用

文化管理形成的是一种经营理念、企业哲学,可以起到很好的整合作用,整合企业的精神资源和物质资源。特别是企业精神资源的整合,更是文化管理作用的独到之处。

6. 辐射作用

成功的公司,它的品牌战略往往也是成功的。品牌怎么形成的?品牌的背后就是文化,企业品牌是企业文化在社会上的一种映像,一种反射,一种辐射。企业的文化让社会公众、客户、供应商、政府了解,让新闻媒体报道,传遍世界,就树立了企业的形象。所以拥有良好的企业文化,就会树立好的企业形象,好的企业形象不断积累的结果就能变成好的品牌。

四、企业文化与企业品牌发展

如果说企业文化是企业自身散发的企业魅力,那么企业品牌就是企业进入市场生存发展的标志,承载着企业信誉、经营实力、经营价值观等诸多内容,是企业与市场对接的桥梁。在当前市场竞争异常激烈的环境下,企业要想生存,谋求发展,就必须重视企业品牌的塑造,提升企业品牌的价值,增加企业品牌的含金量。而加强企业文化建设无疑是打造企业品牌的重要手段和有效途径。

通过企业文化打造企业品牌,既是企业品牌战略的实际步骤,也是发挥企业文化作用的重要表现。从某种程度上来说,企业品牌的形成和塑造,就是优秀企业文化的展现,在企业品牌身上集中体现了企业文化的深刻内涵,企业品牌是企业文化形式和内容的统一体,它通过企业品牌标识来体现。

企业文化对企业品牌的主要影响如图 5-34 所示。

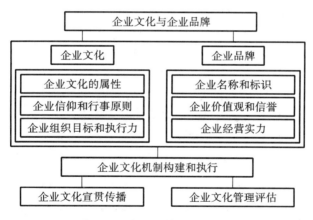

图 5-34 企业文化与企业品牌

1. 企业文化是品牌的内在形式

品牌包括企业名称和过硬的产品、尖端的技术、充沛的人才等。企业的品牌形象在打造过程中具有先声夺人的作用。企业通过过硬的产品向企业的客户和合作伙伴传达企业文化,从而塑造企业良好的形象。在品牌打造过程中,品牌的成就不仅企业领导的责任,更是每一名员工的义务。而且也是最重要的环节之一。一个企业品牌本身可以产生一种独特的魅力。

2. 企业文化的理念是品牌的丰富内涵

企业理念是由一个企业所具有的独特的经营哲学、使命、目标、精神、道德、作风等构成,是企业文化的核心内容。企业文化是企业形象的灵魂和整体系统的原动力,它通过品牌等载体表现出来。这就好比一个人具有的内在独特气质,只能通过他的行为和外表才能感受得到。品牌的打造将企业精神、理念、价值观等理念内容,用具体化的、视觉化的传播方式,有组织、有计划、准确地、快捷地传达出来,使社会公众一目了然地掌握企业能力,并产生认同感,从而达到企业品牌在企业形象战略中占有重要的地位。品牌的基础是企业的文化理念。

3. 企业文化理念是企业品牌创新的基础和内涵

品牌是企业文化理念变化和发展的外在表现,因此企业文化建设和标识形象创新应有机地结合起来。好的品牌向人们传达了一种优秀的企业文化,有利于树立良好的企业形象,形成品牌忠诚度。要铸就优秀的企业品牌,没有深厚的文化内涵和底蕴是不可能的。

4. 企业文化一定要有方向感,目标要明确

企业文化的品牌既是软实力,也是硬道理,它会给企业发展带来生生不息的生命动力。所以一个企业家一定要抓好企业文化建设和对企业带来永久发展的品牌项目。

五、企业文化机制的构建

企业文化是指企业在市场经济的实践中,逐步形成的为全体员工所认同、遵守、带有本企业特色的价值观念,也是经营准则、经营作风、企业精神、道德规范、发展目标的总和。其对于企业的重要性早已不言而喻。

构建完善的企业文化管理机制主要包含以下几个方面,如图 5-35 所示。

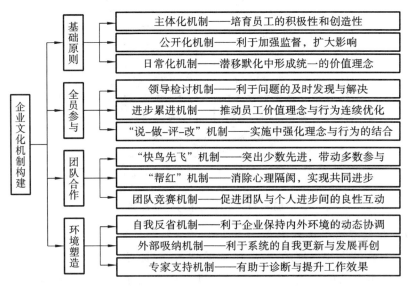

图 5-35 企业文化机制构建

1. 主体化机制——培育员工的积极性和创造性

实践中的企业文化建设往往做成了企业给员工"洗脑",给员工灌输管理层认定的价值观,员工常常只能被动地接受和执行。在这样一个过程中,员工仅是管理的客体和对象,丧失了应有的主体性,很难以培育出积极性和性。而理论和实践表明:人们虽然可以一时接

受某种思想,但只有将思想转变成为自己的思想逻辑和思维方法,并由自己主动来进行表达和实践时,这种思想才真正地生根发芽。这就是主体化机制的建立的实践必要性和根本价值所在。可以说,主体化机制是企业文化建设与管理科学化、机制化和系统化的重要基础和基本前提,只有依靠主体化机制,员工才可能将企业文化理念转变为自己的思维逻辑,并主动通过自己的行为表达出来,这样的企业文化才具有强大的生命力,才能为企业的和谐发展提供可靠的保障。

主体机制操作起来,就是要帮助员工自己制订科学的自我发展计划,对自己和别人做出积极承诺,并在计划实施过程中自我反省、自我表扬、自我批评,最终实现自我管理。建立主体化机制,首先应建立企业文化目标管理制度,根据员工个人素质和成长情况逐步授予他们更大的自我管理权限;其次应建立过程管理制度,管理者要转变角色,在员工自我管理过程中,不是放任不管,而是通过相应的监督、检查、考核和评价制度,对员工自我管理的效果及时进行反馈,对员工的工作给予技术和方法上和辅导和指导,为员工不断提升自我管理能力提供必要的帮助和支持。管理者在这个过程中,要学会当教练,而不是饰演裁判的角色,唯有如此,才可能使员工趋近为自我管理的主体,从而为构建有效的企业文化提供主体。

2. 公开化机制——利于加强监督,扩大影响

实行信息公开化有利于加强监督,增强公平感,扩大影响。在企业文化实施过程中实行责任公开制度,可以形成有效的外部监督,使责任约束"硬化",从而解决企业文化系统运行过程中可能出现的内部能量衰减问题,激励公开制度有利于增强利益诱导效果,公开激励结果有利于扩大激励的影响,更好地发挥先进的示范和带动效应。

建立公开化机制首先应建立健全企业文化信息公开制度,使企业各部门及个人的企业文化目标、责任、考核指标、激励制度、执行和考核评价结果等有关信息都公开透明,且有制度保障。此外,在企业文化建设的全过程中,从企业文化文本的形成到典型人物和典型事件的宣传、表扬、奖励等,都应举行公开的仪式和宣传活动,以形成内部激励和和外部监督共同作用的机制。

3. 日常化机制——潜移默化中形成统一的价值理念

现实中,一些企业将企业文化建设作为一个项目进行运作,试图通过集中开展几项活动便达到目的,其结果是活动开展时轰轰烈烈,活动结束后一切工作又恢复原状。这从一个侧面说明,价值观的形成不是一朝一夕就能实现的,作为一种精神活动,企业文化理念的渗透每时每刻都在进行,它与员工日常工作和生活中的每一个行为相联系,因此,企业文化建设的关键是实现日常化。

建立日常化机制,就是将企业文化所倡导的理念通过制度化和规范化的方式,自上而下体现在领导决策、业务流程、工作规范、人际关系、组织氛围等各个方面,使企业文化成为指导企业所有人员日常工作的行为准则,使员工在日常工作和生活中的每一件事上都能体现出企业文化所倡导的价值理念。为此,企业必须建立与员工日常行为相联系的激励、考核和评价机制,使员工在这套机制的引导下不断修正日常行为。此外,企业文化理念的沟通与传播也应通过制度化和规范化的方式实现日常化,使员工时刻处于浓厚的企业文化氛围中,在耳濡目染中改变自己的价值观念和行为方式。

4. 领导检讨机制——利于问题的即时发现与解决

企业文化大师埃德加·沙因教授指出,领导自身的行为是导入企业文化最重要的机制,因为员工不仅注意领导说什么,更重视领导做什么、关注什么、奖励什么、惩罚什么等。因此,在企业文化实践中,领导起着重要的示范和导向作用。领导以身作则,带头检讨工作中存在的问题和失误,有利于形成主动发现问题、解决问题的良好工作氛围,更有效地推动企业文化建设工作的开展。建立领导检讨机制,首先,需要通过制度化的方式,将领导定期总结工作与自我主动检讨工作中的问题结合起来;其次,要针对发现的问题制定解决方案和措施,由员工监督解决方案和措施的落实情况;最后,要公开问题解决的结果,使领导的工作不断改进和提升,同时引导和带动企业各级管理人员和广大员工参与,使企业文化建设系统的运行进入不断优化的良性循环。

5. 进步累进机制——推动员工价值理念与行为连续优化

常言道:合抱之木,生于毫末;九层之台,起于累土。任何大的进步,都是在小的进步的累进基础上实现的。企业文化的特点决定了在企业文化实施过程中,无论是员工价值理念的提升还是日常行为的改变,都不是一朝一夕能够完成的,而是日积月累逐渐实现的。进步累进机制正是通过制度化的方式,对员工价值观念上的任何提升、日常行为方面的点滴进步都给予记录,并在此基础上定期进行总结,通过落实奖励制度给予肯定和鼓励,使员工价值观念的提升能够不断积累,日常行为的改变能够不断累进,形成一个推动员工的价值理念和行为连续优化的进步机制。

6. "说-做-评-改"机制——实施中强化理念与行为的结合

价值观形成是一种心理的累积过程,它不仅需要很长时间,而且需要不断给予强化。哈佛大学的心理学家斯金纳认为,人们的行为只有得到积极的强化才有可能重复,并逐渐形成习惯稳定下来,进而使这种行为的价值理念内化为行为主体自身价值理念。"说-做-评-改"机制正是这样一种将企业文化理念与相应的行为联系起来的强化机制。

"说-做-评-改"机制是由"说""做""评""改"4个互相联系的环节组成的循环。在具体操作中,企业文化的实施要"说",因为"说"是一种承诺,而承诺是一种约束力,也是行为的动力。但如果企业文化实施只停留于"说",不能落实到行为层面,就会流于形式,因此,企业文化的落实更需要"做"。在做的过程中还必须要有"评",有评才能发现问题,否则就会低水平重复。"评"的目的是要"改",只有"改"才能解决问题。因此,在发现问题的基础上,应采用科学的方法确定主要问题和问题产生的原因,并制定相应的解决方案和措施。最后还要有跟踪和反馈,以推动问题的解决。上述 4 个环节是互相联系,环环相扣,循环递进的,每完成一个循环将使员工的价值观念和行为得到一次提升。

7. "快鸟先飞"机制——突出少数先进,带动多数参与

任何新事业的启动都是从少数人开始的,通过少数人的认识、理解和支持,对其他大多数人形成引导、示范、启发和带动,从而逐渐形成群体势力。企业文化的经典之作——《公司文化》一书的作者阿伦·肯尼迪和劳伦斯·迪尔指出,英雄人物是企业文化的 5 个要素之一。企业文化的实施不仅要通过广泛沟通、宣传来说服教育员工,而且要通过树立榜样,以企业内部人员的实际行为证明新的价值观念和行为的可行性,使员工亲眼看到企业文化的实施成果和利益,通过利益诱导推动企业文化建设系统的运行。"快鸟先飞"机制正是通

过树立榜样形成的利益诱导机制。

8．"帮红"机制——消除心理隔阂，实现共同进步

由于企业文化是企业员工共享的价值理念和行为准则，因此，考察企业文化是否得到落实的标准不应仅仅是个别先进人物的个人进步，而应是企业文化的价值理念是否内化于每个员工个人的价值理念体系，并体现在他们的日常行为之中。所谓"帮红"就是帮助他人。建立"帮红"机制的目的就在于消除先进人物与普通员工之间的心理隔阂，营造融洽的员工关系，使先进人物的成功经验更易于为普通员工学习和接受，从而真正达到以少数先进人物带动多数员工共同进步的目的。

9．团队竞赛机制——促进团队与个人进步间的良性互动

企业是一个具有严格分工协作关系的组织，在这样的组织中每个员工的日常工作都不是孤立的，而是在一个团队中进行的，因此，员工的个人进步与团队进步是紧紧联系在一起的。个人进步有利于促进团队的进步，团队的进步则会激发成员的集体荣誉感，增强个人进步的动力，增进团队成员之间的团结与合作，促进成员之间的相互学习。团队竞赛机制的目的恰恰在于促进建立团队与个人进步之间的良胜互动循环。建立团队竞赛机制就是在企业文化实践中，建立以团队为对象的责任单位，明确团队的责任和目标，通过竞赛、演讲等方式进行考核，对考核结果授予荣誉，形成激励，从而达到团队成员互相学习、共同进步的目的。

10．自我反省机制——利于企业保持内外环境的动态协调

企业的不断成功会造就强大的企业文化，如果内外环境保持稳定，这种企业文化就会成为一种优势。然而，随着技术进步速度的加快和经济全球化的发展，外部环境的变化速度越来越快，如果企业不能根据变化的环境及时调整或变革企业文化，过去的成功反而会使企业犯经验主义的错误，对未来的发展形成阻碍和制约。此外，伴随成功而产生的自信和骄傲，往往会降低企业对外部环境变化的敏感性，有时即使感受到了变化，也不愿意轻易挑战自己已有的文化。加之在企业的长期发展中，企业文化已经深深融入企业的组织结构和日常业务中，使企业所有人员都把遵循既有的企业文化，从事日常工作看作理所当然。在这种情况下，如果不能建立一套有效的自我反省机制，就会妨碍对企业文化的变革和创新。

11．外部吸纳机制——利于系统的自我更新与发展创新能力

由于企业文化建设系统与外部环境之间的动态协调关系的保持，是通过不断吸纳外部环境系统中有益的文化要素，对自身系统进行优化提升实现的，所以，建立外部吸纳机制是企业文化建设系统保持自我更新和发展创新能力的重要保障。

建立外部吸纳机制，首先要建立企业文化信息中心，以保证及时、完备地收集企业内外的企业文化信息，并在此基础上对信息进行分类和整理，以便于信息的使用；其次应建立学习机制，营造学习氛围，培养员工的学习精神，提升学习能力，保证有效地消化和吸纳相关企业文化的相关信息。

12．专家支持机制——有助于诊断与提升工作效果

当今，企业外部环境最基本的特征是变化，与之相适应，创新就成为企业持续发展的关键。在这种形势下，仅仅依靠企业内部自身的力量已经难以驾驭复杂多变的形势，企业应积极寻求与外部企业文化专业咨询机构的合作,善于充分利用"外脑"的诊断和监督作用来提升企业文化建设工作的效果。

建立专家支持机制就是要在企业文化建设的全过程中,充分利用企业文化专业咨询机构的力量,由它们协助企业制定企业文化建设规划和计划,进行人员培训,建立健全企业文化标准和规范,以及与之相适应的各项制度、各种保障机构和机制,分析解决企业文化运行中出现的问题,协助企业实施企业文化变革与创新等。在具体操作中需要注意的是,来自企业外部的咨询诊断应该是持续进行的,这样一方面可以保证变革与创新的及时性;另一方面,也有助于掌握咨询诊断措施是否真正落实到企业日常工作中,以及适时对相关措施进行调整和控制,以保证创新取得预期的成效。需要指出的是,企业文化建设是一项实践性很强的工作,不同企业所处的外部环境不完全相同,所具备的内部条件也有差异,这决定了不同企业文化建设的目标不尽相同。即使是同一个企业,在发展的不同时期,企业文化建设的目标也是变化的。因此,企业文化建设的管理机制也不能一成不变,而应根据企业文化建设的具体目标要求进行设计和整合。

企业文化建设不是教知识,而且是在大群体中宣贯,所以故事是最好的载体,讲故事是最好的方法。如果能够把价值观有效地寓于故事之中,文化建设将会事半功倍。公司要精心编选故事,想一下组织的愿景、组织的目标和组织的价值观,再去想一想你身边的员工曾经发生的故事,把故事的架构搭好,便于口口相传。让故事承载着公司的文化理念,在公司内部或外部,一代一代人地向下传递。好故事要有细节,要有问题,还要有解决问题的办法。真正能够流传下去的只有故事。

六、企业文化管理评估

企业文化有优劣之分,如何判断企业文化的优劣,则需要对其进行系统和科学评估。企业文化建设既要与企业的管理实践相结合,又要与企业的发展相适应,需要不断完善提高。对企业文化进行评估和比较是企业了解自身文化水平的重要途径,对企业的成败有着重要影响。然而在实际运作过程中,企业往往比较重视文化的建设,却轻视甚至完全忽略了对企业文化的评估。"重建设,无评估"的现象在企业中十分普遍。除此之外,随着时代的进步和社会的发展,一个成功的企业理应不断地创新和改革。同时,企业文化作为企业管理的一个核心部分,也应顺应这种变革。因此,在企业文化管理的变革过程中,企业必须要重视对企业文化的评估。

真正的企业文化源自 3 个主要原则:真诚、同理心和一致性。

由于领导者的独特地位和强大的影响力,由于上行下效的文化观念,企业文化就是管理者文化,就是体制文化,是管理者希望员工呈现出的价值观。企业文化能不能起到作用,不是看你说什么,而是要看你做什么,怎么做,要看管理者行为背后传递出怎样的价值观。管理者的背影是最大的影响力,这是企业文化的源头。

每个人都是环境的产物,大家在什么环境下,怎样做事,这些都是一眼就看得清的东西。在这样的情境下,决定大家怎么看待自己、看待工作、看待自己所在的组织,不是那些墙上的口号,而是在工作过程中形成的观念。这些观念可能没有经过总结提炼,没有写在墙上,但是它决定了组织成员怎样想,怎样做,这就是实实在在的企业文化。

企业文化不仅是那些精心设计,然后写在墙上和纸面上的文字,它更多的是一种涉及所有企业成员的行为逻辑。文化不是孤立存在的,文化体现在企业成员的行动之中。

案例 5-6

IBM 的"公司哲学"——企业文化建设就是对企业核心价值观的坚守

IBM 拥有 40 多万员工,年营业额超过 500 亿美元,几乎在各国都有公司,其分布之广令人惊叹,而其成就之大更令人尊崇。

IBM 是有明确原则和坚定信念的公司。这些原则和信念似乎很简单,很平常,但正是这些简单、平常的原则和信念构成了 IBM 特有的企业文化。

老沃森在 1914 年创办 IBM 时设立过"行为准则"。正如每一位有野心的企业家一样,他希望他的公司财源滚滚,同时也希望能借此反映他个人的价值观。因此,他把这些价值观标准作为公司的基石,让任何为公司工作的人都明白公司要求的是什么。

老沃森的信条被其子很好地传承下来,并加以发扬光大。小沃森在 1956 年接任 IBM 的总裁,老沃森所规定的"行为准则",由总裁至收发员,没有一个人不知晓,即:

(1) 必须尊重个人;
(2) 必须尽可能给予客户最好的服务;
(3) 必须追求优异的工作表现。

这些准则一直牢记在公司每位员工的心中,任何一个行动及政策都直接受到这三条准则的影响,"沃森哲学"对 IBM 的成功所贡献的力量,比技术革新、市场销售技巧或雄厚资金所贡献的力量更大。

IBM 全体员工都知道不仅是公司的成功,即使是个人的成功,也一样取决于对沃森原则的遵循。

1. 第 1 条准则　必须尊重个人

沃森家族都知道,公司最重要的资产不是金钱或其他东西,而是员工。自从 IBM 创立以来,就一直推行此理念,每一个人都可以使公司变成不同的样子,所以每位员工都认为自己是公司的一分子,公司也试着去营造小型企业的氛围。分公司长期保持小型编制、公司一直很成功地把握一个主管管辖 12 个员工的效率尺度。每位经理人员都了解工作成绩的尺度,也了解要不断地激励员工士气。有优异成绩的员工就获得表扬、晋升、奖励。以每位员工对公司做出的贡献来核定薪水,绝非以资历而论。有特殊表现的员工,也将得到特别的报酬。

自从 IBM 创立以来,在将近 50 年的时间里,没有任何一位正式聘用的员工因为裁员而造成 1 小时的失业。IBM 如同其他公司一样,也曾遭受不景气的时候,但 IBM 都能很好地计划并安排所有员工,使之不致失业。IBM 在管理职位出现空缺时,永远在自己公司的员工中挑选合适的人选。

IBM 有许多方法让员工知道每一个人都可使公司变成不同的样子。在纽约州阿蒙克的 IBM 公司里，每间办公室、每张桌子上都没有任何头衔字样，洗手间也没有写着什么"领导专用"，停车场也没有给公司领导预留位置，没有主管专用餐厅……总而言之，那是一个非常民主的环境，每个人无论职位高低都同样受到尊重。

2. 第 2 条准则　为客户服务

老沃森特别训令 IBM 将是一个"客户至上"的公司，也就是 IBM 的一举一动都以客户需求为前提。因此，IBM 对员工所做的"工作说明"中特别提到对客户、未来可能的客户都要提供最佳的服务。

为了让客户感觉自己是多么重要，无论客户有任何问题，一定在 24 小时之内解决，如果不能立即解决，也会给予一个圆满的答复。如果客户打电话要求服务，通常都会在 1 小时内就会派人过去。此外，IBM 的专家们随时在电话旁等着，提供服务或解决软件方面的问题，而且电话费是由公司付账。此外还以邮寄或派专人送零件等服务来增加服务范围。

经营任何企业，一定要有老客户的反复惠顾才能使企业成长，一定要设法抓住每一客户。最优异的客户服务是"能使他再来惠顾"，做到这才算成功。

3. 第 3 条准则　优异

IBM 设立一些满足工作要求的指数，定期抽样检查市场以保证服务的品质。从公司的挑选员工计划开始就注重优异的准则，IBM 认为：从全国最好的大学里挑选出最优秀的学生，让他们接受公司的训练课程，必定可以收到良好的教育效果。日后定有优异的工作表现。

IBM 是一个具有高度竞争环境的公司，它所创造出来的气氛可以培养出优异的人才。在 IBM 里，同事竞相争取出色的工作业绩。公司又不断地强调学习和培训的重要，因此每个人都不可以自满，都要力争上游，每个人都认为任何有可能做到的事都能做得到——这种态度令人振奋。

在任何一个公司里，唯一不能改变的就是"原则"。当然公司在许多方面要保持弹性、随机应变，但对"原则"的信念不可变更。IBM 有上述 3 条基本原则作为基石，业务的成功是必然的。

沃森父子成功地将"公司哲学"发展为企业文化，并转化成了引导企业向目标迈进的感召力、规范企业员工行为的约束力、激励员工创造高效率的原动力、创造企业温馨而又高尚的氛围的调节力，从而产生了巨大的创造力，为 IBM 持续发展创造了无与伦比的价值。

第七节 职能管理体系要素之间的关系

职能管理体系包括多个构成要素，这些要素是企业运营管理体系的重要组成部分，它们之间不是孤立的、互不相关的企业职能管理的"烟囱"，而是相互关联、相互协同、相互支撑的管理链条。图 5-36 所示为"绩效管理""流程管理""信息化管理"及"组织管理"4 大职能管理要素之间的关系示意图，图中的各种箭头表示职能管理的各项工作之间的上下游关系，各个职能管理领域都会主导发起不同的职能管理流程，几乎所有的职能管理部门发起的流程都是跨部门的，都需要其他部门的协同，只有协同才能创造价值；所有的上下游关系都需要进行流程的设计，通过流程实现信息（输入、输出）传递，流程是部门间相互协同的机制保障。

所有从事职能管理工作的管理者和员工都需要明白一个道理，公司其他的职能管理部门都是自己可以利用的合作伙伴和资源，它们既可能是我们需要服务的内部客户，也可能是给我们提供输入和支持的内部供应商。下面结合国内某企业的职能管理情况，以及通常意义上职能管理要素的划分情况，通过案例的方式，就企业职能管理构成要素之间的互动关系作简单介绍。

一、流程管理职能与组织管理职能之间的互动

流程管理职能是指对流程的全寿命周期的管理，包括流程规划、开发、发布、宣贯、执行、优化直至废止的全过程；组织管理职能是指组织架构（最小单元是职位）的设计与维护、职位人力资源配置及人力资源全过程管理，包括人才的选、育、用、留的常规人力资源管理工作。流程管理职能与组织管理职能的互动关系非常密切，通常情况下，流程设计与组织体系的设计需要进行持续的双向互动，确保流程与组织的匹配。下面从"流程的发起部门""互动相关的工

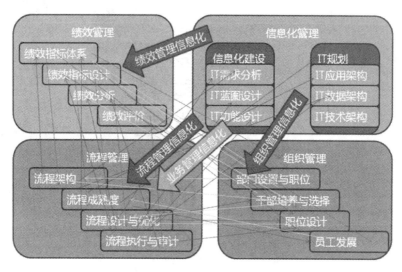

图 5-36 职能管理要素之间的关系示意图

作内容""互动发起的配合需求""互动的配合部门"及"互动配合部门的工作内容"等 5 个方面举例,列举流程管理职能与组织管理职能之间的部分互动关系,如表 5-4 所示。

表 5-4 流程管理职能与组织管理职能之间的部分互动关系

互动发起部门	互动相关的工作内容	互动发起的配合需求	互动配合部门	互动配合部门的工作内容
流程管理部门	业务(含业务平台)部门员工招聘流程建设与管理工作	员工招聘流程管理要求,包括流程的执行监控与持续优化	组织管理部门	要求业务(含业务平台)部门开展员工招聘流程建设与管理工作,监控员工招聘流程的执行与持续优化
	业务(含业务平台)部门员工培训流程建设与管理工作	员工培训流程管理要求,包括流程的执行监控与持续优化		要求业务(含业务平台)部门开展员工培训流程建设与管理工作,监控员工培训流程的执行与持续优化
	业务(含业务平台)部门员工任职资格管理流程建设工作	员工任职资格流程管理要求,包括流程的执行监控与持续优化		要求业务(含业务平台)部门开展员工任职资格管理流程建设与管理工作,监控员工任职资格流程的执行与持续优化

续表

互动发起部门	互动相关的工作内容	互动发起的配合需求	互动配合部门	互动配合部门的工作内容
流程管理部门	组织管理流程架构顶层设计与架构维护工作	按流程管理职能要求开展组织管理流程架构顶层设计与架构维护工作	组织管理部门	按流程管理职能要求开展组织管理流程架构顶层设计与架构维护工作
组织管理部门	开展组织管理流程架构顶层设计与维护的方法培训	提供流程架构顶层设计与维护的标准与方法培训	流程管理部门	提供流程架构顶层设计与维护的标准与方法培训
	对所服务的业务部门组织与人力资源管理流程架构整体规划与维护的方法培训和过程辅导	提供流程架构整体规划与维护的标准、方法培训与过程辅导		提供流程架构整体规划与维护的标准、方法培训与过程辅导
	组织管理相关的流程管理信息化平台工作	提供流程管理信息化相关的培训与服务支持		提供流程管理信息化相关的培训与服务支持

如：流程管理部门要求组织管理部门提交部门年度流程新建与审视优化计划，并监督年度流程建设与审视优化计划的执行。

又如：流程管理部门发起公司流程架构顶层设计与架构维护工作，组织管理部门需要按照流程架构建设的标准与架构维护的要求，主导组织与人力资源管理相关的流程架构设计与优化工作。

二、流程管理职能与绩效管理职能之间的互动

流程管理职能如前所述，绩效管理职能包括组织绩效管理和个人绩效管理。绩效管理是指从绩效指标体系设计到绩效目标制定、下达，绩效数据收集、监控、分析、改进及绩效评价的管理过程。流程管理职能与绩效管理职能的互动关系非常密切，因为所有的流程都需要以客户需求为导向来明确流程的绩效目标，流程绩效目标是支撑以"平衡计分卡"原理为理论的"内部运营"维度指标的主要线索，所以基于流程来建立绩效指标体系并开展监督、控制和持续改进，是流程管理职能与绩效管理职能之间的互动关键。下面从"流程的发起部门""互动相关的工作内容""互动发起的配合需求""互动的配合部门"及"互动配合部门的工作内容"等5个方面举例，列举流程管理职能与组织管理职能之间的部分互动关系，如表5-5所示。

表 5-5　流程管理职能与绩效管理职能之间的部分互动关系

互动发起部门	互动相关的工作内容	互动发起的配合需求	互动配合部门	互动配合部门的工作内容
流程管理部门	业务(含业务平台)部门员工绩效流程建设与管理工作	员工绩效流程管理要求,包括流程的执行监控与持续优化	绩效管理部门	要求业务(含业务平台)部门开展员工绩效流程建设与管理工作,监控员工绩效流程的执行与持续优化
	业务(含业务平台)部门组织绩效管理流程设计与管理工作	组织绩效管理流程管理要求,包括流程的执行监控与持续优化		按流程管理职能部门的要求开展组织绩效流程的建设与管理工作,监控流程执行并持续优化流程
	流程绩效指标管理工作	要求所有的业务与管理部门对发布的流程开展流程绩效指标设计工作		监督并辅导所有的业务与管理部门对发布的流程开展流程绩效指标设计、数据收集与流程绩效管理工作
	绩效管理流程架构顶层设计与架构维护工作	按流程管理职能要求开展绩效管理流程架构顶层设计与架构维护工作		按流程管理职能要求开展绩效管理流程架构顶层设计与架构维护工作
绩效管理部门	开展绩效管理流程架构顶层设计与维护的方法培训	提供流程架构顶层设计与维护的标准与方法培训	流程管理部门	提供流程架构顶层设计与维护的标准与方法培训
	对所服务的业务部门绩效管理流程架构整体规划与维护的方法培训和过程辅导	提供流程架构整体规划与维护的标准、方法培训与过程辅导		提供流程架构整体规划与维护的标准、方法培训与过程辅导
	绩效管理相关的流程管理信息化平台工作	提供绩效流程管理信息化相关的培训与服务支持		提供流程管理信息化相关的培训与服务支持

如:流程管理部门发起针对业务(含业务平台)部门组织绩效管理流程设计与管理工

作,绩效管理部门针对绩效管理的总体原则与方法提供培训、宣传等相关的服务工作。

又如:绩效管理部门发起对所服务的业务部门绩效管理流程架构整体规划与维护的方法培训和过程辅导,流程管理部门参与并指导,并提供基于流程的绩效指标设计与改进建议。

三、流程管理职能与信息化建设管理职能之间的互动

信息化建设管理职能包括 IT 规划、IT 系统(含硬件、网络等基础设施)建设与运维的全过程管理;流程管理职能与信息化建设管理职能之间的互动关系非常密切,信息化是固化流程和推动流程执行落地的最佳途径。但是信息化建设的前提是需要对业务系统、完整的理解与描述,这就是流程设计和流程管理需要开展的工作,这些工作可能是由流程管理部门发起,更有可能是负责业务管理的业务管理部门发起,这取决于流程管理职能部门在公司管理体系中的定位。有的企业只是将流程管理职能部门作为流程全寿命管理标准的管理部门,不负责各个业务和职能管理域流程架构与流程的具体设计与优化工作,这是小流程管理部的概念;而有些企业(如华为)对流程管理部门的职责定位要广泛得多,将业务与职能管理的流程架构与流程全寿命周期管理的职责全部包括进来,在这种情况下,流程管理部门与信息化建设管理部门的互动就更加密切。下面从"流程的发起部门""互动相关的工作内容""互动发起的配合需求""互动的配合部门"及"互动配合部门的工作内容"等 5 个方面举例,列举流程管理职能与信息化建设管理职能之间的部分互动关系,如表 5-6 所示。

表 5-6 流程管理职能与信息化建设管理职能之间的部分互动关系

互动发起部门	互动相关的工作内容	互动发起的配合需求	互动配合部门	互动配合部门的工作内容
流程管理部门	研发管理业务信息系统建设过程的蓝图设计	提供蓝图设计相关的工作标准、模板;提供培训、指导及参加评审	信息化建设管理部门	提供蓝图设计相关的工作标准、模板;提供培训、指导及参加交付件评审
	供应链业务信息系统建设过程的蓝图设计	提供蓝图设计相关的工作标准、模板;提供培训、指导及参加评审		
	营销服务业务信息系统建设过程的蓝图设计	提供蓝图设计相关的工作标准、模板;提供培训、指导及参加评审		
	人力资源管理信息系统建设过程的蓝图设计	提供蓝图设计相关的工作标准、模板;提供培训、指导及参加评审		

续表

互动发起部门	互动相关的工作内容	互动发起的配合需求	互动配合部门	互动配合部门的工作内容
信息化建设管理部门	基于业务流程架构的IT规划与系统建设工作	提供最新的流程架构变动信息,并提供相关的支持	流程管理部门	提供最新的流程架构变动信息,并提供相关的支持
	年度研发业务管理信息化需求收集工作	参与研发业务管理部门及业务部门的年度信息化需求收集工作		参与研发业务管理部门及业务部门的年度信息化需求收集工作
	年度研发业务管理信息化建设项目启动工作	参与研发业务管理部门及业务部门的年度信息化需求收集项目启动工作		参与研发业务管理部门及业务部门的年度信息化需求收集项目启动工作

如:流程管理部门发起研发管理业务信息系统建设过程的蓝图设计,信息化建设管理部门参与蓝图设计相关的培训、辅导和实施工作,确保蓝图设计工作的输出成果符合后续工作(概要设计和详细设计)的要求。

又如:信息化建设管理部门发起年度研发业务管理信息化需求收集工作,流程管理部门需要按照信息化建设与管理的总体原则与要求,以及研发业务管理的现状,提出下一年度研发信息化建设项目需求。

四、组织管理职能与绩效管理职能之间的关系

组织管理职能与绩效管理职能之间的关系非常密切。组织管理职能的工作包括细化到职位的组织架构的设计、组织职责的制定、组织架构维护及传统的人力资源管理工作,而绩效管理职能的工作包括各级组织的绩效、干部绩效及员工绩效的管理。这些工作从年初到年末,从一个季度到下个季度,从这一年的年末到下一年的年初,这两项职能之间需要开展大量的协同与互动,表5-7所示为组织管理职能与绩效管理职能之间的部分互动关系示意。

表5-7 组织管理职能与绩效管理职能之间的部分互动关系

互动发起部门	互动相关的工作内容	互动发起的配合需求	互动配合部门	互动配合部门的工作内容
组织管理部门	要求针对某一职位上的干部或员工设置年度或季度绩效指标	设置绩效指标和目标值	绩效管理部门	针对该职位上的干部或员工,按照绩效管理的总体原则和要求,提供绩效指标与目标值,并开展必要的沟通和下调

续表

互动发起部门	互动相关的工作内容	互动发起的配合需求	互动配合部门	互动配合部门的工作内容
组织管理部门	要求针对某一职位上的干部或员工提供季度或年度绩效数据	提供季度或年度绩效数据	绩效管理部门	针对该职位上的干部或员工,按照绩效管理的总体原则和要求,提供季度或年度绩效数据,并开展必要的沟通和下调
	制定或更新员工任职资格体系相关的标准并实施该标准	对任职资格标准中有关员工绩效的部分内容提出参考意见		针对任职资格标准的员工绩效门槛要求等方面的内容提供参考意见,并负责在实施过程中提供相关信息
	发起关于组织机构调整的分析与决策事项	提供各级组织在运营有效性方面的数据及分析意见		对需要调整的组织的运营有效性进行分析,提供分析意见和决策辅助意见
绩效管理部门	发起年度组织绩效目标的制定工作	参与部门组织绩效指标的设计、沟通与信息提供	组织管理部门	按照公司绩效管理的原则与整体要求,结合本部门上年度绩效目标完成情况,参与本部门组织绩效指标的设计、沟通与信息提供
	发起各部门季度或半年组织绩效的监控、分析与绩效改进工作	参与季度或半年组织绩效的监控、分析与绩效改进		按照绩效管理工作的原则与总体要求,参与季度或半年组织绩效的监控、分析与绩效改进,并提供相关的信息
	发起各部门年度组织绩效的数据提供、分析与总结工作	参与年度组织绩效的数据提供、分析与总结工作		按照绩效管理工作的原则与总体要求,参与年度组织绩效的数据提供、分析与总结工作,并提供相关的信息

如:组织管理部门发起制定或更新员工任职资格体系相关的标准并实施该标准,需要绩效管理部门提供针对公司有关员工任职资格体系标准建立的原则和要求的内容,提供员工绩效门槛及绩效数据方面的相关信息和相关的参考意见,并负责在实施过程展开沟通工作。

又如:绩效管理部门发起各部门季度或半年组织绩效的监控、分析与绩效改进工作,组织管理部门需要按照绩效管理工作的原则与总体要求,参与季度或半年组织绩效的监控、分析与绩效改进等工作,并提供相关的信息。

五、绩效管理职能与信息化建设管理职能之间的互动

绩效管理职能与信息化建设管理职能之间存在非常密切的互动关系。一个企业绩效管理工作是否能够做到客观、公正和有效,与这个企业的信息化建设管理水平是密切相关的。如果没有信息化支持,对组织和个人的绩效评价大多都会陷于主管武断、漫天要价、部门保护和长官意志的恶性循环中,导致企业的激励体系和执行力出现严重问题;相反,如果企业的信息化建设和管理水平与程度很高,大部分的业务和管理流程都以信息化处理,那么,就为该企业各部门的组织和个人绩效指标设计和绩效数据提供了很好的基础和平台,在适度开展 BI 设计与大数据管理的背景下,绩效管理工作一定能够上台阶,显著提升激励系统的有效性,极大促进管理者、部门和员工之间关系的改善,并提升组织的执行力和确保战略落地。

表 5-8 所示为绩效管理职能与信息化建设管理职能之间的部分互动关系示意。

表 5-8 绩效管理职能与信息化建设管理职能之间的部分互动关系

互动发起部门	互动相关的工作内容	互动发起的配合需求	互动配合部门	互动配合部门的工作内容
绩效管理部门	发起某些组织绩效指标数据采集的信息化建设工作	要求主导该信息化需求的分析与立项工作	信息化建设管理部门	按照公司信息化建设与管理的原则与总体要求,对绩效管理部门提出的信息化建设需求开展需求分析与立项工作
	发起现有绩效管理数据管理信息系统中故障问题与优化的需求	对现有系统的故障进行排除、对系统优化需求进行分析和处理		根据公司信息化建设与管理的原则与总体要求,以及 SLA 的标准,对绩效管理部门的要求进行分析和应对

续表

互动发起部门	互动相关的工作内容	互动发起的配合需求	互动配合部门	互动配合部门的工作内容
绩效管理部门	发起年度组织绩效目标的制定工作	参与部门组织绩效指标的设计、沟通与信息提供	信息化建设管理部门	按照公司绩效管理的原则与整体要求，结合本部门上年度绩效目标完成情况，参与本部门组织绩效指标的设计、沟通与信息提供
绩效管理部门	发起各部门季度或半年组织绩效的监控、分析与绩效改进工作	参与季度或半年组织绩效的监控、分析与绩效改进	信息化建设管理部门	按照绩效管理工作的原则与总体要求，参与季度或半年组织绩效的监控、分析与绩效改进，并提供相关的信息
信息化建设管理部门	发起绩效管理体系信息化建设相关的蓝图设计工作	主导绩效管理信息系统的蓝图设计工作	绩效管理部门	按照信息化建设与管理的原则与要求，主导绩效管理信息化相关的蓝图设计工作
信息化建设管理部门	发起绩效管理信息系统测试上线工作	要求对绩效管理信息化系统进行测试和上线准备工作	绩效管理部门	按照信息化建设与管理的原则与要求，对绩效管理信息化系统进行测试和上线准备
信息化建设管理部门	发起年度信息化建设需求的收集与规划工作	提供本部门年度信息化建设需求	绩效管理部门	按照信息化建设与管理的原则与要求，提供本部门信息化建设需求，并完成沟通工作

如：绩效管理部门发起某些组织绩效指标数据采集相关的信息化系统建设工作，信息化建设管理部门需要按照公司信息化建设与管理的原则与总体要求，对绩效管理部门提出的信息化建设需求开展需求分析与立项工作，在此基础上进一步开展IT项目的开发与

运维。

又如：信息化建设管理部门发起绩效管理体系信息化建设相关的蓝图设计工作，绩效管理部门需要按照信息化建设与管理的原则与要求，结合绩效管理工作本身的管理逻辑和要求，主导绩效管理信息化相关的蓝图设计工作，并对该阶段的交付件质量负责。

案例 5-7

财务管理部关于培训费报销需提供的资料

导言 公司今年的年度工作主题是"协同 共享 增效"，协同工作体现在我们工作的方方面面。本案例结合"公司财务管理部关于培训费报销需提供资料"这件"小事"，通过工作过程中的邮件往来，谈谈需要公司各个部门开展协同的需求，协同部门包括财务管理部、人力资源部、科技与运营部（下设流程与体系管理部）及所有需要开展员工培训业务的部门。介绍这个案例的目的是希望公司广大员工了解一个道理：协同无处不在，协同需要理解、关注、跟踪并满足客户需求。

最近，公司财务管理部出于预算和费用管理的需要，对公司员工培训费用报销需提供的资料提出了具体的要求，希望各个部门按照要求执行。但是员工培训管理的主体责任部门是公司人力资源部，所以看到公司人力资源部员工发展职能管理人员通过邮件方式向各个部门传递了财务管理部的要求。从该邮件的内容来看，涉及的内容、标准和角色还是比较复杂的，操作起来比较困难，于是运营管理部下面的流程管理部从职能管理的角度出发，希望对培训费用申报、审核及批准业务进行规范化的流程管理，以方便流程的执行及开展持续改进。

以下是部分邮件往来的信息。

发件人：王蕾（员工发展）
主题：财务管理部关于培训费报销需提供的资料的要求
各位小伙伴好，接财务部通知，现报销培训费用需提供以下资料。

1. 培训通知。

2. 培训签到表。

3. 培训申请表（外训需提前15个工作日，内训提前1个月提交。计划内、外的培训均需邮件告知人力资源部）。

4. 培训合同（多为内训，除个别子公司外，均由人力资源部统一对外签署）。

5. 培训分摊表（如一个培训存在多个部门参加，请组织方提供人员明细以便分摊）。

6. 培训大纲（培训简介、内容）。

注意：员工先行垫付，在OA上发起专项费用报销时，也需要提供上述材料，请各部门HR提前做好审核。为了保证培训费用顺利支付、报销，还请各位引起重视，做好审核及资料准备工作。

发件人：李波（流程管理部经理）

这么多要求，有没有相关流程或规定发布？

===

发件人：张宁（运营管理部领导）

能不能拟制发布一个"员工培训费用报销申请、审核及审批流程"，以便于执行和持续改进？

===

发件人：王蕾

HR说是财务管理部口头通知的，没有任何书面文件。

===

发件人：张宁

虽然这是财务管理部（作为客户）提出来的需求，但是主体责任是人力资源部门，财务管理部需要人力资源部的协同，人力资源部门需要满足客户（财务管理部）的需求，并持续跟踪客户需求的满足情况。

OK？

===

……邮件沟通尚在进行中……

===

分析　员工培训及培训费用报销是相当高频的业务，从公司成立的那一天起就一直在进行，但关于培训费报销需提供资料的具体要求在2017年的这个夏天通过"口头通知的，没有任何书面文件"的方式提出来，这应该说是一种进步，但是在某种程度上说，是不是能够引起我们对管理行为规范化的反思，我们到底还有多少业务（尤其是那些高频的业务）还没有建立管理的规则和标准，还有多少业务尚处于粗放式或经验式的"人治"管理阶段，我们是不是还可以做得更好？

公司流程管理部门承担着管理并持续改进流程的主体责任，流程设计与规范化并不是流程管理的目的，流程管理的真正目的是推动公司所有业务建立管理规则和标准，并在此基础上做持续改进，今天改进一小点、明天改进一大点，今年改进一小片、明年改进一大片，通过我们大家的共同努力，共同营造公司持续改进的组织氛围，只有这样，公司才可能步入长期可持续的良性循环，才是真正践行公司"客户导向，诚信敬业，持续创新，增量发展"的核心价值观，我们才会成为一个真正伟大的公司。

思考题

1. 你所在的企业或组织有哪些职能管理工作？如何描述这些职能管理工作？
2. 你所在的企业或组织的职能管理工作之间存在怎样的关系？
3. 你所在的企业或组织是如何开展职能管理的？

第六章 企业职能管理与业务管理的关系

核心要点

跨部门协同运作是企业运营管理体系的神经网络，某种程度上说是企业的生命之源。企业的各个业务体系之间、各个职能体系之间以及职能和业务体系之间都存在错综复杂的协同关系，企业需要通过"去中心化"和"按域统筹"的原则开展跨部门协同工作的设计与实施，做好顶层设计、中层设计和底层设计，确保整个企业运营管理体系的有效运行。

第一节 职能管理和业务管理都是集团运营管控的需要

如果一个企业的组织体系中包含多个事业部和子公司,那么这个公司就需要考虑建立集团管控体系了,这方面的内容在第三章已经有一些综述性的介绍。集团管控体系建设需要考虑的因素很多,业界对集团管控大致概括为战略管控、运营管控和财务管控3种管控模式,如图6-1所示,其中运营管控是本书要介绍的重点。

与财务管控和战略管控不一样,运营管控强调对企业内部各个事业部、子公司及业务平台部门(也称资源部门)全方位的管理和控制,既包括财务管控和战略管控方面的管控要求,更包括对这些内部机构的各种操作层面活动的管控要求,也就是说,这些事业部、子公司及业务平台部门做什么、不做什么、怎么做及做到什么程度,这都是集团运营管控模式需要关注的问题,目的是确保集团的整体运营效率,最终形成"1+1＞2"的效果。

企业的管理活动包括经营类活动和管理类活动。经营类活动是指直接为客户创造价值的活动,包括产品研发、生产制造、市场销售等;管理类活动包括业务管理和职能管理两大类。要强调集团运营管控,就需要加强集团在业务管理和职能管理方面的能力建设,通过开展针对各事业部、子公司及业务平台部门的职能和业务的管理,将集团的战略、财务及运营管控的方针、政策、思想和方法落实到集团企业日常运营的每一个角落。

如果没有集团统一的业务管理和职能管理,企业没有在集团层面形成企业经营管理的统一的方针、政策、思想和方法,包括战略定位、使命愿景、质量方针和政策、激励机制与组织管理策略,而是任由各事业部、子公司及业务平台部门自由发挥,按照各自的理解和利益驱动开展业务活动,则企业就是一盘散沙,不可能有长期可持续的发展。

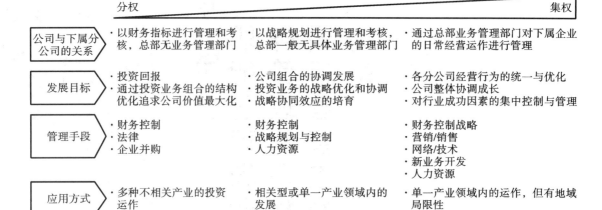

图 6-1 集团管控的 3 种模式

另外，企业的职能管理与业务管理都是为业务而存在的，没有经营性的业务活动，企业的职能管理与业务管理就没有必要存在。对于集团型企业来说，由于各事业部、子公司及业务平台部门涉及的业务活动非常复杂，从市场需求到产品实现，从销售线索到合同签订，从客户订单到订单履行，从项目验收到项目回款等，如图 6-2 所示。仅仅从销售和客户关系层面来说，又包括国内市场、国际市场、行业市场、销售区域、客户类型等，而且每一个事业部或子公司面对的市场生态与业务场景也是千姿百态，这样的复杂性决定了职能管理与业务管理在集团层面的必要性。

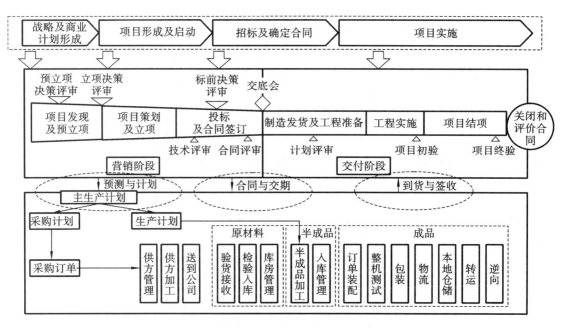

图 6-2 企业内的各种经营性活动

第二节 职能管理和业务管理都需要行使管理和服务职责

不论是职能管理组织,还是业务管理组织,集团层面的运营管理组织都需要正确理解"管理"二字的要义。管理的价值与使命是支持业务部门更加成功,不能让业务部门更加成功的管理部门是不合格的管理部门,管理部门不是为管理而管理,而是为了业务的成功而管理。职能管理和业务管理的管理人员,都需要站在业务的角度,成为业务部门的帮手和合作伙伴,从这个意义上说,管理其实就是服务,向业务部门的各级管理者和员工提供专业服务,帮他们排忧解难,让专业的人做专业的事情。

但是,集团层面的运营管理组织还有另外一个使命,那就是控制。同样需要正确理解"控制"二字的要义,理解控制工作的客户及客户的目标需求,控制不是站在业务部门的角度而言的,控制工作的客户是企业的股东或投资者,他们也是重要的利益相关方,是所有业务的动力之源,管理部门需要站在集团利益最大化的角度做好职能与业务管理工作,在建立各种管理机制的过程中,除了要考虑业务部门的服务需求之外,还要考虑集团公司股东的利益诉求,做好这"服务"和"控制"两个方面的综合平衡。

下面从"管理职责"和"服务职责"两个角度展开说明。

一、管理职责

在通常意义上,管理职责就是针对所管理的业务和职能开展管理体系的建立、优化、实施、监控、审计、评价等的一系列管理活动的总称。不管是业务管理体系,还是职能管理体系,都要涉及流程管理、组织与人力资源管理、绩效管理、信息化建设管理及组织文化建设等方面的工作。图6-3所示为业务或职能管理体系建设的总体框架,这个框架不仅适合企业管理业务,而且社会上所有的组织都可以基于这个框架来建立管理体系,包括政府机构、行业机构甚至军队的管理体系建设。如对集团企业的市场业务管理部门来说,需要建立集团的市场管理体系,这就要包括市场管理的流程体系、市场管理的组织与人力资源体系、市场管理的绩效评价体系、市场管理的信息化体系及市场管理的文化体系(文化体系包括一些有关市场管理的核心价值观、方针、政策等要素);以湖北省某市政府为简化行政办事程序,方便老百姓办理身份证、驾驶证、护照等各种证件的机构"市民之家"为例,该机构要想有效运转并提升机构的执行力,也需要建立"市民之家"的管理体系,包括"市民之家"的流程管理体系、"市民之家"的组织与人力资源管理体系、"市民之家"的绩效管理体系、"市民之家"的信息化建设管理及"市民之家"的组织文化建设。

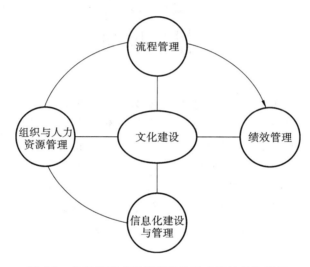

图 6-3　业务管理或职能管理体系建设的总体框架

管理体系的建成不是一蹴而就的,而是一个持续改进和不断完善的过程,这个过程只有起点,没有终点。

管理职责不仅包含管理体系的建设,其实更重要的是这个体系的实施、监控、审计、评价、优化等的一系列管理活动。一个组织不可能为建管理体系而建管理体系,这个体系是为业务管理和职能管理服务的,所以企业需要实施或执行这个体系,要监控这个体系是否得到执行、执行过程中存在什么问题、通过审计来发现执行过程中的符合性问题,在解决这些问题的同时,要持续改进这套体系中的各个要素,如流程是否有问题、组织与人力资源能力是否有问题,IT 系统是不是有问题等,有问题就需要改进,要问 5 个为什么,找到发生问题的根本原因,然后制订改进方案实施管理体系的改进。最后就是管理体系的评价问题,ISO 发布的所有体系都需要做管理评审,管理评审的目的就是评价该管理体系的有效性,包括目标达成的有效性和管理体系的系统性、完整性和适宜性,形成体系管理的闭环。

下面列举一些业务和职能管理活动的具体事例。

- 信息化管理部门发起年度 IT 需求收集工作。
- 财务管理部门发起年度预算编制工作。
- 体系管理部门发起体系内审或管理评审工作。

- 供应链业务管理部门发起供应链流程架构维护工作。
- 绩效管理部门发起年度组织绩效目标制定工作。
- 绩效管理部门发起季度绩效数据提供、分析和评价工作。
- 人力资源部门发起员工任职资格标准编写与发布工作。
- 研发业务管理部门发起重大科研项目的决策评审工作。
- 企业文化管理部门发起企业文化宣传月活动。

总之,对集团负责运营管理的部门来说,它们要履行各个管理体系从建立到执行、监控、审计、优化、评价的管理体系全寿命周期的管理职责。

二、服务职责

服务职责是业务管理与职能管理组织针对管理体系的建立、优化、实施、监控、评价所开展的各种培训、宣传、沟通、辅导、咨询、诊断、协同等的一系列与服务对象开展的互动活动,如图 6-4 所示。

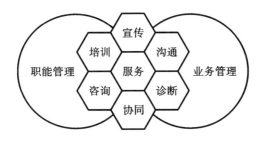

图 6-4 服务职能包括培训、宣传、沟通等活动

由于管理体系与管理工作不可能独立存在,它是为业务服务的,所以,虽然所有的体系管理工作都是由体系管理部门主导,但是管理体系的建设和全寿命周期管理都离不开业务部门人员的理解、支持与协同,而且还是一个需要双方高度信任、高度协同的过程。下面举例列举一些管理部门在实施管理体系全寿命周期管理过程中对业务部门提供服务的例子。

- 邀请业务部门人员参与流程架构设计,讲解流程架构设计的目的、方法与原则。
- 对达成共识的业务流程架构进行宣贯和培训,以便业务管理者在此基础上制定本地化的详细流程、作业指导书和工作标准。
- 帮助业务部门管理者分析业务绩效不佳或业务逻辑不通畅的原因,提出流程改进的方案或建议。
- 邀请业务部门人员参与组织架构设计,讲解组织架构设计的目的、方法与原则。
- 邀请业务部门管理者和员工参与公司任职资格标准的制定,向他们介绍任职资格管理体系建设的目的、方法与原则,以便大家理解自己在公司的职业发展方向。
- 组织业务部门管理者和员工参与业务 IT 系统的蓝图设计,介绍系统蓝图设计的目的、方法与交付件格式要求,确保开发出符合业务需要的 IT 系统。
- 为了便于业务部门管理者做好员工的绩效评价与考核,绩效管理部门协同信息化部门开展业务部门绩效指标体系建设、绩效数据获取能力建设及绩效结果的 BI 报表建设的工作,并向业务部门管理提供必要的培训和支持。

·企业文化管理部门对业务部门文化建设的方法和工作计划提供支持,让大家了解这项工作的意义,必要时还可以提供问题诊断和解决方案。

·研发业务管理部门对产品研发部门提供技术评审及决策评审方面的方法,支持问题诊断分析,及时解决研发效率低下和流程缓慢的问题。

·市场管理业务部门按照公司渠道管理的要求对事业部的市场部门提供渠道开拓的咨询和问题诊断,帮助市场部门快速解决渠道不畅的问题。

服务创造价值,服务赢得客户,负责集团运营管控的管理部门牢固树立服务意识,和业务部门建立合作伙伴关系,加强业务和管理的协同,是企业获得持续成功的保证。

第三节 职能管理和业务管理的功能需要在组织上下沉到业务部门

集团企业的运营管理体系要靠集团运营管控的组织体系来保障,在第三章有案例介绍了国内某集团公司运营管控的一级组织结构,如图6-5所示。该集团企业包含多个事业部、子公司和业务平台部门,而集团层面的管理部门有:财务管理、人力资源管理、组织管理、流程IT管理、研发业务管理、营销服务业务管理、供应链业务管理等业务与职能管理部门。这些管理部门承担集团运营管控的职责,对集团旗下的所有事业部、子公司和业务平台部门实施集团运营管控。

这些业务和职能管理部门对集团管控企业而言,相当于是公司CEO的秘书机构,同时这些部门都有相应的分管高层领导,承担相应业务管理和职能管理领域全球流程责任人(global process owner, GPO)职责,对相应领域的业务运作绩效向CEO负责,并服从CEO的领导;同时企业可以在相应的业务管理和职能管理领域设立专业委员会,比如供应链管理委员会、人力资源管理管理委员会、财经体系委员会、采购管理委员会等虚拟组织,由对应领域的全球流程责任人担任委员会主任一职并承担相应职责,在所有问题向公司决策机构汇报决策之前,所有业务或职能领域的问题首先交由这些委员会进行专业分析和判断,以提升企业高层决策的效率和风险管理的水平。

集团层面建立了业务与职能管理的组织,是否意味着集团旗下各事业部与子公司就不需要建立业务和职能管理组织了呢?我们先来看一个国内某知名集团公司运营管控组织的实践案例。该公司在集团层面设立了"质量与流程IT管理部",如图6-6所示,这是一个典型的职能管理部门,在该部门下又设立了"公司质量与运营部",这是负责公司级质量与运营管理的职能部门,从图6-6可以看

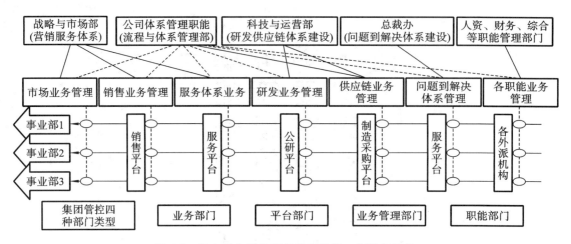

图 6-5 国内某集团公司运营管控的一级组织结构

到,该公司在"企业架构与流程管理部"下面也设置了"质量与运营部",同时在各个 BG（business group）及职能组织（functional organization）下面也设置了"质量与运营部",分别称"××BG 质量与运营部"和"××FU 质量与运营部",这些"质量与运营部"就是公司质量与运营管理功能在组织上下沉的实际例子,公司质量与运营部门要负责公司质量与运营管理方面的总体方针、政策的制定与管理结构设计,同时对下级部门还要做好对口业务的宣传、培训、辅导等服务工作,以及跟踪、监控、考核、评价等管理工作。

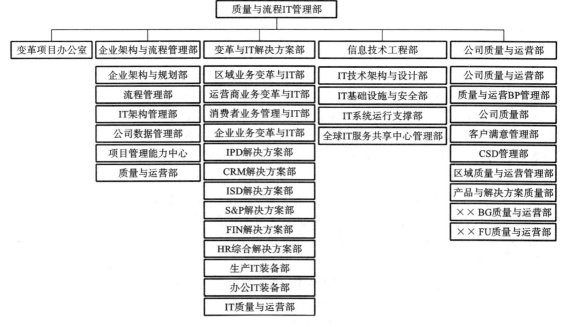

图 6-6 国内某知名集团公司的职能管理组织下沉示意

基于上面的案例可知,为了确保集团运营管理体系的完整性与系统性,集团旗下各事业部和子公司需要建立各自的业务与职能管理的组织,并且这些组织需要在横向和纵向、业务和职能等多角度做好与集团层面管理部门的工作对接,下面分别从横向和纵向两个方面作展开说明。

横向主要是需要从业务的角度考虑,由于业务的逻辑必须是端到端闭环,企业的业务从市场到研发到销售、供应链、售后服务,一直到客户问题解决,一环紧扣一环,环环相扣,每一个环节都有相应的业务管理逻辑和规则,从事业部和子公司的层面来看,有些规则是来自集团层面业务管理部门制定的业务规则(顶层设计的内容),但是该事业部或子公司需要在顶层设计的基础上,建立本地化的业务逻辑和规则,以保证本事业部或子公司的上述各项业务之间密切配合和畅通,如某事业部的市场业务和研发业务之间需要建立明确的上下游关系,包括市场业务部门要向研发部门提供产品研发需求的模板格式及内容标准(集团层面的市场和研发业务管理部门不会针对该工作制定如此细的业务规则),确保本事业部、子公司研发的产品符合市场和客户的需要;同样的道理,从研发环节到供应链的业务路径也必须畅通,包括产品配置、产品手册等信息传递的准确性、完整性和及时性;所以,各事业部或子公司需要在横向的各个业务环节设立业务管理的组织,一方面,要承接来自集团业务管理部门顶层设计的管理逻辑和原则,另一方面,这些组织要针对自己产品和服务的独特性需求,在充分学习和理解集团顶层设计思路的前提下,做好自身业务链条的设计、实施监控,确保业务执行的效率和效果。

纵向主要考虑在职能管理工作上与集团职能管理工作的对接。集团职能管理部门需要在战略、组织与人力资源、流程IT、绩效管理、企业文化管理等多个角度实施对各事业部和子公司的职能管控,集团层面的这些职能管理组织都需要基于一定的管控逻辑建立自己的管理体系,以绩效管理职能组织为例,集团的绩效管理组织需要建立整个集团统一的绩效管理体系,这套体系包括绩效管理的流程、绩效管理的组织、绩效管理的IT系统及绩效管理工作的评价方法等,如图6-7所示,在此基础上对绩效管理工作持续改进。

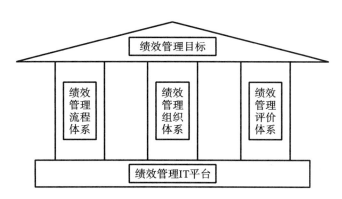

图6-7 集团运营管控体系的绩效管理体系

对于集团旗下的各事业部和子公司来说,为了做好与集团绩效管理职能部门之间的工作衔接,它们需要建立相应的绩效管理组织(部门或职位),以便在绩效管理流程、绩效管理组织、绩效管理IT系统及绩效管理工作的评价方法上与集团形成纵向的无缝对接,包括参与本组织绩效目标的制定和向下分解、过程绩效数据的采集与分析、绩效改进方案的制订、年度绩效报告的编写与绩效评价等。

其他职能管理方面也是同样的道理,各事业部与子公司都需要建立相应的职能管理组织(部门或职位),目的就是要保证集团上下职能管理从方针政策到实施细节高度协同、步调一致。

第四节 职能管理和业务管理需要开展顶层设计工作

作为集团运营管控的主体管理组织,集团的业务管理部门和职能管理部门承担着集团运营管理体系建设的职责,在第一章对运营、运营管理、体系管理及运营管理体系这几个概念都做了比较系统的介绍。对于"体系"二字的解读需要和"架构"产生关联,而架构则包含顶层架构和底层架构的意思,对于企业的管理架构建设,需要采用"自上而下"与"自下而上"相结合的方法,自上而下的架构方法从某种程度上说,就是顶层设计的意思。

"顶层设计"最初是一个工程术语,本义是运用系统论的方法,从全局的角度,统筹考虑项目各层次和各要素,追根溯源,统揽全局,以集中有效资源,高效快捷地实现目标,在最高层次上寻求问题的解决之道。目前这个概念已经成为中国的一个政治名词,也成为很多企业管理者经常使用的一个概念,"顶层设计"一词在中共中央关于"十二五"规划的建议中首次出现,预示着中国改革事业进入新的征程。

顶层设计包括以下三个主要特征。

(1)顶层决定性 顶层设计是自高端向低端展开的设计方法,核心理念与目标都源自顶层,因此顶层决定底层,高端决定低端。

(2)整体关联性 顶层设计强调设计对象内部要素之间围绕核心理念和顶层目标所形成的关联、匹配与有机衔接。

(3)实际可操作性 设计的基本要求是表述简洁明确,设计成果具备实践可行性,因此顶层设计成果应是可实施、可操作的。

"顶层设计"字面含义是自高端开始的总体构想,"不谋万世者,不足谋一时;不谋全局者,不足谋一域。"但其也是一种民主集中,是从若干的"谋一时""谋一域"中科学抽象出来的。"顶层设计"不是闭门造车,不是"拍脑袋"拍出来的。改革开放40年的成功,恰好是

"顶层设计"呼应了来自基层的强大发展冲动。改革开放初期,由于诸项改革措施的受惠面比较大,社会动力与政府的牵引力紧密结合,带动改革加速推进。20世纪90年代中期以后,随着改革的不断深化,利益分化进程加快,在利益面前达成共识的困难越来越大。"顶层设计"与"底层冲动"结合的难度自然也就加大了。社会改革是一个系统性工程,"顶层设计"就是要自上而下,但必须要有自下而上的动力,要通过社会各个利益群体的互动,让地方、社会及各个所谓的利益相关方都参与进来。

下面从业务管理和职能管理两个方面介绍顶层设计工作的内容。

一、业务管理的顶层设计

企业开展的所有业务都是为企业的外部客户服务的,业界将企业内部为外部客户创造价值并提供端到端服务的顶层业务链条称为价值链。企业业务管理的需求来自价值链端到端的核心业务流程及对该流程的业务划分方法。以制造型企业为例,通常情况下,制造型企业对核心业务流程的划分方法包括市场业务、产品研发业务、采购业务、生产制造业务、销售业务及售后服务等业务,这种划分也可以称为制造型企业的价值链设计,所以价值链就是由企业价值链上的主要业务域构成的。我们就结合这些业务中的供应链业务来介绍对这些业务的顶层设计工作。其他业务管理的顶层设计的逻辑是完全一样的。

供应链业务的业务管理到底应该包括哪些顶层设计的工作,这就要从集团运营管控的企业运营管理体系的职能管理的构成要素中去寻找答案。图6-8所示为集团运营管控中职能管理的构成要素。

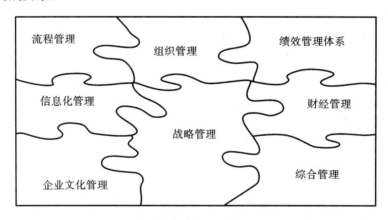

图6-8 集团运营管控中职能管理的构成要素

企业所建立的职能管理体系是为业务管理服务的,所以这些职能管理要素应该适用企业价值链上的所有业务,这些职能管理要素也同样适用于供应链业务管理,包括供应链战略管理、供应链流程管理、供应链组织管理、供应链信息化管理、供应链绩效管理、供应链财经管理、供应链文化管理及供应链综合管理等,那么,针对供应链业务管理的顶层设计也就围绕这些要素展开。

1. 供应链业务流程的顶层设计

集团企业供应链业务流程建设需要在集团层面流程建设与管理的总体原则与方法指

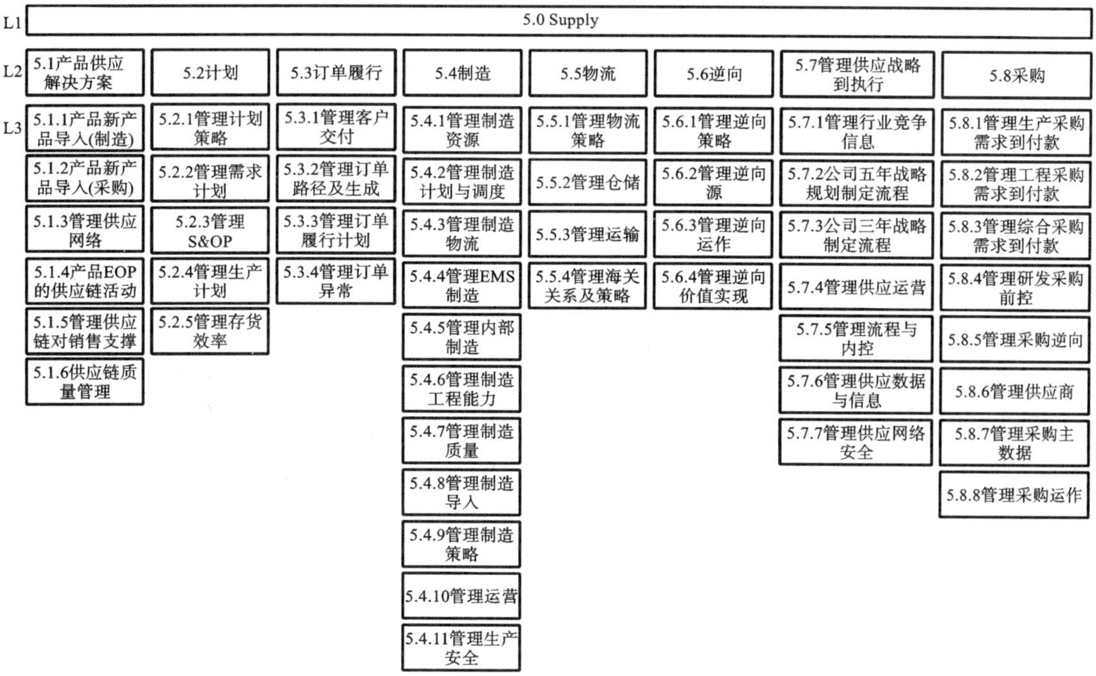

L1	5.0 Supply							
L2	5.1产品供应解决方案	5.2计划	5.3订单履行	5.4制造	5.5物流	5.6逆向	5.7管理供应战略到执行	5.8采购
L3	5.1.1产品新产品导入(制造)	5.2.1管理计划策略	5.3.1管理客户交付	5.4.1管理制造资源	5.5.1管理物流策略	5.6.1管理逆向策略	5.7.1管理行业竞争信息	5.8.1管理生产采购需求到付款
	5.1.2产品新产品导入(采购)	5.2.2管理需求计划	5.3.2管理订单路径及生成	5.4.2管理制造计划与调度	5.5.2管理仓储	5.6.2管理逆向源	5.7.2公司五年战略规划制定流程	5.8.2管理工程采购需求到付款
	5.1.3管理供应网络	5.2.3管理S&OP	5.3.3管理订单履行计划	5.4.3管理制造物流	5.5.3管理运输	5.6.3管理逆向运作	5.7.3公司三年战略制定流程	5.8.3管理综合采购需求到付款
	5.1.4产品EOP的供应链活动	5.2.4管理生产计划	5.3.4管理订单异常	5.4.4管理EMS制造	5.5.4管理海关关系及策略	5.6.4管理逆向价值实现	5.7.4管理供应运营	5.8.4管理研发采购前控
	5.1.5管理供应链对销售支撑	5.2.5管理存货效率		5.4.5管理内部制造			5.7.5管理流程与内控	5.8.5管理采购逆向
	5.1.6供应链质量管理			5.4.6管理制造工程能力			5.7.6管理供应数据与信息	5.8.6管理供应商
				5.4.7管理制造质量			5.7.7管理供应网络安全	5.8.7管理采购主数据
				5.4.8管理制造导入				5.8.8管理采购运作
				5.4.9管理制造策略				
				5.4.10管理运营				
				5.4.11管理生产安全				

图 6-9　某集团企业供应链业务管理的流程架构

导下来开展,图 6-9 所示的是某集团企业供应链管理的流程架构前 3 层的内容,这个前 3 层的架构就是供应链业务流程架构的"顶层设计",其中第 2 层包括"5.1 产品供应解决方案""5.2 计划""5.3 订单履行""5.4 制造""5.5 物流""5.6 逆向业务""5.7 管理供应链战略到执行""5.8 采购"共 8 大业务模块的供应链业务。之所以称为供应链顶层设计,是因为这 8 个业务模块的内容是供应链业务自上而下从顶层分解下来的第 2 层的业务,图 6-9 中第 3 层的业务是在第 2 层的基础上进一步分解。对集团企业的任何一个事业部或子公司来说,第 2 层的业务一般来说是肯定存在的,第 3 层上的业务是否存在,可能因不同的事业部或子公司而有所不同。按照这个逻辑往下分解,就是中层或底层设计的内容了,越是靠近顶层的内容,就越是业务管理部门顶层设计职责的范围;越是靠近底层的内容,越是与各个事业部或子公司的底层设计业务的范围。所以流程架构底层设计的内容通常不是业务管理部门的职责,而是各个具体的事业部或子公司等业务部门的职责,他们负责将顶层设计的内容本地化、具体化和并确保顶层设计的意图及本地业务流程的实施落地。

2. 供应链业务管理的组织顶层设计

图 6-10 所示的是某集团企业供应链业务管理的组织架构。

集团企业因有多个事业部和子公司的原因,为了提升集团整体供应链管理的效率,特别是对于业务覆盖全球的集团企业来说,各级供应链管理组织应该如何设置,如企业负责产品生产的工厂应该如何布局,物流业务如何布局,采购部门如何设置,订单履行和交付管理部门在集团与事业部及子公司层面应如何授权与划分职责等,这些都是集团供应链组织管理层面需要解决的问题,尤其是集团层面到事业部及子公司层面的职责与授权,这就属

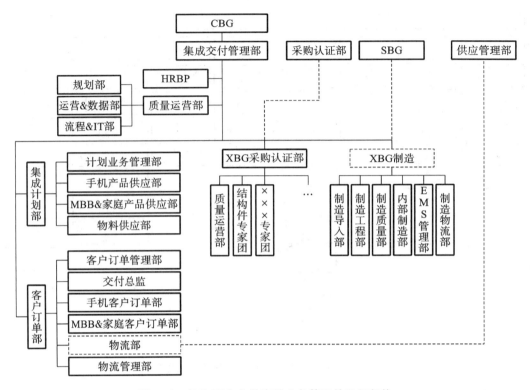

图 6-10 某集团企业供应链业务管理的组织架构

于供应链组织顶层设计的工作范畴。

组织设计除包括组织结构设计、组织职责制定及各级组织的职位设计与职位职责设计等工作之外,还包括人力资源的配置与员工选、育、用、留等人力资源的设计工作。对于供应链业务管理来说,供应链业务管理部门需要在集团组织管理的原则与方法指导下开展供应链组织与人力资源的顶层设计工作。

3. 供应链的信息化建设的顶层设计

集团企业供应链业务信息化建设需要在集团层面信息化建设与管理的总体原则与方法指导下来开展。信息化建设包括信息化的技术架构、数据架构与应用架构,图 6-11 所示为某集团企业供应链管理的 IT 应用架构,该架构描述了基于供应链业务流程架构的各个应用系统及这些系统之间的业务关系,如 "ERP" "计划系统" "订单排产系统" "生产管理系统" "物料管理系统" "仓储管理系统" "采购在线系统" "发货管理系统" 等,这就是企业信息化建设应用架构的顶层设计。有关技术架构和数据架构顶层设计的内容在此不再赘述。

4. 供应链业务管理中绩效管理的顶层设计

供应链绩效管理首先是基于集团的供应链战略(供应链的使命、愿景与价值观)及基于战略的供应链多年规划与年度计划。

对集团企业的供应链进行基于平衡计分卡的战略地图绘制和战略解码,这是进行供应链业务绩效管理的顶层设计工作,业务管理部门需要根据集团绩效管理部门制定的有关绩效管理的总体原则和要求,制定集团层面供应链业务平衡计分卡的绩效指标体系,包括财

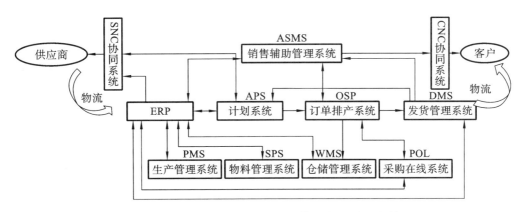

图 6-11 某集团企业供应链业务管理的 IT 应用架构

务指标、客户指标、内部运营指标以及学习与成长指标,如图 6-12 所示,这是某集团企业层面基于平衡计分卡的供应链业务战略地图,在打造"快速、准确、优质、低成本"供应链战略指引下,分解出该企业集团层面的财务指标、客户指标、内部运营指标以及学习与成长指标指标体系,这些指标会进一步分解到各个事业部、子公司及相关的业务平台支撑部门(比如采购与制造部门),指标分解和下达的过程一定是自上而下和自下而上相结合的,但是供应链业务管理部门需要主导绩效管理指标体系及绩效目标管理的顶层设计与实施落地。

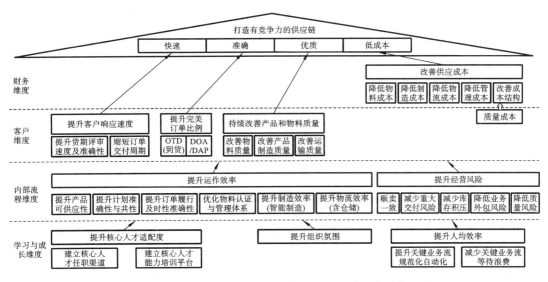

图 6-12 某集团企业供应链业务管理基于平衡计分卡的战略地图

以上从供应链业务管理的流程、组织、信息化及绩效管理的四个角度对顶层设计工作做了简单介绍,这当然不是供应链业务管理顶层设计的全部内容,供应链业务管理还应该包括供应链战略管理、财务管理、基础设施甚至组织文化等其他方面的内容,这里不再做进一步展开。

二、职能管理的顶层设计

图 6-8 展示了集团运营管控中职能管理的构成要素,包括战略管理、组织管理、流程管理、信息化管理、绩效管理、财务管理、企业文化管理、基础支撑管理等,所有这些职能管理完全是为业务服务的,也是为业务而存在的。下面以流程管理为例,说明职能管理的顶层设计的相关内容,其他职能管理的顶层设计完全可以照此类推。

流程管理体系的管理框架如图 6-13 所示,这个框架也可以理解为流程管理工作的长效管理机制建设。在这个框架下面,包括流程管理的流程架构与标准、流程管理的评价体系(流程建设绩效管理)、流程管理的组织与人力资源管理、流程管理 IT 平台建设等 4 个方面的设计工作,其实文化建设同样也是流程管理顶层设计工作的一项内容,只是不在这里展开说明。

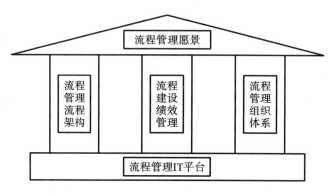

图 6-13 流程管理体系的管理框架

1. 流程管理的流程架构与标准的顶层设计

流程管理的流程架构是为流程管理的战略目标服务的,企业流程管理的目标是提升企业流程的成熟度等级,针对企业内外部环境的变化,企业需要持续改进自己的业务流程,确保流程从经验性水平向职能性、规范性、可度量及标杆方向发展,要实现这样的目标,企业需要对所有的业务流程进行全寿命周期管理,图 6-14 所示为某企业流程管理的流程架构。

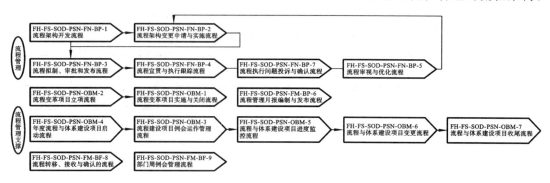

图 6-14 某企业流程管理的流程架构

该架构包括流程管理的流程和流程管理的辅助支撑流程,其中流程管理的流程包括"流程架构开发流程""流程架构维护流程""流程拟制审批发布流程""流程宣贯与执行跟踪流程""流程执行问题投诉与确认流程""流程审视与优化流程""流程废止流程"等流程的全寿命周期过程管理。这就是流程管理流程的顶层设计工作,中层和底层设计的内容会体现在各个流程的设计细节中区,越是底层的内容,越需要其他职能管理部门、业务管理部门及业务部门的参与和协同。

2. 流程管理的组织与人力资源管理的顶层设计

流程管理的组织与人力资源管理是流程管理非常重要的工作内容,包括公司业务管理层面流程管理工作的组织架构(含职位设计)、资源配置与员工能力建设及业务部门层面流程管理工作的组织设计、资源配置与员工能力建设等。企业在不同发展阶段和规模条件下流程管理组织设计的思路和方法是不一样的,图6-15所示的是某企业在集团层面质量与流程管理部组织的设置情况,可以看出该公司将质量管理和流程管理的职能合并到一个称为"质量与流程管理部"一级部门,在该一级部门下,将流程管理部与IPD解决方案部、CRM解决方案部、ISD解决方案部、S&P解决方案部、FIN解决方案部及HR解决方案部分设在不同的二级部门,让流程管理部做专业的流程全寿命周期管理工作,而将IPD、CRM等不同业务域的流程管理工作让不同的业务流程管理部门来承担。前者做流程管理的行业管理,制定流程管理的行业标准,后者按照前者的标准履行分管业务领域的业务流程管理与落地,让专业的组织做专业的事情。要知道该企业10年前相关组织的设计不是这样的,当时质量管理部门是另外一个大部门的二级部门,与流程管理部不属于同一个部门,这说明该公司当时还不能处理好质量管理与流程管理的关系,两者当时还是"两张皮"管理的状态,而且当时的流程管理部是另外一个二级部门,该部门下面包括了IPD流程管理部、CRM流程管理部、ISC流程管理部及变革项目管理部等部门,当时尚未建立针对流程的专业化管理部门,这就是当时条件下的流程管理组织的状况。

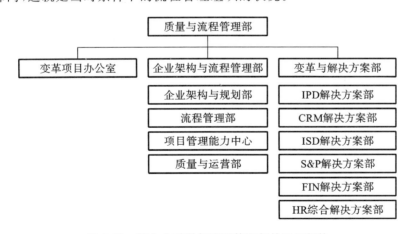

图6-15 某企业质量与流程管理部的组织架构

流程管理组织的顶层设计除了组织架构设计之外,还包括相关部门职位的设计和角色职责的设计等,图6-16所示的是某企业管理部门及业务部门流程管理相关的角色和职位,包括流程管理部经理、流程管理员、流程工程师、审计工程师、流程责任人、主题领域专家、流程监护人、流程专员、流程建设项目经理等,其中流程责任人、主题领域专家、流程监护人、流程建设项目经理是兼职的流程管理角色。

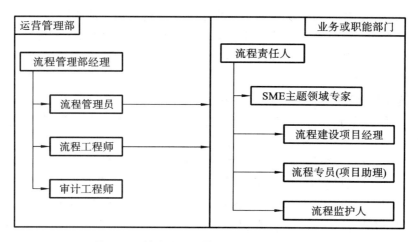

图 6-16 某企业流程管理相关的角色或职位

3. 流程管理的评价体系的顶层设计

流程管理的评价体系与绩效管理是衡量流程管理工作开展的效率与效果评价的一套管理体系，这套体系的建立本身就是一个从无到有、从有到优的不断完善的过程，表 6-1 所示的是某企业在开展流程管理工作过程之初建立的一套流程管理工作的评价指标与评价标准，包括"流程架构的开发与维护质量""基于流程架构的流程建设覆盖率""流程执行审计合格率""关键流程审视优化完成率"和"跨部门流程建设项目完成质量"等指标。

表 6-1 某企业最初的流程工作评价指标与评价标准

部门 \ 指标值 \ 要求	流程架构的开发与维护质量	基于流程架构的流程建设覆盖率	流程执行审计合格率	关键流程审视优化完成率	跨部门流程建设项目完成质量
A 部门	合格	50%	80%	80%	合格
B 部门	合格	50%	80%	80%	合格
C 部门	合格	50%	80%	80%	合格
D 部门	合格	50%	80%	80%	合格
E 部门	合格	50%	80%	80%	合格
D 部门	合格	50%	80%	80%	合格
E 部门	合格	30%	80%	80%	合格
F 部门	合格	10%	80%	80%	合格
KPI 指标分值（共 5 分）	0.5	1.5	1	1	1

随着流程管理工作的深入，这套评价指标和标准早已不能满足企业职能管理与业务管

理的要求,企业需要在流程的成熟度、流程支撑业务绩效目标实现、流程客户满意度、流程IT化等方面建立流程管理的评价体系。

综上所述,集团管控的职能管理与业务管理是支撑集团运营管控的主要职能,职能管理与业务管理都需要开展流程、组织、绩效、信息化相关的顶层设计工作。职能管理负责职能管理的标准与体系的顶层设计;业务管理需要按照职能管理体系标准的要求,在各自负责的业务领域开展基于业务的顶层设计工作,确保公司运营管理体系的系统性、一致性、完整性与有效性。

第五节 职能管理与业务管理的工作互动

负责集团运营管控的业务管理部门和职能管理部门是整个集团管理体系的核心,是上达集团董事会、监事会、高管团队,下达各个事业部、子公司及各平台资源部门的神经中枢,是企业开展各类管理活动的指挥与控制中心,所以业务管理部门和职能管理部门之间的互动和协同就像一支管弦乐队不同声部的合作一样重要。下面从工作推进和能力提升两个角度,介绍职能管理部门与业务管理部门之间的工作互动关系。

一、职能管理的很多工作需要通过业务管理部门推进落地

集团企业职能管理的工作是多方面、多层次的,这些工作从总体规划到详细计划制订,再到计划实施与监控,一直到工作的总结与评价,可能都需要来自业务管理部门的支持与配合,否则,相关工作的质量和效果是值得怀疑的,甚至根本行不通。下面从绩效管理等几个方面的职能管理工作做进一步的阐述。

1. 绩效管理

企业的绩效管理包括组织层面的绩效管理和员工层面的绩效管理,组织绩效管理包括一级组织绩效、二级组织绩效等;员工层面的绩效管理包括基层员工绩效管理和干部绩效管理。图 6-17 所示为某集团公司绩效管理的流程框图,其中还包括绩效指标体系的设计与维护工作。

集团负责绩效管理的部门对企业的绩效管理工作整体负责,但是仅靠绩效管理部门是远远不够的。首先,绩效管理部门不一定熟悉业务,不管是营销业务、研发业务还是供应链业务,就算熟悉某类业务也不可能熟悉所有的业务,业务管理部门应该是对业务最熟悉

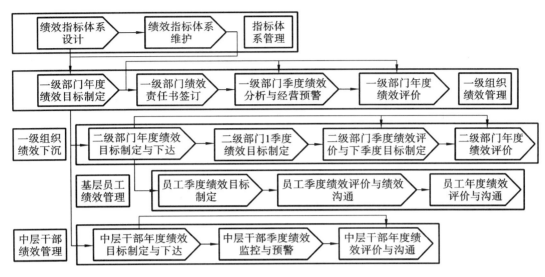

图 6-17　某集团公司绩效管理的流程框图

的部门,研发管理部门最熟悉研发业务,供应链管理部门最熟悉供应链业务等,在制定针对事业部、子公司等业务部门的绩效指标体系的过程中,绩效管理部门需要各个业务管理部门参加进来,业务管理部门基于绩效管理部门建立的相关原则、标准和方法,制定相应业务领域的绩效指标体系、指标计算规则及适用范围等;其次,在绩效监控和评价过程中,绩效管理部门需要借助各个业务管理部门的力量,监控并收集各业务部门的绩效收据,分析数据并开展专业的业绩评价工作。没有业务管理部门的参与、支持和协同,集团的绩效管理工作将寸步难行。

2. 流程与信息化建设

一般来说,集团企业的流程与信息化建设部门聚集着一批流程与信息化建设与管理方面的专家,但不是业务方面的专家(当然也有企业对流程与IT管理部门的职责定位和员工能力提出了业务方面要求,并且主导业务领域的流程与IT系统建设,但是这样的企业很少,而且是一些超大规模的公司)。图 6-18 所示的是某集团公司的研发业务流程架构L1～L3层的内容,对于专业的流程管理与IT人员来说,理解这些业务是非常困难的,更不要说将这样的业务IT化了。这就需要借助集团研发业务管理部门的力量,从流程架构建设、流程设计、蓝图设计、系统测试到IT系统试运行的各个阶段,都需要业务管理部门的参加、协同,甚至主导这些流程与IT工作的规划与实现过程。

3. 组织与人力资源管理

集团的组织与人力资源管理部门是组织与人力资源管理体系的责任主体部门,负责集团组织与人力资源管理相关的方针政策、体系架构、工作原则、工作标准及详细业务流程的制定,但是涉及各个业务领域的组织与人力资源管理工作时,由于组织与人力资源管理部门缺乏对业务知识及业务现状的理解,他们需要借助各个业务管理部门的力量开展工作,包括组织架构的设计、职位设计、业务领域员工任职资格体系设计、员工招聘、培训等方面的工作。在这些方面,业务管理部门能够提出更有针对性的意见和方案。

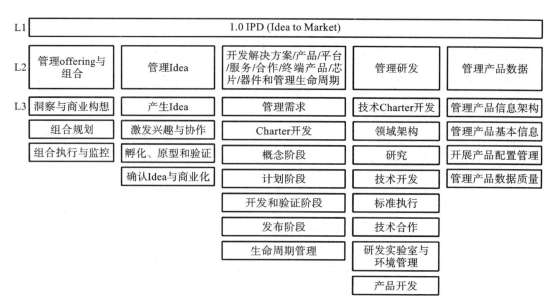

图 6-18 某集团公司的研发业务流程架构 L1~L3 层

文化建设方面的情况也是同样的道理,集团层面的企业文化建设工作需要做规划和顶层设计工作,但是深入到各个事业部和子公司的文化建设工作,需要各个业务管理部门的推进与协同。

二、业务管理部门自身需要学习并开展职能管理

建立和维护业务管理体系需要掌握职能管理的工具与方法。由于业务管理体系建设就是针对所管理的业务领域开展流程管理、组织与人力资源管理、信息化建设管理、绩效管理及组织文化建设的工作,所以业务部门需要深入学习并掌握集团职能管理部门制定或推荐使用的各种职能管理的原则、标准、工具和方法,如流程架构方法、流程图和流程文件编制标准、IT 规划方法和模板、员工招聘流程、绩效数据记录表单及数据提取方法等,只有掌握了这些流程、工具和方法,才能高质量完成本业务领域的业务管理工作,并且与集团的整体管理要求保持一致,而不是各行其是。如某集团公司某职能管理部门针对职能管理知识发起的考试,要求集团公司所有业务和职能管理部门基层经理以上的管理人员参加考试,表 6-2 所示为考试完成情况分析。

表 6-2 某职能管理部门发起的知识考试完成情况分析

序号	部门	应参考人数	已完成考试	考试通过	考试通过率	考试进行中	未参加考试	考试完成率
1	绩效管理部门	6	4	4	100.00%	0	2	66.67%
2	研发业务管理部门	7	6	6	100.00%	0	1	85.71%
3	营销服务业务管理部门	4	4	4	100.00%	0	0	100.00%
4	企业项目管理能力中心	1	0	0	0.00%	0	1	0.00%

续表

序号	部门	应参考人数	已完成考试	考试通过	考试通过率	考试进行中	未参加考试	考试完成率
5	流程体系管理部门	5	4	4	100.00%	0	1	80.00%
6	人力资源部	4	0	0	0.00%	0	4	0.00%
7	信息化建设管理部门	19	14	13	92.86%	0	5	73.68%
8	审计监察部门	1	0	0	0.00%	0	1	0.00%
9	财务管理部门	9	6	5	83.33%	0	3	66.67%
	合计	56	38	36	94.74%	0	18	67.86%

企业业务管理部门和职能管理部门发起的类似这样的知识考试、流程制度标准宣贯等工作是非常普遍的。管理部门每发布一个文件或更新维护一个体系，都需要及时发起沟通、培训和宣贯工作，这是管理部门服务职能的要求，也是各自做好业务和职能管理的基本前提。

三、职能部门需要学习企业的业务知识和了解业务现状

集团职能管理部门要履行好职能领域的服务和管理工作，就必须学习和了解业务管理部门及业务部门的工作习惯和工作语言，如流程管理部门与营销业务管理部门沟通营销业务流程架构开发的工作，就必须站在营销业务的角度思考架构建设的问题，流程管理人员学习和了解的营销业务知识及企业营销管理现状信息越多，越有利于这两个管理部门之间的协同与合作，反之就会产生很多沟通障碍和误区。同样的道理，对于需要制定业务部门组织绩效目标并跟踪监控业务部门年度绩效数据的绩效管理部门来说，学习和掌握业务的语言，了解行业现状和特点，对于促成与业

98 通过	[线上]合同管理制度实施细则及重大决策制度考试 考试时间：2017-11-21 15:30:00~2017-11-27 18:00:00
87 通过	[线上]法律知识在线考试(业务版) 考试时间：2017-02-13 08:30:00~2017-03-05 18:30:00
100 通过	[线上](补考)1号楼用户手册考试 考试时间：2017-01-16 15:30:00~2017-01-18 18:00:00
100 通过	[线上]2017年直管干部ICT知识手册考试 考试时间：2018-01-05 09:15:00~2018-01-05 10:00:00
89 通过	[线上]2016年直管干部知识手册考试 考试时间：2017-01-07 09:20:00~2017-01-07 10:20:00
100 通过	[线上]ISO9001领导意识考试 考试时间：2016-05-02 09:00:00~2016-05-13 20:00:00

图 6-19　某集团公司内部开展的各种业务与职能知识普及工作

务管理部门及业务部门的工作合作也是非常必要的。所以，集团运营管控的业务管理部门经常需要开展行业知识讲座、行业背景分析等知识普及宣传工作，提升职能部门对企业业务的理解能力和服务能力，如图 6-19 所示，其中的第 4 项是某集团公司针对企业向 ICT 转型开展的知识培训与考试相关的情况。

第六节 企业管理活动的逻辑与时序设计

企业集团运营管控的管理活动分为两类：职能管理类和业务管理类。所有管理活动的触发方式也分为两类：时间触发类和事件触发类。从纯管理学意义上说，企业需要开展的管理活动是非常丰富和复杂的，但是并不是所有的管理活动都需要开展，因为企业的战略、规模、业务活动的范围、资源的限制、员工的能力及客户与竞争的特点等，这些因素都决定了企业只能从事有限的管理活动，并且需要对这些管理活动进行必要的逻辑设计和时序设计，以确保用有限的管理资源产出理想的管理效果。

以 APQC 的流程分类框架 6.1.0 版本为例，如图 6-20 所示，表 6-3 所示为 APQC 流程分类框架第 13 条目内容，名称为"开发和管理业务能力"。

CROSS INDUSTRY PROCESS CLASSIFICATION FRAMEWORK

VERSION NUMBER 6.1.0
GENERATED ON 8/14/2014

For more information about the PCF, visit www.apqc.org/pcf

图 6-20　APQC 跨行业流程分类框架 6.1.0 版本

表 6-3　APQC 流程分类框架第 13 条目内容

流程架构编号	管理业务活动名称
13.0	Develop and Manage Business Capabilities
13.1	Manage business processes
13.1.1	Establish and maintain process management governance
13.1.2	Define and manage process frameworks
13.1.3	Define processes
13.1.4	Manage process performance
13.1.5	Improve processes
13.2	Manage portfolio, program, and project
13.2.1	Manage portfolio
13.2.2	Manage programs
13.2.3	Manage projects
13.3	Manage enterprise quality
13.3.1	Establish quality requirements
13.3.2	Evaluate performance to requirements
13.3.3	Manage non-conformance
13.3.4	Implement and maintain the enterprise quality management system (EQMS)
13.4	Manage change
13.4.1	Plan for change
13.4.2	Design the change
13.4.3	Implement change
13.4.4	Sustain improvement
13.5	Develop and manage enterprise-wide knowledge management (KM) capability
13.5.1	Develop KM strategy
13.5.2	Assess KM capabilities
13.6	Measure and benchmark
13.6.1	Create and manage organizational performance strategy
13.6.2	Benchmark performance
13.7	Manage environmental health and safety (EHS)
13.7.1	Determine environmental health and safety impacts
13.7.2	Develop and execute functional EHS program
13.7.3	Train and educate functional employees
13.7.4	Monitor and manage functional EHS management program

从表 6-3 可以看出,"开发和管理业务能力"这个大项包括"13.1 Manage business processes(业务流程管理)""13.2 Manage portfolio, program, and project(投资组合、项目群和项目管理)""13.3 Manage enterprise quality(企业级质量管理)""13.4 Manage change(变革管理)""13.5 Develop and manage enterprise-wide knowledge management (KM) capability(开发和管理企业级知识管理能力)""13.6 Measure and benchmark(测量与标杆对比)""13.7 Manage environmental health and safety (EHS)(环境、健康与安全管理)"等7项,这7项下面还有更多的管理活动。

下面的问题就是这7项"要不要做?"和"什么时间做?"的问题。很显然,很多国内企业可能1项也没有做,有些企业做了其中的几项,比如环境、健康与安全管理,又比如产品质量管理(而不是公司级质量管理),可能还做了部分项目管理和知识管理的工作。可以肯定的是,在中国,能够完全做齐这7项管理工作的企业屈指可数。其实"要不要做?"和"什么时间做?"是因企业而异的,企业是为了业务而开展管理工作的,不可能为了管理而管理,所以企业需要根据自己的业务需要和资源条件,由企业的高管团队明确需要开展哪些管理工作,暂时不开展哪些管理工作,以及什么时候开展这些工作。

下面从管理活动的逻辑设计和时序设计两个角度做简要说明。

如何选择管理活动?选择哪些管理活动?管理活动的工作内容和标准是什么?管理活动之间是怎样的关系?这些都是管理活动的逻辑设计需要考虑的问题。下面从业务管理活动和职能管理活动两个方面说明。

一、业务管理活动

业务管理活动是对业务活动的管理,企业的业务活动包括市场活动、销售活动、产品研发活动、采购活动、生产制造活动、物流活动、售后服务活动、收取货款活动等,这些活动的先后逻辑关系是怎样的呢?不同的行业,同一行业的不同产品,同一产品在不同的区域,甚至同一区域的不同客户,这些业务活动的选择、活动的内容和工作标准,以及活动之间的关系可能是完全不同的。

如市场活动和销售活动,很多企业将它们统称为市场营销活动,甚至营销不分,这样的做法一定会造成相关员工的工作职责定位不清,以为营销就是做销售工作的,不知道"营"的工作还有关注渠道建设、品牌建设、产品策略等方面的工作要求,这样的混沌状态一定会造成营销活动不良的效率和效果。很多企业在经营了多年之后才明白需要将企业"营"和"销"的功能分别开来,实现"营销分离",明确"营"的目的是保证产品"好卖","销"的目的是保证将产品"卖好",基于这样的目的来定位"市场部门"和"销售部门"的部门职责和KPI考核要求。

再如市场活动和产品研发活动,如果一个企业营销不分,或者不知道"市场活动"包括产品策划的工作,产品研发团队就没有开展工作的依据,图 6-21 所示为市场活动与研发活动之间的关系。很多企业的产品研发团队基于研发人员自己的创意或某管理者自己的"灵感"开发产品。不排除这样的做法可能会带来一些成功的销售业绩和利润,但是这样的做法不是一个长期可持续的做法,更不是一个"专业人做专业事"的做法。通过市场部门收集市场、客户、竞争、社会等多方面的信息形成产品开发需求,这才是业界通行且公认的最佳实践。

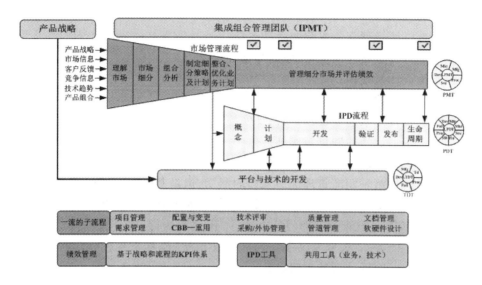

图 6-21 市场活动和产品研发活动之间的关系

再如产品销售活动和产品生产制造活动,有的企业的做法是先做产品销售,签订销售合同和付预付款,然后组织产品的生产和发货;而有的企业可能是先按照规格要求生产产品,然后完成产品的销售和收款。销售活动和生产活动的关系不同,意味着销售活动和生产活动的业务流程就会不一样。

上面讲的都是业务活动的事情,还没有谈到业务管理和业务管理活动。本书第四章重点介绍了企业集团运营管控的业务管理体系,谈到基于企业自身的业务特点开展企业价值链设计、流程架构设计与维护、业务流程设计与优化、组织架构设计、职位设计、员工能力建设、业务绩效指标体系设计、组织绩效目标制定与跟踪监控、业务信息化系统规划、建设与维护、组织文化建设等,这些工作都是业务管理活动,都涉及业务管理活动的逻辑设计问题,供应链业务管理部门负责供应链业务活动的逻辑设计,研发业务管理部门负责研发业务活动的逻辑设计,公司运营管理部门负责组织开展企业价值链的设计与持续改进。

二、职能管理活动

与业务管理活动相比,职能管理活动具有相对的独立性,但是这并不意味着职能管理可以不考虑业务活动和业务管理活动的特点、现状和问题,恰恰相反,企业的职能管理活动必须与业务和业务管理活动紧密结合,高效协同。

职能管理活动主要是职能管理部门发起的活动,下面简单列举流程管理部门以及组织与人力资源管理部门发起的活动。

流程管理部门发起的活动包括:
- 流程管理标准的建设、发布、优化、宣贯、培训活动;
- 流程架构开发与维护活动;
- 业务流程的开发、发布、宣贯、执行、优化活动;
- 流程绩效管理;

- 流程管理工作评价、分许与改进等。

组织与人力资源管理部门发起的活动包括：
- 组织与人力资源管理的策略、原则与标准制定；
- 组织架构设计与维护；
- 职位设计与维护；
- 员工任职资格体系建立、维护与认证实施；
- 年度员工培训计划的制订与实施；
- 员工招聘、员工劳动合同与员工薪酬管理。

职能管理活动虽然是职能管理部门发起的活动，但是几乎所有职能管理活动都需要业务管理部门的协同与支持，更需要业务部门的参与。业务管理部门和业务部门的员工参与这些活动的流程都需要职能管理部门负责设计、优化和执行，这个过程就是职能管理活动的逻辑设计过程。图 6-22 所示为流程管理部门发布的"流程审视优化流程"，这个流程体现流程优化这个职能管理活动的逻辑设计。

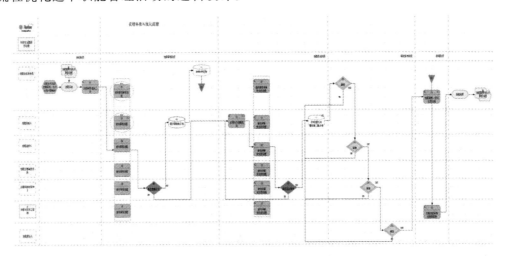

图 6-22　职能管理流程体现职能管理活动的逻辑设计

三、管理活动的时序设计

绝大部分的业务活动通常都是事件触发的，这是因为业务价值链条上业务活动的时间大多不是按照固定的时间来安排，而是由业务链条上的上游业务的完成时间来驱动，而这个时间是不确定的，如销售合同什么时间签订、采购物料什么时间到货、生产的产品什么时间包装完毕、现场服务什么时间完成交付等。通常将这些时间节点称为事件，这些时间节点都不是固定的，只有当某个时间节点达到之后，才认为某个事件发生了，如合同签订、物料到货、服务交付等；接下来才可以开展下游的流程活动，如销售合同签订就会触发"合同排产"的流程或活动。

前面说过，所有活动的触发方式分为两类：时间触发类和事件触发类。管理活动的逻辑设计强调业务和职能管理活动的先后顺序关系，但仅强调管理活动之间的逻辑关系是不够的,还要明确这些管理活动发生的时间节点。相对于业务活动来说,管理活动由于相对独立,所以管理活动,尤其是职能管理活动的安排很多都可以基于时间来进行。所以,为了便于管理和提升效率,管理部门需要明确哪些管理活动是时间触发的?什么时间触发?哪些管理活动是事件触发的?什么事件触发?

企业的管理流程的划分是基于流程架构的,图 6-23 所示为某集团公司员工招聘管理流程架构,这些流程的绝大部分都是时间触发的,如每年 3 月份启动校园招聘宣传流程,每季度末启动"招聘合作方考核"等。

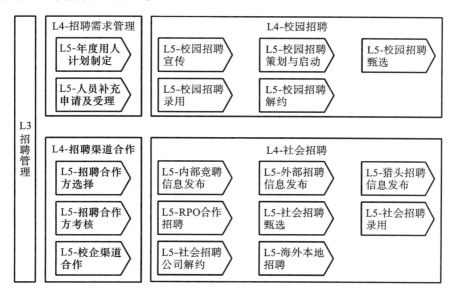

图 6-23　某集团公司的招聘管理流程架构

由于某些管理活动的开展严重依赖于其他管理活动的输出,做好企业各种管理活动的时序设计就显得非常重要。如"干部年度绩效目标制定"这项工作,由于公司的很多重点工作或管理变革项目需要明确项目赞助人,而这些重点工作或管理变革项目通常会在年初开始立项,如果这些项目立项时公司主要干部的绩效目标尚未明确,那么这些项目就不能明确赞助人,于是项目立项报告就无人审核和批准,给项目未来的实施带来隐患;再如公司的体系管理评审工作,由于管理评审的目的是对整体管理体系的有效性、系统性、完整性及适宜性的评审,继而明确企业管理体系下一年度的改进方向,那么在开展管理评审之前,企业的 3 年或 5 年滚动规划工作、年度内审工作、年度风险调查工作及客户满意度调查工作等,最好都已经开展完毕并提交了报告,这些报告都会成为管理评审工作的有效输入;再如企业的全面预算编制工作,一定要在年度经营计划和年度经营目标制定完毕之后才能开始。

图 6-24 所示的是某企业每年例行开展的一些管理活动,包括业务和职能管理活动,这些活动都是时间触发的。这些活动之间除了逻辑上的设计之外,时间节点的选择也非常关键,因为某些活动的启动高度依赖于其他活动的输出结果。

集团管控体系的管理效率来自高效的跨部门、跨团队合作。为了避免输入不足、重复建设、时间冲突、资源冲突、部门主义,强调部门协同、资源共享、业务融合和管理改进等企业核心的管理价值主张,某集团公司将 2017 年设立"协同共享年",要求各管理部门之间,各业务

```
某企业管理活动举例:
1. 三年滚动规划;
2. 管理评审;
3. 平台能力建设项目(包括组织、流程、IT、绩效及
   文化等各方面);
4. 公司WG变革项目;
5. 年度预算;
6. 固定资产的预算与采购;
7. 直管干部绩效管理;
8. 组织绩效管理;
9. 组织机构调整;
10. 年度信息化计划与项目立项;
11. 客户满意度管理;
12. 风险管理与内控体系建设;
13. 公司体系管理(包括导入、审核);
14. 管理活动认证;
15. 员工培训规划;
16. 年度经理人工作会议;
    ......
```

图 6-24　某企业的部分业务和职能管理活动

部门之间,以及管理和业务部门之间要充分协同,开展各种层面的沟通与协作,识别出了大量业务活动和管理活动的逻辑与时序设计问题,解决了多年来困扰企业发展的瓶颈问题。

图 6-25 所示为某集团公司管理活动的时序设计,该公司在充分听取各业务和职能管理部门,以及业务部门的意见之后,完成管理活动时序的重新设计,形成新的年度管理活动时间计划安排。从这个图中我们可以看出,企业的各项管理活动之间,在一年的时间顺序上,实际上是有各种各样的输入输出关系存在的,企业在不同的时间段会开展不同的管理活动,每一个管理活动都可以理解为一个中心或一个战役,所以这种安排也体现了区块链和去中心化的理念,去中心化并不是不要中心,而是在一年的不同的时间点,企业的管理活

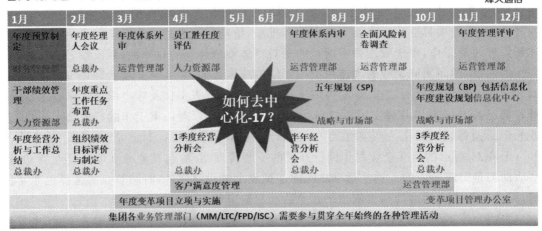

图 6-25　企业各项管理活动时序安排与去中心化

动的中心在不断的转移,比如。比如每年的四月份是烽火通信开展员工胜任度评估工作的固定时间,所以每年四月份,战火就烧到人力资源部,人力资源部需要在员工胜任度这项工作上组织中心协调作战,他们将协同公司所有的其他的部门和子公司来开展员工胜任度度评估的工作。为此,人力资源部需要去建立员工胜任度评估相关的流程和组织,来保证这项工作的顺利进行。同样的道理,每年的六月份到九月份,战火会烧到战略与市场部,这个时候战略市场部就成为中心,战略与市场部需要召集公司所有的部门和子公司来开展公司的五年规划工作,战略市场部需要通过建立并执行战略制定的流程的来打通部门墙,以确保形成一个好的五年规划成果。

案例 6-1

▌企业职能管理工作的协同共享 ▌

企业需要以一个融合的整体姿态参与市场竞争,故企业的各个部门不应该像一个个高耸的烟囱,只向部门领导或更高的领导负责(唯上),而不向内部和外部客户负责,造成面向客户的交付链条不通畅。为此,企业负责运营管控的职能管理部门与业务管理部门之间需要开展密切协同,这是不言而喻的内部管理需求。本案例结合某公司流程与体系管理的职能管理工作的情况,介绍企业内部协同相关的问题与解决办法。

1. 流程与体系管理的内部协同

该公司流程与体系管理的职能包括流程管理、ISO 9001 等体系管理、流程与体系融合管理、内控与全面风险管理、平台能力建设项目管理、客户满意度管理、QCC 管理等职能。在开展流程与体系管理工作协同之前,流程与体系职能管理的流程架构如图 6-26 所示,可以看出,流程与体系管理的各个职能模块除了各模块自己的相关流程之外,看不到各个职能之间的互动和信息流动关系,这样的状况看起来就像一个个信息孤岛和业务孤岛,也就是一个个面向职能管理的烟囱,大家只向职能的领导负责,而不对下游的内、外部客户负责。

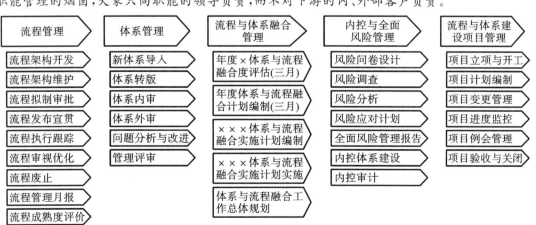

图 6-26 流程与体系职能管理的流程架构

2017年是该公司的"协同共享年",流程与体系职能管理部门开展了职能管理业务的协同共享需求分析,重新梳理了各个职能模块之间的关系,在此基础上形成了包含各个模块之间相关关系的业务流程架构,如图6-27所示,可以看出,整个流程架构以年度管理评审流程为职能运作管理的神经中枢,管理评审的输入要素包括年度风险评估、新体系导入与体系建设、ISO 9001/TEL 9001体系质量目标达标数据、体系的内审、外审发现、客户满意度调查报告,管理评审的输出结果是风险应对措施制定、公司平台能力建设项目立项、信息化建设项目立项、客户满意度问题分析改进、内控体系缺陷改进及流程架构与流程优化等职能管理工作的输入。这套从输入到输出的管理循环实质上就是企业运营管理体系持续改进的循环。

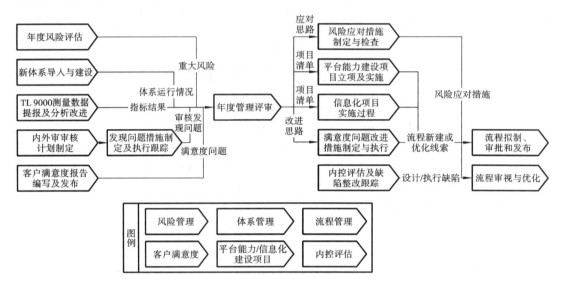

图 6-27　流程与体系职能各模块业务流程架构

2. 流程与体系管理对其他管理部门的协同需求

随着企业协同共享活动开展的深入,流程与体系职能管理部门开始思考并改进与集团公司其他职能与业务管理部门的协同共享工作。

平台能力建设项目管理职能模块对其他管理部门的协同需求如表6-4所示。

表 6-4　平台能力建设项目管理职能模块对其他管理部门的协同需求

	研发业务管理	营销服务业务管理	绩效管理	组织与HR管理	财务管理	综合业务
平台能力建设项目立项	参与业务部门项目立项沟通与开工会,明确项目目标与管理要求	参与业务部门项目立项沟通与开工会,明确项目目标与管理要求	参与业务部门项目立项沟通与开工会,明确项目目标与管理要求	参与业务部门项目立项沟通与开工会,明确项目目标与管理要求	参与业务部门项目立项沟通与开工会,明确项目目标与管理要求	参与业务部门项目立项沟通与开工会,明确项目目标与管理要求

续表

	研发业务管理	营销服务业务管理	绩效管理	组织与HR管理	财务管理	综合业务
平台能力建设项目实施过程	参与业务部门项目实施过程，保证过程及交付件的质量	参与业务部门项目实施过程，保证过程及交付件的质量	参与业务部门项目实施过程，保证过程及交付件的质量	参与业务部门项目实施过程，保证过程及交付件的质量	参与业务部门项目实施过程，保证过程及交付件的质量	参与业务部门项目实施过程，保证过程及交付件的质量
平台能力建设总结	参与业务部门项目总结会，对项目实施的效果进行评价，并提出下一步要求与目标	参与业务部门项目总结会，对项目实施的效果进行评价，并提出下一步要求与目标	参与业务部门项目总结会，对项目实施的效果进行评价，并提出下一步要求与目标	参与业务部门项目总结会，对项目实施的效果进行评价，并提出下一步要求与目标	参与业务部门项目总结会，对项目实施的效果进行评价，并提出下一步要求与目标	参与业务部门项目总结会，对项目实施的效果进行评价，并提出下一步要求与目标

平台能力建设项目管理职能模块对跨部门协同需要解决的问题如下。

- 平台能力建设项目与直管干部重点工作的协同存在问题。
- 管理部门对其领域的平台项目重视及参与程度不足（如立项、目标制定、问题分析、改进方案制订、评审和项目总结），影响完成项目目标。

表 6-5 所示为体系管理职能模块对其他管理部门的协同需求，该职能模块对跨部门协同需要解决的问题如下。

- 管理评审中，需要职能和业务管理部门主导其领域的管理评审工作，目前协同力度不足。
- 社会责任体系（CSR）建设中，关于劳工人权、环境安全、公平竞争和可持续的供应链，管理部门的协同不足。
- 各类程序文件的全生命周期管理缺少业务和职能管理部门的协同（如 SA8000 的程序文件）。

表 6-5　体系管理职能模块对其他管理部门的协同需求

	研发业务管理	营销服务业务管理	绩效管理	组织与HR管理	财务管理	综合业务
新体系导入	参与所有体系的导入，包括 ISO 9000、TL 9000、ISO 27001、两化融合体系	参与所有体系的导入，包括 ISO 9000、TL 9000、ISO 27001、两化融合体系	参与所有体系的导入，包括 ISO 9000、TL 9000、ISO 27001、两化融合体系	参与所有体系的导入，包括 ISO 9000、TL 9000、ISO 27001、两化融合体系	参与所有体系的导入，包括 ISO 9000、TL 9000、ISO 27001、两化融合体系	参与所有体系的导入，包括 ISO 9000、TL 9000、ISO 27001、两化融合体系

续表

	研发业务管理	营销服务业务管理	绩效管理	组织与HR管理	财务管理	综合业务
体系审核	配合体系审核	配合体系审核	主导法律法规合规性审核配合体系审核	配合体系审核	配合体系审核	配合体系审核
审核问题分析改进	组织相关领域问题改进	组织相关领域问题改进	组织相关领域问题改进	组织相关领域问题改进	组织相关领域问题改进	组织相关领域问题改进
管理评审	参与公司级管理评审、主导本领域的管理评审	参与公司级管理评审、主导本领域的管理评审	参与公司级管理评审、主导本领域的管理评审	参与公司级管理评审、主导本领域的管理评审	参与公司级管理评审、主导本领域的管理评审	参与公司级管理评审、主导本领域的管理评审
手册、程序文件更新	主导责任范围内的程序文件的更新；参与业务范围内的手册和程序文件的更新和评审	主导责任范围内的程序文件的更新；参与业务范围内的手册和程序文件的更新和评审	主导责任范围内的程序文件的更新，参与业务范围内的手册和程序文件的更新和评审	主导责任范围内的程序文件的更新；参与业务范围内的手册和程序文件的更新和评审	主导责任范围内的程序文件的更新；参与业务范围内的手册和程序文件的更新和评审	主导责任范围内的程序文件的更新；参与业务范围内的手册和程序文件的更新和评审
TL 9000度量体系	使用TL 9000测量数据，并推动数据准确性提升	使用TL 9000测量数据，并推动数据准确性提升	使用TL 9000测量数据，并推动数据准确性提升	—	—	—

续表

	研发业务管理	营销服务业务管理	绩效管理	组织与HR管理	财务管理	综合业务
QCC	参与公司级QCC活动,组织本领域的QCC活动	参与公司级QCC活动,组织本领域的QCC活动	参与公司级QCC活动,组织本领域的QCC活动	参与公司级QCC活动,组织本领域的QCC活动	参与公司级QCC活动,组织本领域的QCC活动	参与公司级QCC活动,组织本领域的QCC活动
可持续发展报告（Ecovadis评估）	完成本领域可持续发展报告的编写工作,推动可持续发展工作的改进	完成本领域可持续发展报告的编写工作,推动可持续发展工作的改进	完成本领域可持续发展报告的编写工作,推动可持续发展工作的改进	完成本领域可持续发展报告的编写工作,推动可持续发展工作的改进	完成本领域可持续发展报告的编写工作,推动可持续发展工作的改进	完成本领域可持续发展报告的编写工作,推动可持续发展工作的改进

表6-6所示为流程管理职能模块对其他管理部门的协同需求,该职能模块对跨部门协同需要解决的问题如下。

- 管理部门对其领域的顶层流程架构设计与流程建设规划协同不足（如内控缺陷、体系导入、信息化蓝图设计等）。
- 管理部门对其领域流程的全生命周期管理（如流程建设及审视优化）协同不足。
- 管理部门对其领域流程建设与体系建设融合的协同不足。

表6-6　流程管理职能模块对其他管理部门的协同需求

	研发业务管理	营销服务业务管理	绩效管理	组织与HR管理	财务管理	综合业务
流程总体规划	负责本领域的流程规划、目标设定并推动执行落实	负责本领域的流程规划、目标设定并推动执行落实	负责本领域的流程规划、目标设定并推动执行落实	负责本领域的流程规划、目标设定并推动执行落实	负责本领域的流程规划、目标设定并推动执行落实	负责本领域的流程规划、目标设定并推动执行落实
流程架构开发与维护	负责本领域顶层业务流程架构的开发与维护	负责本领域顶层业务流程架构的开发与维护	负责本领域顶层业务流程架构的开发与维护	负责本领域顶层业务流程架构的开发与维护	负责本领域顶层业务流程架构的开发与维护	负责本领域顶层业务流程架构的开发与维护

续表

	研发业务管理	营销服务业务管理	绩效管理	组织与HR管理	财务管理	综合业务
流程全生命周期管理	负责推动本领域流程的开发、宣贯、执行监控、审视优化、废止和转移等全生命周期管理	负责推动本领域流程的开发、宣贯、执行监控、审视优化、废止和转移等全生命周期管理	负责推动本领域流程的开发、宣贯、执行监控、审视优化、废止和转移等全生命周期管理	负责推动本领域流程的开发、宣贯、执行监控、审视优化、废止和转移等全生命周期管理	负责推动本领域流程的开发、宣贯、执行监控、审视优化、废止和转移等全生命周期管理	负责推动本领域流程的开发、宣贯、执行监控、审视优化、废止和转移等全生命周期管理

表6-7所示为全面风险管理职能模块对其他管理部门的协同需求,该职能模块对跨部门协同需要解决的问题如下。

- 各领域的风险信息收集渠道建设协同不足。
- 十大风险各领域三级风险(包括专项风险)的识别、应对措施的制定与评价协同不足。
- 全面风险管理报告编写(三重一大、专项风险评估等)协同不足。

表6-7 全面风险管理职能模块对其他管理部门的协同需求

	研发业务管理	营销服务业务管理	绩效管理	组织与HR管理	财务管理	综合业务
风险信息收集	负责本领域的风险问题收集,汇总各部门提交的信息	负责本领域的风险问题收集,汇总各部门提交的信息	负责本领域的风险问题收集,汇总各部门提交的信息	负责本领域的风险问题收集,汇总各部门提交的信息	负责本领域的风险问题收集,汇总各部门提交的信息	负责本领域的风险问题收集,汇总各部门提交的信息
风险评估	各级经理人参与风险问卷调查	各级经理人参与风险问卷调查	各级经理人参与风险问卷调查	各级经理人参与风险问卷调查	各级经理人参与风险问卷调查	各级经理人参与风险问卷调查
风险应对措施制定	对管理的重大风险进行细化,指导业务部门制定具体的应对措施	对管理的重大风险进行细化,指导业务部门制定具体的应对措施	对管理的重大风险进行细化,指导业务部门制定具体的应对措施	对管理的重大风险进行细化,指导业务部门制定具体的应对措施	对管理的重大风险进行细化,指导业务部门制定具体的应对措施	对管理的重大风险进行细化,指导业务部门制定具体的应对措施

续表

	研发业务管理	营销服务业务管理	绩效管理	组织与HR管理	财务管理	综合业务
全面风险管理报告提报	负责材料收集和报告编写	负责材料收集和报告编写	负责材料收集和报告编写	负责材料收集和报告编写	负责材料收集和报告编写	负责材料收集和报告编写
风险应对措施检查	根据负责领域的重大风险，对业务部门的应对措施进行检查并填写检查表	根据负责领域的重大风险，对业务部门的应对措施进行检查并填写检查表	根据负责领域的重大风险，对业务部门的应对措施进行检查并填写检查表	根据负责领域的重大风险，对业务部门的应对措施进行检查并填写检查表	根据负责领域的重大风险，对业务部门的应对措施进行检查并填写检查表	根据负责领域的重大风险，对业务部门的应对措施进行检查并填写检查表

表 6-8 所示为内控体系建设职能模块对其他管理部门的协同需求，该职能模块对跨部门协同需要解决的问题如下。

- 管理部门对其领域的业务内控矩阵规划、建设协同不足。
- 管理部门对其领域的内控缺陷整改协同不足。

表 6-8 内控体系建设职能模块对其他管理部门的协同需求

	研发业务管理	营销服务业务管理	绩效管理	组织与HR管理	财务管理	综合业务
企业层面内控矩阵建设	负责本领域的内控点识别、更新及关联关系管理	负责本领域的内控点识别、更新及关联关系管理	负责本领域的内控点识别、更新及关联关系管理	负责本领域的内控点识别、更新及关联关系管理	负责本领域的内控点识别、更新及关联关系管理	负责本领域的内控点识别、更新及关联关系管理

续表

	研发业务管理	营销服务业务管理	绩效管理	组织与HR管理	财务管理	综合业务
业务层面内控矩阵建设	负责本领域矩阵架构及内控点识别的质量	负责本领域矩阵架构及内控点识别的质量	负责本领域矩阵架构及内控点识别的质量	负责本领域矩阵架构及内控点识别的质量	负责本领域矩阵架构及内控点识别的质量	负责本领域矩阵架构及内控点识别的质量
内控缺陷整改	负责本领域内控设计缺陷和执行缺陷的整改	负责本领域内控设计缺陷和执行缺陷的整改	负责本领域内控设计缺陷和执行缺陷的整改	负责本领域内控设计缺陷和执行缺陷的整改	负责本领域内控设计缺陷和执行缺陷的整改	负责本领域内控设计缺陷和执行缺陷的整改

思考题

1. 你所在的企业或组织的业务管理和职能管理之间是什么关系？
2. 你所在的企业或组织是如何开展跨部门协同的？
3. 如何理解跨部门协同是企业运营管理的生命之源？

第七章 流程管理及其在运营管理体系中的核心地位

核心要点

　　流程管理的直接目的是提升企业流程的成熟度等级,而不是业务运营的效率,业务运营的效率要靠企业运营管理体系来保障,但是流程管理是企业运营管理体系建设的基础和核心,没有高水平流程成熟度,企业的战略管理、组织与人力资源管理、绩效管理、信息化建设等都会成为"无源之水";而流程管理就是对流程全寿命周期的管理,通过持续 PDCA 循环达到高水平流程成熟度。

第一节 流程管理概述

一、流程的定义

业务流程是为达到特定的价值目标而由不同的人共同完成的一系列活动。活动之间不仅有严格的先后顺序,而且活动的内容、方式、责任等也都必须有明确安排和界定,以使活动在不同岗位角色之间进行转手交接成为可能。活动与活动之间在时间和空间上的转移可以有较大的跨度。

而狭义的业务流程,则认为它仅仅是与客户价值的满足相联系的一系列活动。

迈克尔·哈默(Michael Hammer)与詹姆斯·钱皮(James A. Champy)对业务流程的经典定义:我们定义某一组活动为一个业务流程,这组活动有一个或多个输入,输出一个或多个结果,这些结果对客户来说是一种增值。简言之,业务流程是企业中一系列创造价值的活动的组合。

T. H. 达文波特:业务流程是一系列结构化的可测量的活动集合,并为特定的市场或特定的顾客产生特定的输出。

A. L. 斯切尔:业务流程是在特定时间产生特定输出的一系列客户、供应商关系。

H. J. 约翰逊:业务流程是把输入转化为输出的一系列相关活动的结合,它增加输入的价值并创造出对接受者更为有效的输出。

ISO 9000:业务流程是一组将输入转化为输出的相互关联或相互作用的活动。

公司对流程的定义:流程是指任何为了完成或达到一定产出目的而实施的一系列跨岗位(角色)的行动、任务或事件等的组合,公司的流程业务颗粒度一般控制在3至8个角色的范围内。

二、流程管理的定义

流程管理(process management)是指一种以规范化的构造端到端的卓越业务流程为中心,以持续的提高组织业务绩效为目的的系统化方法。有时也被称为 BPM(business process management)业务流程管理。

业务流程管理不是一个新概念,甚至不是一个新名词。它是从相关的业务流程变革领域,如业务流程改进(BPI)、业务流程重组(BPR)、业务流程革新中发展起来的。流程管理技术也是从早期的工作流管理、EAI、流程自动化、流程集成、流程建模、流程优化等技术中发展起来的。

很多人认为业务流程管理是 20 世纪 90 年代工作流管理(WFM)系统的扩展。因此,我们使用工作流的术语来定义 BPM。

工作流管理联盟(WFMC)定义工作流为:"工作流是一类能够完全或者部分自动执行的经营过程,它根据一系列过程规则、文档、信息或任务能够在不同的执行者之间进行传递与执行。"

工作流管理系统(WFMS)的定义是:"工作流管理系统是一个软件系统,它完成工作流的定义和管理,并按照在计算机中预先定义好的工作流逻辑推进工作流实例的执行。"

上述两个定义的重点都在于工作流的执行,也就是使用软件支持操作流程的执行。在过去的几十年里,很多研究学者开始意识到仅仅把重点放在工作流执行上过于局限,于是新的术语 BPM 诞生了。现今存在很多 BPM 的定义,但是从中我们可以看到大多数定义都包含了工作流管理的内容。

从管理理论或战略的层面看,BPM 就是在一个存在内部事件和外部事件的环境中,由一组相互依赖的业务流程出发,对业务进行描述、理解、表示、组织和维护。从具体实施的层面看,BPM 还可分为流程分析、流程定义与重定义、资源分配、时间安排、流程管理、流程质量与效率测评、流程优化等。

Gartner Inc. 给出的 BPM 的定义是:BPM 是一个描述一组服务和工具的一般名词,这些服务和工具为显式的流程管理(如流程的分析、定义、执行、监视和管理)提供支持。

图 7-1 表明 WFM 和 BPM 生命周期上的联系。在设计阶段,业务流程被定义或者重新定义;在配置阶段,定义的流程在基于流程的信息系统中实施;在实施阶段,业务流程开始利用在配置阶段的内容开始实施;在诊断阶段,系统开始分析业务流程,以发现其中的问题和需要改进的地方,在流程设计阶段重新定义,往返循环不断地优化业务流程。相对而言,传统的 WFM 的重点仅仅存在于 BPM 的下半部分。所以 WFM 在诊断阶段基本上没有什么支持。此外,WFM 对于设计阶段的支持很少,仅仅提供了一个编辑器,而对实时的设计分析没有支持。因此,几乎没有 WFM 支持流程设计的仿真、验证、确认及对实时数据的收集、解释。从理论上说,可以从工作流日志中可以挖掘业务流程,然而现今没有软件能够真正做到这一点。

从图 7-1 中我们也可以清晰地看到 BPM 的研究范围,以及 BPM 和 WFM 在其他方面的区别和联系。

(1)从产生的背景来看,工作流的概念起源于生产组织和文档自动化领域,它十分强

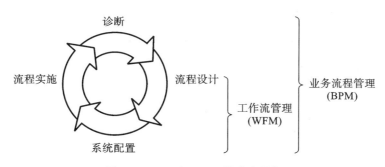

图 7-1　BPM 和 WFM 的生命周期

调任务和文档的概念。而 BPM 是在 EAI、工作流和 BPR 等一系列技术或理念的基础上发展起来的，BPM 中流程的概念已经超出了任务的集合这一范畴。

(2) 从对业务流程的管理来看，工作流侧重于业务流程的自动化。从 WFMC 给出的工作流的概念中可以看出，工作流强调业务流程的自动或部分自动的执行。自动化是业务流程管理很重要的部分，但不是全部。从这个意义上说，工作流对流程的管理应该处于运营管理和部分计划管理层面。而 BPM 是业务流程管理的整体解决方案，它涵盖了业务流程的建模、运行、监控、分析等多个方面，以及从生产管理到战略管理的各个层次。

(3) 从对业务流程类型的理解来看，工作流侧重于管理结构化的流程，这些流程从一个参与者流转到另一个参与者。工作流在银行、保险、税务等领域应用比较广泛，其原因就是这些领域的流程往往十分结构化。而 BPM 对流程的并行、协同和分布的支持能力更强。

现今，很多工作流供应商开始把他们的系统定位 BPMS(BPM systems)上。业务流程分析(business process analysis，BPA)是其中很重要的一个方面。BPA 主要覆盖了传统的工作流产品所忽略的方面(例如，诊断，仿真，等)。BAM(business activity monitoring)是 BPA 中的一个方面，BAM 工具的目的在于使用信息系统日志中的数据来诊断业务流程。例如，ARIS 流程性能管理(ARIS PPM)软件从日志细节中提取出信息，并把这些信息以图形的方式表示出来。BAM 也能进行流程挖掘，比如从日志中挖掘出流程模型。

在流程重设计阶段，现今有两种趋势：STP(straight through process)和 CH(case handing)。STP 是指业务流程执行的完全自动化，即不需要人工参与。STP 仅仅适用于一部分案例，因为不可能所有的过程都是符合 STP 的要求，有时要人工参与才能完成工作。而 CH 将案例分为两种：①可以被自动执行的案例；②需要人工参与的案例。STP 目的在于将更多的流程自动化，而 CH 则认为很多流程过于动态和复杂而不能完全自动化。

公司的流程管理是对流程全寿命周期的管理，主要包括：流程架构的开发与维护、流程开发、流程执行监控(流程审计、流程执行投诉等)、流程审视优化、流程废止。

流程是公司的知识资产，是实现公司业务高效与平稳运作的保障条件。公司开展过流程管理的目的：①加快企业知识在业务流程中的沉淀和积累，实现建设流程型组织的奋斗目标；②建立工作准则，明确岗位分工，消除部门壁垒；③持续提升公司流程的成熟度等级，支撑业务的持续改进与有效运营。

三、生命周期管理循环

生命周期循环是指从事务的产生开始到成长再到成熟直至衰退终止的全过程。生命周期管理的理论在政治、经济、技术等很多领域里有着广泛的应用,是对事务从"摇篮到坟墓"的全过程的管理。在企业管理里涉及很多的生命周期循环。

(1)产品生命周期是指产品从进入市场开始,直到最终退出市场为止所经历的市场生命循环过程,产品进入市场标志着产品生命周期的开始,退出市场标志着生命周期的结束,如图7-2所示。

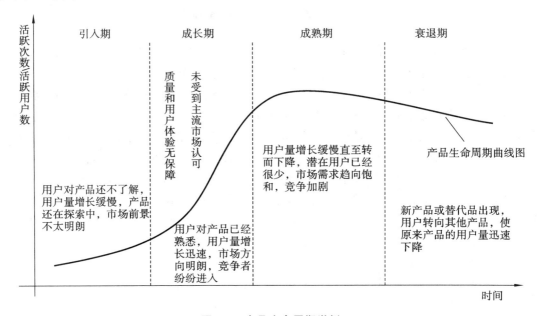

图7-2　产品生命周期举例

(2)项目生命周期一般是指项目的立项(识别需求)、计划制订、计划执行和项目收尾的四大阶段,如图7-3所示。

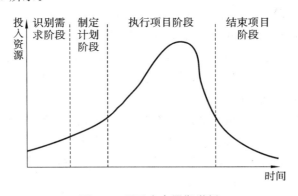

图7-3　项目生命周期举例

四、流程全生命周期管理的必要性

在企业推行流程管理工作必须从流程的生命周期循环角度考虑,对流程规划、流程开发、流程宣贯、流程审视优化、流程审计、流程的废止进行全方位的管理。

开展流程全生命周期管理有利于在企业开展流程管理工作,同时提升流程管理相关工作的执行力。执行力一直是企业管理的核心课题,提升执行力要解决以下两个方面的问题。

- 执行的要求需要确明、合理、规范和有效。
- 员工有意愿去执行并执行到位。

流程管理主要关注前者。

流程规划强调对业务的结构化思考,强调对比标杆业务实践,规划出合适颗粒度大小的业务流程。

流程开发强调全员参与、强调思路研讨,拟制并发布满足各方利益的协作操作要求。

流程宣贯强调通过对流程的培训和学习,用各种手段让执行者明白流程的要求。

从业务层面上说,流程全生命周期管理有利于提升企业的应变能力。现代企业面临的竞争环境日趋激烈,产品的生命周期越来越短,有时可以明显感觉到行业的生命周期也越来越短,最根本的原因就是技术的发展越来越快,客户的需求及竞争环境变化很快,因此企业的应变能力显得极其重要。企业应变能力也体现在以下两个方面。

- 战略方向层面。
- 战略具体化层面。

流程管理主要关注后者。

流程审视优化,关注业务流程的持续改进,识别业务操作层面的变化和存在的问题,识别新业务和新要求,并把对应措施更新到下一版的流程当中。

流程审计关注流程设计的系统性、有效性、合规、风险及流程的执行等,识别出需要改进的问题,推动业务部门提升业务能力。

流程的全生命周期管理有利于提升组织的学习能力。学习型组织让企业具有自我成长完善的优良基因,是一个企业能够长久发展的根本。流程本身就是企业各种知识和经验的载体,通过整个流程管理的循环,能够将企业的各种知识经验进行更新优化和沉淀,同时也为新人快速学习和掌握必备技能提供方便。

对流程进行全生命周期管理能够克服传统制度式管理中存在的很多缺点,是企业推行流程管理工作最佳途径。

五、流程建设规划

在系统性开展流程管理的组织,建设流程规划是一件非常重要的事情,通常由负责公司整体运营的管理部门负责,如运营管理部、企业管理部等。流程规划就像城市规划一样,规划得好可以减少很多重复工作,起到事半功倍的效果;规划不好可能造成企业管理逻辑的混乱,给后面的流程设计工作带来不便和隐患。流程规划可能是一个 3 年规划,也可能是 5 年规划,要看企业所处行业的特点、企业战略规划状况,以及企业管理层的眼界、决心与态度。流程规划要明确组织在未来的若干年内要建设多少流程、建设什么流程、这些流程之间的上下游关系、各个流程与业务领域、业务模块之间的对应关系、哪些流程先建、哪些流程后建等问题。企业开展流程规划工作所用的基本工具就是企业流程架构。

需要特别说明的是,对于产品多样化程度高的企业,通常需要按照产品(或服务)的大类建立多套流程架构,以反映不同业务的运作方式。如果一家集团企业既有房地产开发业务,又有电子产品开发业务,由于这两类业务的运作方式完全不一样,不可能将房屋建筑施工设计方面的业务与电子产品的总体设计或程序开发业务放到同一套流程架构中去表达,所以需要建立至少两套流程架构。有的公司甚至有可能根据客户细分的不同、竞争手段的不同,以及市场区域的不同,分别建立多套不同的流程架构。

1. 流程架构及其作用

流程架构是以分层、分块方式展现企业顶层价值链、业务领域、业务模块(组件)直至业务流程,以及这些业务之间相关关系的一种图形表达方式。以 APQC 所创建的企业流程分类框架第 1 层的内容为例,它包括了一个正常企业的运营类业务与管理支撑类业务总共 12 个业务领域的内容(见图 7-4)。在运营类业务中,将企业战略、研发、营销、交付和客户服务 5 大核心业务按先后顺序、以业务链条的方式展现了它们之间的业务逻辑关系,概括性描述了该企业的业务定位;如果想了解更详细的情况,需要进入该分类框架的第 2 层。

流程架构是企业架构的重要组成部分,是企业运营管理及描述企业业务范围的重要工具。在一些世界级企业的管理实践中,流程架构并不是处于企业管理顶层设计的内容,而是属于企业操作层面的内容。在流程架构之上,还需要构建公司基于使命、愿景和价值观等企业战略思想的公司指令架构或公司政策架构。公司政策架构为记录、沟通和解释企业的基本业务逻辑和组织职责划分提供了一套统一规范的方法,同时为业务流程架构的开发及流程规划提供了重要的方向指引,如图 7-5 所示。

下面结合某企业贸易公司流程架构第 4 层(L4)上的内容(见图 7-6),对流程架构的作用作简单介绍。

1) 识别业务范围和结构

从流程架构的第 1 层就能够识别一家企业的主要业务范围,以从事家电连锁销售的苏宁和国美为例,它们的业务模式和传统的制造型企业是完全不一样的,由于这类企业只是从家电生产企业组织货源在它们的店面销售,所以在它们的流程架构第 1 层中不会看到类似产品研发、生产制造这样的业务领域,而可能看到只是家电供货商管理和门店管理这样的业务领域。在流程架构第 2 层及更低层面的业务上,还会清楚看到它们在家电供货商管理和门店管理方面更细节的内容及业务模块之间的相互关系。又以上述某企业贸易公司为例,对新上任"出口物流管理部"的经理来说,从该架构中,他可以了解他需要负责的 3 块业务:加工贸易手册管理、运输配送及通关,同时还可以看到 L5 上的详细流程及这些流程之间的相互关系。可见流程架构对他快速了解所分管的业务是非常方便的工具。

2) 分析组织与业务的匹配性

任何业务都需要有相应的部门和岗位来承担相应的工作,如果发现某块业务没有部门或岗位承接,就会形成管理的真空地带。对新上任"出口物流管理部"的经理来说,由于加工贸易手册管理、运输配送及通关这 3 块业务都有对应的业务流程,每个流程都描述了相

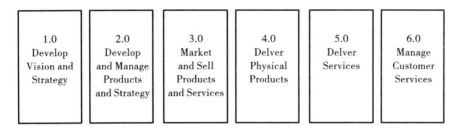
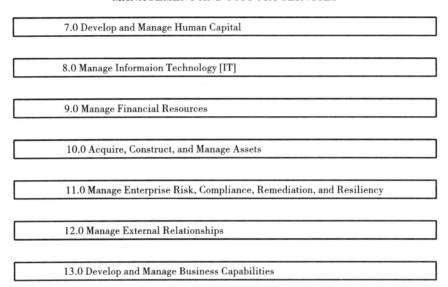

图 7-4　APQC 流程分类框架第 1 层

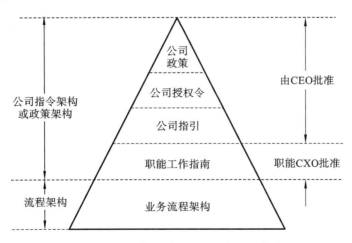

图 7-5　企业政策架构和流程架构之间的关系

关的角色和岗位,这 3 块是否都有人负责,是否出现了管理真空,只要简单看看这些角色或岗位是否都有具体的员工与之对应即可。

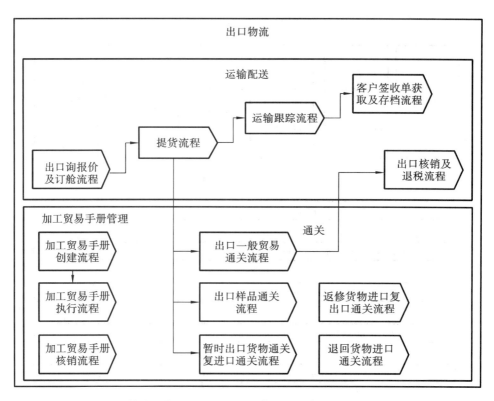

图 7-6　某企业贸易公司流程架构第 4 层的部分业务：出口物流

3）了解现有业务对企业战略的支撑状况

公司战略最重要的内容就是企业使命、愿景、价值观及业务和职能战略，业务战略如营销战略、产品定位与品牌策略、采购策略、OEM/ODM 策略，职能战略如人才战略、财务投融资策略等。这些策略都是公司董事会、管理层对企业运营的整体规划和纲领性要求，在世界级企业里，这些都属于企业政策架构层面的东西（见图 7-5），是顶层设计的内容。

公司现有业务是否构成对每一项企业策略的支撑，首先要看企业的流程架构是否对这些顶层设计的内容做了完整、准确和清晰的分解。如果流程架构对这些策略在层次划分、内容划分及关系处理上不能适当处理，首先是造成流程设计的问题，后面就是业务执行的问题。以人才战略为例，公司如何获取、培养、保留和使用人才，都需要在人力资源管理流程架构中进行架构性描述，进而在流程文件中细化，否则公司的人才战略就很难执行到位，至少在流程架构层面没有形成对企业战略的支撑。某种程度上说，企业的执行力就是准确制定和理解企业战略基础上的流程运作（设计与执行）。所以，一个好的流程架构有利于相关业务的管理者了解现有业务对企业战略的支撑情况。

4）便于组织之间进行业务沟通，快速发现和定位业务问题和风险

企业存在各种各样的业务问题和风险是很正常的，旧的问题和风险解决和关闭了，又会有新的问题和风险产生，关键是要弄清楚问题和风险产生的原因，才能找到正确的处理和应对方法。以风险为例，在全面风险管理体系中，通过流程架构和流程来识别和管理风险是最常用的有效方法。流程架构的不同层次将业务内容进行分解最终落实到具体的流

程上,管理者可以在不同层面了解风险的性质和范围,从而制定客观现实的风险应对办法。图 7-7 所示的是某公司固定资产管理风险识别的一个案例,通过固定资产管理流程识别该业务存在的风险点。

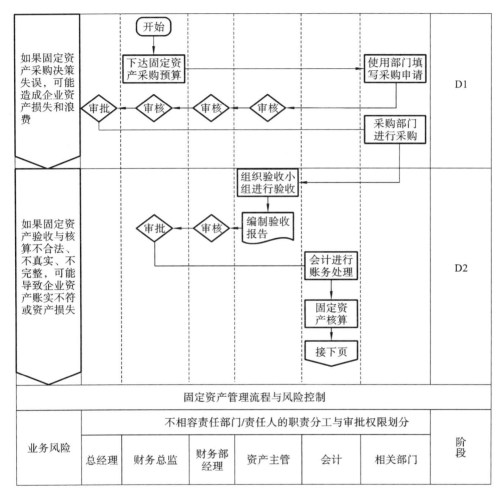

图 7-7　某公司固定资产管理流程与风险识别

5)利用层级与业务颗粒度对业务进行分解定位,方便组织设计和业务责任主体的划分

业务颗粒度是管理者经常用到的一个用来描述业务范围大小的概念,流程架构的层级越高,业务颗粒度越大,架构最上面的各层可以是公司价值链、业务领域、业务模块、业务组件等;流程架构的最底层是企业的详细流程,是颗粒度较小的业务,流程下面还可以分解成业务活动和业务步骤等更小的颗粒度。通过这种划分,可以帮助管理者对现有组织的合理性进行分析,对于新设立的组织来说,流程架构是组织设计的主要输入。在组织设计的基础上,管理者可以基于不同考虑的业务进行责任主体的识别,从而明确各部门的岗位和职责。

以图 7-6 所示的某公司贸易公司流程架构第 4 层的部分业务为例,管理者可以按照业务的规模和性质,对加工贸易手册管理、运输配送及通关这3种业务是否需要设立3个不同的部门进行独立的判断,同时对每个业务的责任主体划分也会有相对明确的界定。

6) 业务流程架构是企业架构的重要组成部分,并对企业架构的其他要素提供重要支撑

企业架构(enterprise architecture)是当代世界级企业管理的最佳实践,包括业务架构和IT架构,业务架构包括业务流程架构、组织架构和绩效管理体系,IT架构包括技术架构、应用架构和数据架构,如图7-8所示。一套科学、稳定的企业架构是企业保持长期可持续发展的前提,业务流程架构是企业架构的重要组成部分,并对企业架构的其他要素提供重要支撑。

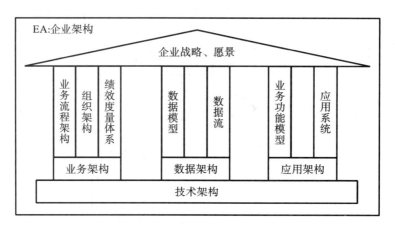

图 7-8　业务流程架构是企业架构的重要组成部分

在流程与组织的关系方面,尽管学术界存在不少的争论,有人认为流程决定组织,也有人认为是组织决定了流程,我们不在这里讨论这个问题,但由于业务流程架构描述了企业所涉及业务的范围、业务的层次结构及业务之间的上下游关系,这些纯业务性质的实体信息对组织架构的设立或调整具有绝对的参考价值,企业可以基于流程架构的内容明确组织的职责和业务范围,同时也可以反过来,对比现有组织的职责范围和流程架构,判断是否存在管理的重叠或真空。流程架构对企业绩效管理体系及绩效指标体系设计的支撑作用也非常明显,企业可以在流程架构的不同层次、同一层次的不同业务域、业务模块、业务子模块直至业务流程进行绩效指标的设计,并在此基础上建立企业的绩效考核评价和管理体系。

流程和IT的关系更密不可分。IT系统是固化和智能化流程管理的主要支撑手段,其应用架构包括应用系统、应用功能、系统接口及相关应用的服务等,主要用于从业务层面将企业的管理需求层层分解为各种应用系统。既然IT应用系统是以业务需求为依据的,流程架构就不可避免地成为其规划应用系统的首选输入条件。由于历史的原因,很多企业的IT规划工作起步很晚,存在大量信息孤岛和重复建设的现象,通过流程架构找到现有IT系统和各种业务之间的对应关系,如财务系统对财务管理流程架构所包含的业务的覆盖程度,采购管理系统对采购业务流程架构的覆盖程度,可以对企业的IT应用架构及IT规划提供非常实用的支持。

2. 流程规划的成果

1）流程架构和流程清单

流程规划的输出成果就是企业流程架构(包括做灰色处理的业务)和流程清单。这两份文档的表达方式可以是多种多样的,在没有使用IT平台进行流程管理的企业,流程架构的展示工具可以是MS VISIO、MS PowerPoint,甚至MS Word等,流程清单的展示工具多数采用MS Excel。某公司使用的是深圳杰诚公司研发的一款流程管理软件EPROS,图7-9和图7-10所示的是该公司流程架构和流程清单的部分内容展示。

图 7-9　某公司部分流程架构样例

L4-业务模块	L4-业务模块编码	L5-子业务模块	L5-子业务模块编码	流程	流程编码	发布状态
L4-预测需求计划FP	FH-BP-EMA-PL-FP	L5-生产计划PP	FH-BP-EMA-PL-FP-PP	专项生产计划制定流程	FH-BP-EMA-PL-FP-PP-02	已发布
L4-物料需求及生产排程计划MP	FH-BP-EMA-PL-MP	L5-生产排程计划PS	FH-BP-EMA-PL-MP-PS	滚动计划排程流程	FH-BP-EMA-PL-MP-PS-01	已发布
L4-物料需求及生产排程计划MP	FH-BP-EMA-PL-MP	L5-物料需求计划MR	FH-BP-EMA-PL-MP-MR	委外采购流程	FH-BP-EMA-PL-MP-MR-02	已发布
L4-物料需求及生产排程计划MP	FH-BP-EMA-PL-MP	L5-物料需求计划MR	FH-BP-EMA-PL-MP-MR	物料需求计划策略制定流程	FH-BP-EMA-PL-MP-MR-03	已发布
L4-计划控制	FH-BP-EMA-PL-PC			生产计划实施控制流程	FH-BP-EMA-PL-PC-01	未发布
L4-物料需求及生产排程计划MP	FH-BP-EMA-PL-MP	L5-物料需求计划MR	FH-BP-EMA-PL-MP-MR	采购申请下达流程	FH-BP-EMA-PL-MP-MR-01	已发布
L4-半成品生产SP	FH-BP-EMA-PL-SP	L5-订单生成OG	FH-BP-EMA-PL-SP-OG	生产订单生成流程	FH-BP-EMA-PL-SP-OG-01	已发布
L4-半成品生产SP	FH-BP-EMA-PL-SP	L5-订单排程SO	FH-BP-EMA-PL-SP-SO	生产订单排程及跟踪流程	FH-BP-EMA-PL-SP-SO-06	已发布
L4-半成品生产SP	FH-BP-EMA-PL-SP	L5-订单排程SO	FH-BP-EMA-PL-SP-SO	非常规生产订单跟踪流程	FH-BP-EMA-PL-SP-SO-04	已发布
L4-半成品生产SP	FH-BP-EMA-PL-SP	L5-订单排程SO	FH-BP-EMA-PL-SP-SO	生产订单清理流程	FH-BP-EMA-PL-SP-SO-02	已发布
L4-半成品生产SP	FH-BP-EMA-PL-SP	L5-订单排程SO	FH-BP-EMA-PL-SP-SO	产能匹配流程	FH-BP-EMA-PL-SP-SO-03	已发布
L4-半成品生产SP	FH-BP-EMA-PL-SP	L5-外协加工OP	FH-BP-EMA-PL-SP-OP	生产订单工序外协排程及执行流程	FH-BP-EMA-PL-SP-OP-01	已发布
L4-半成品生产SP	FH-BP-EMA-PL-SP	L5-电子装联EA	FH-BP-EMA-PL-SP-EA	电子装联交付及工序确认流程	FH-BP-EMA-PL-SP-EA-01	已发布
L4-半成品生产SP	FH-BP-EMA-PL-SP	L5-电子装联EA	FH-BP-EMA-PL-SP-EA	电子装联工艺品质问题反馈及处理流程	FH-BP-EMA-PL-SP-EA-02	已发布
L4-半成品生产SP	FH-BP-EMA-PL-SP	L5-电子装联EA	FH-BP-EMA-PL-SP-EA	电子装联排产及备料流程	FH-BP-EMA-PL-SP-EA-03	已发布
L4-半成品生产SP	FH-BP-EMA-PL-SP	L5-电子装联EA	FH-BP-EMA-PL-SP-EA	SMT生产流程	FH-BP-EMA-PL-SP-EA-06	已发布
L4-半成品生产SP	FH-BP-EMA-PL-SP	L5-电子装联EA	FH-BP-EMA-PL-SP-EA	机盘插焊及装配流程	FH-BP-EMA-PL-SP-EA-05	已发布
L4-半成品生产SP	FH-BP-EMA-PL-SP	L5-电子装联EA	FH-BP-EMA-PL-SP-EA	设备维护及问题处理流程	FH-BP-EMA-PL-SP-EA-04	已发布
L4-半成品生产SP	FH-BP-EMA-PL-SP	L5-测试维修TM	FH-BP-EMA-PL-SP-TM	机盘调测在制品测试流程	FH-BP-EMA-PL-SP-TM-01	已发布
L4-半成品生产SP	FH-BP-EMA-PL-SP	L5-测试维修TM	FH-BP-EMA-PL-SP-TM	部件维修流程	FH-BP-EMA-PL-SP-TM-02	已发布
L4-半成品生产SP	FH-BP-EMA-PL-SP	L5-测试维修TM	FH-BP-EMA-PL-SP-TM	委托测试流程	FH-BP-EMA-PL-SP-TM-03	已发布
L4-半成品生产SP	FH-BP-EMA-PL-SP	L5-测试维修TM	FH-BP-EMA-PL-SP-TM	产品老化测试流程	FH-BP-EMA-PL-SP-TM-04	已发布
L4-半成品生产SP	FH-BP-EMA-PL-SP	L5-测试维修TM	FH-BP-EMA-PL-SP-TM	机盘调测现场问题反馈及处理流程	FH-BP-EMA-PL-SP-TM-05	已发布
L4-半成品生产SP	FH-BP-EMA-PL-SP	L5-测试维修TM	FH-BP-EMA-PL-SP-TM	需盘纤光盘装配流程	FH-BP-EMA-PL-SP-TM-06	已发布
L4-半成品生产SP	FH-BP-EMA-PL-SP	L5-测试维修TM	FH-BP-EMA-PL-SP-TM	小型设备装配流程	FH-BP-EMA-PL-SP-TM-08	已发布
L4-半成品生产SP	FH-BP-EMA-PL-SP	L5-测试维修TM	FH-BP-EMA-PL-SP-TM	产品维修领料申请流程	FH-BP-EMA-PL-SP-TM-07	已发布
L4-半成品生产SP	FH-BP-EMA-PL-SP	L5-测试维修TM	FH-BP-EMA-PL-SP-TM	机盘调测在制品交付及工序确认流程	FH-BP-EMA-PL-SP-TM-09	已发布
L4-半成品生产SP	FH-BP-EMA-PL-SP	L5-测试维修TM	FH-BP-EMA-PL-SP-TM	自制光模块装配与测试流程	FH-BP-EMA-PL-SP-TM-12	已发布
L4-半成品生产SP	FH-BP-EMA-PL-SP	L5-测试维修TM	FH-BP-EMA-PL-SP-TM	机盘调测个人借盘领料及退料流程	FH-BP-EMA-PL-SP-TM-13	已发布
L4-半成品生产SP	FH-BP-EMA-PL-SP	L5-测试维修TM	FH-BP-EMA-PL-SP-TM	机盘调测车间排产及备料流程	FH-BP-EMA-PL-SP-TM-10	已发布
L4-半成品生产SP	FH-BP-EMA-PL-SP	L5-测试维修TM	FH-BP-EMA-PL-SP-TM	遗留订单分析与处理流程	FH-BP-EMA-PL-SP-TM-15	未发布
L4-成品生产FP	FH-BP-EMA-PL-FP	L5-合同审核分解DC	FH-BP-EMA-PL-FP-DC	工程改造审核分解流程	FH-BP-EMA-PL-FP-DC-01	已发布

图 7-10　某公司部分流程清单

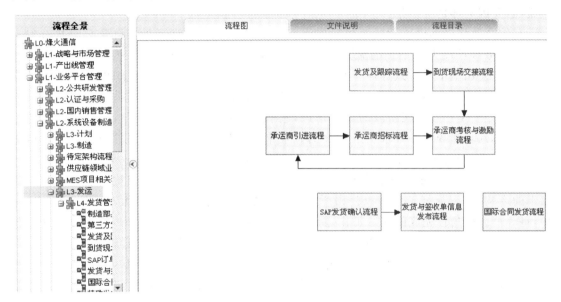

2）跨部门流程及其与流程架构的关系

在某公司流程管理实践中，跨部门流程不属于企业流程规划的内容，而是一种以业务痛点问题为出发点的分析和管理工具，在这里特别说明。

无论是管理学界还是现实中的企业，跨部门流程都是一个经常被提及的概念，不同的企业和不同的管理者对这个概念可能都会产生不同的理解，如 OTC（订单到回款）、IPD、ISC 等，都会被许多人认为是跨部门的流程，这样说当然没有问题，因为每个人说话是有语境的，也就是以一定假设为前提的。到底如何定义流程（包括跨部门流程），如何制定和发布流程，要因具体情况而论。

有的企业从来不搞所谓的流程架构或流程规划，而是根据业务的实际需要直接开发出一个个业务颗粒度大小不一的流程，以解决工作中突出存在的问题，获得了立竿见影的效果，得到了公司上下的一致好评。我们不能说这样的做法不好，因为组织做任何事情都有一个直接目的（短期利益）和间接目的（长期利益）的问题，它们需要在这些利益之间找到平衡。对于处于生存和发展阶段的企业来说，它们可能更加关注短期利益，而对已经摆脱生存危机，达到一定规模并寻求长远发展的企业来说，可能更加关注公司的长期利益。对于后者来说，进行规范化的流程管理就会显得比较重要，某公司就是一个这样的企业。

某公司对流程的定义比较严格，该公司所有的流程都是基于流程架构（流程规划）分解出来的产物，流程规划工作对该公司所定义的每个流程的业务颗粒度大小有明确规定，比如，将 8 个以内角色完成的团队工作定义成一个流程，如果超过这个范围，就需要将这个业务分割成几个流程，这就是某种流程管理规范。为了说明流程规范化管理的必要性，这里举一个餐厅师傅切土豆的例子，好师傅切出的土豆，不管是片状还是条状，其形状和大小都是差不多的，而不称职的人切出的土豆不光大小不一，形状也可能各种各样，效果在下游可见，最终在餐桌边享用这道菜的客户会给出评价。同样，企业的流程架构开发团队在进行流程规划时需要具有丰富的经验及良好的业务掌控能力，在"完全穷尽，彼此独立"基本原则牵引下，将企业的业务分解到适当的管理层级（流程架构），并确保所有底层的操作流程处于适当的业务颗粒度。

流程规划做得好的企业，可以保证流程架构的层次及业务模块划分的科学合理性，它们一开始就对公司各种业务之间的关系进行了很好的梳理，只要底层的操作流程在设计与执行没有问题，通常就不会出现很多跨部门的业务问题，也就是说，如果组织中每个业务细节（最小业务单元）在设计阶段就考虑了公司（包括外部客户）的整体要求，并且执行到位的话，就可以确保这个业务单元的运作是健康的。照此推理，如果所有的业务单元都是健康的，整个组织的业务运营就不会出现太多的跨部门问题。

按照这个逻辑，在理想状况下，对于流程管理和运营做得好的企业，实际上是不需要建立"跨部门流程"的。但现实的情况经常不是这样，由于流程架构开发团队能力所限，加上沟通协作不一定充分和到位，所开发的流程架构实际上总是会存在很多缺陷，各个业务模块之间及业务模块的各个流程之间不一定能实现无缝对接，经常会存在一些业务断点现象，所以在实际业务运行过程中，一定会发生各种各样让管理者深感头痛的业务问题。深究这些问题的根源会发现，这些问题不是某一个部门的问题，而是多个部门由于相互之间的职责不清、工作标准不清造成的，这些职责和工作标准在现有的流程架构或流程中没有得到合理有效的体现,就像长江入海口产生的污水现象一样,造成污水超标的原因不全是上海的责任,而是上游很多城市的污水排放管理不善造成的,需要综合治理,需要跨流域的机构(甚至中央)来出面协调。试想,如果上游的每个城市都按国家规定的排放标准进行管理和执行,上海就不会出现传说中"十杯水三杯尿"的问题。所以,正是由于很难针对某些业务痛点在这些部门之间进行责任主体的识别,所以有些企业通过开发颗粒度较大的跨部门流程来处理类似问题。

所以跨部门流程对很多企业来说,很多时候其实是个很无奈的选择,根本原因就是缺乏架构思维、架构设计不合理或细节执行存在问题。也可以说,跨部门流程是对现有流程架构科学与合理性缺失的一种补救措施。

3. 流程架构的建设

目前为止,业界对流程架构的开发还没有形成认定一致的方法,流程架构的开发可以自上而下,也可以自上而下,但最好的方法是自上而下和自下而上相结合。下面简单介绍这几种方法。

1) 自上而下法

自上而下的流程架构的建设方法强调以企业战略为导向。企业战略最重要的内容就是企业使命、愿景、价值观及业务战略和职能战略,业务战略如营销战略、产品定位与品牌策略、采购策略、OEM/ODM策略,职能战略如人才战略、财务投融资策略。有了这些内容,就可以大致勾勒出公司价值链上的主要业务和职能领域,如是否需要做产品和技术研发、是否需要从事产品的生产制造、是否需要提供产品售后的客户服务等。对于一个规模化的大中型企业来说,人力资源管理、财经体系管理、流程与IT管理都是必不可少的职能领域,对这些业务和职能进行适当组合就形成了一个企业流程架构L1的内容。在L1基础上,通过"完全穷尽,彼此独立"的业务分解与组合原则向下拓展,就可以逐步形成下面各层的架构内容。不再赘述。

自上而下的流程架构开发方法还可以参考本企业的战略目标、客户需求及企业董事会或高层管理者的意图,尤其是在L2以下的架构设计中,需要参考各业务或职能领域的年度绩效目标来展开。要知道开发流程架构的目的是为企业管理服务的,不能唯架构而架构,要解决业务问题。以某公司的"提供工程服务"业务模块为例,公司规定该工程服务业务2010年度营业额目标是15亿元,工程开通验收优良率要达到95%,这些目标对流程架构中"提供工程服务"这个业务模块所需的资源配置和功能配置提供了明确的方向。

由于自上而下法不需要来自企业底层的详细业务信息支撑,所以这种方法通常适用于新开设的企业。

2) 自下而上法

自下而上法是一种从公司业务的最底层着手梳理和归纳的流程架构方法,该方法通常适用于拥有多年业务运作实践、需要以现状为基础逐步开展渐进式业务改进(而不是开展大规模业务重组)的企业。自下而上的流程架构开发方法的主要输入包括部门职责、部门绩效目标、部门工作项清理及内外部客户需求分析。这里重点需要说明的是部门工作项清理,由于传统企业在拟定部门职责时所用的方法都是经验性的,缺乏架构设计所需的完整性和系统性思维,所以在部门职责中通常会包括"完成领导交办的其他工作"作为结束,事实上本部门员工开展的很多工作都没有也不能在部门职责中列出,所以在进行自下而上的方法时,需要进行部门工作项清理,以便"完全穷尽"本业务领域需要履行的职责。以某公司包装发运业务为例(见图 7-11),在完成了部门工作项清理后,发现"退料""客户咨询与投诉""现场开箱验货"这 3 项工作在部门职责中被忽略了。通过增加这 3 项业务,使得该公司的包装与发货业务显得更加完整。

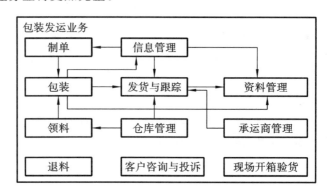

图 7-11 某公司流程架构 L4 上"包装与发运"业务

3) 自上而下与自下而上相结合

自上而下与自下而上相结合的方法是目前一些企业经常使用的一种架构开发方法,这种方法适用于管理层有强烈意愿开展流程管理变革、以流程型组织建设为目标的企业。这样的企业通常处于市场竞争比较激烈的行业,企业的客户需求和外部环境变化快、内部跨部门业务协调问题频发,需要开展适度规模的流程和组织再造。某公司就是一家这样的企业,该公司采取自上而下和自下而上相结合的方法开展流程架构开发,在公司战略定位基础上,先由各主题领域专家(SME)集体构思形成包括企业价值链在内的高层业务架构,在此基础上由基层经理通过问题分析、部门职责、客户访谈等方式,形成底层的业务模块及彼此之间的上下游关系,最后进行整体架构上的调整,形成初版的企业流程架构。

4) 模板法

模板法是在业界标杆企业流程架构基础上进行增加、删减和调整的方法,这种方法要求本企业与标杆企业的战略定位和业务性质大致相同,并且企业有较强的业务变革管理能力和执行力,管理层有强烈的创新意愿,就像世界上没有完全相同的两片树叶一样,世界上也没有完全相同的两家企业,不加任何改动地照搬别人的做法通常是行不通的。

APQC 开发并不断维护的"流程分类框架",以及基于行业特点不断发布的行业版"流程分类框架",也是很多企业用模板法开发本企业流程架构的可选手段之一。

流程架构开发要点如下。

- 流程架构需要支撑组织战略及其业务目标。
- 流程架构开发要体现业务的系统性和完整性视角。
- 体现"完全穷尽,彼此独立"的原则。
- 关注核心业务,剥离非核心业务,在责任主体原则基础上体现专业部门做专业事。
- 架构以业务功能为研究对象,现有组织结构只作为参考。

下面介绍流程架构开发的几个原则。

(1) "完全穷尽,彼此独立"原则 "完全穷尽,彼此独立"是项目管理中进行项目工作分解的一个基本原则,在流程架构开发过程中同样适用。

"完全穷尽"强调项目范围内的所有工作都要包含在项目计划中,不能有任何遗漏发生,遗漏任何一项工作都会造成项目的交付质量问题而被问责。以盖房子为例,如果项目合同包括了室内装修的内容,那么在项目的工作范围定义中就会包括室内装修的设计方案,包括墙壁、地板、天花板、水管和电路等。所以在进行项目工作分解时,必须在 WBS (work breakdown structure,工作分解结构)中逐个详细列出这些内容,这样才能保证完整交付。在开发企业流程架构过程中,不管是高层架构还是中底层架构,对业务的分解同样需要完全穷尽,当然这里的"穷尽"是一个相对的概念,因为企业所开发的流程架构应该是一个介于现状(as-is)和未来(to-be)之间的一个动态架构,除了正在开展的业务需要在架构中体现之外,有些现在还没有开展的业务或模式(包括管理模式),也许正在筹划当中,这部分业务作为未来 3—5 年内的规划,当然也应该被纳入到公司的流程架构开发工作中。对那些已经纳入现有的流程架构、但目前阶段尚不成熟的业务,某公司的做法是"灰色处理"。

在项目管理环境中,"彼此独立"是指项目范围内的同一项工作只能出现在 WBS 的一个节点上,不能出现在多个节点上,这里的"同一项工作"是指包括名称、性质、内容已经完全定义清楚了的"工作包"(work package),如果这个工作包的工作内容或它的某个部分出现在 WBS 的一个以上的节点上,就说明这个 WBS 的分解是有问题的,没有做到"彼此独立",这样做造成的结果就是资源的重复性投入或工作职责交叉重叠,从而造成项目的成本和进度管理问题。在开发企业流程架构过程中运用"彼此独立"的原则,也是要明确工作的唯一性,确保一种业务在流程架构中只能出现一次,这样做不仅有利于对该业务制定一致的管理规范和职责标准,对组织职责的定位及分析组织与流程的匹配性也很有帮助。

"完全穷尽,彼此独立"只是针对流程架构图中各业务要素项的分解原则,不管是架构的哪一层,这个原则都适用。但有一点需要强调一下,这个原则并没有规定如何处理这些业务要素项之间的相互关系,如哪个业务是业务链条中的上游业务?哪个业务是链条中的下游业务?哪个业务处于架构中的哪一层?这些问题要在架构开发过程中单独处理。

(2) 流程责任主体原则 先解释一下"流程责任主体"的定义,企业的所有业务需要融合为一个统一的整体,而不是被各个部门分割得支离破碎的业务片段,这样的企业才能保证市场响应速度和客户满意度。虽然企业的所有业务都有责任部门,但任何业务都需要和其他部门发生关系,都需要其他部门的支持和协作,而"流程责任主体"是指企业内部对某项具体业务的绩效目标承担主要责任的部门履行流程责任的一种责任归属描述方式。承担流程责任主体的部门对相关的流程承担全寿命周期管理的责任,包括流程的拟制发布、宣贯执行、跟踪监控、审视优化等,尤其是在流程拟制阶段,流程责任主体部门有义务组织并邀请相关部门的角色参与流程设计和审核工作,确保部门之间在该业务的运作方式上达成共识,并遵照执行,这个过程就是打通部门墙的过程,是推动部门协作的过程,也是公司业务相互融合的过程,这个过程是企业开展流程管理变革的核心价值所在。

既然承担流程责任主体作用的部门对相关业务负有建立并维护流程的责任,那么该部门的管理者就是该业务的流程责任人。众所周知,研发领域的业界最佳实践就是集成产品开发(IPD),IPD的核心思想是要保证企业的市场成功和财务成功,研发部门当然成为研发业务的流程责任主体部门,负责研发相关流程的开发和维护,但在开发产品研发各个阶段流程过程中,需要邀请来自市场、销售、制造、采购、服务、运营、财务甚至人力资源的代表参加,缺少任何一个都可能造成流程设计的现实与合理性问题。这就是典型的基于责任主体的业务融合理念,企业核心价值链上的所有业务都存在业务融合的需要。

(3) 不成熟业务在架构中的处理方法　　企业的流程架构是随着业务性质、认识深度和管理水平的变化而变化的一种管理手段和工具。在开发流程架构过程中,经常会有人问到这样一个问题:"我们要建的这套流程架构是基于现状(as-is)的流程架构? 还是反映未来状况(to-be)的流程架构?"要回答这个问题其实比较困难,如果说是基于现状的,那这个架构将是非常不稳定的,因为在开展流程管理的初期阶段,人们的认识深度不足以支撑对这个课题的全面系统性了解和表达,何况企业的发展是动态的;如果说是反映未来状况的,那这个前瞻性要体现到什么程度才是合适呢? 所以只能说所建的流程架构是一种基于现状和未来状况之间的一个选择,流程架构开发团队需要在现在和未来之间找到一个平衡点,既要充分考虑现状的因素,又要具备一定程度的管理前瞻性。尤其重要的是,流程架构要体现"完全穷尽,彼此独立"的原则,由于我们的现状中很可能缺少一些标杆企业所具有的业务或管理功能,或者说我们之前可能根本没有从事过某种业务或管理,或者开展得很零碎,很不系统。举例来说,某公司之前从来没有系统性开展营销管理业务,以往的做法只是在销售业务中做了一些零碎的营销工作,而没有像标杆企业那样将营销业务和销售业务分开,尤其缺少对品牌管理的深度思考和实战经验,那在这个公司的流程架构中是否应该包含营销管理这个业务领域呢? 如果要包括,那在架构中应该如何分解呢?

对于企业新推出或未来可能开展的业务,有可能是颗粒度较大的业务,如市场营销管理;也可能是颗粒度较小的业务,如商标管理。通常是没有多少经验积累和沉淀的不成熟的业务,除非借用咨询公司的力量,一般很难做好这部分业务的架构梳理工作,所以建议先在架构中的某个层次记录这个业务领域或模块,但不往下做继续分解(称为"灰色处理"),也不要盲目建流程,因为通常情况下,大家对这些业务还没有系统思考,只有一些零碎的想法和印象,不能兑现端到端的逻辑梳理,另外,如何对这样的业务进行岗位角色识别和资源配置都是一个难点;即使勉强完成了岗位角色的识别和资源配置,资源的能力能否确保流程的执行也是一个问题,所以,在这种情况下针对新业务开发的流程,很难达到应用的效果。

对新业务在架构中做"灰色处理"或不建流程,并不意味着不要实施新业务管理,企业可以在一些点上出台一些管理制度、管理规定、管理条例等文件,组织上适当粗放,待业务发展到一定程度,积累了一些成功的经验和失败的教训后,再考虑架构的分解和流程开发。某公司在客户关系管理、市场营销管理、项目群管理、服务战略制定等业务领域目前还处于摸索阶段,就需要按照上述方法在架构中对这些业务进行"灰色处理"。

第二节 流程全寿命周期管理流程

本节列举某公司的几个流程文件,反映了流程全寿命周期管理的架构。

一、"流程架构开发流程"

概述

根据公司架构建设要求,开发流程架构,由业务管理部门主导、流程责任人、SME、流程与体系工程师、流程与体系专员共同参与,并最终输出流程架构。

业务痛点:对架构开发过程缺乏统一的思路和方法;对相关角色应该如何配合没有明确的界定;对架构开发的输出成果没有规范化的格式要求。

目的

(1)建立流程架构开发的标准和规范,明确相关人员的角色和职责,保证流程架构的高质量输出。

(2)保证流程架构开发的效率和效果。

客户

流程责任人。

适用范围

公司各业务领域 L2\L3\L4 流程架构开发。

流程驱动规则

驱动类型	事件驱动
驱动规则	公司流程架构建设要求

角色/职责

角色名称	角色职责
流程责任人	流程客户
流程与体系专员	协助业务管理部门接口人拟制架构
业务管理部门接口人	对架构开发的组织工作、协调、拟制全程负责
业务管理部门执行秘书	根据所接受的授权,对架构的系统性、完整性、有效性负责
SME	对所负责的领域给出专业性意见
流程与体系工程师	对架构的标准化负责
GPO	对架构的完整性、有效性、系统性负责

第七章 流程管理及其在运营管理体系中的核心地位

流程图

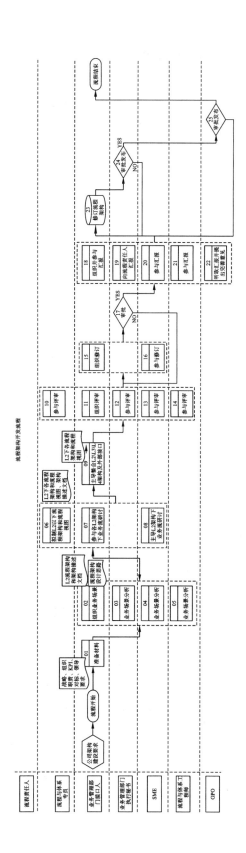

二、"流程架构变更申请与实施流程"

概述

流程架构发布一段时间后,业务发生变化(含新业务出现)会使流程架构发生变化。为了使流程架构满足实际业务的要求,指导流程的建设,必须进行流程架构变更的工作。

业务痛点如下。

(1) 业务架构变更未经过适当的审批。

(2) 架构变更过于频繁。

(3) 流程架构(含流程清单)维护不及时。

目的

建立流程架构变更及维护的规范,对流程架构(含流程清单)的变更进行有效管理,旨在提升流程与业务的匹配度,更好地服务业务。

客户

流程责任人。

适用范围

(1) 建立流程架构开发的标准和规范,明确相关人员的角色和职责,保证流程架构的高质量输出。

(2) 提升流程架构开发的效率和效果。

流程驱动规则

驱动类型	时间驱动
驱动规则	3年滚动规划、零星业务变更
频率	
开始时间	
结束时间	
类型	

角色/职责

角色名称	角色职责
流程责任人	流程客户
业务管理部门接口人	协助业务管理部门接口人拟制架构
业务管理部门执行秘书	根据所接受的授权,对架构的系统性、完整性、有效性负责
SME	对所负责的领域给出专业性意见
流程与体系工程师	对架构的标准化负责
流程与体系专员	协助业务管理部门接口人拟制架构
GPO	对架构的完整性、有效性、系统性负责

第七章 流程管理及其在运营管理体系中的核心地位

流程图

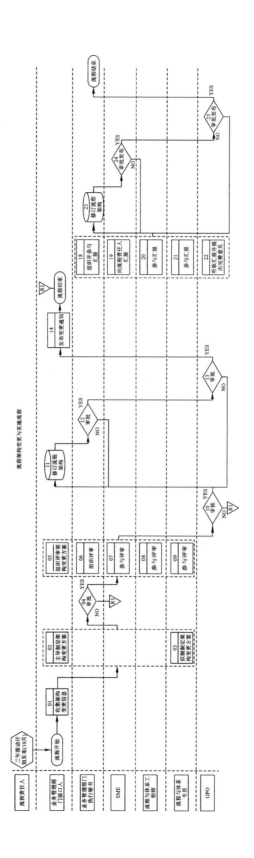

三、"流程拟制、审批与发布流程"

概述
本流程描述了某公司流程建立时资料收集、思路研讨、拟制、审核、批准和发布的过程。流程开发时,思路研讨不充分、评审环节参与度不高仍是现阶段存在的主要问题。

目的
本流程是公司流程管理流程(包括宣贯与执行跟踪、审视与优化、架构开发与维护等)中的一部分,规范了流程建立的过程,明确了流程建立过程中相关人员的职责,确保了流程的一致性、流程开发的效率和质量。

客户
流程拟制人。

适用范围
某公司所有部门及主要控股子公司。

术语定义
流程:是一组共同给客户创造价值的相互关联的活动进程。在某公司,流程包括流程文件、作业指导书、模板/表格等。狭义上讲,流程文件是按照流程文件模板的填写要求写成的用于指导业务运作的流程说明文件和流程图图形文件。广义上讲,流程文件是符合一定格式规范要求的,用于指导业务运作的各类流程文件的总称。流程文件如下(行政文件和技术文件不属于流程文件)。

(1) 指导和规范各角色/岗位的业务运作。
(2) 重复使用/执行,不是一次性/临时文件。
(3) 需要通过版本升级持续指导业务运作。

3个条件需同时满足。

行政文件定义如下。
(1) 关于各类行政事项的通知、通告、简报、报告、会议纪要等一次性文件。
(2) 任命类(如干部聘用通知)。

技术文件定义如下。
有关使用设备工序、执行工艺过程及产品、劳动、服务质量要求等方面的准则和标准,是进行某一具体活动的参考规范,但不一定体现在流程中或被执行。

流程驱动规则

驱动类型	事件驱动
驱动规则	流程确定需要拟制,并确定了拟制人和拟制计划

角色/职责

角色名称	角色职责
流程拟制人	负责绘制流程图、拟制流程文件和作业指导书、组织C层内部流程图评审,对流程相关资料收集的完整性负责,及时高质量的完成文件拟制
流程监护人（基层经理人）	参与C层内部流程图评审,参与B层流程图和文件评审,审批作业指导书,对流程描述的业务合理性负责
流程与体系专员	组织B层流程图评审、B层流程文件评审,对流程文件标准化负责
流程涉及角色	参与流程评审,协助流程拟制人完成作业指导书拟制,对流程描述的各角色相关活动合理性负责
业务分管领导（SME）	参与流程文件评审,明确评审结果,对流程的整体定位,前后衔接合理性负责
流程与体系工程师	参与C层流程图、B层流程图和文件评审,协助B层流程专员完成标准化工作,发布流程,对流程拟制的方法、流程表述合理性负责
流程责任人	签批流程,使流程生效

流程图

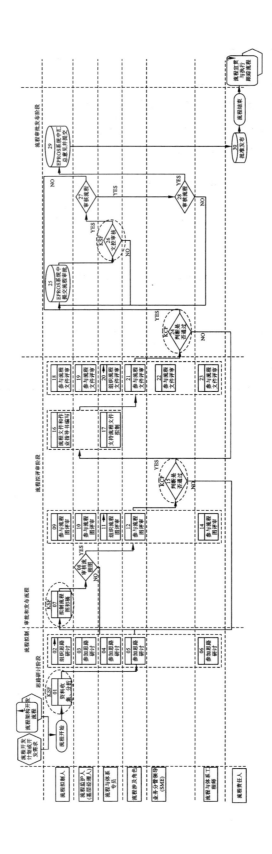

四、"流程宣贯与执行跟踪流程"

概述

大部分企业都制定了宏伟的战略和目标,但只有将这些战略和目标真正落实到流程上面,才是开始执行战略;而流程只有在具体的运转活动中,才会产生效用和价值。为规范流程推行的方法,使流程执行更有力,特制定本流程。

目的

提供流程推行的方法,规范流程宣贯的行为,使流程在运转活动中有力执行。

客户

流程责任人。

适用范围

某公司所有部门,子公司可参考。

不适用范围

集团其他公司。

流程驱动规则

驱动类型	事件驱动
驱动规则	流程已在EPROS平台或内网流程管理平台发布

角色/职责

角色名称	角色职责
流程客户:流程责任人	流程客户
流程专员	发送流程发布通知
流程监护人	组织流程的宣贯、相关能力测试及跟踪流程试运行
流程涉及角色	参与流程知识的学习
流程拟制人	支持流程宣贯、试运行上线,并持续收集流程执行中的问题

流程图

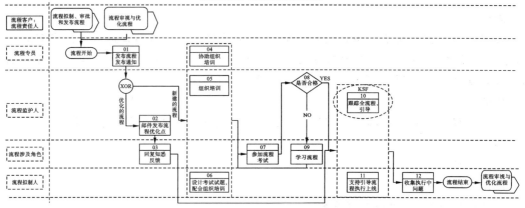

五、"流程审视与优化流程"

概述

本流程是流程发布,依据定期审视的时间原则和业务执行过程的情况,结合流程审视计划,由流程专员组织召集流程审视会议,并由 SME 决定流程优化执行责任主体,完成流程优化后发布流程,最后流程专员和流程工程师对记录归档。

目的

业务目的如下。

(1) 保障流程有效的运行,固化流程。

(2) 提高流程与实际工作的吻合度,保证业务流程的持续改进。

(3) 公司制度、法律规定、会议决议、组织结构条件、IT 系统的开发或修订等事件中出现对业务流程有影响的情况时,能及时调整流程和流程文件来确保流程的执行。

管理目的如下。

(1) 明确流程审视和优化过程中相关人员的职责和活动内容。

(2) 员工对业务流程的合理化建议和流程持续优化的途径之一。

客户

科技与运营部总经理。

适用范围

公司所有部门及主要控股子公司。

流程驱动规则

驱动类型	事件驱动
驱动规则	一、流程发布后,流程与体系专员根据《流程审视计划》组织审视,流程审视优化完成时间不得晚于流程发布后9个月。 二、流程与体系专员在以下情况需要提出流程审视与优化。 (1)发布的会议纪要或公司制度文件中对流程业务范围、业务活动的顺序、业务执行等有变动的情况。 (2)由于公司战略需要对部门组织架构、业务范围、业务活动的顺序、业务执行等有调整的情况。 三、流程拟制人在以下情况需要提出流程的审视优化。 (1)流程执行过程中,发现流程中核心内容无法满足业务需求,或者无法指导业务运作时。例如:业务执行方法、业务范围、角色等需要变化前,需要先提出相应流程变更。 (2)IT系统无法满足业务需求时,在修订IT系统前。 四、员工可以提出流程审视与优化的情况。 在流程执行过程中,对流程有改进性建议时。

角色/职责

角色名称	角色职责
科技运营部总经理	对流程的正确性、完整性和适用性负责
流程与体系专员	组织、监督流程审视、优化全过程
流程拟制人	参与流程审视,并执行流程优化
流程监护人	(1)参加审视会议,考虑本部门业务领域实际,综合审视流程,对于流程与实际不符的地方,提出改进意见或建议。 (2)审核修订后的流程文件与审视意见的一致性
流程相关角色	参与流程审视,并执行流程优化
业务分管领导 SME	参与流程审视,并审核流程优化结果
流程与体系工程师	指导流程审视和优化工作,并发布优化后的流程

流程图

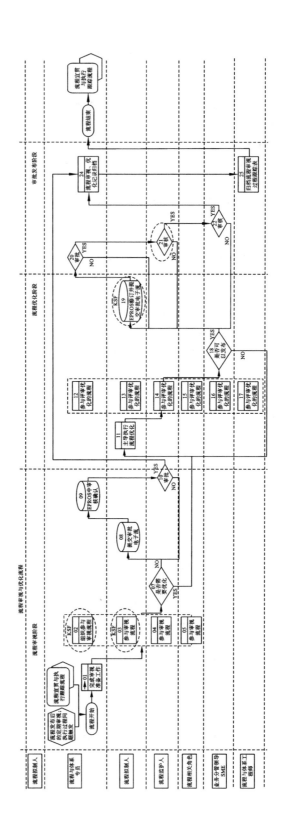

六、"流程的废止流程"

概述
本流程描述了某公司流程废止申请、审批及批准的全过程。
本流程主要痛点是流程删除比较随意,对流程架构影响较大。

目的
管理目的如下。
本流程是公司流程管理中的一部分,规范了流程建立的过程,明确了流程建立过程中相关人员的职责,确保了流程的一致性、流程开发的效率和质量。
业务目的如下。
(1) 保障流程有效的运行,固化流程。
(2) 提高流程与实际工作的吻合度,保证业务流程的持续改进。

客户
公司各部门及子公司。

适用范围
某公司所有部门及主要控股子公司。

流程驱动规则

驱动类型	事件驱动
驱动规则	业务发生变化,流程不再使用时

角色/职责

角色名称	角色职责
公司各部门及子公司	
流程与体系专员/流程拟制人	提出流程废止申请
流程与体系审计工程师/流程与体系工程师/高级流程与体系工程师	审核流程废止的合理性及对其他流程的影响
流程监护人	审核业务的真实性
业务分管领导	审核流程废止的合理性与必要性
流程责任人	负责批准流程的废止

流程图

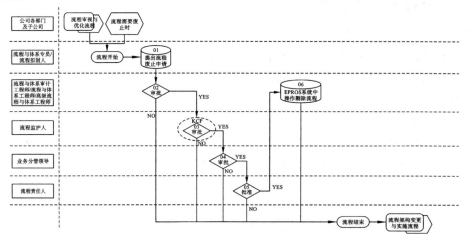

当业务模式或组织机构发现重大变化时,部分流程可能不再适用,需要废止。流程的废止由流程监护人提出申请,经业务分管领导与流程责任人审批后,向流程管理部门报备,在流程管理平台上对流程进行删除并对流程架构进行相应的调整。

第三节 规章制度管理

许多中国企业都有通过"规章制度"管理企业的做法,但是不同的企业、不同的人对规章制度有不同的理解。规章制度到底是什么,规章制度和流程、体系程序文件、行政公文或行业标准等文件之间到底是什么关系。对于这些问题,需要企业的管理者及全体员工达到广泛的共识,否则在管理上就会形成混乱,造成事倍功半的效果。

一、规章制度的定义

公司规章制度一般包括制度、办法、细则、指引、规定等几种类型,以下是这些规章制度的定义。

制度是指对公司经营管理具有重大影响,对经营管理事项的基本原则、管理框架和组织结构等进行规定的纲领性文件。

办法是指对公司经营管理具有重大影响,对经营管理事项的基本原则、管理框架和组织结构等进行规定的纲领性文件。

细则是指实施某一制度、办法等结合实际情况、对其所做的详细、具体解释和补充的文件。

指引是指制度、办法、细则的具体作业要求和标准,包括指导性程序文件及表单。

规定是指专项管理业务或特定事项的行为规则(强化管理,暂行性,打"补丁"),一般以"暂行规定"或"试行规定"的形式发布。

二、规章制度与流程的关系

公司的业务流程架构层级分为 L1 价值链、L2 业务领域、L3 业务模块、L4 流程(组)。

L1 价值链是指把公司创造价值的过程分解为一系列互不相

同，但又相互关联的增值活动，其总和即构成公司的"价值链"，如 ISC、LTC。基本管理制度描述的对象一般为 L1 价值链。

L2 业务领域是指公司运营活动中一些主要业务活动领域的抽象划分。如计划、制造、物流。

L3 业务模块是指一个完整的业务领域被分解成的一系列功能模块，模块之间的相互作用形成业务领域的所有功能。如管理需求计划、管理仓储。

L4 流程（组）是指任何为了完成或达到一定产出目的而实施的一系列跨岗位（角色）的行动、任务或事件等的组合，公司的流程业务颗粒度一般控制在 3 至 8 个角色的范围内。

办法描述的对象一般为 L2 业务领域或 L3 业务模块，细则和指引描述的对象一般为 L4 流程（组）。

规定所描述的对象可能包括 L1 价值链～L4 流程（组），一般以"暂行规定""试行规定"的形式发布。

规章制度类型与业务流程架构的对应关系见图 7-12。

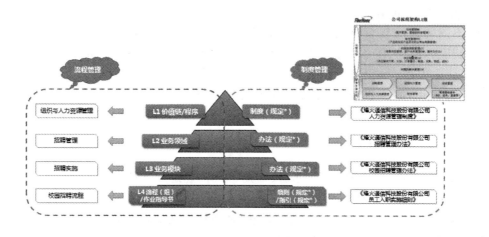

*规定所描述的对象可能包括L1~L4，如《员工劳动合同管理暂行规定》、《员工入职体检管理试行规定》。

图 7-12　某公司规章制度与流程对应关系

企业的治理结构无外乎由组织、流程、绩效这 3 个要素构成。组织是指企业全体员工实现企业目标而进行的分工协作，在职务范围、责任和权力方面所形成的结构体系，如股东会、董事会、监事会的三会治理形式，直线职能制、事业部制、矩阵制的组织结构形式，以及各岗位的具体职责。流程是指将一组输入转换为对客户有价值的输出活动，包括管理流程与业务流程。绩效则是指目标完成的程度，是考核员工工作效果的重要指标。也许你会问："那制度哪去了？企业的治理结构中怎么可能没有制度的存在！"确实，在多数管理者心中，管理就是建立制度并执行制度的过程，制度当然是企业治理的重要因素之一。所以，构成企业治理结构的 3 要素更准确得说，应该是组织、流程/制度、绩效。至于我为什么要有这样一个反复的过程，是希望突出一点，即流程、制度均是企业管控体系中不可或缺的部分，而两者之间既有区别，又有联系。

区别可以体现在以下三个方面。

（1）由来的不同　当企业达到一定规模时，管理者无法亲自照看企业的方方面面，于是就有了制度。管理者建立制度的初衷往往是为了将"管理"覆盖到整个企业的每个角落，所以经常看到制度不是一次性建立的，而是东拼西凑地拼补起来的，哪里发现了管理漏洞，就建立相应的管理制度去填补。由于这种特性，常能发现制度彼此之间会出现"重叠"的情况，但只要重叠的部分不互相矛盾即可。而流程则不同，自企业建立开始就有了流程，只是在不同规模、不同阶段，流程的表现形式不同而已。小企业或起步阶段的企业，也有流程，比如"见客户—签合同—服务客户—问客户要钱"这就是流程，但是这时候的企业需要的是能快速见效，而不是按部就班。所以如果此时过分强调流程管理，只会造成运作不畅的局面。而当企业达到一定规模之后，内控和标准化就显得尤其关键，这时候才是进行流程管理的最佳时机。所以，流程是随着企业的变化而不断持续改进而来的。

（2）管理思想的不同　流程就像是河流，而制度就是巩固河道的堤坝。所以流程强调的是"以疏治水"，强调如何将输入有效地转化为输出，强调"如何去把一件事情做得更好"。而制度则强调"以堵治水"，强调不能做什么，强调"做了某一事情的后果的处理方法"。

（3）局部与全局的不同　制度更多的是针对局部问题而制定的规则，彼此之间会有重叠，但不存在上下游或层级的关系。将企业分块的制度堆积起来将覆盖到企业管理与业务运作的每个角落。而流程针对的则是全局，整个企业的价值链可以作为总流程，其内部又可以根据不同的分类原则分成诸多子流程，并且不断细分，这就是流程的分类分级。上下级流程之间存在从属关系，同级流程之间存在上下游关系。虽然流程具有全局性，但其注重的是关键业务的运转，而不要求覆盖到每个面。

流程和制度又可以说是同一个事物的两个侧面，彼此之间具有密切的联系，并不相互隔离也无法彼此取代。具体体现在以下两个方面。

一方面，流程是制度的灵魂。如果制度不能反映流程，就像失去了灵魂，它的执行一定会出现问题。所以制度无法执行时，往往是它所包含的流程有问题。企业管理中常常会遇到"法不责众"情况，如果频繁出现这种情况，就说明一个制度或规定是不合理的，而不合理的地方往往是与它相关的流程与实际情况不符，使得业务流程"两张皮"的现象无法避免。

另一方面，制度是流程得以执行的保证。通过适当制度的执行能加强对流程执行的约束。比如"惩罚"制度能制止因个体原因而影响流程功能实现的现象，而"奖励"制度则会促使大家更多地主动关注流程，从而使流程运转得到改善。因此，流程是"河道"，制度是"堤坝"，要使河流不会泛滥成灾，梳理河道和加固堤坝都不可或缺。

虽然流程与制度既有联系又有区别，但是它们作为企业管理的核心内容，其本质是完全一致的，当制度的编写具体到了业务的每个步骤，以文字或图片的形式将业务的前后逻辑和关系都描述清楚了，那也可以称其为流程。当流程以手册的形式呈现出来，并且作为管理要求在企业中强制推行，即流程制度化，那同样也可以称之为制度。因此，流程与制度的内涵完全没有区别，都是企业的管理文件，是企业管理的核心。

案例 7-1

某集团公司规章制度管理办法

第一章　总则

第一条　为加强××通信科技股份有限公司(以下简称"公司")规章制度管理,规范规章制度制订、审核、修订、批准、发布施行和废止程序,根据国务院国资委有关文件要求,结合《某科技集团有限公司规章制度管理办法》,制订本办法。

第二条　本办法适用于公司各部门制订、修订和废止规章制度。公司党、团及工会组织的规章制度管理可参照本办法执行。

公司下属子公司参照本办法制订本单位的规章制度管理办法。

第三条　制订、修订和废止公司的规章制度,应贯彻遵守国家法律法规、促进公司改革和发展、科学合理有效、有计划组织实施的原则。制订和修订过程应充分发扬民主,广泛听取意见。

第四条　公司科技与运营部归口负责公司规章制度的全生命周期管理工作,负责组织制订公司年度规章制度建设计划,协调和监督计划的实施,总裁办公室法律事务办公室(以下简称"法务办")负责对公司层面的规章制度进行法律审核。

公司各管理部门是其业务范围内规章制度建设的主管部门,根据本部门的职责分工,配合建立规章制度体系,组织制订其领域的规章制度建设计划,起草并发布规章制度,负责业务范围相关规章制度的专业性审核,以及本部门规章制度的日常管理工作。

公司纪检监察审计办公室是公司规章制度执行情况的检查部门,负责定期检查规章制度在公司内的贯彻落实情况。

第五条　公司规章制度分为制度、办法、细则、指引和规定五大类。

制度是指对公司经营管理具有重大影响,对经营管理事项的基本原则、管理框架和组织结构等进行规定的纲领性文件。包括董事会运行制度和基本经营管理制度(以下简称"基本管理制度")。

办法是指针对公司经营管理某一方面的方法、工作流程和监督检查的规范性要求。

细则是指为实施某一制度、办法等结合实际情况,对其所做的详细、具体解释和补充的文件。

指引是指制度、办法、细则的具体作业要求和标准,包括指导性程序文件及表单。

规定是指专项管理业务或特定事项的行为规则。

公司的业务流程架构层级分为 L1 价值链、L2 业务领域、L3 业务模块、L4 流程(组)。

L1 价值链是指把公司创造价值的过程分解为一系列互不相同,但又相互关联的增值活动,其总和即构成公司的"价值链",如 ISC、LTC。基本管理制度描述的对象一般为 L1 价值链。

L2 业务领域是指公司运营活动中一些主要业务活动领域的抽象划分。如计划、制造、物流。

L3业务模块是指一个完整的业务领域被分解成的一系列功能模块,模块之间的相互作用形成业务领域的所有功能。如管理需求计划、管理仓储。

L4流程(组)是指任何为了完成或达到一定产出目的而实施的一系列跨岗位(角色)的行动、任务或事件等的组合,公司的流程业务颗粒度一般控制在3至8个角色的范围内。

办法描述的对象一般为L2业务领域或L3业务模块,细则和指引描述的对象一般为L4流程(组)。

规定所描述的对象可能包括L1价值链~L4流程(组),一般以"暂行规定""试行规定"的形式发布。

如《员工劳动合同管理暂行规定》《员工入职体检管理试行规定》等。

第六条 为规范公司规章制度的管理工作,公司各管理部门每年11月至12月组织制订其领域的下一年度规章制度建设计划(包括后评价及修订计划),报科技与运营部审核汇总,公司分管副总裁审定确认,于下一年度3月底前以公司名义发布。

第二章 规章制度的制订

第七条 制订规章制度,一般由规章制度的制订责任部门(以下简称"责任部门")根据年度规章制度建设计划实施。

遇有下列特殊情形,责任部门应将变更情况,根据规章制度类型报相应的领导审定,提交科技与运营部审核汇总更新:

(一)未列入年度规章制度建设计划而制订规章制度;

(二)已列入年度规章制度建设计划的规章制度名称发生重大变化;

(三)虽列入年度规章制度建设计划但决定不再制订,责任部门最迟应于11月30日前备案。

其中:针对L1价值链制订的制度和规定,变更情况由公司分管副总裁审定;

针对L2业务领域和L3业务模块制订的办法和规定,变更情况由责任部门和管理部门领导审定;

针对L4流程(组)制订的细则、指引和规定,变更情况由责任部门领导审定。

第八条 责任部门制订规章制度,按照起草草案、征求意见、法律审核、上报批准、公布、宣讲及组织实施的程序进行。

第九条 起草草案时,责任部门应与公司相关部门充分沟通;草案完成后,按下列范围征求意见:规章制度应向公司各管理部门征求意见,涉及职工切身利益的还应通过职工代表大会或其他形式听取员工的意见和建议。

第十条 责任部门应认真研究征集的意见,主动与提出意见的单位沟通,对草案进一步修订完善;对重要的或不同意见比较集中的问题,责任部门可通过召开专题会议等方式研讨。

第十一条 规章制度草案修订完成后,连同起草说明提交审批。起草说明一般应包括制订的目的、所解决的主要问题、征求意见情况以及与现行规章制度是否有冲突及处理建议等。

第十二条 由两个或两个以上部门联合制订的规章制度,责任部门在上报审批时,还应会签参与制订的其他部门。

第三章 规章制度的法律审核、批准、发布与施行

第十三条 责任部门应按审批程序完成规章制度管理审核、法律审核及审批，法律审核的重点为规章制度是否符合法律法规的基本原则。

管理审核的重点为：

（一）与公司现行规章制度是否协调；

（二）结构、条款是否符合规章制度要求。

针对L1价值链制订的制度和规定，由责任部门的流程与体系专员进行管理审核，经业务经理审核、法务办法律审核及相关部门会签，提交管理部门进行专业性审核，责任部门主管领导审核后报公司分管副总裁审核，公司总裁同意后，提交公司总裁办公会审批。

针对L2业务领域和L3业务模块制订的办法和规定，由责任部门的流程与体系专员进行管理审核，经业务经理审核、部门法律事务接口人法律审核及相关部门会签，提交管理部门进行专业性审核，报责任部门主管领导审核、公司分管副总裁审批。

针对L4流程（组）制订的细则、指引和规定，由责任部门的流程与体系专员进行管理审核，经各部门法律事务接口人法律审核及部门业务经理审核，报责任部门主管领导审批。

针对以"某通信科技股份有限公司"名义发布的规章制度，由责任部门的流程与体系专员进行管理审核，经法务办法律审核及相关部门会签，提交管理部门进行专业性审核，责任部门主管领导审核后报公司分管副总裁审核，公司总裁同意后，提交公司总裁办公会审批。

第十四条 规章制度的审批通过EPROS系统完成。规章制度的文件编号规则为"R-FH/部门代码-流水号（部门代码参见《××通信科技股份有限公司部门和代码一览》）-发布年份"，如《某通信科技股份有限公司规章制度管理办法》的文件编号为"R-FH/SO-PS-1-2017"。

首次发布的版本号为V1.0。每一次后评价后，版本号增加0.1，如修订变动较大，则版本号直接升级为V2.0。依此类推。

审批完成后，如需印发，则通过公文管理系统以通知的形式完成。

第十五条 制订或涉及重大内容修订的基本管理制度发布后，责任部门应召集公司各部门相关人员进行宣讲；其他规章制度发布后，责任部门可根据需要组织公司相关部门进行宣讲。宣讲的内容包括制订或修订的目的、重点解决的问题及主要操作流程等。

宣讲前应完成：规章制度的解读、规章制度"一指禅"、规章制度的宣讲胶片和规章制度的考试题库等配套材料。

规章制度的解读包括对规章制度中相关概念的解释，对相关执行人权利和责任人义务的明确，对规章制度的操作性说明，对规章制度适用范围的明确等。该解读是为了规章制度能够得到正确理解。

规章制度"一指禅"是指规章制度及解读的简要说明，用最精炼的文字说明制度执行的要点和关键要素，保证制度执行者能够快速有效理解制度的内容并有效执行。

规章制度的宣讲胶片是用于对规章制度内容进行宣讲的材料，以便制度所涉及的相关人员较快理解规章制度的核心思想，在宣讲时使用。规章制度、解读和"一指禅"发布后，由责任部门对本规章制度在执行中涉及的相关人员进行宣讲。

规章制度的考试是为了检查相关人员对规章制度的理解情况,以检验执行规章制度的人员是否达到了对制度的切实掌握。规章制度考试题库需包含规章制度及解读中的关键点,必要时应做更改。

第十六条　规章制度原则上自发布之日起施行。

第十七条　对于文件名以暂行、试行等结尾的规定,原则上运行期限不能超过两年。如需继续运行,则需将规定废止,并将规定中的内容融入到对应的制度、办法、细则或指引中。

第十八条　由科技与运营部编印公司规章制度汇编及年度统计与后评价情况,报公司分管副总裁审批。

第四章　规章制度的后评价及修订

第十九条　责任部门负责对本单位规章制度的后评价及修订工作,应至少每两年对其发布的规章制度完成一次后评价,将结果报告科技与运营部。

对规章制度的后评价是改进完善规章制度的重要环节,通过对现有规章制度设计的合理性、运行效率的评估,挖掘改进空间,进入规章制度管理的新循环。

责任部门应当主动收集规章制度实施过程中的意见和建议,处理反馈意见,根据年度规章制度建设计划,具体实施后评价及修订工作。

责任部门在后评价中应作出保留规章制度、修订规章制度或者废止规章制度的结论,并根据评价结论启动相应程序。

第二十条　修订规章制度,由责任部门根据年度规章制度建设计划、原则上按照制订规章制度的程序进行。

第二十一条　责任部门按照下列原则确定拟修订的规章制度:

(一)制订该规章制度时所依据的国家有关法律、法规、政策发生变化的;

(二)该规章制度部分内容已与公司现行管理方式或管理流程不一致,不适应公司业务发展需要的;

(三)其他应当对规章制度进行修订的情形发生的。

第二十二条　修订的规章制度草案应连同修订说明一并上报。修订说明应参照起草说明编写。

第五章　规章制度的废止

第二十三条　规章制度的废止,采用在新制订的规章制度中明文废止或经公司批准后统一发文废止两种方式。

第二十四条　根据后评价的结果,对于需废止的规章制度,责任部门应参照发布审批的过程进行确认,并及时在EPROS系统中进行废止。

第六章　规章制度的体例

第二十五条　规章制度一般应包括总则、分则、附则三部分。根据篇幅长短和内容的关联性可划分为若干章、节、条、款。章、节、条的序号用数字依次表述,款不编序号。篇幅较短、内容单一的规章制度,原则上按条编写,省略章、节。

第二十六条　总则是对该规章制度的总括,一般应包括制订的依据、目的、适用范围、基本原则、归口管理单位、重要定义等内容。

第二十七条 分则中具体规定该规章制度的内容,内容要素一般包括:流程、组织、绩效、IT和文化等。

第二十八条 附则是对该规章制度的补充说明,主要包括规章制度的修订和解释权归属、以前相关规定的效力、规章制度的实施时间以及其他有必要列举的事项。

第二十九条 规章制度中如涉及标准、表格、流程等,可作为附件附于该规章制度之后。附件是规章制度的组成部分,具有同等效力。

第七章 附则

第三十条 本办法由科技与运营部负责解释和修订。

第三十一条 本办法自2017年10月9日起施行。公司原有规章制度包括但不限于《公司政字[2012]13号-关于下发〈××通信科技股份有限公司管理制度发文管理办法〉的通知》与本办法有冲突的,以本办法为准。

第四节 流程管理在运营管理体系中的核心作用

这里需要强调的是"流程管理是运营管理体系的核心要素",而不是"流程是运营管理体系的核心要素"。因为企业运营管理体系是管理体系的体系,它的构成要素是由各种管理体系构成的,前面说过企业运营管理体系包括"业务管理体系"和"职能管理体系"两大体系,业务管理体系包括"市场管理""产品研发管理""供应链管理""销售管理""售后服务管理"等,职能管理体系包括"组织管理与人力资源管理""流程IT管理""绩效管理""财务管理""企业文化管理"等。

流程管理是指对企业内部各种流程(包括业务流程和职能流程)的全寿命周期管理,流程管理的直接目的是维持所有流程的有效性、系统性和适用性,在此基础上持续提升这些流程的成熟度等级;流程管理的最终目的是通过与其他业务与职能管理体系的融合,最终达到提升企业运营效率和效果,确保企业战略的执行落地。

为什么说"流程管理是运营管理体系的核心要素",这就要从流程管理的对象及其在企业运营管理体系中的独特作用说起。流程管理的对象是企业的流程架构和流程,本节将对流程管理、流程架构、流程及它们在企业运营管理体系中的独特作用进行更加深入地解读,以便读者充分理解流程管理在企业运营管理中的核心作用。

一、流程就是业务的本身

"流程"二字有两重含义,其一是"流程是一种用来描述业务的工具",也就是说企业需要用流程这种工具去描述业务;其二是"流程就是业务本身",即当我们在说某某流程,其实就是在说某种业务。

随着企业规模做大及分工越来越细,企业所有的业务都需要用

"流程"工具来描述或表达，没有一项业务活动或工作是可以孤立存在的，都需要用流程来关联，在此基础上开展基于流程的业务管理。如员工每天"上班打卡"这个动作，它看起来似乎是一个孤立的动作，但是当分析为什么需要进行打卡这个活动时，就发现它与员工考勤、季度表现评价甚至员工月度奖金发放等事情联系在一起，于是企业需要用"员工月度考勤管理流程"来关联员工"上班打卡"这个动作；又如某个项目"立项报告编写"这个动作，项目立项报告编写需要收集立项的依据，立项报告需要审核和批准，这就需要用"项目启动与立项审批"这个流程来关联，并通过这个流程来描述每一个活动的标准、活动之间的上下游关系及活动所对应的岗位或角色。

企业所有的工作，不管是业务类或还是职能类，都需要用"流程"的语言来表达，于是研发业务有研发业务的流程、市场业务有市场业务的流程、财务管理有财务管理的流程、绩效管理有绩效管理的流程，等等。

流程是天然存在的，有的企业或企业的某些业务可能采用规章制度的方式来描述或管理业务，有的小微企业甚至没有任何书面形式的规章制度，对于这样的企业来说，并不意味着它们没有流程，只是按照流程成熟度等级来说，这些企业或企业的某些业务的流程成熟度等级较低而已，还处于初始级或职能级的水平，还没有达到规范级或集成级的程度而已。流程的成熟度等级如图7-13所示。

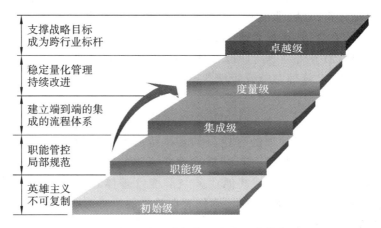

图7-13 企业流程的5个成熟度等级

对用规章制度或用经验的方式来描述业务流程的方式，由于流程的显性化程度不足，如规章制度可能只强调业务中的关键控制点或主要的业务要求，缺少对完成业务目标的实施路径的描述，而经验性管理通常不能明确活动的标准或活动所对应的角色，这些问题的存在对业务管理或员工执行来说，可能会造成后续的一系列问题，这就是企业流程成熟度不高带来的问题。所以企业需要开展流程管理来持续提升企业流程的成熟度等级。

二、流程管理是运营管理体系持续改进的基础

流程管理是对流程架构中所有业务流程的全寿命周期管理，流程一旦建立和发布，就进入了执行、监控和改进的循环，直到流程的废止。不同的流程发生的频率是不一样的，高频率流程每年发生百次以上，如生产订单下达流程，有的流程每年只发生一次，如年度预算

编制流程。不管是高频率流程还是低频率流程,其执行都需要组织、绩效、IT及文化等运营管理要素的支持和保障,如果流程有问题,那么该流程的运营就会受到影响,继而影响业务目标的完成。根据经验判断,企业第一次发布的流程通常是不太成熟的,而且随着客户要求、个人能力、IT水平及业务特点的变化,原来合理的流程也会变成不合理流程,所以流程执行、监控和改进的循环就是要持续识别流程在不同的环境条件下存在的问题,开展持续不断的流程审视优化工作,保证流程适合变化了的新情况,在此基础上开展组织、绩效及IT方面的改进,即运营管理体系的改进。所以说流程管理是运营管理体系持续改进的基础。

案例 7-2

采购业务招评标流程的审视优化

"招评标流程"在某集团公司的采购业务中属于价格控制模块下面的一个业务流程。在每年第2、4季度,供应商管理工程师梳理本年度采购数据,针对年采购额高于50万的所有生产物料和工程物料申报招标/议价计划;其中供货渠道不少于2家的物料类别原则上采用招标方式;招标/议价计划经部门经理和采购中心主任审批确认后,成为下一年度的招标计划。当出现以下几种情况时,启动"招评标流程":①按照年度招标/议价计划时间表启动;②已招标项目超过或即将超过有效期或者有效量;③新物料的专项招标;④成本控制需求等专项招标。《招评标流程》发布执行以来,出现一些供应商恶意低价竞标,但又无实际供货能力的情况;也存在因为前期未考虑招标期间的控单方案,供应商的备货等预案不足,导致招标期间的订单控单时间过长,供应商不敢备货,中标价格无法落实等一系列供货问题情况。

按照流程管理的要求,需要对流程进行定期的审视优化。在流程的审视会上,大家群策群言,提出许多业务改进的亮点,采购业务的相关专家结合上述问题,并结合业界典型的案例,对该流程提出以下几个重点优化建议。

(1) 原流程在出现供应商恶意低价竞标的情况没有预防措施,因此在本次流程优化时,参照业界做法,提出在投标时对供应商收取一定比例的保证金,如果供应商按照投标承诺履约,在投标或履约期满可以退还给供应商;如果供应商在投标和履约期间出现品质、货期等问题,扣除全部或部分保证金作为警示和处罚。这样可以防止一些没有实际供货能力的供应商恶意竞标,影响我公司生产和交付计划。

(2) 原流程对招评标期间的控单、供应商备货问题考虑不充分,可能导致启动招标期间,供应商备货受影响,而影响我公司的产品及时交付。本次流程优化时,增加招标前的招标预案准备环节,招标预案主要对招标期间的订单执行、供应商备货、库存消耗等问题做出明确的计划,保证招标期间的订单、供货、备货不受影响。

(3) 增加招标切换方案。原流程没有明确招标完成后备货方案如何切换,导致一些原来的小份额供应商一时无法满足竞标成功后的大批量备货要求,或者原来一些大份额供应商被调减份额后,仍有大量库存。这种情况可以通过招标切换方案,保证招标完成后供应商的备货数量平稳过渡。

"招评标流程"审视优化这种基于痛点分析的全角色参与的活动取得很好效果,为改进采购能力水平起到了重要作用。

三、流程管理对业务管理体系的支撑作用

所有的业务管理体系都是由流程 IT 管理、组织管理、绩效管理及组织文化管理等要素构成的,其中流程管理是基础,图 7-14 所示的是某公司的供应链业务流程架构的 L1、L2、L3 层的内容,该架构及对应的流程对供应链业务管理提供了有效的支撑保障,而且流程的成熟度支撑业务管理的成熟度。同样的道理,流程管理在市场业务管理、销售业务管理、研发业务管理中也能发挥重要的支撑作用。

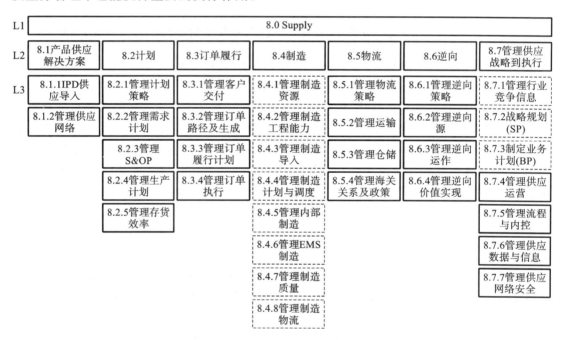

图 7-14 供应链业务流程架构

四、流程管对职能管理体系的支撑作用

流程管理对组织管理,绩效管理,信息化管理也发挥着重要的支撑作用,如图 7-15 所示,组织管理方面,通过好的流程管理识别角色,识别职位,识别职位活动库,识别员工培训需求;绩效管理方面,通过好的流程管理识别流程绩效指标,识别过程评价标准和绩效改进线索;信息化管理方面,通过好的流程管理设计业务蓝图,开展 IT 系统的概要设计和详细设计及系统的运维改进工作。

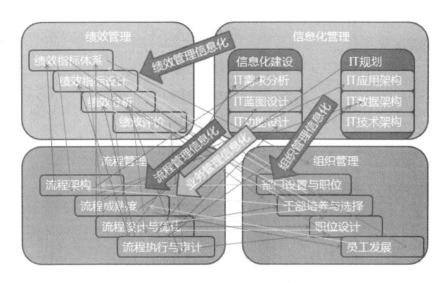

图 7-15　流程管理对其他职能管理要素的支撑作用

五、流程管理在体系管理的地位

体系管理的规定动作包括贯标审核与监督审核，其中体系程序文件的建立和维护是贯标审核与监督审核的主要工作内容，而体系程序文件的建立和维护本质上就是流程管理，只是一般体系程序文件没有流程架构的概念，而流程管理要强调架构的建设与维护，另外，流程管理把体系管理中的作业指导书和表单模板包含在流程的活动标准和活动描述层面。

六、通过内部流程运营绩效支撑客户的价值主张

在绘制企业战略地图和战略解码过程中，需要应用平衡计分卡这一管理工具识别"客户维度"和"内部运营维度"的绩效度量指标，如图 7-16 所示为某公司识别出的客户价值主张以及支撑客户价值主张的内部运营流程指标，客户的价值主张有 7 个方面，包括"售前服务"、"供货保障"、"工程交付"、"产品质量"、"网管系统"、"售后服务"以及"返修服务"；针对这 7 个方面的每一个维度，企业都可以找到一个以上反映客户价值主张的绩效度量指标，比如"供货保障"方面可以采用"合同及时交付率""产品质量验收合格率"作为绩效度量指标，"工程交付"方面可以采用"工程验收合格率""工程交付及时率"作为绩效度量指标。

而在内部运营方面，企业需要找到支撑上述 7 个客户价值主张和度量指标的具体业务流程以及流程绩效指标，该公司基于自身的具体业务识别出了 43 个支撑客户价值主张的内部运营流程绩效指标，本案例没有对支撑这些内部运营流程指标的流程进行识别，只是希望揭示出一个道理，那就是企业必须建立起基于内部流程管理的运营管理体系，该体系包括业务管理体系和职能管理体系，来支撑内部运营流程绩效管理体系的高效运作，从而确保客户价值主张的实现。

七、流程建设与管理是"学习与成长"维度的组织赋能

企业战略地图与战略解码对"内部运营流程"层面提出的要求，就是通过内部运营流程

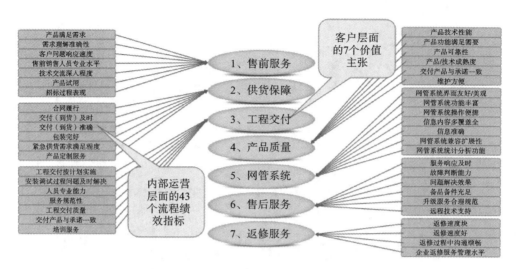

图 7-16　某公司识别出的客户价值主张以及内部运营流程指标

产生客户价值主张各个方面的运营效率，而企业内部流程运营需要使用的手段就是企业运营管理体系的各种要素，其中包括流程、组织、绩效、IT、文化等管理手段，在企业"战略地图"上，虽然这些手段的应用是在"内部流程运营"层面进行的，但是它们的建立和维护工作并不是在"内部流程运营"这个部分开展的，而是在"学习与成长"的层面开展的，"学习与成长"层面的工作本质上是为支撑企业的"内部运营"搭建管理平台，为企业的各类业务和管理工作赋能，以企业供应链业务举例来说，供应链的"内部运营"需要借助流程、组织、绩效、IT、文化等运营管理的手段来产生客户需要的"及时交付率""库存周转率""产品合格率"以及"成本降价率"等客户价值主张，但是实施"计划管理""订单履行""物流管理""采购管理"的流程、组织、绩效、IT、文化建设等运营管理的手段并不属于"内部流程运营"层面的工作要求，而是"学习与成长"层面的工作要求，通过供应链领域在"学习与成长"层面开展的流程、组织、绩效、IT、文化建设工作，为供应链业务管理赋能，形成供应链管理的平台能力。

思考题

1. 什么流程？什么是流程管理？流程管理的直接目的是什么？
2. 制度与流程是什么关系？
3. 流程管理和组织管理、绩效管理、信息化建设是什么关系？

第八章 流程管理长效机制建设

核心要点

　　流程管理的长效机制建设就是企业的流程管理与流程变革能力建设，企业需要关注变革准备度、流程文化与变革松土、流程管理与建设的组织保障体系、流程管理的流程与标准、流程管理工作的绩效评价体系以及流程管理的信息化平台建设等工作，企业需要战略规划、管理评审等手段来识别企业流程建设与管理工作的短板，通过项目管理的方式开展流程建设与管理工作。

随着企业越来越重视管理的规范化和体系化，不少企业开始重视流程管理。在领导的重视和大力支持下，开展一个又一个的流程管理项目，借助流程管理咨询公司建立起完整的流程体系，开展一个个流程优化活动。然而随着咨询顾问的撤离及公司高层关注度的下降，流程建设的热情没有了，好不容易建立起来的管理体系被搁在一边，流程优化成果也因为各方面原因迟迟得不到落实，最终经过轰轰烈烈的项目过程，企业还是原来的模样，自然企业也就得不到管理水平与经营绩效的提升。流程管理是一个长期持续的过程，需要有一整套能够自我发现问题、自我改善问题的闭环管理体系，以促进企业管理不断改善和提升。

要实现流程管理变革的愿景，必须在企业建立流程管理的长效机制，使流程管理成为企业日常运营管理的一种例行的管理行为，并成为企业管理文化的重要组成部分，这套长效机制可称为企业流程管理体系。某集团公司借鉴企业运营管理的思路，经过大家的共同努力，摸索并逐步建立和完善起一套独具特色的管理体系，该体系包括流程管理的流程体系、流程管理的组织体系、流程建设的绩效管理体系及流程管理的信息管理体系，如图 8-1 所示。

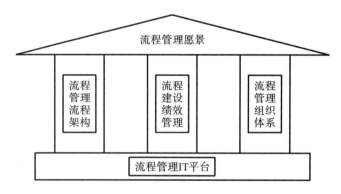

图 8-1　某集团公司的流程管理体系架构

流程管理的流程体系从流程全寿命周期管理的角度，对企业内部的流程管理活动建立起一套流程规范，包括流程架构开发流程、流程架构变更与维护流程、流程拟制审批与发布流程、流程宣贯与执行引导流程、流程定期审视与优化流程等。

流程管理的组织体系包括流程管理部门的设立、流程责任人制度的建立与实施、各部门流程管理相关岗位和角色的职责定位与资源配置等。

流程建设绩效管理体系包括流程建设和管理绩效指标的设计、绩效目标的制定、监控与评价等。

流程管理的信息管理体系是一个以流程设计、流程建设管理和流程展示为基本定位的信息化工具平台，这个平台通过需求调研和系统选型后，可直接从市场上购买成熟的商品化软件，经过适当定制化后在企业应用。

第一节 流程管理的组织体系建设

要保证流程管理与变革在企业真正落地，需要组织建设来保障。组织建设包括从事流程建设与管理的部门、岗位设立和人员素质培养，而开展这些工作的一个基本前提是建立并推行企业的流程责任人制度。

建立流程管理组织保障体系首先需要建立起日常性的公司流程管理组织保障体系：公司统一的流程管理部门总体负责；建立流程负责人制度；建立跨部门的流程工作小组。只有建立了流程管理组织保障体系，才能谈得上去指挥和推动流程及流程管理体系的管理、设计、实施与评审、持续改进。

一、建立并推行流程责任人制度

流程责任人制度是公司价值观和政策层面的一项重要制度，通过该制度，明确了对业务和职能管理目标承担首要责任的部门总经理是流程全寿命周期管理的责任人，以此为依据，各部门有责任和义务投入适当的资源进行流程建设和管理，企业将依据该制度对各部门进行流程建设和管理绩效考核，考核结果与部门总经理即流程责任人的年度绩效挂钩。

下面是某集团公司流程责任人制度的部分内容。

案例 8-1

■ 某集团公司流程责任人制度 ■

流程是公司的知识资产,是实现公司业务高效与平稳运作的保障条件。公司正在开展的绩效管理变革正是为了探索更加有效的业务运作模式,业务流程是描述这种运作模式的重要工具。为了加强公司业务流程建设与管理工作,加快企业知识在业务流程中的沉淀和积累,在分析和参考业界流程管理最佳实践经验基础上,结合过去两年的实践经验,决定在公司继续推行流程责任人制度。

流程责任人制度的具体操作细节如下。

一、定义

流程:公司定义的流程源自公司各业务领域建立的流程架构,处于公司流程架构的最低层次上,一个流程通常由 10 个以内的角色按照一定顺序完成、并对下游客户实现某种交付的业务活动序列组成。公司流程架构最低层次以上层次的内容称为价值链、业务域或业务模块。

跨部门流程:跨部门流程是从解决具体业务问题的角度提出的一个概念,是对跨部门业务协同方式的一种业务描述形式,是由若干流程或活动构成的某种业务试图,这些流程可以是来自公司流程架构最底层上的流程,也可以是单独开发的流程。跨部门流程一般是通过跨部门流程建设项目的方式来完成的,是对现有流程架构的一种补充。

二、流程责任人的来源和类型

公司各部门对业务绩效直接负责的管理者是流程责任人的直接来源。

流程责任人分为"一般流程责任人"和"跨部门流程责任人",一般流程责任人是对流程架构中的业务块而言的,每个业务块都需要有人承担该业务块流程的全寿命周期管理责任;一般流程责任人由公司各部门的最高管理者承担;跨部门流程责任人是针对通过跨部门流程建设项目完成的跨部门流程的责任人,跨部门流程责任人通常由公司分管相应业务的副总裁担任,在项目立项报告中或项目竣工验收会上确定。

三、流程责任人的流程建设与管理职责

在符合国家和公司相关法律法规、政策、制度和标准的前提下,流程责任人在流程建设与管理方面的职责如下。

(1) 在组织方面 流程责任人要在部门内指定流程专员(可以兼职)作为接口人与公司负责流程与体系管理的专业部门接口,负责相应的组织和协调工作。所有各部门必须配置流程专员的角色和人选,对超过 100 人以上的部门子公司,原则上应设置全职流程专员岗位;另外,为了保证流程的权威性和业务上的科学合理性,各部门需要指定支持和指导流程建设的主题领域专家(subject matter expert,SME);SME 通常由业务分管领导担任,一个部门子公司可以有多名 SME。流程专员和 SME 的职责详见本通知的附件。

（2）建立并维护部门业务流程架构。流程架构是在部门定位基础上建立的,通过该架构准确描述部门的核心业务、支撑业务和对相关业务部门的支持功能,描述本部门业务与其他组织(包括外部客户与供应商)之间的上下游关系,确保与上下游各个实体之间业务的有机融合;流程架构随着业务的不断成熟和发展,需要发生一些改变,所以需要持续进行架构维护,确保架构与业务的匹配。

（3）流程拟制。基于流程架构形成部门的流程清单,完成部门所有相关业务流程的设计开发和作业指导书的文档化。流程责任人对流程的正确性、完整性和适用性负责,流程的拟制过程参照运营管理部发布的《流程拟制与发布的流程》的要求,并使所有文档符合公司流程文件相关的标准,所有业务流程需要细化到角色,需要完成角色与岗位及岗位与员工的准确对应,确保组织对流程的有效支撑。

（4）支持公司层面的跨部门流程建设工作。公司需要以一个统一融合的整体参与市场竞争,任何割裂这个整体的部门主义行为都可能损害公司利益。为了保障业务的畅通和效率,对公司科技与运营部(或者其他责任主体部门)组织发起的跨部门流程建设项目,流程责任人有责任在资源保障、方案制订和决策、执行落地等方面提供一切必要的支持。

（5）流程的发布与宣传。对部门拟制的所有流程,流程责任人负责流程的审批和签发,对发布的流程开展必要的宣传和培训活动,确保流程被关注、易得到、高可视化,以提升员工的规范化管理意识和流程执行意愿。

（6）员工流程能力建设。员工的流程能力是确保流程执行到位的关键所在,员工针对流程的知识、技能、态度和工作习惯是员工流程能力的主要评价指标,流程责任人要通过宣传、培训、指导和激励等各种方式不断提升员工的流程能力,包括但不限于IT应用实施能力、痛点分析与处理能力、团队合作精神等。

（7）流程执行和优化。流程的执行是组织执行力的直接体现,流程一经发布,流程责任人应采取一切必要的措施确保员工遵照流程执行,对执行过程中发生的问题,通过开展定期的流程审视优化活动完成对流程的改进和优化。流程责任人可以通过指定流程监护人的方式明确基层部门经理对相关流程的定期审视和优化责任。流程定期审视和优化工作是体现公司业务是否持续改进的重要保障,只要公司还在运营,这项工作就永远不会停止。

（8）支持流程审计工作。在每个业务流程的生命周期过程中(尤其是发布之初),对流程本身及流程执行的审计是一项必须开展的工作。即使通过科技与运营部发布的流程,也会存在规范化和合理性方面的问题,另外由于工作习惯和能力等方面的原因,有些员工也会存在不按流程执行的情况。公司科技与运营部将通过流程审计的方式对流程及其执行情况进行审计,并对审计的结果以审计报告的方式进行定期发布,旨在持续改进流程质量并促进员工逐步养成按流程操作的习惯,各部门流程责任人需要积极配合并支持流程审计工作的开展。

四、流程责任人在流程建设与管理方面的权利

在符合国家和公司相关法律法规、政策、制度的前提下,流程责任人在流程建设与管理方面享有以下权利:

（1）对业务运行方式的决策权。对本部门业务范围内的任何一项业务,流程责任人是这项业务运作方式的决定者,是部门内流程的最终批准人和签发人;对其他业务或职能部门对本部门所提供的服务或交付件(包括实物和文档),流程责任人(作为内部客户,并通过各流程执行角色承担人)在通过有效协商的基础上,有提出质量及相关要求的权利。

（2）业务运作资源的使用和调配权。各部门的业务运作资源包括人力资源和非人力资源,这些资源都是为流程执行服务的,流程责任人作为各部门业务绩效的责任人,对业务运作资源拥有使用和调配权。

（3）员工激励权。所有的业务流程都是并且必须是以员工作为执行的主体,员工对这些流程所拥有的知识、技能、态度和习惯的状态决定了流程执行的好坏,流程责任人通过拥有对员工的激励权,牵引员工完成基于流程的业务操作,确保业务与流程绩效目标的实现。

（4）预算支配权。资金的计划与使用是企业的一种投资行为,将资金投入到正确的地方,是公司做正确的事和按正确的方法做事的保证。流程责任人通过拥有预算的支配权,为流程的制定和执行提供资金支持。

流程责任人制度是管理者对业务流程全面负责的一项管理举措,通过该制度的执行,确保公司所有的业务流程得到清晰识别和界定,落实责任归宿并使所有流程在其生命周期各阶段得到全方位管理。

该公司通过建立并执行流程责任人制度,为解决流程建设动力不足、资源投入不到位、流程建设管理半途而废等问题提供了制度保障。

二、建立流程建设与管理的组织体系

通过建立流程建设与管理的组织体系,明确相关的部门和岗位配置,确保流程建设管理工作的资源投入。

1. 流程管理部的价值定位

在国内,设立专门的流程管理部对流程建设和管理工作进行规范化治理的企业并不多,原因是多方面的:没有认识到建立这个部门的必要性;没有适当的人才资源承担这项工作;觉得流程管理是一项很难的变革工作,企业没有开展这项工作的基础条件等。由于某公司所处的行业是一个高度竞争的行业,建立流程管理部门早已成为行业内的标杆企业的普遍实践,公司高层从企业长远发展考虑,决定在该公司设立专门的流程管理部。

某公司流程管理部的部门价值定位如下。

1) 业务流程的价值
- 业务流程是体现公司战略定位和实现战略目标的工具和手段。
- 业务流程是指导公司各部门及跨部门业务运作的行为规范。
- 业务流程是识别公司各部门和岗位职责的主要依据。
- 业务流程及其体系架构是IT建设和企业架构的基石。

2) 流程管理的价值
- 通过流程管理,对公司流程(知识)资产进行全生命周期管理并增值。
- 通过流程管理,建立流程的责任机制,确保流程被关注和执行。

- 通过流程管理形成统一的流程规范和语言,改进和强化组织的沟通效率。
- 通过流程管理,维护企业的流程架构(层次性)和流程的组件性、可视性。

3) 流程优化的价值
- 发现业务流程的问题和风险,改进运作的绩效。
- 缩短流程周期,提升客户响应速度和客户满意度。
- 降低运作成本,提升股东回报率。

2. 流程管理部门的职责

流程管理部的部门职责主要包括3个方面,分别是构建并维护公司流程管理体系、建立与维护业务流程和业务流程变革管理,具体如表8-1所示。

表8-1 流程管理部的部门职责

业务类型	业务分解	详细内容
构建并维护公司流程管理体系	建立并维护公司流程管理的流程体系	1. 流程拟制与发布的流程 2. 处理会议纪要对流程影响的流程 3. 流程定期审视和优化的流程 4. 流程变革项目管理流程 5. 流程变更流程 6. 角色任命与流程宣贯流程 7. 流程审计流程 8. 流程责任人制度
	建立并维护公司业务流程标准	1. 流程文件标准 2. 流程图标准 3. 作业指导书标准 4. 标准角色库的建立与维护 5. 业务活动表单、表格、报告及文件模板等的标准
	建立并维护流程管理组织体系	1. 流程管理员与流程工程师 2. 流程责任人 3. 流程专员 4. 主题领域专家(SME) 5. 项目赞助人、项目经理
	流程管理IT平台应用与实施	1. IT平台工具的需求识别 2. IT平台工具的采购 3. IT平台工具的应用实施 4. IT平台工具的维护
	流程建设绩效管理	1. 设计并维护公司流程建设绩效指标 2. 与各部门沟通并制订年度流程建设绩效目标 3. 监督各部门年度流程建设绩效目标完成 4. 评估各部门年度流程建设绩效目标

续表

业务类型	业务分解	详细内容
建立与维护业务流程	组织建立并维护公司业务流程架构	1. 业务流程架构建立的原则 2. 业务流程规划 3. 流程架构方法论 4. 流程架构的建立 5. 流程架构的维护 6. 维护流程架构与组织体系、IT 的对应关系（EA）
	组织建立公司各部门的业务流程	1. 业务流程建立的原则 2. 业务流程的选择 3. 流程设计方法与步骤 4. 流程发布 5. 建立流程角色与岗位、员工的对应关系 6. 处理流程与 IT 的关系
	组织维护公司各部门的业务流程	1. 流程的变更管理 2. 处理会议纪要对流程的影响 3. 维护流程流程角色与岗位、员工的关系 4. 维护流程变动与 IT 的关系
	组织公司业务流程的优化	1. 流程定期审视与优化 2. 事件驱动的部门内流程优化活动 3. 事件驱动的跨部门流程优化项目 4. 处理流程优化与 IT 的关系
业务流程变革管理	变革宣传	1. 编辑出版《流程学习之窗》 2. 编写发布"流程管理案例" 3. 组织、参与或协调流程管理与变革相关的培训 4. 组织流程管理相关的研讨会、知识竞赛 5. 在公司内网等场合发布各种流程变革相关的文章或消息 6. 例行维护"流程管理专栏"的各个栏目
	跨部门业务流程变革项目实施与管理	1. 引导公司内部跨部门流程优化和梳理需求的提出 2. 跨部门流程优化和梳理需求的受理 3. 跨部门流程优化和梳理项目立项 4. 跨部门流程优化和梳理项目管理 5. 跨部门流程优化和梳理项目验收与后续执行保障

续表

业务类型	业务分解	详细内容
业务流程变革管理	流程型企业文化建设	1. 推动流程责任人制度的落地执行 2. 动态维护组织、流程、考核与IT的相互关系 3. 建立流程管理成熟度评估体系 4. 定期开展公司流程管理成熟度测评,发布测评报告

三、部门流程建设相关角色与职责

某公司流程管理组织体系如图8-2所示,流程管理部只是一个负责流程建设的组织和管理部门,必须调动广大业务或职能部门的管理者和员工参加进来,发动群众的力量才能成功实施流程管理与变革。

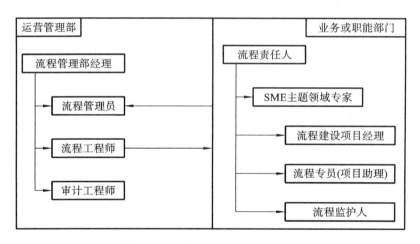

图8-2　某公司流程管理组织体系

在这套组织体系中发挥着重要作用的角色除了各部门流程责任人外,还包括流程管理员、流程顾问(工程师)、主题领域专家、流程建设项目经理、流程专员和流程监护人等角色,其中设置流程建设项目经理这个角色的原因,是因为各个部门的流程建设工作每年都是以项目管理方式开展的,年初立项并开工,年末收尾并验收,所以需要设立一名项目经理,该角色通常由各部门负责综合管理业务的经理承担。

现将各角色的主要职责列于表8-2中。

表 8-2　流程建设与管理相关角色职责

流程责任人职责　　详见流程责任人制度

流程管理员职责

流程管理员是公司流程管理部的角色，主要职责如下。

- 站在公司角度对各部门流程建设项目实施进度、质量进行监控并定期汇报项目状况。
- 审核各部门《流程管理月报》数据，包括已发布流程数量、流程建设覆盖率、流程审视优化完成率等。
- 参与流程发布审核以及审视优化后的再发布审核工作。
- 负责流程管理 IT 平台的日常维护和实施管理工作。
- 负责流程建设绩效信息的收集、统计和分析。

流程工程师职责

流程工程师也称为流程顾问，是公司流程管理部的角色，主要职责如下。

- 负责对业务或职能部门的流程拟制人员进行流程标准、流程拟制方法、流程审视与优化方法等流程及其管理知识的培训。
- 对各部门流程拟制人的流程开发工作进行现场辅导和支持，确保他们完成工作的效率和效果。
- 参与流程思路研讨、流程图和流程文件评审，提供专业指导性意见，在可能的情况下，提供业界标杆材料。
- 协调各个部门之间流程边界问题的协调解决，确保跨部门业务的顺利打通。
- 在部门经理指派时，担任项目经理负责完成由对本部门（流程管理部）主导承担的跨部门流程建设项目的立项实施工作。

主体领域专家(SME)职责

主题领域专家代表流程责任人对所分管业务的业务运作模式、业务规则、流程走向等负主导责任。在流程建设项目实施阶段的具体职责如下。

- 对项目的方向提供指导意见，是项目经理的求助对象。
- 参与项目例会，对相关业务流程的流程图和流程文件的评审和发布把关。
- 对项目范围和计划变更提供审核意见。
- 对业务流程架构的建立、更新和维护工作提供指导。
- 必要时向项目团队提供资源保障。
- 监控项目的进度与质量。

流程建设项目经理职责

项目经理对项目赞助人负责，保证成功实施项目，具体职责如下。

- 与项目赞助人、主题领域专家协商，就项目的目标和范围达成共识，申请项目所需资源。
- 关注项目目标，领导并指导项目组共同努力顺利取得项目成果。
- 确保在项目内部和利益相关者之间有良好的沟通机制。
- 确保有序发现和解决影响项目正常进展的问题。
- 关注项目的进程，确保项目按时间计划高质量完成交付。

续表

流程专员(项目助理)职责

流程专员的主要职责是协助项目经理实现项目目标,具体职责如下。
- 接受流程管理部关于流程标准化、流程拟制、优化、审计方法等流程管理工作方法的培训,在此基础上完成在本部门内的知识转移和宣传工作。
- 做好项目例会的日常管理工作,包括但不限于会议的准备、会议纪要的编写发布、会议决议的跟踪落实等;负责项目状态的监控和计划管理,负责《流程建设项目双周简报》《项目周报》等项目文案的编写和发布工作。
- 组织部门流程评审,参与新流程发布或流程优化后在部门内部的发布和培训宣传。
- 负责与公司流程管理员的工作接口工作,做好《流程管理月报》等管理性材料的编写或审核工作。
- 负责部门流程建设项目变更申请的提出和变更决议的执行跟踪。
- 处理会议纪要对流程的影响。部门内或部门之间召开业务会议后,流程专员需要评估会议纪要对现有流程的影响,如果有影响受到现有的流程,要及时组织对流程文件进行更新和发布,同时组织对相关人员的培训。
- 负责本部门跨部门流程建设需求申请表的填写与提交。
- 协助审计部门开展流程审计和后续跟踪改进工作。

流程监护人职责

流程监护人是日常具体业务的管理者,向流程责任人负责对流程的全寿命周期管理,具体职责如下。
- 制定责任人或自己直接承担流程拟制和开发工作。
- 主导每一个细节流程的思路研讨。
- 审核流程的发布。
- 参与或主导流程的宣贯与执行引导。
- 确保员工按发布的流程执行、监督执行、发现执行问题并解决。
- 参与或主导流程的定期审视与优化工作。

四、加强流程建设专业队伍能力建设

设立流程管理的组织,配置流程建设相关的岗位,进行绩效考核,这些工作固然重要,但所有的事情最终都是要归结到承担各种工作的人身上去。如果承担相关工作的员工在知识和技能方面与岗位不匹配,就算他有很好的工作态度,他所承担的工作也会存在进度和质量方面的风险。

由于项目团队成员个人素质导致流程建设管理工作效率和效果不佳的现象是普遍存在的,仅就知识和技能而言,他们可能存在的问题如下。
- 不知道流程的概述和流程的目的怎么写。
- 不知道如何确定流程的业务范围和适用范围。
- 不知道流程的驱动规则是什么,怎么界定。
- 不知道如何发现流程的痛点。
- 不知道如何在流程中配置角色。

- 不知道岗位和角色之间是什么关系。
- 不知道怎么组织流程思路研讨。
- 不知道流程图的绘制规范。
- 不知道如何有效介绍或宣贯流程。
- 不能很快发现流程优化的线索。
- 不知道所开发流程的业界最佳实践是什么。
- 不知道如何制订合理的项目计划。
- 不知道如何进行项目计划执行监控。
- 不知道如何主持会议。
- 不知道如何最有效开展团队沟通与合作。

第二节 流程管理的流程架构与流程建设

一、流程管理的流程架构产生的背景及演进过程

伴随某公司流程管理部门的成立，公司流程管理职责的明确，建立流程管理流程架构的需求就产生了，但这套架构的建立不可能是一步到位的。随着流程管理工作推行的不断深入，流程管理的流程架构被不断完善。流程管理架构设计主要考虑流程管理的业务范围，考虑以往类似管理工作的痛点应对，考虑流程管理业务与周边业务单元的关联关系，考虑管理管理工作的颗粒度分解及对流程管理部组织目标的支撑。

在流程管理推行初期，该公司内部对流程的认识各不相同。有的人认为制度就是流程，有的人认为跨部门业务才需要流程，有的人认为流程就是完整的端到端的业务。可以说每个人心中的流程都不一样，统一流程语言环境就显得特别重要和急迫。此时"流程架构开发""流程拟制、审批和发布"就是流程管理的流程架构中最重要的部分，需要通过上述业务来规范流程规划、流程颗粒度划分、统一流程语言及流程拟制标准化的过程。

至流程管理推行发展期，企业对流程有了基本一致的认识，统一了架构、流程、作业指导等概念，而且大量的流程发布出来，流程管理的重心就会转移到流程执行上来。流程发布后如何让相关角色了解流程的细节要求并能够得到执行，以及如何进行流程的状态管理就成了问题。此时"流程宣贯与执行跟踪""流程管理月报编制与发布"就是流程管理的流程架构中最重要的部分。通过上述业务来促进员工学习流程，从而提高执行力，对规模化的流程文件进行集中管理，确保流程文件体系的清晰可控。

流程管理推行发展期也是公司领导希望看到流程管理效果的

时候,流程最直接的效果就是解决业务痛点的,因此需要在流程架构中体现流程管理对业务痛点的关注,落地到相应"流程拟制、审批和发布""流程宣贯与执行跟踪""流程审视与优化"等各个环节当中,特别是拟制流程时的思路研讨阶段。

在流程管理推行稳定期,企业流程管理工作开始常态化,流程管理各项工作稳步进行。由于业务的变化或对业务的理解的深入,大家开始越来越关注业务架构,架构也需要不断调整以保持其鲜活度,因此架构维护的工作也需要有统一的规则,此时"流程架构变更与维护"开始成为流程管理架构中的重要部分。同时,流程审计工作也开始成为常态,流程管理的流程架构开始纳入并完善流程审计方面的业务。另外,由于流程管理推行带来了更加精细化的管理,因此流程执行监控成为了新的主题,我们可以识别流程的关键过程指标,并加以跟踪统计分析,流程的 KPI 管理也成了流程管理的重要组成部分。

二、流程管理的流程架构与业务模块说明

1. 流程管理的流程架构

流程管理的流程架构如图 8-3 所示。

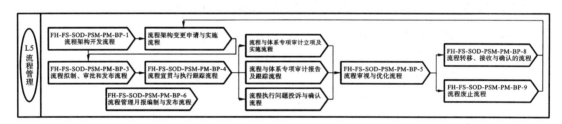

图 8-3 流程管理的流程架构

2. 流程管理的流程架构模块介绍

(1) 流程架构开发流程 明确了流程架构开发的过程,提升架构开发的规范性和质量。

(2) 流程架构变更申请与实施流程 明确流程架构维护的过程,使得架构维护更加有序,同时也提升架构完善的过程质量。

(3) 流程拟制、审批和发布流程 明确了流程建立过程中,从资料收集、思路研讨到流程拟制、审核、批准和发布的具体要求,提升流程开发的质量。

(4) 流程宣贯与执行跟踪流程 明确了流程发布后宣贯、执行跟踪的要求和方法,提高员工对流程的认知度,提升流程执行力度和效果。

(5) 流程审视与优化流程 明确了流程审视时间间隔的原则要求,规定了审视会前的准备、审视会议及审视后的流程优化过程,提升流程与业务的匹配度,使得业务的持续改进常态化。

(6) 流程管理月报编制与发布流程 明确了流程管理月报数据收集汇总、整理沟通及发布的过程,整合各业务领域的流程管理数据,支撑了全公司流程管理工作的有序开展。

(7) 流程与体系专项审计立项及实施流程 明确了流程与体系专项审计项目从项目策划到立项再到具体实施的过程,为公司开展流程与体系融合性审计提供了理论与方法

依据。

（8）流程与体系专项审计报告及跟踪流程　明确了流程与体系专项审计报告拟制、报告沟通、总结通报及针对问题进行整改跟踪，直至问题关闭的全过程，将审计工作形成闭环，切实发现并解决问题，促进业务持续改进。

3. 流程模块关系介绍

流程管理的流程架构被不断完善后，需要对该架构有更加结构化的展现。按照核心业务与支撑业务的划分原则，可以将流程管理的流程架构分为两个部分。核心业务包括流程架构开发、流程架构变更与维护归于架构管理块，流程拟制、审批和发布流程、流程宣贯与执行跟踪流程、流程审视与优化流程归于流程管理块，年度专项审计计划制订与发布流程、流程与体系专项审计立项与实施流程、流程与体系专项审计报告与跟踪流程归于审计板块；其他辅助流程归于支持业务板块。

依据流程管理的流程架构，可以看到其具有以下需要注意的方面。

（1）所有的流程开发一定是在架构建立或维护的基础上开展的，没有流程是独立于流程架构单独存在的，需要确保流程开发的系统性。

（2）新的流程发布及流程审视优化后都需要进行流程宣贯与执行跟踪，流程的要求和变化一定要通过各种形式的宣贯方法让执行者知晓。

（3）在通常情况下，架构维护更新的驱动因素来自流程审视和优化时发现的问题，因此在每一个流程最初的一到两次审视优化特别关键。

（4）大多数的专项审计工作是由年度工作计划触发的，因为专项审计工作需要融合质量、环境、职业健康安全、社会责任等体系及全面风险管理要求，需要整体考虑。当然，也存在由于突发问题促发的专项审计。

第三节 流程管理的绩效管理

从建立企业流程管理的组织体系可以看出,一个公司要投入大量的资源进行流程建设与管理工作,这些工作的效率和效果如何,通常是企业高层非常关注的问题。和企业内部任何其他业务的管理方式一样,流程建设与管理工作也需要开展绩效管理工作,只有科学设计绩效目标、分解绩效目标、监控并评价绩效目标的完成状况,才能有效推动相关岗位的角色明确履职的意义和重点,才能取得预先设计的结果。

流程管理的绩效管理的关键是绩效指标的设计,指标设计要以企业愿景、价值观和管理目标为重要参考依据。企业愿景、价值观和管理目标的实现是一个较长的过程,不同的阶段应该强调不同的工作重点,流程管理的绩效指标的设计和下达就会体现出不同的侧重。另外,受资源能力、变革意识及业务成熟度等因素的影响,企业的流程建设一般不会"一刀切"式的在企业各部门全面铺开,而会在一些条件比较成熟的部门先行开始。对于刚刚开始开展流程建设的部门,一般会强调流程架构的开发及流程的设计与发布;对开展了1年以上的部门,流程建设的重点会转移到架构的维护质量、流程宣贯与执行;如果开展了2年以上,流程建设的工作重点会包括流程的审视与优化及流程的IT化等方面;随着流程建设工作的深入,企业整体流程架构的融合、流程与体系的融合及企业架构等业界最佳管理实践的内容将会逐步进入视野。

绩效管理的方式万变不离其宗,下面对某公司2011年开展流程管理的绩效管理的情况作简单介绍。

一、形成绩效指标设计总体思路

某集团公司流程建设的总目标是成为一个无边界的流程型组

织。从2009年开始,该公司启动系统化流程建设工作。综观2010年公司开展流程建设的情况,虽然各部门基本达到年初制定的流程建设目标,但从更快推进企业流程型组织建设总体目标实现的角度来说,还存在一些明显需要解决的问题,主要表现在以下几个方面。

(1) 还没有明显看到流程建设的"果实",在公司各部门全面开展流程建设的说服力"不充分"。

(2)《流程责任人制度》实施的情况不够理想,还没有真正扎根落地,流程建设项目运作质量还有待提高,项目问题包括:项目计划制订不合理、进度时有失控、项目变更频繁、资源投入不足等。

(3) 流程架构维护不及时,流程的设计质量还有待提高,很多活动细节层面的知识沉淀有限,尤其需要开发更多的作业指导书来指导业务层面的操作。

(4) 员工的流程执行意识还有待加强,部门经理对流程的监督执行不力,一些习惯性的东西需要时间来改变。

(5) 流程角色、岗位与具体员工的对应关系还需要进一步强化。

基于以上的状况,该公司2011年流程建设工作的总体策略是8个字:"消化,验证,巩固,提高。"

二、流程建设中的绩效指标设计

基于2011年流程建设工作的整体策略,该公司指标设计包括两个层面。一个是总体层面的指标:流程管理符合度,对各部门流程建设与管理的总体情况进行评价。第二个包括以下5个二级指标。

(1) 流程架构开发与维护质量。
(2) 基于流程架构的流程建设覆盖率。
(3) 流程审计合格率。
(4) 关键流程审视优化完成率。
(5) 跨部门流程建设项目完成质量。

分别说明如下。

1. 流程管理符合度

(1) 设置目的　通过流程管理的方式来规范业务管理,评价各部门基于流程责任人制度的流程建设与管理工作符合公司总体要求的程度。

(2) 指标名称　流程管理符合度。

(3) 指标定义　流程管理符合度是指对流程全寿命周期端到端管理的符合性程度,包括流程的开发、发布、宣贯、执行、审计、优化及废止等流程管理行为。

(4) 指标用途　年度KPI绩效考核。

(5) 考核对象　二级部门。

(6) 数据来源　运营管理部门。

(7) 统计方法　流程管理符合度包括以下5个二级指标。

① 流程架构开发与维护质量(A)。
② 基于流程架构的流程建设覆盖率(B)。

③流程审计合格率(C)。
④流程审视优化完成率(D)。
⑤跨部门流程建设项目完成质量(E)。
二级指标计算方法如下。
(8) 计算公式　流程管理符合度＝A＋B＋C＋D＋E。
(9) 计量单位　无。
(10) 统计周期　年度。

2. 流程架构开发与维护质量(A)

(1) 设置目的　评价各部门建立并维护好相关业务流程架构的工作质量。
(2) 指标名称　流程架构开发与维护质量。
(3) 指标定义　建立和维护业务流程架构需要投入一定的资源和时间,架构开发需要经过由包括 SME 和流程工程师在内的评审小组的评审和流程责任人批准。架构需要随认识的加深、更多信息的获取及流程开发工作的进展进行不断维护更新,包括流程的增加、修改、合并、删除、上下游关系的调整及层级的调整等。
(4) 指标用途　年度 KPI 绩效考核。
(5) 考核对象　二级部门。
(6) 数据来源　运营管理部门。
(7) 统计方法　根据流程架构开发和维护过程中发生的"关键事件"次数来统计评价,如果一个部门出现"关键事件"累计一定次数(年度),则认为该部门流程架构开发与维护完成质量不合格。

关键事件定义如下。
①流程架构开发未通过项目组(包括 SME、流程工程师)评审,或者没有获得流程责任人批准就擅自发布。
②对已经批准发布的流程架构,发现未及时进行更新维护(及时性以发生维护需求后 1 个月为限,即发生之后最多 1 个月之内必须更新流程架构),如某流程的名称经项目评审组确认已经发生了变化,但是变化 1 个月之后,流程架构上该流程的名称没有及时更新维护,则认为发生了 1 次"关键事件"。
(8) 计算公式　"关键事件"次数达 3 次以上,则认为不合格。
(9) 计量单位　无。
(10) 统计周期　年度。

3. 流程建设覆盖率(B)

(1) 设置目的　评价各部门年度流程开发与发布工作的完成情况。
(2) 指标名称　流程建设覆盖率。
(3) 指标定义　流程建设覆盖率是指本部门作为主体责任的业务流程架构下已经发布的流程数量占全部流程数量的百分数。
(4) 指标用途　年度 KPI 绩效考核。
(5) 考核对象　二级部门。
(6) 数据来源　运营管理部。

(7) 统计方法　统计被考核部门在公司流程发布平台上已发布的流程数量,以及流程清单中全部流程的数量。

(8) 计算公式　流程建设覆盖率 = $\dfrac{\text{已发布的流程数量}}{\text{应发布流程总数}} \times 100\%$。

(9) 计量单位　无。

(10) 统计周期　年度。

4. 流程执行合格率(C)

(1) 设置目的　评价被考核对象所负责的全部已发布流程的执行情况。

(2) 指标名称　流程执行合格率。

(3) 指标定义　通过了解全部已发布流程的各个关键控制点(KCP)和关键成功要素等环节,获取这些流程被执行的合格状况。

(4) 指标用途　年度KPI绩效考核。

(5) 考核对象　二级部门。

(6) 数据来源　运营管理部。

(7) 统计方法　从部门业务流程中按照一定的抽样标准抽取适当数量的业务流程,定期进行执行合格情况检查,对流程执行不合格的判定尺度如下。

①角色是否对应到岗位和具体的员工。

②角色员工是否学习过该流程。

③触发条件及触发点是否符合流程要求。

④关键活动和关键成功因素是否得到有效执行。

⑤流程活动的输入要素是否充分。

⑥输出格式和内容是否符合流程要求。

⑦如果有作业指导书,是否按照作业指导书的要求操作。

⑧如果有估算时间,是否严重超出了估算时间的范围。

以上8项中如果有2项(含2项)以上不符合,就判定为该流程执行不合格。如果所抽取的流程执行不合格的数量大于20%,则判定该部门年度流程执行不合格。

(8) 计算公式　流程执行合格率 = $\dfrac{\text{执行合格的流程数量}}{\text{抽样流程的数量}} \times 100\%$。

(9) 计量单位　无。

(10) 统计周期　月度、季度、年度。

5. 关键流程审视优化完成率(D)

(1) 设置目的　评价各部门对所有已发布流程的持续改进情况。

(2) 指标名称　关键流程审视优化完成率。

(3) 指标定义　对已经发布的业务流程,按照发布的时间点需要定期(目前是6个月)执行一次"流程定期审视和优化流程",确保运行期间发现的流程问题通过这个过程得到解决。

(4) 指标用途　年度KPI绩效考核。

(5) 考核对象　二级部门。

(6) 数据来源　运营管理部。

(7) 统计方法　从部门所有已发布的业务流程中按照一定的标准抽样选择适当数量的关键业务流程,定期进行是否执行"流程定期审视和优化流程"的检查。

对流程是否进行定期审视优化的判定尺度如下。

①是否制订了定期审视计划。

②是否按时间开始流程的定期审视优化工作(以不超过时间触发点 1 个月为准)。

③是否有流程关键角色人员的参加。

④是否记录并提供了审视记录跟踪表。

⑤如果流程需要优化,是否及时更新并完成发布(以不超过时间触发点 1 个月为准)。

以上 5 项中如果有 2 项(含 2 项)以上存在问题,就判定该部门关键流程审视优化不合格。如果一个部门所抽取的流程审视优化不合格的数量大于 20%,则判定该部门年度关键流程审视优化不合格。

(8) 计算公式　关键流程审视优化完成率 = $\frac{合格进行流程审视优化的流程数量}{所抽样的业务流程总数}$ ×100%。

(9) 计量单位　无。

(10) 统计周期　月度、季度和年度。

6. 跨部门流程建设项目完成质量(E)

(1) 设置目的　评价跨部门流程相关的各个部门投入适当资源参与项目并完成相关的交付情况。

(2) 指标名称　跨部门流程建设项目完成质量。

(3) 指标定义　各部门参与跨部门流程建设的情况是不一样的,有的部门积极,有的部门消极,则交付的情况各有区别,这样会造成跨部门流程的建设质量不符合要求。跨部门流程建设项目完成质量是从这些部门参与人员的质量、参加项目的积极性及成果交付的情况等角度进行的客观评价。

(4) 指标用途　年度 KPI 绩效考核。

(5) 考核对象　二级部门。

(6) 数据来源　运营管理部。

(7) 统计方法　根据跨部门流程建设立项报告及项目过程中参与人员的积极性、交付件时间和质量等进行综合判断,确定"关键事件"的次数,如果一个部门出现"关键事件"累计超过一定次数(年度),就被认为该指标不合格。

(8) 关键事件定义:

①无故缺席项目组会议,或者会议无故迟到时间达 30 分钟以上。

②严重滞后完成项目组安排的工作任务(以滞后两周为"严重"的判断标准)。

③交付件质量存在严重缺陷。

④其他严重影响项目目标达成的事件。

(9) 计算公式　跨部门流程建设项目完成质量按表 8-3 的内容进行判断。

表 8-3 跨部门流程建设项目完成质量判断表

参与的跨部门项目数量	1	2	3	4	5	6
累积不大于发生的"关键事件"次数	2	4	6	8	10	12

举例：A 部门 2011 年参与的跨部门项目个数是 4 个，如果该部门发生的关键事件数量超过 8 次，则认为 A 部门的"跨部门流程建设项目完成质量"不合格。

（10）计量单位　无。
（11）统计周期　季度和年度，按项目执行情况进行统计。
（12）数据来源　各项目正式任命的项目经理。

三、绩效指标的年度目标制订与考核

指标设计的目的是为了评价和考核二级部门年度流程建设完成情况，这个指标就是"流程管理符合度"。该公司针对不同的部门系统性开展流程建设的时间长短（年数），制订不同的二级流程建设指标目标，如只刚开始启动流程建设的部门，第 1 年的"流程建设覆盖率"一般在 25% 左右，第 2 年的"流程建设覆盖率"目标要达到 50%；但不管是哪个部门，"流程管理符合度"指标的满分都是 5 分，由各个二级指标所分配的权重相加得出。表 8-4 所示为该公司 2011 年系统性开展流程建设重点部门的年度流程建设绩效目标，虽然只有 5 分，但从实际的运行情况来看，各部门总经理（流程责任人）还是非常看重这个考核结果的，指标的设计和目标的制订对各部门开展流程建设工作起到了较好的牵引作用。

表 8-4 某公司 2011 年流程建设绩效目标

指标值\\部门 要求	流程架构的开发与维护质量	基于流程架构的流程建设覆盖率	流程执行审计合格率	关键流程审视优化完成率	跨部门流程建设项目完成质量
A 部门	合格	50%	80%	80%	合格
B 部门	合格	50%	80%	80%	合格
C 部门	合格	50%	80%	80%	合格
D 部门	合格	50%	80%	80%	合格
E 部门	合格	50%	80%	80%	合格
D 部门	合格	50%	80%	80%	合格
E 部门	合格	30%	80%	80%	合格
F 部门	合格	10%	80%	80%	合格
KPI 指标分值（共 5 分）	0.5	1.5	1	1	1

四、开展部门流程建设质量的季度评估

年度流程建设绩效目标评价和考核是年末进行的，为了提升各部门日常流程建设工作

质量,在每个季度末会定期开展部门流程建设质量季度评估工作(见表8-5),主要由各部门直接对口服务的流程工程师(由于他们最清楚情况)对各部门的情况进行评价,为了确保评价的客观性,对每项评估内容制定了明确的评价细则,虽然这种评价并不和年终考核挂钩,但还是明显看到这样做带来的好处:各部门明确了工作的重点,加强了日常工作中相对薄弱的环节。这就是希望看到的效果。

表8-5 部门流程建设质量季度评估表

序号	评估内容	评价细则	评估结果
1	流程架构更新维护情况	按流程办,平时有记录(3分),每季度评审会季度内召开(4分),维护在评审会后1周完成(3分)	
2	项目计划更新和执行情况	及时率超80%(含)不扣分,低于80%只得8分,低于60%得0分。对具体的流程个数	
3	项目例会议题的计划、准备与执行情况	计划发布3分(例会后一个工作日内)沟通3分、执行完成4分	
4	项目例会(按照相关流程要求)的参会情况	会议通知的人到会情况,缺席扣0.1分/人/次。10分扣完为止。请假需委托合适人参加	
5	流程SME参与例会的情况	每次例会SME必须到,不请假缺席1次扣1分,请假需委托合适人参加。10分扣完为止	
6	新流程思路研讨工作的效率和效果	流程图评审的情况:重新评审流程图的扣0.5分/流程;让步通过的扣0.25分/流程; 是否有思路研讨记录:无则扣0.5分/流程	
7	流程图评审的效率与效果	流程文件评审1次不通过扣0.5分; 评审时间控制在50分钟内,超时扣0.1分	
8	流程文件评审的效率与效果	发布1次不通过扣0.5分; 评审时间控制在50分钟内,超时扣0.1分	
9	流程审视优化工作开展的效率与效果	审视优化完成率(季度内平均值)不低于80%,不扣分;低于80%只得8分; 评审时间控制在50分钟内,超时扣0.1分	
10	跨部门流程工作完成的效率与效果	主动承担、参与跨部门项目情况: 1. 跨部门项目经理给总体印象分,不超过10分; 2. 主动承担适当加分(立项开工会为标志)	

为了牵引工程师提升服务能力和服务效率,每季度请所服务的对象(各业务部门)对流程工程师的服务进行履职评价,表8-6所示为某公司流程工程师(季度)履职情况评价表,评价结果包括不合格、一般、较好、很好和优秀,这种做法可以帮助他们知道自己的优点和需要努力的方向。

表 8-6　流程工程师(季度)履职情况评价表

序号	评估内容	详 细 说 明
1	宣传公司的流程管理体系	在学习理解公司流程与体系管理要素的基础上,在所服务的业务领域持续有效地开展宣传和变革松土工作
2	流程建设规范性指导	积极参与各业务领域流程建设过程,对流程架构、流程图、流程文件、流程审视优化等建设过程进行培训、指导和评审
3	项目跟踪监控	对各业务域的流程与体系建设项目进行进度跟踪、问题暴露,并及时提出有效建议
4	顾问增值服务	不断学习相关业务领域的业务知识,注意收集整理业界最佳实践案例,对业务改进或业务模式选择与优化提出有价值的建议
5	跨业务域问题协调	从业务架构的层面学习了解公司各业务域之间的关系,善于发现各业务域之间在流程层级以及上下游接口关系上存在的问题,并及时协调解决或提出解决建议
6	跨部门流程项目的建设与实施	善于从公司整体运营的维度,收集、分析和受理各种业务痛点问题,按照确定的流程发起跨部门流程项目的立项与完成项目实施
7	工具应用服务	对业务部门的流程与体系专员及广大员工提供 EPROS 应用与维护方面的培训、指导和其他服务
8	体系管理顾问服务	指导业务部门人员在流程建设(包括审视优化)过程中,纳入内控管理、ISO 9000、TL9000、ISO 14001、OHSAS、SA8000 等体系管理的要求,并提供评审意见
9	工作态度	热情、积极主动地参与对口业务领域流程建设过程,能积极发现问题并提出解决问题的建议,和各部门流程项目团队(尤其是流程与体系专员和项目经理)关系融洽,合作愉快
10	沟通协调能力	对于业务问题的沟通,总是能找到正确的沟通渠道(口头、邮件、会议等)、正确的沟通对象、正确的语言与逻辑,以及正确的时间与场合

其他项目组成员的个人素质问题在该公司开展流程建设工作之初也普遍存在,流程管理部很快发现了这个问题,及时开展了大量各种形式和内容的员工培训,在内容方面的培训包括项目管理培训、流程架构没训、流程标准的培训、流程思路研讨方法培训、IT 平台工

具培训等。另外,公司还通过推动员工编写和分享实践案例、每周定期发布《流程学习之窗》、每周召开部门学习例会等方式加快员工队伍的个人素质提升。几年下来,公司流程建设队伍的专业能力得到显著提升,团队工作效率也相应得到改观,最典型的表现就是各部门每周项目例会的时间明显缩短,单个流程的开发周期明显缩短,流程设计质量明显提高,流程审视优化完成率显著提高。

第四节 流程管理的文化建设

一、流程管理文化的"松土"与宣传

流程管理绝不是一个人、几个积极分子、一个或几个部门就能开展起来的,流程管理变革需要动员全公司上下的力量。只有管理者和广大员工广泛参与进来,和全面质量管理(TQM)所要求的全员参与一样,才能让变革产生效果,尤其是流程规划、流程开发、宣贯和执行、流程审视与优化等工作,这其中的每一种工作本身都需要广泛协作,都要有流程支持,每一个流程的执行也都是团队工作,都需要各级管理者和员工的广泛参与,如果大家不认同流程管理的作用,要在企业推行流程管理变革是根本不可能的事情。如图 8-4 所示。

在确定开展流程管理变革之后,为了营造变革的环境和推进变革落地,某集团公司将 2010 年确定为"流程管理变革年",在当年年初颁布并开始试行《流程责任人制度》,同时在各部门年度绩效考核指标中专门设立流程建设绩效指标,并给予较高的权重;公司管理者在各种场合不断高调宣传流程管理对公司可持续发展的重要性。

除了公司高层层面的推动外,流程管理部门也做了大量变革"松土"和宣传方面的工作,归纳梳理如下。

1. 每周 1 期《流程学习之窗》学习资料的编辑与发布

为了宣传流程管理与变革知识,流程管理部门从 2009 年下半年开始每周编辑与发布一期《流程学习之窗》,发布对象为公司高管和所有二级、三级部门经理,这种做法一直持续到 2012 年底,总共有 3 年多时间。为了获取高质量的学习资料,公司与流程管理专业咨询机构上海 AMT 连续两年签订"企业管理知识库"使用权购买协议,前两年的学习资料主要来自这个知识库和互联网;2012 年开

图 8-4　流程管理与变革需要全员参与

始,学习资料主要来自公司内部员工自己编写的案例、学习心得、业务流程改进分析方法与成果等,公司很多人表示他们很喜欢《流程学习之窗》这种知识分享方式,不少人表示他们几乎每期必读,并发来热情洋溢的感谢信,这些互动极大增加了流程管理部门做好《流程学习之窗》的信心和责任感。如图 8-5 所示。

图 8-5　《流程学习之窗》部分内容展示

2. 建立"流程管理案例库",分享流程管理知识与经验

针对业务一线发生的实际问题和解决的过程,鼓励员工积极编写和分享案例,对于流程管理变革来说也是非常重要的宣传和"松土"工作。在公司流程管理部门,企业在内网上建立"流程管理案例库",鼓励流程管理工程师和流程专员积极思考和主动分享流程建设与管理的知识与经验,甚至在员工季度绩效目标中将案例的编写计划与完成情况作为考核指标,通过适当的案例审核程序,评出优秀案例在《流程学习之窗》发表并在部门学习例会上分享交流。通过这些方式增强大家的责任心和成就感。图8-6所示为公司内网上建立的"流程管理案例库"的部分内容展示。

图8-6 "流程管理案例库"部分内容展示

3. 面向管理者和基层员工开展流程管理基础知识与操作技能培训

针对公司基层经理较多、培训内容丰富的情况,流程管理部先后组织3期,每期三个知识板块共9次的流程管理主题培训;邀请业内知名的流程管理讲师来公司讲课,学员包括各部门主题领域专家(SME)、流程建设项目经理、流程专员和流程管理员等;针对流程拟制人和流程评审团队,流程管理部还开展了大量流程标准化、流程架构、流程设计方法及流程项目管理技能等方面的培训活动和头脑风暴活动,通过这样的互动和交流,整个流程建设队伍从最初的懵懂、怀疑、内耗、低效、抱怨的状态逐步转变为有信心、有士气、有方法、高效率和高产出的状态。

4. 对优秀流程建设团队和优秀个人进行书面表扬

为了激励参与流程建设的各种角色,公司开创了"表扬信"激励方式,先后对"优秀流程建设项目团队""优秀流程专员""优秀流程建设项目经理""优秀基层流程责任人"进行公开表彰,图 8-7 所示为给优秀线缆产出线流程专员陈琪的表扬信,图 8-8 所示为公司 2012 年度流程变革获奖团队。通过这种方式表明了公司在流程建设与管理上的价值主张,对相关受表扬者是极大的鼓励,对全公司的流程管理与建设工作起到了极大的推动作用。

图 8-7　给优秀流程专员的表扬信

5. 开展其他多种形式的流程管理文化宣传

流程管理部动员各种资源在公司管理期刊和内部杂志上开辟"流程管理变革"专栏,在公司内网开辟"流程体系建设与管理"专栏,撰文宣传流程变革及各种理论与实践文章,图 8-9 所示为"流程体系建设与管理"专栏;编辑出版内部出版物"流程管理变革宣传资料",如图 8-10 所示;制作流程管理与变革相关的宣传标语,在公司各种重要工作(会议室)区域悬

图 8-8 公司 2012 年度流程变革获奖团队

挂，并在有条件的部门开辟业务流程宣贯墙，如图 8-11 所示；在系统开展流程建设项目的部门和子公司，要求编发"流程建设项目双周简报"，该简报的发布对象是本部门的所有员工，让他们知道本部门最近开展了哪些流程建设工作，发布了哪些流程，优化了哪些流程，哪些业务发生了怎样的改变等等，图 8-12 所示为部门内部向所有员工发布的"流程建设项目双周简报"。通过这些多种形式的互动、宣传与沟通，强化了公司对流程管理变革管理工作的推进力度，起到了较好效果。

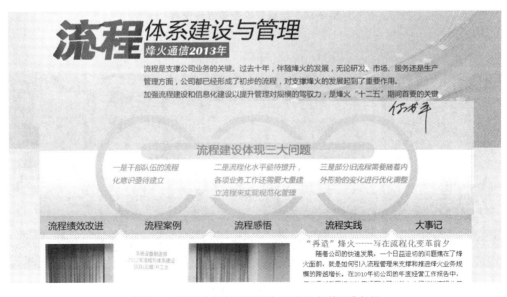

图 8-9 公司内网的"流程体系建设与管理"专栏

图 8-10 流程管理变革宣传资料

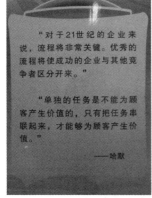

图 8-11 业务流程宣传标语和宣传墙

第八章　流程管理长效机制建设

_____部流程建设项目双周简报

第_期（2012/x/x－2012/x/x）

项目名称			
项目赞助人		项目经理	
项目目标			
近期主要工作内容			
近期主要输出成果(包括发布的流程、优化的流程等)			
业务流程变化关注点			
下一阶段工作计划			

图 8-12　"流程建设项目双周简报"

二、管理者和员工在思想观念上的改变

思想决定行动，行动决定效果。如果管理者和员工在思想观念上没有提升，则要真正完成流程管理变革的目标是完全没有可能的。员工只有对流程产生认知的改变，才能带来行为的改变，行为的改变才能推动企业管理文化的改变，企业管理文化的改变和提升反过来又会进一步促进员工深化认知，这三者之间形成相互促进的关系。如图 8-13 所示。

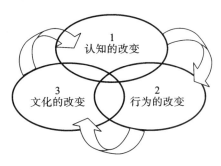

图 8-13　企业管理文化、员工认知与员工行为之间是互为促进的关系

经过 7 年多的流程管理与变革实践，公司大部分管理者和员工经受了流程管理思想和观念的洗礼，从变革之初的武断断言"我们不缺少流程"，到现在已发布流程对业务的覆盖达 50%，从最初对流程与制度是什么关系的懵懂无知，到现在对什么是流程、什么是流程管理、什么是流程架构、什么是流程全寿命周期及如何设计流程、如何审视和优化流程等思

想和方法各方面都得到了系统的锤炼和能力提升,流程管理的思想已经深深扎根在许多管理者和员工心中。这种思想观念的改变所产生的影响是多方位的,最直接的影响是用流程的眼光看待自己所从事的业务,识别业务的工作标准和上下游关系,培养为客户服务意识,进而改变了员工的职业行为表现,员工职业行为的改变促进了企业运营管理水平的提升及流程型文化的逐步形成和发展,企业文化的提升反过来又推动员工思想认识的提升和有更好的绩效表现,形成一种良性循环。所以我们说企业管理文化、员工认知与员工行为之间是互相影响、互为促进的关系。

三、促进企业管理文化和企业形象的提升

企业管理文化的提升有赖于职业管理者队伍的成长和成熟。对于从传统科研机构转型而来的企业,必须孕育和培养以市场和客户为导向的企业管理文化,需要在员工和管理者心中建立牢固的客户意识,同时也要随时关注业界和竞争对手的发展趋势,在日常业务和管理实践中敢于并善于学习业界标杆实践。对以追求规模化和可持续发展的公司来说,流程管理方法已被业界和主要竞争对手使用成功,并且还在进一步证明是一种有效的企业管理手段,学习并实践这种管理手段,是企业必须面对的挑战。

经过7年多的变革实践,在企业内部其他管理要素(如人力资源管理、信息化管理、绩效管理等)的共同促进下,企业的管理文化在整体上得到了显著提升,流程型组织的特点开始逐步显现出来,主要表现在各部门流程责任主体意识显著提升,管理者的流程监护意识加强,落实更加到位,跨部门协作和业务融合的理念更加深入人心等。在开展流程管理变革3周年之际,为了规划企业管理和流程管理的工作方向,用10个"更加"来描述公司在流程管理方面取得的突出成就,同时用10个"还需"指出了今后企业还需要面对和解决的问题,这些"还需"明确表明公司在流程管理变革之路上的信心和决心。如表8-7所示。

表8-7 流程管理变革中的10个"更加"、10个"还需"

	10个"更加"		10个"还需"
1	流程知识更加普及	1	服务意识还需提升
2	流程覆盖更加广泛	2	服务能力还需改进
3	架构概念更加深入	3	专业队伍还需稳定
4	组件思维更加明显	4	流程责任还需强调
5	流程设计更加科学	5	部门意识还需弱化
6	流程发布更加规范	6	流程执行还需保障
7	责任主体更加明确	7	客户导向还需坚守
8	审视优化更加常态	8	审计功能还需加强
9	项目例会更加高效	9	体系融合还需继续
10	体系流程更加融合	10	流程和IT还需整合

企业管理文化氛围的营造与改善给公司的企业形象带来了明显提升。因公司在卓越绩效管理模式上的积极探索和创新,该公司获得2013年度中国政府在质量管理领域最高奖项"中国质量奖提名奖",当地省政府颁发的"长江质量奖"和市政府颁发的"市长质量奖",先后接待来自省内外学习参观的企业达十多个批次,公司整体经营绩效及外部客户满意度逐年稳步提升。

思考题

1. 什么是企业流程管理的长效机制?
2. 对于一个集团运营管理的企业而言,如何构建企业流程管理的组织体系?
3. 如何开展企业流程建设和管理的绩效评价工作?

第九章 企业运营管理体系的变革与管理

核心要点

企业运营管理体系建设强调管理体系的"建设"与"持续改进",强调企业管理变革永远"在路上",企业需要通过多年战略规划(SP)、年度规划(BP)以及管理评审的手段,持续识别企业运营管理体系在业务管理和职能管理层面存在的问题或短板,开展变革项目识别并通过项目管理的方式开展管理体系的建设与变革工作。

第一节 为什么需要变革

面临社会环境的剧烈变化、日益激烈的市场竞争及越来越苛刻的客户需求，中国企业就必须拥有一套犀利的新式"武器"，这就是以提升竞争力为目的的企业变革。你的企业有出现以下的现象吗？

对客户抱怨的处理，反应时间太长。

部门间本位主义严重，相互推卸责任，又相互不支持。

将作业重点放在内部协调，而忽视了客户的真正需求。

设备常因使用不当或保养不良，经常出现故障。

人力资源闲置情况严重，但各单位要经常抱怨人力不足。

作业经常发生错误和重做。

计划或决定常因中间环节过多而未能执行到位。

组织系统是否过于笨重，使得决策流程过于冗长无效率。

假如企业普遍存在上述现象，那就是重新审视业务流程，再造企业竞争力的关键时刻了。

我们可以为企业变革下一个广泛的定义，即变革就是为了提高企业的竞争力和企业的客户意识而做的一切改变，也就是说企业什么都可以变。那么狭义的企业变革是什么？就是流程再造和流程管理，它是企业变革的一个部分。而企业变革就是针对竞争环境、客户的需要，以及正在发生的变革、正在发生的改变当中的一环。狭义的企业变革就是彻底的摒弃原有的工作流程，针对客户的需要，重新规划工作，把系统拿出来重新构造一遍，缩短整个流程，提供最好的产品和一流的服务。另外从功能性的角度来看，企业流程再造，事实上是将原本在分工内分割的非常精细的工作重新组装回去。在工作重组完成以后，流程工作小组成为执行整个工作流程的实际负责人。不过在此要强调的是，再造意味着是从头来过。企业再造之父迈克尔·哈默曾在哈佛商业评论中强调流程再造不是自动化，而是重新开始。假如系统不对，就对整个系统重新设计。如果整个组织不对，就对整个组织重新设计。拆了重做，这称为系统式的改造。联邦快递作为世界第三大快递公司之一，已经在中国不断加速成长。2004年，联邦快递决定把在中国服务的城市增加到100个，并制定了在2004年业务量增加50%的目标。联邦快递要在中国加速发展，基本上就是要把它的速度做得更快，也就是重新再造它的流程。

所有能够更快地从客户那里拿到包裹和信件，在分流中心进行分类，转送把东西送到目的地，送到收货者的手上的办法，统统都称为流程再造。联邦快递既然把自己称作"快递"，就需要在流程中做得非常快。也就是说流程再造对它们来讲，就是永远都要进行的变革。再让我们用去医院就诊的过程举例，传统的医院从排队挂号拿病历，到医生那看病、去检查，再去会诊，跟医生面谈，约好下次的时间需要一个很长的过程。在我们国内，如果感冒进去就诊能多快出来呢，我想没有20~30分钟是不可能的。如果挂号用点心去想办法，看病用点心去想对策，这整个医疗过程的流程就可以缩短。如果以后的医生和护士手上都拿着掌上电脑，患者挂号时就通过网络让医生知道，医生开处方时就通过网络让药房知道，当你走下楼梯的时候，药房已经准备开始你要领取的药了。必要时患者甚至还可以直接回家或公司，院方跟快递讲好了，让快递把你的药送到你的家或你的公司。你认为这样可以缩短多少时间？我认为刚才那种流程的时间至少可以缩短一半以上。如果一个感冒就诊，在1小时内才能出来，通过流程再造，可以把它缩短为30分钟，或者更短，这就是流程再造带来改变的概念。

一、企业变革的背景

当前处于竞争激烈和变动加快的环境，企业竞争的"游戏"规则发生了变化，除了价格品质外，时效、选择性也已成为客户关注的重点。企业唯有通过新的发展，进行业务流程的重新设计，才能真正满足客户的需要。所谓变革的背景就是竞争环境有了变化，游戏规则有了变化，公司发展有了变化。很多的企业目前在应对这三个变化方面，内部的响应速度太慢，以至于丧失了很多市场机会。

1. 竞争环境有了变化

20世纪80年代以来，中国企业关心的事情是如何提高产量，以迎合消费者数量上的需要。在高度成长的环境中，金字塔组织和生产线最能满足企业的需求。由于基层工作单调如一，人员培训选择较为容易，因此企业提高产量只要增加基层人员的数量，在一比例增加，上层主管就可以实现。但是到了90年代末，企业客户开始出现多样化的情况。在原有流程架构下，为了勉强迎合客户需要，使得流程变得复杂、冗长，而且缺乏效率。这不仅使组织运作日益艰难，而且管理人员数量的膨胀也增加了人力成本。

处于激烈竞争和变动加快的时代，在唯一不变的就是变化。在这种竞争环境中，我们无法预估市场的成长、客户的需求、产品的寿命、科技的进步，尤其是信息科技的快速发展，以及在企业中的广泛应用，使得一切预测规划对未来都变得难以掌控。唯有在作业流程中能融入应变能力的企业才能立于不败之地。

2. 游戏规则的变化

过去企业的竞争规则很简单，以最低的价格为客户提供可接受的产品和服务。今天我们的企业竞争的规则是以可接受的价格为客户提供最佳品质的产品或服务。因此,随着以客户中心、品质中心和竞争中心为特征的时代到来,且竞争的游戏规则发生了变化。除了价格品质外,实时效选择性也逐渐成为客户关注的重点。科技和信息的迅猛发展可以彻底改变竞争的本质。今天生产技术可以使得为客户量身定做的产品和服务以最低价格获得满足,因此唯有通过变革、提高竞争力和客户满意度,企业才能立于不败之地。

3. 公司发展有了新的变化

在过去的计划经济市场中,我们企业的管理分工太细,高层管理者与客户之间产生很大的代沟,他们不了解客户真正要的是什么。传统的生产流程制造标准化的产品,不重视客户需要,毫无客户服务可言。但随着个性化消费时代的到来,客户清楚自己要什么,且信息渠道丰富,客户很容易作出最有利的选择。对于客户的不同要求,传统的生产流程就变得极不流畅,容易出错,生产成本也相对提高。企业只有通过新的发展变化,进行作业流程的重新设计与再造,才能满足客户需要。

二、企业变革的三种形态

企业变革有三种形态:第一种形态称为被迫变革,就是在明显落后于别人时的被动变革,或称被动学习;第二种形态就是能够预先感知社会的动向,做到先知先觉,并及时主动地进行变革;第三种形态的变革是变革的最高类型,称为创造变革,也就是领导产业的发展,制定行业的规格和标准。

1. 被迫变革

被迫变革是指在明显落后于别人时的被动变革、被迫学习。这种被迫变革的主要问题就是要向谁学习?谁是标杆?中国改革开放40年,其间的企业变革基本上都是被迫变革。在落后就要挨打的国际环境压力下,中国积极学习西方先进的管理理论和实践经验,也是在落后就要被无情淘汰的市场竞争中,我们的企业迈开了不断学习和变革的步伐。

2. 预见变革

预见变革是指注意社会动向开展的企业变革预见变革,就是社会有什么新的动向,我们能够预先感觉得出来,做到先知先觉,并及时主动进行变革。一个人只要有预见,坐在别人前面,才能爬得比别人快,才能更好地生存发展下去。

3. 创造变革

变革的最高境界是创造变革,这就是领导产业发展,制定行业规格和标准。有一句话是这样讲的:四流企业杀价格,三流企业搞服务,二流企业拼品牌,一流企业定标准。所以最优秀的企业要制定标准,并能引领产业发展,在行业里充当领头羊。

三、变革之难

"变革"在中文词义中包含很多意思,如转变、改变、改革、革新、创新等,最基本的意思是指从目前的某种状态(as-is)经过一个过渡状态达到未来的某种状态(to-be)的变化过程,如图9-1所示。这样讲起来似乎很简单,但做起来却是充满挑战的。

中国在过去40年的改革开放就是一场巨大的社会变革,中国人民切身感受到这场变革带来的好处,但是当初在中国发起这场变革曾经是多么艰难,实施变革的过程更是难上

图 9-1 变革是一个过程

加难。首先是"实践是检验真理的唯一标准"在思想领域的大讨论、大辩论,然后是开发沿海城市搞经济特区,进行试点性社会改革,后面还有宏观和微观层面的企业厂长负责制改革、农村联产承包责任制改革等。因为没有经验或先例可循,走了很多弯路,犯了很多错误,就像邓小平所说的,中国的改革是"摸着石头过河"。

最近看到武汉姑娘、世界级网球球员李娜谈起新教练卡洛斯给她带来的改变,尤其是在发球和正拍方面所做的改变,李娜深有感触,她说:"我的动作结构整个全部改变了,刚开始改头几天特别特别难受,有很多记忆都是你原来的记忆,你还要强迫自己忘掉一些习惯,改掉一些新的东西,刚开始会非常难受。当时改之前我跟他聊我明年的希望是什么、目标是什么,还是很庆幸自己在关键时候没有后退。"李娜所作的改变是否会取得成功现在还无法定论,但是面对世界女子网坛如狼似虎的BIG4及新老交替的快速变化,唯有改变才是唯一的出路,这是李娜和教练卡洛斯所达成的共识,虽然改变之路会异常艰难。

▌博文 转变角色是一件很难的事情 ▌

来源 畅享网之《胡云峰个人专栏》

我们每个人都扮演着很多角色。在工作中,你可能同时担任总经理、主任、会长、专员等角色;在家里,你可能同时承担着父亲、丈夫、儿子和女婿等角色;在社会上,你还充当着很多其他的角色。在不同的场合,我们需要以不同的角色出现。要学会很快转换角色,不能混淆了自己应该扮演的角色,否则会造成尴尬、郁闷、挫折乃至失败的结果。

但是转换角色有时候又是一件非常困难的事情,因为转换角色除了需要从不同的角度思考问题之外,还需要在语言、行为甚至人的外部形象等方面进行相应的改变。

电影演员是一种需要经常转变角色的职业,好的电影演员能非常准确地把握好所扮演角色的内心世界和外部形象,在语言、行为等方面惟妙惟肖地将人物形象展现在观众面前。但就我们一般的人来说,在转换角色方面经常会存在各种各样的障碍和问题,造成人际交往中的不顺或挫折。

如很多家庭的矛盾都是由于人们不善于转换自己的角色造成的。有的人将工作中的角色带回家,自己在单位是个不小的官儿,受到周围人的尊敬和追捧,这种情况下,你的行为和语言是一个做官的模样,但是回到家就完全不一样了,家里不是一个完全讲原则的地方,老婆、岳母和孩子对你有完全不同于单位同事或下级对你的期待,这个时候如果不在语言和行为上进行调整,发生家庭矛盾和纠纷就在所难免了。

在工作中,人们也经常需要以不同的角色出现,都需要意识到自己当下的角色。经常会听到某某人讲话时说"今天我是以×××的身份来参加的",但是很多时候,我们会发现人们经常会忘记自己的角色,干出一些张冠李戴的事情。

对于转换角色,中国语言文字里有很多描述方法,负面的有"见风使舵""两面三刀"等,正面的有"对症下药""因人而异""因地制宜"等。有些不善于转换自己角色的人,还会用"直爽""直性子"等来粉饰自己,但在人际交往中,那些不善于转换角色的人通常会处处碰壁,因为人的需求是不一样的,而沟通成功的关键是了解需求和满足需求。

让我们每个人都做工作和生活中的好演员吧。

一个企业所面临的变革与一个国家的社会改革或网球球员李娜所做的改变虽然不能相提并论的,但相同点确是显而易见的,那就是不变革只有"死路"一条。

变革是很多世界级企业长盛不衰的秘诀。IBM 就是一家典型的以变革求生存的公司,有人说"电脑的历史,就是 IBM 的历史",也有很多人对 IBM 的印象还停留在 ThinkPad 阶段,这些都是对 IBM 片面的了解。从 1911 年到现在,IBM 已经走过了 100 多年的历程,从一个打孔机制造公司变成今天世界上最大的服务与解决方案供应商,这中间的起承转合并非三言两语可以概括的,但每一次市场的定位和业务的转变,无不经历了选择的痛苦与转变的艰难。当 IBM 将 PC 业务出售给中国的联想公司时,这个蓝色巨人就在向世人宣布这家公司已经开始从制造业向服务业转型。如图 9-2 所示。

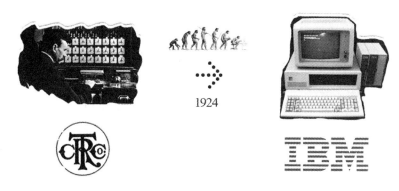

图 9-2　IBM 的业务转型

企业的变革种类很多,大类上包括战略到运营两大层面,运营上包括组织变革、流程与 IT 变革及人力资源与绩效管理变革等。谈到企业流程变革,首先要从流程再造开始。

在 20 世纪 90 年代,以迈克尔·哈默为代表管理学家在一些西方企业率先发起了流程再造(business process reengineering,BPR)运动,对企业业务进行"根本性再思考和彻底性再设计,从而获得在成本、质量、服务和速度等方面业绩的极大改善",有的企业提出的重组目标包括"产品研发周期缩短 70%,生产成本降低 40%,市场份额增加 25%,客户满意度和企业营收增加 40%"。实践的结果,只有 20% 左右的企业获得了成功,而大部分流程重组项目则没有得到预期目的,有的甚至可以说是彻底失败,更有甚者,有些企业 BPR 项目的失败直接造成企业破产。迈克尔·哈默后来在对此进行总结时,重点强调没有充分考虑组织中人的因素。经过这场企业实践的洗礼,无论是企业界还是学术界,西方国家逐渐开始转变对流程再造的认识和思考,在行动上逐渐由流程重组、流程再造向流程优化和流程管理方式的转变,完成了某种程度的理性回归。

流程管理(business process management,BPM)是进入 21 世纪以来国外企业界逐步流行起来的一种渐进式的企业管理方式,虽然是渐进性变革,但这种变革从启动到实施也同样充满挑战。

国内流程管理学者张国祥先生对一些企业流程管理失败的原因做了以下分析，作者觉得很有道理，引用如下。

（1）习惯思维作祟，权力意识作梗　流程管理失败的最大元凶就是权力大棒。流程化以服务企业发展4大价值增值为目标，以充分调动全员积极性为前提，以责任明确为标准，以责任考核到人为手段，以全新的管理理念作支撑。流程化运作是对个人权力的最大挑战。贪婪权力者，实施之前一定拥护，改革谁敢不支持？实施之后，一定反对。员工自觉性起来了，玩权力者受到了冷落：岂有此理，这事没有经过我签字画押，他们就办了？先不管办得好与坏，首先不尊重我就不行！权威、权威，没有权，哪来的威？

（2）懒汉思维呼应，浑水摸鱼心理　管理学有句名言：人在可以懒时，不会不懒。这虽然不具普遍意义，但对大多数人而言还是对的。流程管理是一个多么巨大的工程！可以说，企业管理的任何项目都比不上流程管理费工费力。一个稍具规模的企业没有全体管理人员全身心的投入，没有3—6个月的时间来分析、梳理、设计、优化、审核、审议、讨论批准、宣传贯彻，流程管理是无法启动的。没有吃苦耐劳准备，甚至打算长期混日子的人一多，这样的企业实施流程管理只能胎死腹中。流程设计还没有结束，就会被习惯势力打回原形。

（3）急功近利误导，不识流程何物　企业急功近利，愿望过于美好，脱离企业实际。一种做法就是拿别人企业现存的流程图复制。真正有用的流程是抄不来的，流程是对该企业做事方式的重新设计和提升，怎么能抄袭别人的呢？你企业和别人的企业人员素质、先天基础、后天努力都一样吗？如果抄袭可以成功，那还不如干脆去抄袭世界第一好了！第二种做法就是找咨询公司越俎代庖，钱倒是舍得花，除了鼓了咨询人员的腰包，企业注定一无所获。不论采用何种方式，企业人员最终都不明白流程为何物？怎么运用？怎么实施？

（4）变革势力微薄，企业文化不容　如果一个企业变革流程的发起者在企业处于少数派，哪怕他是管理者，没有企业成员上上下下的参与和支持，这样的企业流程管理也必然失败。这可以从企业文化上面找原因。有人说企业文化就是"老板"文化，我不赞同。如果一个企业的文化已经形成，并且其文化主张随遇而安，拒绝变革甚至害怕变革，这样的企业只能随风飘荡，变革是无法进行下去的。

（5）得利阶层顽固，广大员工受苦　企业内部成员从利益角度划分，大致分为5种人，其中有一种人是食利者，是专门在企业钻空子、捞一把的人，这种人不多，一多企业就死定了。但得利阶层却不一定是5种人中的哪一种人，但是他是现行制度的得利者，打破现有做法，能不能给他带来好处，这是他首先考虑的要素。如果不能给他带来更大利益的满足，他是绝对不会支持的。如果能给所有人都带来好处而不能给他个人带来超过众人的好处，他不但不会赞成，还会变着法儿反对。个人利益最大化是他追求的目标，而流程管理追求的是企业利益最大化。

意大利政治思想家和历史学家尼可罗·马基亚维利在1513年12月发表的惊世之作《君主论》中曾经有过如下的一段文字（见图9-3）。

的确，在很多变革思想开始萌芽的时候，只有极少数人能够积极主动站出来支持变革，绝大多数人是被动的，他们要么不了解，要么不愿意了解，在得知这种变革需要自己做出一

> 没有什么比建立一种新秩序更加难以实施、更没有成功的把握而且行动起来更加危险的事情；因为改革者面对的敌人是所有旧秩序下的既得利益者，而那些可能从新秩序中获益的人也不过是一些冷漠的支持者，这种冷漠来自于人类的怀疑本性，在真实的体验之前，他们不会真正地相信任何新的事物。

图9-3　尼可罗·马基亚维利关于变革的著名论述

些改变，甚至可能造成一些个人利益得失的时候，他们很可能站出来反对，根据某项研究发现，人们在对待新事物的态度，存在一种所谓"20-60-20"的定律，即20%的人是变革先锋或改革派，60%的人是观望者或中间派，还有20%的人是反对派或保守派，如图9-4所示。

图9-4　变革"20-60-20"定律

▪ 博文　牛顿第一定律和企业变革的关系 ▪

来源　畅享网之《胡云峰个人专栏》

牛顿第一定律即惯性定律，该定律揭示物体具有保持静止和匀速直线运动状态的属性，也就是说，惯性是一切物体的固有属性，一切物体在没有受到外力作用时，总保持匀速直线运动状态或静止状态，除非作用在它上面的外力迫使它改变这种状态。

"变革"这个词在中文语境中包含很多意思，比如转变、改变、改革、革新、创新等，最基本的意思就是从目前的某种状态（as-is）经过一个过渡状态达到未来的某种状态（to-be）的变化过程。企业变革就是企业改变某些现有业务运作或管理方式的行为，比如流程变革、组织变革、战略转型等。

牛顿的惯性定律与企业变革有什么关系呢？

从大量历史和当今各种企业的发展规律来看，企业行为其实也符合惯性定律的核心思想，也就是说，企业也具有保持当前状态（静止或匀速直线运动状态）的属性，除非受到外力的作用，这个外力包括各种自然或非自然的力量。当企业处于稳定运行状态的时候，如果没有来自客户、竞争对手、政府等外力影响时，一般的企业是不愿意去做任何变革的。换句话说，企业要变革，一般都是受到了外力的影响。

IBM在20世纪80年代大型计算机流行的时候，它的日子那是过得是相当舒服，那真是"阳光灿烂的日子"，不需要费多大劲，钞票大把大把飞进IBM的银行账户，那个时候在IBM内部谁想过要变革吗，大概没有，直到90年代初计算机网络开始大规模发展，大型计算机逐渐没了市场，IBM出现资金链断裂，甚至到了申请企业破产和国家保护的时候，改变才逐渐开始发生。IBM的管理者请来了郭士纳，郭士纳领导IBM向服务业转型，蓝色巨人才开始起死回生。类似IBM这样的案例在业界数不胜数，柯达、摩托罗拉、诺基亚……

企业有这样的属性，人和动物其实也不例外。人的惯性思维模式和惯性行为模式非常明显，如在寒冷冬季的早晨，人们习惯于在温暖被窝里多待哪怕是几分钟而不愿意起床，因为从当前状态（温暖）到起床状态（寒冷）的改变是令人痛苦的；另外，长期吃惯了川菜的人很难适应上海菜，长期习惯使用Office2003的人是不愿意升级到Office2007；动物方面，温水煮青蛙的故事就包含了这方面的道理，青蛙在盛满凉水的锅中被慢慢加热之初，由于它感觉不到变化，也感觉不到威胁所在，所以它不愿意费力气从锅里跳出去（改变现状），等到它发现需要改变的时候，它的生理机能已经丧失了。

既然知道保持静止和匀速直线运动的当前状态是企业和人的固有属性，那我们也应该知道这种固有属性可能给企业和我们自身带来的各种灾难或痛苦，因为整个人类社会和自然界每分每秒都在发生这样或那样的变化，这些变化很可能就是造成我们最终丧失生理机能的那一锅"正在升温的水"。

所以，积极变化、主动变化、拥抱变革才是企业维持长盛不衰的最佳选择。

▪ 博文　冰山的特征与企业变革 ▪

来源　畅享网之《胡云峰个人专栏》

我们大家都知道的冰山有以下4个特征。

(1) 海平面上露出来的是极少的一部分，大部分的冰体潜伏在水的下面。

(2) 海平面以下的那部分决定了整个冰山的存在状态。

(3) 露出海平面的这个部分是看得见的、容易对付的，潜伏在海水下面没有露出来的那个部分才是真正可怕的、不容易处理的。

(4) 冰山是漂浮在海平面上的，一年四季都在不断变化。

冰山的特征如图9-5所示。

对于组织变革来说，变革者所遭遇的问题犹如一座座冰山，企业需要制定的战略、所设立的组织和岗位职责及流程和IT系统，这些东西是外部可以看到的东西，是冰山中容易看到的东西，也是相对容易处理的问题；而组织文化和员工的内心问题才是企业深层次的问

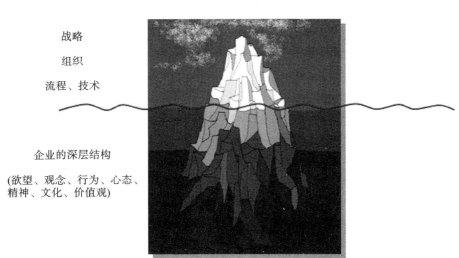

图 9-5 冰山的特征

题,是冰山在海平面以下未露出的那部分巨大冰体,也是变革者面临的真正棘手的问题,需要不断发现、分析和诊断才能得出准确的结论,在此基础上制订正确的解决办法;员工个人问题包括员工的欲望、观念、心态、精神、士气,企业文化问题包括企业价值观和企业哲学、制度执行力、领导魅力等,这两种问题相互交叉、相互影响,这个部分才是最难管理的;同时,企业的内外部环境和条件在不断变化,组织和员工的问题也会像冰山一样不断变化,通过采取一些局部的改进措施也许可以提升企业的短期表现,但是要使之成为一个成熟的企业,必须从企业文化和价值观这些深层次的东西着手。

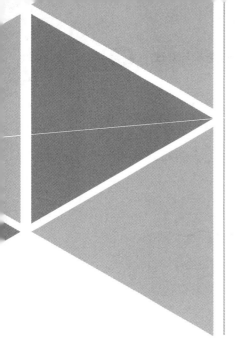

第二节 变革需要管理和方法

企业内部的任何变革都是系统工程,除技术性因素外,人的因素、环境因素、文化因素等都是决定变革成功的因素,因此,要达到变革的目的,需要对变革进行系统有效的管理。业界变革管理方法多种多样,各类变革管理的框架繁多,企业不同,变革内容不同,甚至时间或区域不同,变革管理的方法都会存在差异,下面介绍两种典型的变革管理方法。

一、科特变革管理8步法

美国著名的变革管理大师、哈佛商学院领导学教授约翰·科特在对100个企业变革案例进行详细研究之后,发现大多数企业都没有对自己企业的变革实施有效管理,他们犯了很多本来可以避免的错误。在当今这个充满不确定性的变化万千的世界里,有些错误所造成的后果可能是非常严重的。于是约翰·科特教授以这一个个鲜活生动的案例为背景,完成了他的经典变革著作《变革之心》。书中的内容是帮助组织变革的管理者更多地了解那些成功的组织变革是怎样进行的,那些赢家们到底是通过什么方式完成了看似不可思议的、系统性的组织变革?这里的"变革"包括企业进行的新技术采用、重大战略转型、流程重组、兼并收购、业务重组、企业为增强创新能力而进行的尝试。以及文化变革等活动。在这本书中,科特教授将那些在变革中取得成功的企业所采取的变革管理方法归纳为8个步骤(见图9-6),这8个步骤就是一个实现企业变革的路线图(roadmap)或流程图(process chart),指导人们如何一步一步推进变革,直到变革成功。

步骤1 建立紧迫感。 无论是大型企业或私有企业的高层管理者,还是身处非营利组织的基层管理者,那些在组织变革中取得

第九章 企业运营管理体系的变革与管理

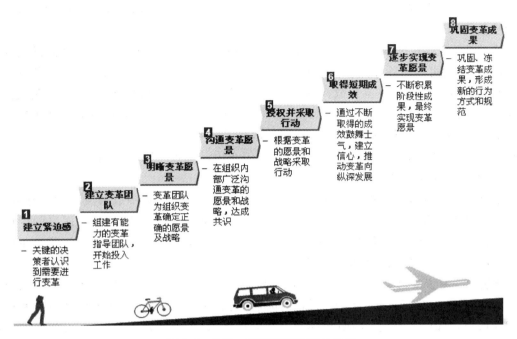

图 9-6 约翰·科特变革管理 8 步法

成功的人士,都会在发动变革之前,会在相关人员心里制造一种紧迫感。那些不大成功的变革管理者,只会关注组织中的一小部分人,却对一些弥漫于整个组织的情绪——自满、恐惧或愤怒——不闻不问。这三种情绪会在很大程度上破坏企业当前正在进行的变革。紧迫感有时是通过一些富有创造性的方法形成的,可以使人们立即意识到,进行变革的重要性,并准备随时为此而采取行动。

步骤 2 建立变革团队。 有了紧迫感之后,成功的变革领导者会马上召集那些有着一定的可信度、技能、关系、声誉和权威的人员,组成一支指导团队来担任变革过程中的领导工作。这支团队应该有着很强的责任感,并且能够得到大家的信任。在那些不大成功的组织,则会把所有工作重心都放在一个人的身上,没有重视团队的力量和团队的能力建设,忽视了全员参与的重要性,整个变革工作也就变得难以继续开展。

步骤 3 明晰变革愿景。 有句话叫做"谋定而后动",指导团队是企业变革的领导核心和神经中枢,它需要为企业变革确立合理、明确、简单而振奋人心的变革愿景和策略,这个愿景和策略越能在变革团队中达成共识,越能激励大家积极投身到变革中去,所以它是变革能否取得成功的关键成功要素(key successful factor,KSF)之一。在那些不大成功的组织当中,领导者们列出的只是详细的计划和预算,这虽然是进行变革的必要条件,但还远远不够,因为很难在思想上引起大家的共鸣。

步骤 4 沟通变革愿景。 所确立的愿景需要大家周知,所以接下来的工作就是将愿景和战略清晰、准确传达给所有的相关人员,也就是说,领导者们需要把简明扼要的信息通过畅通的渠道传达下去。这一步骤的目标就是在所有相关人员内部形成一种共识,建立一种责任感和团队归属感,并因此更多地释放组织当中大多数人的能量。在这个过程当中,实际行动的力量通常要大于侃侃而谈。人们会更加注重领导者的行为,而且这些行为应当是不断被重复。

步骤5 授权并采取行动。要想在组织变革中取得成功,领导者们必须进行充分授权。通过授权,可以清除那些影响人们根据组织既定的愿景采取行动的障碍。变革领导者们常常把重点集中在那些不肯放权的管理者、不充分的信息和信息处理系统,以及人们心中的盲目自信。这里的问题是清除障碍,而非"给予权力"。权力不是可以装在袋子里交给别人的东西,但执行者们没有得到必要的权力,在工作中势必令他们束手束脚,还不得不为自己的"工作不力"而辩解,这当然就会在整个组织内部导致一种挫折情绪,造成团队士气低落,最终使变革无法进行下去。

步骤6 获得短期成效。在进行授权之后,那些在组织变革中取得成功的领导者,就会设法帮助组织取得一些短期成效(quick win),也就是要取得一些局部的、明显的变革收益,让大家看见变革是可行的、有效的。这个非常关键,因为它们可以为整个组织变革提供强有力的证明,并为随后的变革工作提供持续必要的资源和动力。

步骤7 逐步实现变革愿景。取得一些短期成效后,成功的变革领导者绝不会放松努力。因为在这种情况下,整个组织的信心都被调动起来,早期的一些变革措施也开始得到理解和认可,这时,人们就会精明地选择以后的行动,并不断地将变革推向前进,直到彻底实现组织变革的愿景和目标。

步骤8 巩固变革成果。最后,在那些取得成功的组织当中,整个组织的领导者们会通过培育一种新的企业文化来把所有的变革成果固定下来。一种新的企业文化(包括组织当中的群体行为规范和人们的价值观念)的建立需要相对较长的一段时间,而且在这段时间里,整个组织还需要不断取得新的成功,以证实变革措施的有效性。在这个过程中,适当的人事变动、精心设计的新员工培训,以及那些能引发人们某种情感反应的活动都可能起到重要的作用。而在那些不大成功的案例当中,组织所进行的变革往往流于表面,在非常短的时间内,变革过程中的很多努力都会被传统势力之风一吹而散。

在科特教授的这个变革管理流程中,每个步骤之间的顺序不能随意改变,每个步骤的实施技巧和内容都有特殊的要求,每个步骤都有确定的输出成果,更重要的是每一个步骤都是必不可少的选项,缺少任何一个步骤都会造成变革的障碍,最终可能导致变革的停滞、低效甚至失败,如图9-7所示。

(1) 缺少步骤1"建立紧迫感",就会造成变革缺乏精神动力。
(2) 缺少步骤2"建立变革团队",就会造成变革没有领导核心,缺乏推动力。
(3) 缺少步骤3"明确变革愿景",就会造成变革目标缺失,力量涣散。
(4) 缺少步骤4"沟通变革愿景",就会造成变革信息不通,变革过程受阻。
(5) 缺少步骤5"授权并采取行动",就会造成变革流于形式,变革不深入人心。
(6) 缺少步骤6"取得短期成效",就会造成大家怀疑变革有效性,产生消极情绪。
(7) 缺少步骤7"逐步实现变革愿景",就会造成变革不能实现预期目标,导致变革中途而废或延误。
(8) 缺少步骤8"巩固变革成果",就会造成变革不彻底,传统势力反弹。

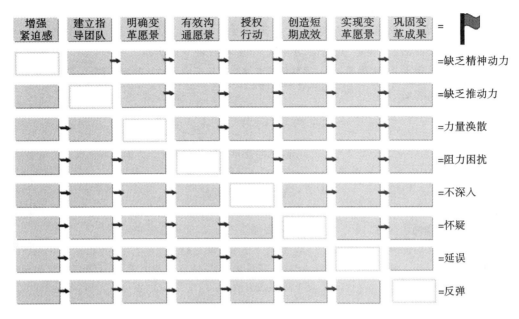

图 9-7　缺少任何一个步骤可能带来的问题

二、IBM 组织变革管理框架

前面简单回顾了 IBM 的百年发展史,但 IBM 在企业变革管理方面的成就更是举世闻名。可以毫不夸张地说,IBM 的发展历史就是一部活生生的企业变革史,其变革的成功性不仅体现在其企业架构技术、流程再造、IT 架构等业务运营创新方面,更体现在其组织战略转型、企业出售和兼并重组等企业发展的重大方向性选择和把握上。IBM 的这种独特的变革管理能力,大概也是我国著名的电信设备产品和服务提供商华为选择与其建立长期合作伙伴关系的原因。我们知道,华为的很多关键业务变革,从业务模式的选择到流程架构体系的构建都是在 IBM 的帮助下完成的,包括 IPD、ISC 及后来的 IFS 等。

IBM 的组织变革管理框架包括 8 个活动要素(见图 9-8),分别是发展赞助人/领导层的支持能力、项目组的发展、利益相关人分析及变革准备度、组织系统调整、组织及职位重设

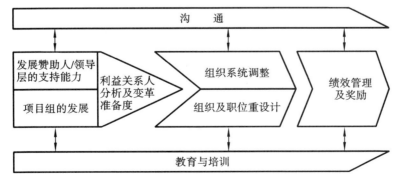

图 9-8　IBM 组织变革管理框架

计、绩效管理及奖励、沟通和教育与培训。

(1) 发展赞助人/领导层的支持能力　这是变革项目启动早期设计的、针对变革赞助人/领导层的流程及活动,主要关键活动和输出成果如表9-1所示。

表9-1　发展赞助人/领导层的支持能力的关键活动与输出成果

关 键 活 动	输 出 成 果
1. 识别潜在的赞助人及其角色、职责。 2. 培训潜在的赞助人,为其提供工具,使之获得提供赞助的能力。 3. 监控对项目支持的有效性,必要时做出调整	1. 高层主管和领导对以下4个方面内容和收益的简要描述: · 策略方面; · 财务/经济方面; · 运作方面; · "对普通员工而言,变革意味着什么?" 2. 赞助人参与计划包括: · 访谈高层主管,了解成功的愿景,基于既定的组织能力对变革障碍做出假设; · 在公司外召开的研讨会

(2) 项目组的发展　这是以有效的工作团队及小组动态工作为基础,为项目组提供准备和教育的流程。主要关键活动和输出成果如表9-2所示。

表9-2　项目组的发展的关键活动与输出成果

关 键 活 动	输 出 成 果
1. 构建项目组: · 选择参与者; · 制定任务书。 2. 定义团队目标,评估团队在达成目标方向的有效性。 3. 设计提高团队有效性的活动: · 性格轮廓的评估; · 团队建设和问题求解方面的练习	1. 成员之间的关系准则: · 专家意见; · 互相尊重; · 远见和解决问题的能力; · 彼此开放; · 支持集体决策的能力。 2. 任务书: · 会议时间表; · 协议,解决分歧; · 个人的角色及期望; · 来自团队外部的决议。 3. 个性分析(如myers briggs)及提高团队有效性的活动

(3) 利益相关人分析及变革准备度　用于评估组织对变革的准备程度的流程及为具备变革准备度所需做的工作,主要关键活动和输出成果如表9-3所示。

表 9-3 利益相关人分析及变革准备度的关键活动与输出成果

关 键 活 动	输 出 成 果
1. 根据以下各项,识别关键的利益关系人: • 在变革中的角色; • 做出承诺的级别; • 同化别人的能力。 2. IBM 的各种注册工具,包括: • 变革阻力的衡量标准; • 实施问题评估; • 变革影响预测; • 赞助人评估; • 变革历史调查	1. 角色图。 2. 变革准备度方面的问题/发现列表。 3. 与变革需求有关的差距假设。 4. 行动计划: • 获得快速的成功; • 随着时间推进,消除较大的差距

（4）组织系统调整　这是为了与变革需求保持协调一致,对现有的组织特征及能力进行分析。主要关键活动和输出成果如表 9-4 所示。

表 9-4 组织系统调整的关键活动与输出成果

关 键 活 动	输 出 成 果
1. 收集并审视信息: • 组织设计; • 绩效指导方针; • 奖励计划描述; • 组织使命及价值观的陈述。 2. 与管理层及被选择的群体进行访谈,目的是: • 确定不同的个人及员工群体如何定义成功; • 理解对今天及未来的角色和责任的看法; • 对能力理解的衡量等级。 3. 确定变革的使能因素及障碍。 4. 企业文化评估问卷	1. 对组织能力及其支持变革和业务目标的才能(个人的和集体的)的假设,包括: • 领导能力/管理方法; • 组织文化和风格; • 组织结构; • 沟通、绩效管理、薪酬; • 职位及工作设计; • 员工的能力和承诺。 2. 对重要问题的口头和书面回答的汇总和解释: • 工作到底该怎样做,为什么这样做; • 实际的行为标准; • 实际的价值和信念; • 这里的实际工作方式是怎样的?

（5）组织及职位重设计　基于重设计的流程给出的员工角色的详细描述和组织的未来设计,主要关键活动和输出成果如表 9-5 所示。

表 9-5　组织及职位重设计的关键活动与输出成果

关 键 活 动	输 出 成 果
1. 定义职位重设计的方法。 2. 帮助流程组完成未来的职位设计： • 为业务流程重整小组提供职位设计方面的辅导； • 对业务流程重整小组的输出进行审视； • 设计角色描述； • 创建角色与流程相对应的矩阵图。 3. 制定组织结构及职位重设计的建议	1. 重设计流程： • 组织及职位方面出现的问题列表； • 组织及职位影响方面的最佳实践/外部基准； • 全面分析重设计流程的影响的研讨会； • 新角色的描述； • 角色与流程相对应的矩阵图。 2. 将未来组织结构的需求列表与现有的组织结构相对比，识别差距以作为重设计的改进点

（6）绩效管理及奖励　这是支持重设计的工作系统所需要的管理、反馈、目标设定及认同的流程和内容。主要关键活动和输出成果如表 9-6 所示。

表 9-6　绩效管理及奖励的关键活动与输出成果

关 键 活 动	输 出 成 果
1. 审视当前的绩效管理： • 目标设定； • 职业生涯的发展； • 指导及反馈； • 薪酬计划。 2. 识别差距： • 提高绩效的角色，区分参与者、管理者/指导者，考评者； • 绩效考评标准及方法。 3. 识别考评与考评结果之间的联系（业绩报酬）确定针对重设计流程的奖励方法。考虑： • 工资构成； • 个人与团队； • 时间安排； • 影响结果的能力	1. 个人、团队及公司绩效的衡量标准。 2. 绩效管理计划，考虑： • 流程为目标设定，绩效评估； • 时间安排； • 参与者及角色。 3. 报酬的指导原则。 4. 与团队及/或公司绩效相连的不同岗位的指导方针

（7）沟通　这是伴随和支撑变革过程的各种正式及非正式的信息、讲座和公告处理流程，主要关键活动和输出成果如表 9-7 所示。

表 9-7　沟通的关键活动与输出成果

关 键 活 动	输 出 成 果
1. 沟通审查： · 各种内部文档的审视； · 与监督者和执行主管讨论； · 由被选定的员工组成的群组。 2. 定义双向交流的策略和机制： · 使之知晓； · 建立理解； · 获得反馈； · 表面关注和担心； · 赢得支持，共享成功。 3. 通过网络分析确定员工中进行沟通的频率。 4. 发布/实施计划。 5. 监控并评估有效性	1. 沟通计划： · 目标听众； · 信息； · 目的； · 媒体； · 时间安排； · 临时性讨论和讲座的通用原则。 2. 反馈计划和流程

（8）教育与培训　针对受新技术及工作系统影响的最终用户和其他员工的流程及课程材料，主要关键活动和输出成果如表 9-8 所示。

表 9-8　教育与培训的关键活动与输出成果

关 键 活 动	输 出 成 果
1. 识别最终用户的培训需求。 2. 确定培训方法（如何最好地实施培训）。 3. 制订详细的培训计划，包括资源分配及预定的培训日期。 4. 定义培训的框架（目标、覆盖的业务活动、时间长度、概要描述）。 5. 明确主题材料专家，他们将作为培训开发及交付的资源。 6. 监控培训的有效性	1. 最终用户培训需求清单，按类型： · PC 工作站； · 流程； · 软件包（如 PDM 系统）。 2. 培训策略： · 提供对最终用户进行必要培训的方法； · 指导者引导新职位及角色的讨论，员工培训员工（互相提醒）； · 衡量培训有效性的评估机制； · 在"go-live"点及稍后的一段时间支持最终用户的临时计划

和约翰·科特教授的变革 8 步法一样，IBM 组织变革管理管理框架的每个步骤对实施内容都有特殊的要求，每个步骤都有确定的输出成果；同样，每一个步骤都是必不可少的选项，缺少任何一个环节都会造成变革的障碍，最终可能导致变革的停滞、低效甚至失败（见图 9-9）。

（1）缺少"发展赞助人/领导层的支持能力"活动要素，就会造成变革缺乏精神动力。

（2）缺少"项目组的发展"活动要素，将不能获得与真正的工作团队相关的高度绩效和项目催化剂。

（3）缺少"利益关系人分析及变革准备度"活动要素，变革阻力会被忽视或管理太迟，以致变革未能获得预期收益。

（4）缺少"组织系统调整"活动要素，组织将无法支持变革。

（5）缺少"组织及职位重设计"活动要素，将无法有效执行、支持重设计的业务流程和新技术。

（6）缺少"沟通"活动要素，项目将遭受阻力，缺乏认同；对项目的了解和动力将无法建立起来。

（7）缺少"教育与培训"活动要素，员工缺乏在新的环境中完成工作和取得进步所需的知识和指导。

（8）缺少"绩效管理及奖励"活动要素，对在新环境中怎样和在哪里增值的认识将被误导或产生相反的效果。

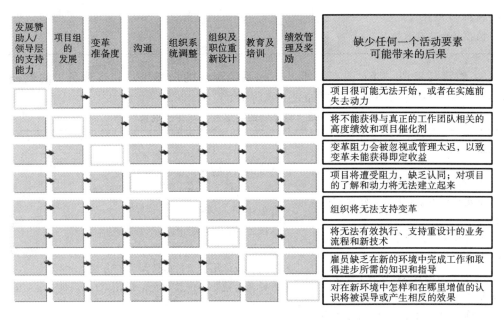

图 9-9 缺少任何一个活动要素可能带来的后果

三、企业变革管理体系建设

对于任何一个上了一定规模的企业来说，企业内部需要发起什么变革？什么时间发起变革？由什么部门组织发起变革？相关部门在变革过程中的角色和职责定位是什么？变革项目如何立项实施？如何评价变革管理工作的成效？等等，这些问题就是企业变革管理体系需要关注的内容。企业管理变革项目的线索来源通常来自企业的战略规划（包括多年规划和年度规划）和管理评审工作，需要成立公司级的变革管理委员会以及变革项目管理办公室等虚拟和实体组织，需要建立项目管理的相关流程并明确各利益相关方的角色与职责,通过开展变革文化宣传,以项目或非项目管理的方式有条不紊地实施企业管理变革,必要的时候还可以建立企业变革项目管理的信息化平台以提升变革管理的效率。

案例 9-1

烽火通信管理变革项目管理办法

1. 目的

为规范烽火通信管理变革项目的规划和建设过程,保障管理变革工作有序开展,促进业务目标高效达成,特制定本办法。

2. 适用范围

本办法适用于烽火通信及控股子公司的管理变革项目建设,项目所有参与人员必须严格遵循本办法。

3. 术语定义

管理变革:依据公司内外部环境变化的要求,公司针对战略绩效、客户拓展、产品开发、供应链、组织文化和财经等领域,进行必要的管理调整与改善,攻坚各类管理难题,促进公司提质业务能力。

管理变革项目:以项目运作方式管理变革工作,对管理变革从立项到验收的完整过程进行阶段化管控,并按照项目运作规范输出阶段成果,确保管理变革的成功,固化并沉淀变革成果。管理变革项目包括变革类、信息化类和平台能力类项目,不包括IT基础设施类、信息安全类项目。

4. 管理原则

公司管理变革领导小组、管理变革办公室、各领域变革组和各领域变革秘书组共同组成公司管理变革项目的管理组织,所有管理变革项目都应在公司管理变革组织的领导下有序运作。

管理变革项目需要遵循五个基本原则:

一、按域统筹。领域变革组统筹本领域的变革,负责所管辖领域的变革规划和实施推进;

二、问题导向。领域变革组结合本领域运营的实际情况,识别制约公司高质量发展的关键问题,拟定有针对性的变革项目和行动计划;

三、立项推进。管理变革需要按项目模式进行管理和推进,严格执行本管理办法,从立项到验收的完整过程管控各阶段成果,实施效果评估,要求同步考虑管理流程及其信息化;

四、协同联动。所有领域和所有项目要整体全面地考虑自身工作与其他领域、其他项目相关工作的关联性,围绕流程和领域之间的断点打通,形成有效的沟通协调机制;

五、投资管理。管理变革项目是一项投资,投资成本分摊遵循谁受益谁承担的原则。

5. 组织结构与职责

5.1. 组织结构

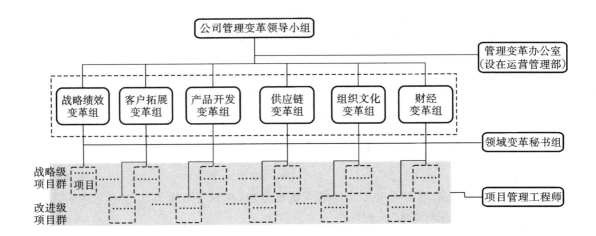

5.2. 职责

5.2.1. 公司管理变革领导小组

(1) 变革项目立项、评价验收的最高决策机构；
(2) 审议变革中长期规划，审批变革年度计划和预算；
(3) 批准变革项目管理规则、流程制度；

5.2.2. 管理变革办公室

(1) 设在运营管理部，公司管理变革领导小组的秘书机构，统筹变革项目日常运作；
(2) 建立和完善变革项目管理规范和体系；
(3) 组织审议变革中长期规划、年度计划和预算；
(4) 组织变革项目的评审、总结，项目成果和过程资料管理；
(5) 协调跨领域问题；

5.2.3. 各领域变革组

(1) 负责所辖领域内变革中长期规划、年度计划和预算；
(2) 负责所辖领域内变革项目的实施和推行；
(3) 确保项目在所辖领域内日常落地，负责业务变革推行效果、收益评估；

5.2.4. 各领域变革秘书组

(1) 设在相应职能或管理部门，各领域变革组的秘书机构，负责所辖领域变革项目日常运作；
(2) 参与完善变革项目管理规范和体系，并负责在领域内推行；
(3) 组织审议领域内变革中长期规划、年度计划和预算；
(4) 组织领域内变革项目评审；
(5) 服务、协调、支撑项目运作，监控项目状态；

6. 变革规划

结合战略规划和业务输入，通过需求收集和年度管理评审，进行专题性和全面的讨论，确定重点工作和改进方向，各领域变革计划需经过各领域变革组评审，公司重点业务变革计划需经过公司变革领导小组评审，最终得出年度变革项目。

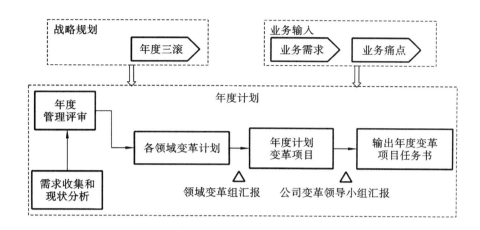

7. 项目分级与阶段管理

7.1. 项目分级

变革项目进行分级管理，分为 S 级（战略级）与 A 级（改进级）两级项目。项目级别分级如下表：

项目级别	项目分级标准
S 级（战略级）	对公司或某领域业务战略有重大影响，公司变革领导小组在审批变革年度计划时确定的项目；
A 级（改进级）	改善某领域痛点业务，或打通领域间断点问题，即时提升业务整体运作效率；

7.2. 项目阶段

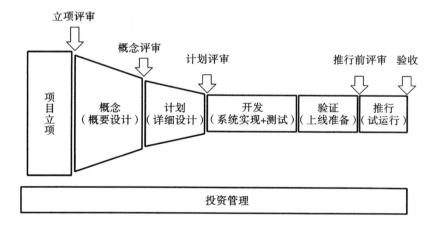

变革项目阶段划分如下图所示，包括六个阶段（立项阶段、概念阶段、计划阶段、开发阶段、验证阶段、推行阶段），五个评审点（立项评审、概念评审、计划评审、推行前评审和验收）。项目的投资管理贯穿于项目整个过程，确保项目的投入产出得到有效管控。不同级别的项目可对项目阶段进行适当调整。

7.3. 项目决策

项目级别	立项评审	概念评审	计划评审	推行前评审	验收
S级（战略级）	公司管理变革领导小组	各领域变革组	各领域变革组（评审通过后，报公司管理变革领导小组通过）	各领域变革组	公司管理变革领导小组
A级（改进级）	各领域变革组	项目领导＆项目总监	项目领导＆项目总监	项目领导＆项目总监	各领域变革组

7.4. 项目团队

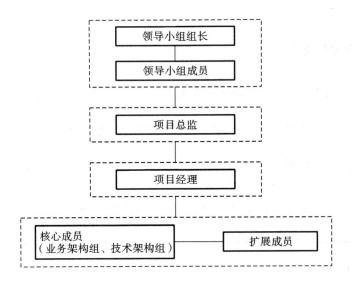

变革项目团队一般由项目领导小组、项目总监、项目经理、核心成员（业务架构组、技术架构组）、扩展成员等组成。不同级别和类型的项目可对项目团队结构进行适当调整。

7.4.1. 项目领导小组组长/副组长

（1）一般由各领域变革组组长、副组长担任；
（2）负责批准项目总体规划，承担项目立项和实施中重点问题的决策，具有一票否决权；
（3）督促相关部门提供资源，监督了解项目的执行情况；
（4）项目总监和项目经理的求助对象。

7.4.2. 项目领导小组成员

（1）来源于领域变革组成员、业务部门和管理部门直管干部；
（2）负责分管业务实施工作中的重要问题的协调和资源的有效投入；
（3）负责审核分管业务蓝图和解决方案，并协助推进方案的有效落地；
（4）项目总监和项目经理的求助对象。

7.4.3. 项目总监

（1）由直管干部担任并要求具备本领域一年以上业务管理经验，由项目主导的领域变革组确定，是项目推进落地的第一责任人；

(2)负责审议项目的业务方案(包括业务架构、业务流程、管理制度、业务模式等)、系统解决方案(包括应用架构、技术方案、部署方案等)和推行方案;

(3)负责协调解决项目实施过程中产生的各类问题,负责推进项目成果在业务部门的应用和落地;

(4)可以设置多个项目总监,排在第一位的项目总监负总责;

(5)项目经理的求助对象。

7.4.4. 项目经理

(1)由基层经理人担任并要求具备本领域两年以上工作经验,由项目主导的领域变革组确定,对项目整个执行过程负责;

(2)负责组织编制项目的立项建议、概念、计划、开发、验证和推行等阶段的工作计划,监督并控制各阶段的项目进展,组织完成各阶段项目成果的交付,并完成交付件的归档工作;

(3)负责组织并主持项目例会,负责准备项目各阶段里程碑汇报,负责周报的发送;

(4)与项目成员有效沟通、协商,推进问题妥善解决,负责向项目总监反馈项目推进过程中的问题;

(5)负责识别本项目与其他项目的关联关系,并反馈给管理变革办公室;

(6)可以设置多个项目经理,排在第一位的项目经理负总责;

(7)核心成员(业务架构组 & 技术架构组)和扩展成员的求助对象。

7.4.5. 核心成员

7.4.5.1. 业务架构组

(1)来源于管理部门和业务部门;

(2)结合业务发展规划,负责完成项目的业务方案(包括业务架构、业务流程、管理制度、业务模式、推行方案等)和推行方案;

(3)负责组织用户测试,确保制度、流程或系统功能有效支撑业务运作;

(4)发挥业务管理作用,有步骤、有计划地在业务部门推广制度、流程或系统功能的使用;

7.4.5.2. 技术架构组

(1)来源于信息化中心或外部供应商;

(2)负责结合信息化规划,评估系统建设的可行性,负责确定系统应用架构、技术架构,规范系统间接口,协调多个应用间关系,实现系统集成和数据整合;

(3)主导完成系统需求规格说明书,系统详细方案设计说明书和集成测试用例;

(4)负责组织系统开发、负责系统测试,对开发过程和质量进行管理和控制,确保系统实现;

(5)负责准备运行环境,初始化数据,完成应用上线和系统切换;

(6)负责完成系统技术支持,实施团队与运维团队进行工作交接,安排培训并考核;

7.4.6. 扩展成员

(1)来源于制度、流程或系统功能的应用推广部门;

(2)作为关键角色负责制度、流程或系统功能在本业务块或本部门的应用推广;

(3)指导本业务块或本部门用户使用最终的制度、流程或系统功能;

(4)反馈使用过程中的问题。

7.4.7. 项目管理工程师

由各领域变革秘书组确定，负责服务、协调、支撑项目运作，监控项目状态。

8. 实现过程

8.1. 项目立项阶段

8.1.1. 阶段目标

阐述变革项目改变什么，改变的原因和项目的价值，明确项目团队、范围、目标、投入产出和实施路径等，输出项目立项建议书，为项目决策提供准确的信息。项目立项评审通过后，项目团队需要正式进行发布，S级项目团队由管理变革办公室负责发布，A级项目团队由各领域变革组负责发布。项目团队对整个项目的推进和成功负责；

8.1.2. 输入

（1）业务领域变革规划；

（2）年度任务书；

（3）需求调研情况。

8.1.3. 输出

（1）立项建议书；

（2）项目团队。

8.1.4. 立项评审要素

（1）项目要解决的业务问题阐述明确，目标和范围合理；

（2）对项目涉及的业务进行了正确的分析，并给出了项目初步建议方案；

（3）项目的投资收益分析合理规范；

（4）项目团队构成合理，项目风险可控；

8.2. 概念阶段

8.2.1. 阶段目标

正式确认并基线化项目目标、业务需求、范围和项目计划，进一步分析成本，评估项目风险，提出初始解决方案，完成项目的自行开发/外部采购分析和供应商选择，输出需求分析报告、To-Be的业务流程设计要点、业务方案与规划。针对存在信息化建设的部分，输出需求规格说明书；

8.2.2. 输入

（1）立项建议书；

（2）项目优先级排序结论。

8.2.3. 输出

（1）需求规格说明书；

（2）问题报告；

（3）招标文件和意向供应商；

（4）基线化的项目计划。

8.2.4. 概念评审要素

（1）项目立项中遗留问题已经得到解决或有明确解决方案、时间、责任人；

（2）项目整体计划合理，满足上线时间要求，包括方案计划、开发计划、验证计划和推行计划；

(3) 业务场景描述清晰,业务流程符合公司流程架构,业务方案与规划切实解决业务痛点;

(4) 需求规格说明书具有可行性,可以支持 IT 设计和实现,适合推进业务落地;

(5) 项目自行开发/外部采购已经合理分析,意向供应商情况阐述充分,可供项目团队决策;

8.3. 计划阶段

8.3.1. 阶段目标

完成业务、流程、IT 方案的详细设计,确定后续推行策略,完成项目详细设计说明书;

8.3.2. 输入

(1) 概念评审阶段结果;

(2) 需求规格说明书;

(3) 问题报告;

(4) 招标文件。

8.3.3. 输出

(1) 意向供应商;

(2) 最终完整的解决方案;

(3) 系统详细设计说明书。

8.3.4. 计划评审要素

(1) 概念阶段遗留问题已经得到解决或有明确解决方案、时间、责任人;

(2) 项目详细方案可以支撑业务目标达成;

(3) 方案验证和推行的策略、计划清晰明确可执行;

(4) 充分考虑系统间集成关系,无信息孤岛;关键数据流向清晰;

8.4. 开发阶段

8.4.1. 阶段目标

完成流程、制度和系统功能等解决方案的开发、IT 自测和用户集成测试,输出集成测试报告,做好验证准备,进行项目交底汇报,确认系统交付契合用户需求;

8.4.2. 输入

(1) 计划评审阶段结果;

(2) 系统详细设计说明书。

8.4.3. 输出

(1) 系统功能模块;

(2) 流程类文档、管理类文档;

(3) 系统集成测试报告。

8.5. 验证阶段

8.5.1. 阶段目标

实施端到端的用户验收测试,完成切换上线前的准备工作;实施试点单位的组织、流程、制度、IT 的切换,为全面推行作准备;

8.5.2. 输入

(1) 流程类文档、管理类文档;

(2) 系统集成测试报告。

8.5.3. 输出

(1) 培训文档,操作手册;

(2) 业务初始化数据;

(3) 试点报告;

(4) 系统运行管理规范。

8.5.4. 推行前评审要素

(1) 项目交付件全部完成并可以支持推行;

(2) 前期遗留问题已经得到解决或有明确解决方案、时间、责任人,并不影响项目的推行;

(3) 推行计划合理,各模块责任人明确,并得到推行部门认可;

(4) 流程得到流程责任人的审核,并同意在推行区域进行试点;

8.6. 推行阶段

8.6.1. 阶段目标

按月开展月度评估,跟踪项目推行情况并按项目级别通报至公司管理变革领导小组或领域变革组,保障项目的全面推行。

8.6.2. 输入

(1) 项目各类交付件;

(2) 推行计划。

8.6.3. 输出

(1) 月度评估报告;

(2) 验收文档;

(3) 签发通过的流程。

8.6.4. 验收评审要素

(1) 项目关键文件归档;

(2) 项目应用情况良好,目标达成;

(3) 项目实际成本及收益合理;

(4) 项目成果固化,遗留问题已经得到解决或有明确解决方案、时间、责任人;

(5) 流程和制度等已经通过流程责任人的审核,并正式签发。

9. 执行监控及变更管理

9.1. 项目计划

里程碑计划是实施项目风险管理和进度管理的重要工具之一。通过实施里程碑监控,项目团队要及时发现项目进度中存在的问题,监控项目的风险,并采取相应的解决方法;项目每个阶段都需要发布项目计划,在上阶段完成后一周之内,应该发布下一阶段项目计划。项目计划由项目管理工程师在OA系统变革项目管理平台中发起,经过项目总监审核批准之后发布。

9.2. 执行监控

管理变革办公室负责监控公司所有项目进展情况;各领域变革组秘书组对所辖领域内项目进度实施跟踪管理,监督项目进度计划的执行状况,及时发现和纠正偏差;项目管理工程师对所负责的项目进度实施跟踪管理,监督项目进度计划的执行状况,及时发现和纠正偏差。项目的执行进展由任务执行人通过IT吧的项目管理吧进行统一反馈。

9.3. 项目管理活动形式与要求

(1) 项目组周例会或双周例会

项目组成员介绍本周工作进展,展示工作成果。项目管理者对本周工作点评,检查进度计划执行情况,部署下周重点工作、关键事项。

项目组周例会/双周例会应满足但不限于以下要求:

①项目经理组织项目组成员参加项目例会,关键问题决策需要邀请项目领导或项目总监参加;

②项目经理按项目里程碑计划监控项目进度,项目组成员如实反映工作进度、上报问题和对策;

③监督项目问题处理情况,记录项目问题日志;

④向项目组所有成员发布周例会纪要并归档。

(2) 项目评审会

通过立项评审、概念评审、计划评审、推行前评审等活动规范项目管理过程和保障项目质量。

项目评审会应满足但不限于以下要求:

①根据不同的项目级别和项目阶段,由管理变革办公室或项目经理或项目管理工程师视项目进度组织相关人员参加各节点评审活动;

②获取项目各相关方对评审结果的认同;

③向项目组所有成员发布评审会纪要并归档。

(3) 项目周报

项目经理每周在OA变革项目管理平台中按要求填写并提交周报。

填写周报应包括但不限于以下内容:

①项目进度状态,包括正常、预警、危险。需对项目进度异常进行原因分析;

②项目本周进展,各成员任务完成情况;

③下周工作安排;

④向项目组所有成员发布并归档。

(4) 项目文件归档

项目经理每周应该将当周产生或更新的项目相关文档归档至ECM,每个阶段评审结束之后一周内,必须将当阶段重要输出物归档至ECM。项目领导、项目总监和项目经理有归档文件查看权限。其他成员需要申请,由项目总监审批通过之后,可授予文档查看权限。

归档的材料包括但不限于以下内容:

①项目例会会议纪要、重要决议、参考资料等;

②项目立项建议书,需求规格说明书,业务流程,解决方案或方案详细设计等各阶段输出物。

9.4. 变更管理

概念阶段评审后,应正式确认并基线化项目目标、业务需求、范围和项目计划。在此阶段之后,出现以下几种情况,需要启动正式变更:

(1) 项目组织、范围和目标被迫调整时；
(2) 项目因客观原因暂停或终止；
(3) 项目实际进度严重偏离计划；

项目经理应提交变更说明书上报项目总监、项目领导小组审批并签字确认变更结果。项目按照变更之后内容的执行。

10. 投资管理

10.1. 预算

变革项目作为一项投入工程，各领域变革组应该在每年第一季度完成本领域的预算。

各领域变革组负责统一规划本领域所有的外部咨询、软件采购、人员等预算投入，在预算范围内合理的规划变革项目需求，将有限的资源投入到聚焦公司战略达成的变革项目建设中去；每个管理变革项目必须进行投入产出分析。

管理变革办公室对预算进行统一管理。

10.2. 核算

变革项目的投入可随着项目的推进，在项目立项、概念、计划、开发、验证和推行等阶段不断细化实际投入；由管理变革办公室通报预算使用情况并预警。

项目超预算，优先在领域变革组内协调，其次可与其他领域变革组协商借预算。如未协调达成一致，由管理变革办公室协调解决异常。

10.3. 分摊

变革项目的实际投入，采用谁申请谁受益谁承担的原则进行分摊。多个业务单元收益，按受益程度确定成本分摊比例。

本办法自发布之日起实施。

案例 9-2

■ 烽火通信历年年度变革主题 ■

2012：管理变革
2013：深化变革
2014：优化布局
2015：客户感知
2016：能力提升
2017：协同共享增效
2018：聚力攻坚提质
2019：固本培新拓局
2020：变视角深洞察创价值
2021：实事求是 狠抓落实

第三节 企业运营管理体系变革路径

运营管理体系的建设显然不是一朝一夕就可以完成的,即便体系相对健全和完善,还因外部政策和市场环境的变化,也并非高枕无忧。事实上,往往是体系建设越完备的企业,也越有危机意识,时刻关注着内外部的变化并积极通过体系建设和改进进行持续深入的优化,为企业的总体目标服务。

运营管理体系的建设和改进是一个持续的过程。需要强调的是,虽然改进的思路大体相同,但是改进的具体方法和实践应当结合企业的实际和需要,因地制宜地开展。某集团公司利用每年一度的管理评审对整个运营管理体系进行诊断和评审,通过输出变革项目清单和项目立项进行改进。

首先,按照业务领域进行划分,如市场营销、研发管理、供应链管理等。然后通过组织横向评审,识别和归纳改进线索,组织专题分析,输出改进点及排序。其后,在每个纵向领域将改进点进行整合,并根据顶层设计提出改进要求,输出公司级和部门级的改进项目。每个改进项目都需要按照项目开展的流程去执行,并持续用过程指标进行度量和分析,最终确保项目目标的完成。

一、管理部门自身的运营管理平台能力建设

不论是职能管理(人力资源、财务管理、综合管理等)部门,还是业务管理(研发管理、营销管理等)部门,其运营管理的平台能力的建设在很大程度上决定了公司相应职能或业务管理模块的能力。我们认为,管理部门对其管理职能的思考、定位、改进,都应当从战略、流程、组织、绩效及IT 5个角度去发散。

以流程管理部门为例,如其对于自身战略方面的能力建设规划是推动组织由职能型向流程型转变;在流程方面是将流程管理这项

工作的全过程进行端到端管理;在组织方面,建立起流程管理的组织体系和任职资格管理体系,同时还要开展流程管理的绩效管理、流程管理的信息化平台建设及流程管理文化建设等。每一个管理部门都需要建立并完善这些对应的管理要素,加强各职能和业务管理部门自身运营管理平台建设的质量。

二、管理部门之间的运营管理互动能力建设

除了管理部门开展自身的运营管理平台能力建设外,如果更进一步地思考就会发现,某管理部门的能力建设需要得到其他管理部门的支持与协同。例如,流程管理部门的战略规划,其实也是战略管理部门对公司总体战略进行规划的一部分,那么,流程管理部门在进行部门战略规划、战略管理部门在进行公司战略规划的过程中,管理部门就会需要开展必要的互动和协同工作,需要开展怎样的互动、什么时间互动、互动的频率和方式等,都需要进行认真的设计和能力建设。

某公司有一位高管曾经说过,我们的管理部门看起来管理领域都是彼此独立的,但是如果横向来看,我们会发现某个部门的输出会成为这个管理活动的下游部门的输入。如果仅仅将目光放在本部门,对输出内容的质量和时间没有严格地要求,就会对其他部门的工作进展和质量产生影响。因此,管理部门作为公司各领域管理的直接责任人,有责任、有权利对其他管理部门涉及本领域的工作进行沟通、互动,提出相应的要求,也有义务配合其他管理部门完成其他领域的运营管理活动。

三、管理部门与业务部门间的运营管理互动能力建设

所有的管理部门都是为业务部门而存在的,没有业务和业务部门,管理部门的存在毫无价值。管理部门对业务部门履行管理和服务两项职能,如图 9-10 所示,履行这两项职能的过程就是管理部门与业务部门间的运营管理互动过程,这些部门之间如何有效开展互动就是一种能力建设过程。以管理方面的职能举例来说,战略管理部门要求业务部门在每年的某个月开始更新各自的 3 年滚动规划,流程管理部门要求各业务部门每年提出各自的流程建设目标和工作计划,人力资源部门要求各业务部门开展员工能力建设工作;以服务方面的职能举例来说,战略管理部门需要向业务部门提供战略规划的工作方式、方法、标准等方面的培训和宣传工作,流程与信息化部门需要向业务部门提供流程信息化建设相关的工作方式、方法、标准等方面的培训和宣传工作等。

管理部门	关系	A事业部	B事业部	…
战略管理职能	管理	战略与战略管理能力	战略与战略管理能力	…
流程管理职能		流程与流程管理能力	流程与流程管理能力	…
绩效管理职能		绩效与绩效管理能力	绩效与绩效管理能力	…
组织管理职能	服务	组织与组织管理能力	组织与组织管理能力	…
IT建设与管理职能		IT能力	IT能力	…

图 9-10 管理部门对业务部门履行管理和服务两项职能

四、业务部门自身的运营管理能力建设

我们一直在强调战略、流程等管理要素,并且阐述了管理部门及其相互间的运营管理活动关系,这并不意味着业务部门或子公司可以置身事外,不开展运营管理的相关工作。相反,各业务部门或子公司本身就是一个小而全的组织,这些组织都需要开展各自的战略管理、组织管理、流程管理、绩效管理及信息化建设工作,只是这些工作一定是在符合公司业务和职能管理部门所做的整体顶层设计的要求下面开展的,通过个性化的体系建设规划与方法的设计与实施,确保自身的运营管理平台能力持续改进。

综上所述,企业运营管理体系的建设不是一蹴而就的,需要有一个规划、建设与持续改进的过程,首先是企业的管理部门要加强自身能力建设,做好职能管理规划和顶层设计工作,不断完善管理部门之间的互动机制建设;在此基础上对业务部门行使管理和服务的职能,加强与业务部门的互动机制建设;最后是业务部门自身要加强自身运营管理能力建设。通过这种自上而下和自下而上相结合的互动过程,推进企业运营管理体系的不断持续改进。

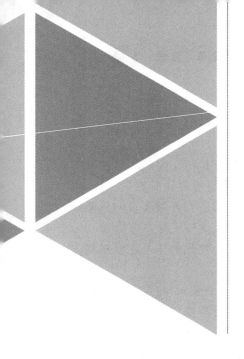

第四节 企业变革项目管理

项目管理作为一种目标管理的有效方式,早已成为企业管理者最乐于使用的一种管理手段。在业界大公司,所有的管理改进或管理变革工作都是以项目的方式在各个部门开展的,项目的时间通常要跨越全年,本节重点介绍某企业平台能力建设项目的相关流程和做法。

一、平台能力建设项目管理架构

(1) 平台能力建设项目管理架构如图9-11所示。

(2) 平台能力建设项目管理流程说明如下。

①年度管理评审流程 流程描述了公司管理评审从管理评审准备启动、横向评审、纵向评审、汇报总结的过程。对公司各体系的适宜性(包括系统性)、充分性(包括完整性)和有效性进行评审,以实现公司管理体系的持续改进。

②平台能力建设项目立项流程 平台能力建设项目从需求开始,到需求沟通,再到项目报告编制与审批,最后完成开工会并发布立项报告的过程。本流程强调以项目的方式开展平台能力建设,强调资源的投入和工作的计划性,确保了各子项目的工作的质量和工作效率,同时也规范了平台能力建设项目立项的工作方式。

③平台能力建设项目变更流程 本流程描述了从识别平台能力建设项目变更申请、审核,再到项目计划更新的全过程,避免项目计划随意调整的情况,确保项目进程的可控性,最终保证项目目标的完成及项目输出的质量。

④平台能力建设项目问题原因分析流程 本流程描述了项目开工会后,收集项目数据进行分析,编写问题分析报告、评审问题分析报告的全过程,确保问题分析报告高质量按计划完成。

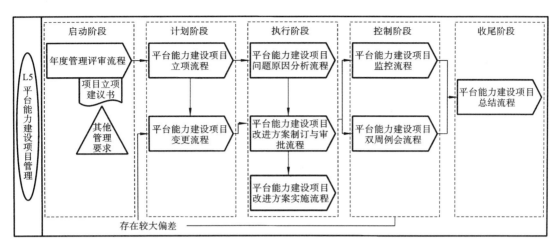

图 9-11 平台能力建设项目管理架构

⑤平台能力建设项目改进方案制订与审批流程　本流程描述了从问题改进方案制订与改进方案评审的主要过程；确保问题改进方案制订的质量与及时性。

⑥平台能力建设项目改进方案实施流程　本流程描述了项目改进方案评审通过后实施，并对项目改进方案交付件进行评审，对项目指标数据进行监控的全过程。确保改进方案制订的交付件按照计划及时高质实施，并监控项目指标完成情况。

⑦平台能力建设项目双周例会流程　本流程从项目管理的角度描述了流程建设项目一个例会周期内的相关工作，自上次例会结束之后的计划制订至本次会议准备完成为止；提高会议效率，提高流程评审质量。

⑧平台能力建设项目监控流程　本流程描述了每周核对项目进展并通报项目组成员的过程。

⑨平台能力建设项目总结流程　本流程明确了平台能力建设项目总结工作从启动时核对项目目标完成情况，到完成项目汇报材料、召开总结会并发布会议纪要的各项活动执行方法，规范平台能力建设项目总结工作的工作要点及输入输出要求。

二、平台能力建设项目系列流程介绍

1. "平台能力建设项目立项流程"

概述

本流程描述了从识别平台能力建设项目需求开始，到需求沟通，再到项目报告编制与审批，最后完成开工会并发布立项报告的过程。

目的

本流程强调以项目的方式开展平台能力建设，强调资源的投入和工作的计划性，确保了各子项目的工作的质量和工作效率。同时也规范了平台能力建设项目立项的工作方式。

客户

开展平台能力建设项目的业务部门/平台/子公司。

适用范围

开展平台能力建设项目的部门/子公司。

流程驱动规则

驱动类型	时间驱动
驱动规则	每年3月份
频率	
开始时间	
结束时间	
类型	

第九章 企业运营管理体系的变革与管理

流程图

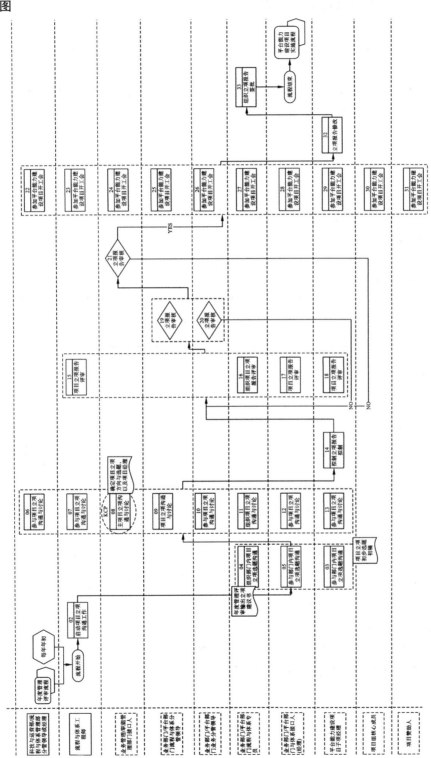

2."平台能力建设项目变更流程"

概述

本流程描述了从识别平台能力建设项目变更申请、审核、再到项目计划更新的全过程。

目的

规范了流程与体系建设项目变更的过程,就项目变更存在各种情况给出了操作方法。同时避免了项目计划随意调整的情况,确保项目进程的可控制,最终保证项目目标的达成以及项目输出的质量。

客户

业务部门。

适用范围

开展平台能力建设项目的部门/子公司。

不适用范围

未开展平台能力建设项目的部门/子公司。

流程驱动规则

驱动类型	事件驱动
驱动规则	产生项目变更需求时

流程图

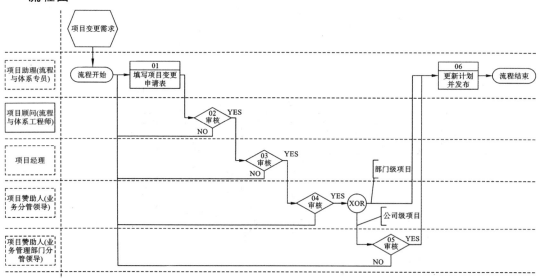

3."平台能力建设项目问题分析流程"

概述

本流程描述了项目开工会后,收集项目数据进行分析,编写问题分析报告、评审问题分析报告的全过程。

目的

管理目的:规范平台能力建设管理,明确相关角色职责。

业务目的:确保问题分析报告高质量按计划完成。

客户

平台能力建设部门。

适用范围

公司开展平台能力建设项目(流程与体系建设类)的各部门及子公司。

不适用范围

信息化建设、人力资源建设类平台能力建设项目。

流程驱动规则

驱动类型	事件驱动
驱动规则	项目开工会后

流程图

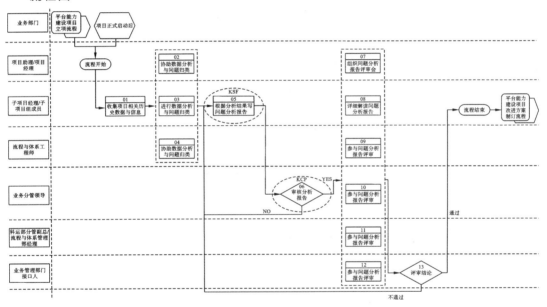

4. "平台能力建设项目改进方案制订流程"

概述

本流程描述了从问题改进方案制订与改进方案评审的主要过程。

目的

管理目的:规范平台能力建设管理,明确相关角色职责。

业务目的:确保问题改进方案制订的质量与及时性。

客户

平台能力建设部门。

适用范围

公司开展平台能力建设项目(流程与体系建设类)的各部门及子公司。

不适用范围

信息化建设、人力资源建设类平台能力建设项目。

流程驱动规则

驱动类型	事件驱动
驱动规则	问题分析报告评审通过后

流程图

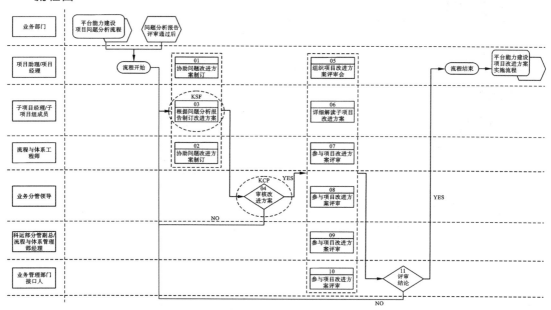

5. "平台能力建设项目改进方案实施流程"

概述

本流程描述了项目改进方案评审通过后实施,并对项目改进方案交付件进行评审,对项目指标数据进行监控的全过程。

目的

管理目的:规范平台能力建设管理,明确相关角色职责。

业务目的:确保改进方案制订的交付件按照计划及时高质实施,并监控项目指标达成情况。

客户

平台能力建设部门。

适用范围

公司开展平台能力建设项目(流程与体系建设类)的各部门及子公司。

不适用范围

信息化建设、人力资源建设类平台能力建设项目。

流程驱动规则

驱动类型	时间驱动
驱动规则	项目改进方案评审通过后

流程图

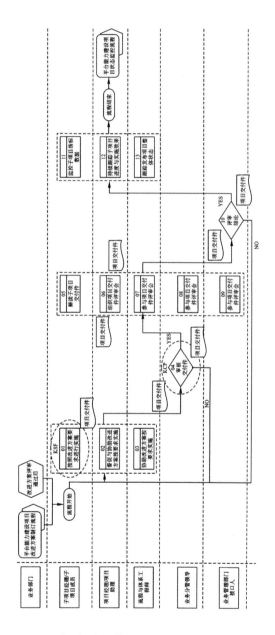

6."平台能力建设项目双周例会流程"
概述

本流程从项目管理的角度描述了流程建设项目一个例会周期内的相关工作,自上次例会结束之后的计划制订至本次会议准备完成为止。

痛点：目前存在流程建设项目计划执行不力、项目监控松弛的现象，影响流程建设项目的质量和进度。

目的

提高会议效率、提高流程评审质量。

客户

业务部门。

适用范围

开展平台能力建设项目的部门/子公司。

流程驱动规则

驱动类型	事件驱动
驱动规则	每次例会将近结束时
频率	
开始时间	
结束时间	
类型	

流程图

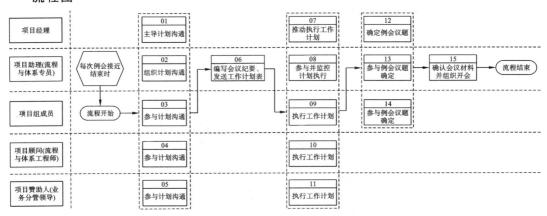

7."平台能力建设项目状态监控流程"

概述

本流程描述了每周核对项目进展并通报项目组成员的过程。

痛点：本业务以往存在的主要问题在于项目变更随意，无章可循，造成项目可能失控。

目的

本流程强调以项目的方式开展平台能力建设，强调资源的投入和工作的计划性，确保了各子项目的工作的质量和工作效率，同时也规范了平台能力建设项目立项的工作方式。

客户

业务部门。

适用范围

开展平台能力建设项目的部门/子公司。

流程驱动规则

驱动类型	时间驱动
驱动规则	每周四下午
频率	
开始时间	
结束时间	
类型	

流程图

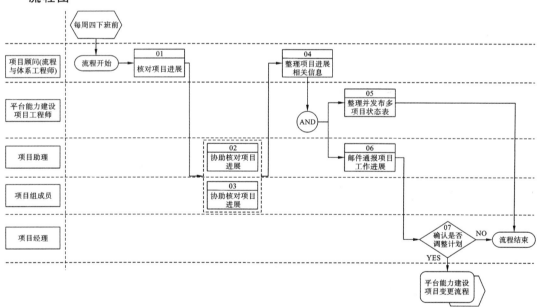

8. "平台能力建设项目总结流程"

概述

本流程明确了平台能力建设项目总结工作从启动时核对项目目标完成情况,到完成项目汇报材料、召开总结会并发布会议纪要的各项活动执行方法,规范平台能力建设项目总结工作的工作要点及输入输出要求。

目的

提供平台能力建设项目收尾工作方法,规范收尾各项活动行为,持续改进和优化平台能力建设项目开展和管理,提升项目管理建设质量。

客户

已开展平台能力建设项目的部门/子公司。

适用范围

已开展平台能力建设项目的各部门/子公司。

流程驱动规则

驱动类型	时间驱动
驱动规则	根据平台能力建设项目计划，到达项目总结阶段
频率	
开始时间	
结束时间	
类型	

流程图

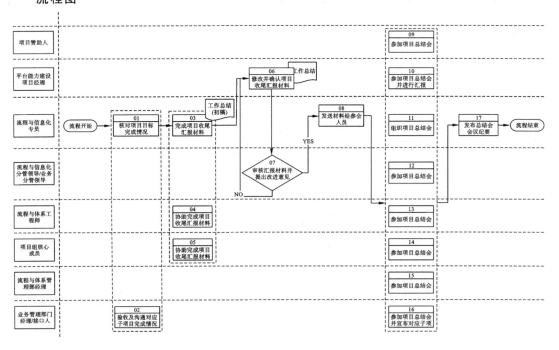

思考题

1. 你所在的公司或组织目前面临的突出问题是什么？
2. 客户对你们公司最不满的地方是什么？你们和对手相比差距在哪里？如何启动和开展管理变革项目？
3. 结合运营管理体系说说公司的组织能力短板是什么？

参考文献
REFERENCES

[1] 胡云峰. 企业流程管理与变革实践[M]. 武汉:华中科技大学出版社,2013.

[2] [美]PHILIP KOTLER,GARY ARMSTRONG. 市场营销原理[M]. 13 版. 何志毅,译. 机械工业出版社. 2010.

[3] 张洪增,高荔. 市场营销理论的起源、发展与展望[J]. 企业改革与管理,2006(5):8-12.

[4] 谢少安. 优化和创新物流外包服务的 4Ps 与 4Cs[J]. 物流与采购研究,2009(2):18-21.

[5] 李晏墅. 市场营销学[M]. 北京:高等教育出版社,2008.

[6] 付亚和,许玉林. 绩效管理[M]. 3 版. 上海:复旦大学出版社,2014.

[7] 谭中阳,陈爱屋,刘嫔. 新编绩效考核量化管理全案[M]. 北京:清华大学出版社,2013.

[8] 刘昕. 人力资源管理[M]. 2 版. 北京:中国人民大学出版社,2015.

[9] 连明源. 自主变革的基石[M]. 北京:电子工业出版社,2011.

[10] 黎群,王莉. 企业文化[M]. 2 版. 北京:清华大学出版社,2010.

[11] 刘宝红. 供应链管理. 机械工业出版社.

[12] 曹鹏. 构筑具有强悍执行力的企业运营管理体系[D]. 上海:上海交通大学,2009.

[13] 杜乾浩. 浅谈执行力的重要性[J]. 中外企业家,2009(03):65-67.

[14] 薛云奎,齐大庆,韦华宁. 中国企业战略执行现状及执行力决定因素分析[J]. 管理世界,2005(09):88-98.

[15] 魏中龙. 如何培育和提升企业的执行力[J]. 北京工商大学学报(社会科学版),2003(06):21-25.

[16] [美]LARRY BOSSIDY,RAM CHARAN,CHARLES BURCK. 执行:如何完成任务的学问[M]. 刘辉亚,译. 北京:机械工业出版社,2011.

[17] 张国祥. 用流程解放管理者[M]. 北京:北京大学出版社,2009.

[18] 美国项目管理协会. 项目管理知识体系指南[M]. 4 版. 王勇,张斌,译. 北京:电子工业出版社,2004.

[19] 尼可罗·马基亚维利. 君主论[M]. 潘汉典,译. 上海:商务印书馆,1987.

[20] 符德群,李智玲. 工业发达国家企业集团的发展历程[J]. 中国纺织,1989(4):13-16.

[21] 张鹏,多荣鑫. 集团管控的模式与选择[J]. 今日科苑,2007(14):52.

[22] 白万纲. 集团管控大趋势[M]. 北京:科学出版社,2008.

[23] 罗清亮,戴剑. 集团管控之道[M]. 上海:上海财经大学出版社,2015.

[24] 那国毅. 21 世纪 CEO 的职责[J]. IT 经理世界,2005(14):86.

追梦团队特别致谢

《企业运营管理体系建设》一书的出版离不开追梦团队成员的共同努力，他（她）们是梦想的见证者，更是梦想的践行者，感谢这些小伙伴！

 许光
 王芳
 施展

 王亮
 安立全
 陈勇

 贾秀梅
 张继业
 徐立新

 胡雪郢
 邹燕
 追梦团队